Diakonie – Außenseite der Kirche

Sozialarbeit im Kirchenkreis
zwischen Anspruch und Wirklichkeit

Ingrid Lukatis/
Ulrich Wesenick (Hrsg.)

Burckhardthaus-Laetare Verlag GmbH.
Gelnhausen / Berlin / Stein

CIP-Kurztitelaufnahme der Deutschen Bibliothek

<u>Diakonie, Außenseite der Kirche</u> : Sozialarbeit im Kirchenkreis
zwischen Anspruch u. Wirklichkeit /
Ingrid Lukatis ; Ulrich Wesenick (Hrsg.).
- Gelnhausen : Burckhardthaus-Laetare Verlag, 1980
   (Empirische Erhebungen)
   ISBN 3-7664-0095-9

NE: Lukatis, Ingrid [Hrsg.]

Als Manuskript gedruckt.
(c) 1980 by Burckhardthaus-Laetare Verlag GmbH., Gelnhausen/Berlin/Stein.

Alle Rechte, auch die des auszugsweisen Nachdrucks, der fotomechanischen
Wiedergabe sowie der Übernahme auf Ton- und Bildträger, vorbehalten.
Ausgenommen sind davon fotomechanische Auszüge für den eigenen wissen-
schaftlichen Bedarf.

Umschlaggestaltung: Reinhart Braun, Berlin
Herstellung: Joachim Emrich, Gelnhausen
Druck und Verarbeitung: A. Bernecker, Melsungen

Inhaltsverzeichnis

	Seite
Vorwort	2

Karl-Fritz Daiber
Verkündigung und Diakonie
Analyse einer theologischen Diskrepanz ... 5

Ingrid Lukatis
Kirchenorganisatorische Leitvorstellungen und diakonisch-sozialarbeiterisches Selbstverständnis ... 21

Projektgruppe "Sozialarbeit im Kirchenkreis"
Sozialarbeit in Kirchenkreisen der Ev.-luth. Landeskirche Hannovers
Analyse und Perspektiven ... 33

Albrecht Müller-Schöll
Der Beitrag der Fortbildung zur Verwirklichung des Konzepts einer Sozialarbeit im Kirchenkreis ... 131

Johannes Nikolaus Bischoff
Sozialarbeit im Kirchenkreis nach dem Diakoniegesetz der Ev.-luth. Landeskirche Hannovers ... 145

Anhang

- Anlagen 1-10 zu den Beiträgen von Ingrid Lukatis, Albrecht Müller-Schöll und Johannes Nikolaus Bischoff ... 155

  Zur Untersuchung der Projektgruppe "Sozialarbeit im Kirchekreis":

- Fragebogen an die Superintendenten, mit Ergebnissen der Rohauswertung ... 179 A

- Fragebogen an die Sozialarbeiter, mit Ergebnissen der Rohauswertung ... 207 A

- Tabellen 1-26 ... 246 A

Vorwort

Diakonie als Handlungsfeld der Kirche ist seit einigen Jahren recht lebhaft im Gespräch. Soeben - im Juni 1980 - wurde von der 6. Generalsynode der VELKD in Augsburg eine Entschließung angenommen, die die Dringlichkeit der Behandlung von Fragen zum Verhältnis von Gemeinde und Diakonie erneut betont. Auch Mitarbeiter im diakonischen Bereich machen die Erfahrung, daß ihre Rolle, ihre Aufgaben sich gewandelt haben, daß es einer Klärung ihres Selbstverständnisses und der Erwartungen auf kirchlicher Seite an ihr Arbeitsfeld bedarf. Sie haben manchmal Mühe, die Basis - auch und gerade: die theologische Basis - für ihre Tätigkeit in der Kirche zu erkennen, zu erspüren und von anderen anerkannt zu bekommen. Dies gilt vor allem dort, wo Berufsgruppen im kirchlichen Dienst noch verhältnismäßig "jung" sind, wie beispielsweise die Sozialarbeiter, besonders in der offenen Arbeit. Häufig auf übergemeindlicher Ebene (Dekanatsbezirk, Kirchenkreis) angesiedelt, erleben sie die Probleme einer solchen strukturellen Zuordnung, aber auch Unsicherheit über den Stellenwert der eigenen Arbeit im Verhältnis zur Wortverkündigung. Es ist daher sicher kein Zufall, daß etwa gleichzeitig an verschiedenen Stellen Bestandsaufnahmen dieser Arbeitsfelder unternommen wurden. In Bayern war es das Diakonische Werk der Evangelisch-lutherischen Kirche, das 1977 mit dem Bericht über "Die offene Sozialarbeit in den Bezirksstellen der Diakonie in Bayern" die Arbeit der Sozialarbeiter darstellte und "Gedanken zur Weiterentwicklung" formulierte. In der Ev.-luth. Landeskirche Hannovers gab die Sozialarbeitervertretung - d.h. die unmittelbar betroffenen Rollenträger - den Anstoß zu einer Selbststudie. Anläßlich der Jahrestagung der Kirchenkreissozialarbeiter 1977 wurde der Beschluß zu einer Arbeitsfeldanalyse gefaßt. Ihr Ziel sollte es sein, die Ist-Situation von Kirchenkreissozialarbeit genauer zu erkennen, Ansatzpunkte für Veränderung und Verbesserung zu entdecken und damit Voraussetzungen für eine gemeinsame Konzeptionsentwicklung zu schaffen. Eine Projektgruppe, bestehend aus Kirchenkreissozialarbeitern, Mitarbeitern der Fachberatung für die offene Sozialarbeit im Diakonischen Werk der Landeskirche und der Pastoralsoziologischen Arbeitsstelle übernahm die Durchführung der Studie. Die Auswertung der Analyse vollzog sich vorbereitend in dieser Projektgruppe. Ihr Abschlußbericht dokumentiert das Ergebnis dieses empirischen Arbeitens.

Die Weiterarbeit vollzog sich dann in Fortbildungstagungen, zu denen alle Kirchenkreissozialarbeiter sowie Vertreter der Kirchenleitung, der Anstellungsträger - in der Regel die Superintendenten - sowie andere für den diakonischen Bereich in besonderer Weise zuständige Pastoren - Diakoniebeauftragte, Vorsitzende von Diakonieausschüssen - eingeladen wurden. Es ergab sich ein mehrjähriger Prozeß, in dem Analyse-Ergebnisse und einzelne Fortbildungsschritte eng miteinander verzahnt wurden mit dem Ziel, ein Konzept von Kirchenkreissozialarbeit (weiter-) zu entwickeln. A. Müller-Schöll stellt das Fortbildungsprogramm in einem eigenen Beitrag vor.

Im Zuge dieser Verarbeitung wurde die Relevanz theologischer Prämissen und theologischer Reflexion für Kirchenkreissozialarbeit immer wieder von neuem deutlich. Die offenbar vorhandene Spannung zwischen theologisch-kirchlichen Positionen und Leitvorstellungen und diakonisch-sozialarbeiterischer Wirklichkeit bzw. fachspezifischem Selbstverständnis trat in Analyse, Interpretation und gemeinsamer Konzeptionsfindung sichtbar zutage. Die Beiträge von K.-F. Daiber und I. Lukatis spiegeln diese Diskrepanzerfahrungen auf theologischer und kirchenorganisatorischer Ebene wider.

Die Überlegungen zum Verhältnis von Diakonie und Kirche sind während der Projektkarbeit auch seitens der Kirchenleitung weitergegangen. Ein neues

Diakonie-Gesetz für die Ev.-luth. Landeskirche Hannovers trat 1978 in Kraft. Es enthält eine Reihe struktureller Regelungen, die zur Bewältigung von Spannungen und Diskrepanzen beitragen könnten. Im Beitrag von J.N. Bischoff werden daher die wichtigsten Bestandteile dieses Gesetzes vorgestellt.

Kirchenkreissozialarbeit in der Hannoverschen Landeskirche ist - in der konkreten strukturellen und inhaltlichen Ausgestaltung dieses Arbeitsfeldes - wahrscheinlich zunächst einmal spezifisch für diese Landeskirche. Probleme und Schwierigkeiten, die beim Versuch einer Konzeptfindung für diese Arbeit auftraten, dürften jedoch auch in anderen Landeskirchen unter modifizierten Bedingungen ähnlich sein. Die Vorgehensweise dieser Arbeitsfeldanalyse als solche und die verschiedenen Überlegungen zu Problembearbeitung und -lösung könnten deshalb auch an anderer Stelle anregend und nützlich sein. Dies ist der Grund, weshalb wir eine solche Dokumentation vorlegen.

Hannover, im Juli 1980   Ingrid Lukatis
                                                           Ulrich Wesenick

Karl-Fritz Daiber

Verkündigung und Diakonie
Analyse einer theologischen Diskrepanz

		Seite
1.	Beobachtungen zur Diskrepanz zwischen Verkündigung und Diakonie	5
2.	Geschichtliche Wurzeln der Diskrepanz zwischen Verkündigung und Diakonie	7
3.	Sozialwissenschaftlicher Erklärungsversuch für die Diskrepanz zwischen Verkündigung und Diakonie	11
4.	Die Theologie der Diakonie - Versuche zur Überwindung der Diskrepanz	15
5.	Reduzierung der Diskrepanz zwischen Verkündigung und Diakonie am Beispiel der Definition von Handlungszielen für die Kirchenkreissozialarbeit	18

1. Beobachtungen zur Diskrepanz zwischen Verkündigung und Diakonie

Schon allein die Gegenüberstellung von Verkündigung und Diakonie könnte eine erste kritische Anfrage an das Thema auslösen: Kann man denn überhaupt Verkündigung und Diakonie trennen? Ist die Verkündigung des Evangeliums von Jesus Christus nicht als solche schon, wie immer sie geschieht, heilerschließender Dienst am Menschen? Ist Diakonie, sofern sie sich tatsächlich als Lebensvollzug in der Nachfolge Jesu Christi versteht, nicht immer schon Verkündigung, Ansage des Evangeliums in der Gestalt glaubwürdiger Praxis? Solche Einwendungen zeigen, daß auf der Ebene grundlegender theologischer Besinnung Diakonie und Verkündigung als zwei Seiten einer Medaille aufgefaßt werden können, ja sogar verstanden werden müssen. Wie kommt es dann, daß in Kirchenkreisen tätige Sozialarbeiter über den Stellenwert ihrer eigenen Arbeit im Verhältnis zur Wortverkündigung unsicher sind? Verweist ihre Unsicherheit vielleicht sogar auf eine umgreifendere Spannung zwischen Verkündigung und Diakonie, die in den programmatischen theologischen Formeln nur verdeckt ist? Daß die in der Frage angedeutete Vermutung zutrifft, soll im folgenden verdeutlicht werden.

Ein assoziatives Vorgehen vermag bereits das Vorhandensein einer latenten Spannung zu verdeutlichen. Wer von Verkündigung spricht, löst, wenn er den Begriff nicht genauer entfaltet, Gedankenketten aus, die sich um den Vorgang der Predigt gruppieren. Verkündigung ist, wo von Gott und Jesus gesprochen wird. Verkündigung ist ein festlich feierliches Geschehen, primär eben im Bereich des Gottesdienstes zu Hause. Es bedarf schon eines eingehenderen Nachdenkens, um die spontanen Eindrücke zu korrigieren: Natürlich geschieht Verkündigung auch dort, wo Eltern ihren Kindern biblische Geschichten erzählen. Natürlich geschieht Verkündigung im seelsorgerlichen Besuch, natürlich kann der Konfirmandenunterricht zu einem Akt der Verkündigung werden. Es bedarf schon eines weiteren Anstoßes, um Vollzüge des Handelns, Akte der mitmenschlichen Zuwendung, mit dem Geschehen der Verkündigung in Verbindung zu bringen. Diakonie liegt für das alltägliche Bewußtsein sehr weit von Verkündigung entfernt.

Was aber löst das Wort Diakonie aus? Manche mögen an die Aktion "Brot für die Welt" denken. "Brot für die Welt" hat mit Kirche zu tun. Informierte mögen wissen, daß sie in den Zusammenhang kirchlicher Entwicklungshilfe gehört. Aber damit dominiert schon der Begriff "Entwicklungshilfe". Und Entwicklungshilfe ist keine spezifisch kirchliche Aufgabe. Sie ist nicht unbedingt an Mission gebunden.

Ein anderer Einfall mag die Wortverknüpfung Diakonie und Diakonisse aufnehmen. In vielen Gemeinden war eine Diakonisse als Krankenschwester tätig. Für interessierte Gemeindeglieder schuf sie die Verbindung auch zur Diakonissenanstalt, zum Diakonissenkrankenhaus. Manche wußten: Diakonissen finden sich zu einer Lebensgemeinschaft zusammen. Zu ihrem gemeinsamen Leben gehören Andacht und Gottesdienst. Dienst am Nächsten und Hören auf Gottes Wort sollen als Einheit verstanden werden. Für solche, die als Praktikanten in einer Anstalt der Diakonie arbeiten, wurde allerdings das Bild häufig genug des Illusionären entkleidet. Der Arbeitsalltag in der Anstalt sah nicht anders aus als in anderen Betrieben. In der Klinik kam es auf die gute krankenpflegerische Leistung an. Diese stand im Vordergrund, der Gottesdienst gehörte in den Bereich der Freizeit. Ob er wirklich die Kraft hat, das ganze Leben zu prägen? Eben auch den beruflichen Alltag zu prägen? Wer solche Fragen kritisch stellte, wollte wohl nicht einmal in erster Linie Vorwürfe aussprechen. Es ging mehr um die Formulierung einer stillen Hoffnung. So müßte es in der Diakonie eigentlich sein, daß Leben und Glauben eine Einheit bilden.

Was nur unter Schwierigkeiten in der abgegrenzten Anstalt zu verwirklichen ist, stößt auf noch größere Barrieren im offenen Feld der Gesellschaft. Es ist sehr fraglich, ob ein größerer Teil von Gemeindemitgliedern den Kirchenkreissozialarbeiter spontan dem Bereich der Diakonie zuordnet. Wer weiß, was ein Sozialarbeiter ist und tut, wird in erster Linie ihn als Sozialarbeiter verstehen. Wer mit ihm zu tun hat oder seine Aufgabe kennt, denkt wohl zunächst an seine Fachkenntnisse, denkt daran, daß er mit Behörden verhandelt. Vielleicht auch einmal daran, daß man mit ihm Probleme besprechen kann. Doch was haben der Sozialarbeiter und sein berufliches Aufgabenfeld in der Kirche mit Verkündigung zu tun? Die Kirche macht eben auch Sozialarbeit. Wer nicht zufällig weiß, daß ein Kirchenkreissozialarbeiter vom Kirchenkreis angestellt ist, wird ihn in seinen Arbeitsvollzügen kaum als kirchlichen Mitarbeiter identifizieren können. Und genau hier steckt das Problem. Der Pfarrer predigt, er verkündigt, er ist darum Repräsentant der Kirche. Er hat ein Aufgabenfeld, das keiner sonst in der Gesellschaft wahrnimmt. Dies ist beim Sozialarbeiter gerade nicht der Fall. Es gibt Sozialarbeiter bei Verbänden, in Betrieben, in Behörden. Sie erfüllen so weit wie möglich ihre Pflicht. Die in der Kirche tätigen verstehen ihre Aufgabe in der Regel als Diakonie. Doch dies vermittelt sich nicht nach außen. Ihre Tätigkeit ist nicht ohne weiteres als christlich identifizierbar. Kirchliche Sozialarbeit wird daran gemessen, und zwar in erster Linie daran gemessen, ob sie gute oder weniger gute Sozialarbeit ist. Die Kriterien, die an sie gelegt werden, sind also nicht ohne weiteres theologische.

In anderen Bereichen der diakonischen Arbeit ergibt sich eine ähnliche Problemlage, auch wenn sie nicht so zugespitzt ist wie im Bereich der offenen Sozialarbeit. Das kirchliche Krankenhaus wird daran gemessen, ob es ein gutes Krankenhaus ist. Für nicht wenige Menschen gehört hier dazu, daß die seelische Betreuung des Patienten mit angeboten ist. Doch ist eine gute seelische Betreuung noch nicht Seelsorge im christlichen Sinne. Und für die kirchliche Entwicklungshilfe ist entscheidendes Kriterium, daß sie effizient ist, nicht aber dies, daß sie sich am Missionsbefehl messen läßt.

Verkündigung verweist demnach auch für die Alltagserfahrung in einen typisch christlich-religiösen Bereich, Diakonie verweist in das Handlungsfeld sozialer und politischer Mitmenschlichkeit. Diese ist als solche nicht mehr typisch christlich. Daß Mitverantwortung für eine menschenwürdige Welt gebotene Sache ist, ist eine der Christen und Nichtchristen einenden Grundüberzeugungen unserer Gesellschaft. Über soziales Engagement ist also christliches Handeln nicht unbedingt identifizierbar. Ob dies nicht ein Grund dafür ist, daß Mitarbeiter in der Diakonie die Meinung haben können, sie seien nicht in gleichem Umfang für die Kirche wichtig wie die Pfarrer?

Eine zweite Gruppe von Beobachtungen läßt sich über das Erscheinungsbild der Kirche erheben. Wenn es richtig ist, daß Verkündigung und Theologie nur zwei Seiten einer Medaille sind, muß sich die Diakonie der Kirche in der Praxis ihrer Gemeinden niederschlagen. Genau dies ist indessen nur unzureichend der Fall.

Geht man von all dem aus, was eine durchschnittliche landeskirchliche Gemeinde prägt, können folgende Arbeitsfelder genannt werden: Gottesdienst, Unterricht, insbesondere Konfirmandenunterricht und Seelsorge, vorrangig um die Kasualien gruppiert. Natürlich kennt die durchschnittliche Gemeinde noch eine Reihe von weiteren Aktivitäten. In diesem Zusammenhang ist an die Jugendarbeit zu erinnern, an den Kindergottesdienst, schon in abgeschwächtem Sinne an Bildungsseminare. Auffällig im Blick auf diese Aufzählung ist, daß diakonische Arbeitsgruppen in vielen Gemeinden nicht bestehen. In der Zeit, als in den Diakonissenhäusern kein Schwesternmangel herrschte, konnte in einem größeren Teil von Gemeinden die Gemeindeschwester angetroffen werden. Sie verkörperte das diakonische Element. Infolge der Personalknappheit in den pflegerischen Berufen konnten die Stellen für Gemeindeschwestern nur schwer besetzt werden. Inzwischen hat sich zwar die Personallage geändert, jedoch gibt es in vielen Landeskirchen die Sozial- bzw. Diakoniestation. Auch wenn eine Kirchengemeinde für die Schwester Anstellungsträger bleibt, ist diese nicht mehr ohne weiteres als kirchliche Mitarbeiterin identifizierbar. Dies bedeutet, daß der diakonische Aspekt der kirchlichen Arbeit noch weniger erfahrbar ist als in der Zeit der kirchlichen Gemeindeschwester.

Es kann schwerlich bestritten werden, daß der Gottesdienst auch in den Augen der gesellschaftlichen Öffentlichkeit eine zentrale Bedeutung für die Kirche besitzt. Spiegeln Gottesdienste etwas vom diakonischen Charakter christlichen Glaubens wider? Sicherlich der eine oder andere, nicht aber der Gottesdienst, wie er in der Regel erlebt wird. Dieser ist ganz deutlich auf Predigt, Gebet und Abendmahl konzentriert. Daß das Abendmahl diakonische Bedeutung haben kann, sollte nicht als Einwand gelten. Auch das Fürbittengebet hat im Gottesdienst einen Platz und die Kollekte wird eingesammelt. Doch wird durch diese gottesdienstlichen Elemente wirklich etwas von dem erlebbar, daß Glauben Handeln in Verantwortung und Liebe umschließt? Die Frage stellen, heißt sie verneinen. Der Gottesdienst ist weit davon entfernt, aus der Einheit von Verkündigung und Diakonie zu leben.

Den Beobachtungen zur Praxis der Gemeinden entspricht die Priorität, die der Dienst des Pfarrers im Bereich des hauptberuflichen Dienstes der Kirche besitzt. Sachkenner wissen, daß heute in den diakonischen Werken und Einrichtungen der Kirche eine große Zahl von Menschen tätig ist. Das Bild jenseits der Einrichtungen, Anstalten und Werke sieht jedoch anders aus. Hier dominiert eindeutig der Theologe. In den Kirchengemeindeordnungen hat er in der Regel eine gegenüber allen übrigen Mitarbeitern herausgehobene Stellung. Hinzu kommt, daß der Pfarrer Theologe ist, und Theologe zu sein heißt nach wie vor in erster Linie, Ausleger der christlichen Tradition zu sein. Ein Theologe kann sein Universitätsstudium abschließen, ohne sich auch nur in einer einzigen Vorlesung oder einem einzigen Seminar mit Fragen der Diakonie beschäftigt zu haben. Unbedingt gefordert ist dagegen, daß er die biblischen Schriften studiert hat und Texte öffentlich vor der Gemeinde in der Predigt zur Sprache bringen kann. Anläufe, Fragen der Diakonie stärker in das theologische Studium einzubeziehen, sind bislang nicht gerade erfolgreich gewesen.[+]

Die Beobachtungen der kirchlichen Praxis verstärken demnach den bereits zuvor gewonnenen Eindruck, daß Verkündigung und Diakonie keineswegs so problemlos zusammengehören, wie es der theologische Theoretiker annimmt. Vielmehr fühlt man sich geradezu zu der Frage provoziert: Meint es die verkündende Kirche wirklich mit der Diakonie ernst? Doch wie kommt es zu dieser Diskrepanz, wie weit spielen historische Entwicklungen eine Rolle, und wie weit sind strukturelle Gegebenheiten maßgebend, Bedingungen, die sich aus der Situation der gegenwärtigen Gesellschaft ergeben? Zunächst soll ein Versuch im Vordergrund stehen, einige historische Fakten für die Entstehung des problematischen Verhältnisses zwischen Verkündigung und Diakonie nachzuzeichnen.

2. <u>Geschichtliche Wurzeln der Diskrepanz zwischen Verkündigung und Diakonie</u>

Die Verantwortung für die "Armen" gehört von den Anfängen der christlichen Gemeinden an zu den Lebensäußerungen der Kirche. Die theologische Tradition des Mittelalters hat dies im systematischen Zusammenhang begründet und legitimiert, und damit dem Almosen- und Stiftungswesen wie der darauf aufbauenden Armen- und Krankenpflege eine stabile Grundlage gegeben. Als sich die neuen evangelischen Kirchentümer im 16. Jahrhundert bildeten, war die Neuordnung des "diakonischen" Gesamtbereichs eine wichtige Aufgabe. Sie mußte schon früh in Angriff genommen werden. Luther selbst hat sich daran beteiligt, so bei der Erarbeitung der Kastenordnung für die Gemeinde Leising, 1523. Obwohl die Reformation keinen Zweifel daran ließ, daß der rechtfertigende Glaube an Christus die guten Werke als Früchte hervorbringt, bekamen sie doch eine neue theologische Qualität. Sie bestimmten nicht mehr unmittelbar das Gottesverhältnis. Gott war durch das gute Werk nicht zu be-

---

[+] Vgl. das Podiumsgespräch aus Anlaß des 25—jährigen Bestehens des Diakoniewissenschaftlichen Instituts der Theologischen Fakultät der Universität Heidelberg, in: Diakonie, Beiheft 3, September 1979, S. 100 ff.

einflussen. Seine Gnade stand vielmehr am Anfang und ihr, der befreiend
gütigen Zuwendung, entsprach allein das Vertrauen. Erst aus diesem Vertrauen, das allein das Gottesverhältnis bestimmte, konnte das Tun des
Gerechten und Barmherzigen als Frucht erwachsen.

Bei der Formulierung des protestantischen Selbstverständnisses tritt ganz
deutlich der rechtfertigende Glaube in den Vordergrund. Das Augsbur-
gische Bekenntnis von 1530 knüpft in seinen ersten drei Artikeln an das
Bekenntnis zum dreieinigen Gott an, um im vierten Artikel die Rechtfertigungslehre zu formulieren: "Weiter wird gelehrt, daß wir Vergebung der Sunde
und Gerechtigkeit vor Gott nicht erlangen mogen durch unser Verdienst, Werk
und Genugtun, sonder daß wir Vergebung der Sunde bekommen und vor Gott
gerecht werden aus Gnaden umb Christus willen durch den Glauben..." Wichtig
für das Bekenntnis ist im folgenden das Predigtamt (Artikel 5); denn der
Glaube kommt aus der Predigt, erst dann wird vom neuen Gehorsam gesprochen
(Artikel 6): Der Glaube muß Früchte bringen, jedoch wird die Vergebung der
Sünde allein durch den Glauben empfangen. Das Verhältnis von Glauben und
guten Werken wird in Artikel 20 dann noch einmal ausführlich thematisiert.
Auch in diesem Zusammenhang geht es darum, das heileröffnende Gottesverhältnis als Glauben zu beschreiben. Daß diese theologische Grundposition
strukturelle Folgen hat, geht aus der Anlage des Bekenntnisses unmittelbar
hervor. Wie anders könnte es sein, daß der Dienst des Predigens, des glau-
benwirkenden Predigens so deutlich hervorgehoben wird. Bis heute sind die
Kirchenverfassungen und Kirchengemeindeordnungen der lutherischen Tradition
davon geprägt. Das Amt der Verkündigung, vorrangig dargestellt im Pfarramt,
im Amt des Predigers, ist von grundlegender Bedeutung für die Kirche. Demgegenüber treten alle anderen Dienste zurück.[+]

Eine ergänzende Problemsicht ergibt sich, wenn man nicht nur die Bekennt-
nisformulierungen, sondern die reformatorischen Kirchenordnungen berücksichtigt. In einer Reihe von ihnen ist das Armenwesen ausdrücklich einbezogen. Während in der Frühphase der reformatorischen Neuordnung unter
"gemeinem Kasten" häufig das gesamte Kirchenvermögen verstanden wird, geht
es im "gemeinen Kasten" der späteren Kirchenordnungen, sofern er überhaupt
aufgenommen ist, speziell um die Mittel für die Armenpflege. Dies läßt sich
an der für größere Teile der heutigen Hannoverschen Landeskirche wichtigen
Calenberger Kirchenordnung verdeutlichen. Sie wurde durch Herzog Julius II
von Braunschweig-Wolfenbüttel zunächst in seinem Gebiet 1569 verbindlich
gemacht. Entstanden war sie unter der Beratung von Martin Chemmnitz und dem
Tübinger Universitätskanzler Jacob Andreae. Die Württembergische Kirchenordnung von 1559 hat sie stark beeinflußt. Im Jahre 1585 wurde sie auch im
Lande Calenberg-Göttingen eingeführt. Während sie in Braunschweig schon im
17. Jahrhundert ersetzt wurde, ist sie in den betreffenden Gebieten der
Hannoverschen Landeskirche gültig geblieben.[++]

Die Kirchenordnung beschäftigt sich ausführlich mit den sogenannten Zere-
monien: Sie legt die Gottesdienstordnung, die Taufordnung, die Ordnung der
Firmung und der Trauung sowie des Begräbnisses fest. Sie bestimmt, wie
die Pfarreien besetzt werden und enthält eine Ausbildungs- und Examens-
ordnung für die "Kirchendiener". Sie ordnet die Visitation und beschreibt
die kirchenleitenden Ämter. Darüberhinaus enthält sie die Eheordnung, die
Schulordnung und schließlich die Kastenordnung. Noch Schlegels Darstellung

---

[+] Mit dieser Feststellung wird ausschließlich das Ergebnis der Analyse historischen Materials formuliert. Ob der Vorrang des überkommenen Pfarramts
bleiben kann, auch gerade bleiben kann, wenn das Auseinandertreten von
Verkündigung und Diakonie festgestellt werden muß, ist eine andere Frage.

[++] E. Sehling (Hrsg.), Die evangelische Kirchenordnung des XVI. Jahrhunderts,
Sechster Band, I. Hälfte, 1. Halbband (VI/1,1), Tübingen 1955, S. 5 ff.

des Hannoverschen Kirchenrechts von 1803 nimmt in seinem dritten Teil
diese Gliederung auf. Sie handelt vom Gottesdienstrecht, Eherecht, Schulrecht
sowie von den Armen- und Verpflegungsanstalten. Alle Rechtsbereiche sind
Teile des Kirchenrechts. Die Oberaufsicht über das gesamte Armenwesen liegt
deshalb beim Konsistorium. Auf der Ebene der Gemeinden und Superintendentur-
bezirke sind die Prediger und Superintendenten an der Aufsicht über das
Armenwesen immer beteiligt. Schlegel stellt fest: "Die Armen- und Ver-
pflegungs-Anstalten sind schon früh mit dem Kirchen-Wesen in Verbindung gesetzt, da die christliche Kirche gleich bey ihrem ersten Entstehen sich
der Fürsorge für die Armen besonders annahm...".[+]

Die Kastenordnung der Calenberger Kirchenordnung formuliert deutlich, warum
das Armenwesen im Rahmen der kirchlichen Neuordnung bedacht werden muß:
"Auf das auch die armen, welche uns in heiliger schrift sonderlich bevohlen,
nach notturft versorget, dagegen aber die Faulenzer, böse streifer, land-
fehrer und leichtfertige buben...abgeschafft und gegen ihnen mit gebürender
straff volnfahren würde, haben wir nachvolgende ordnung fürgenommen".[++]
Neben anderen christlichen Werken ist also das Almosengeben Gott besonders
gefällig. Der Nächste erfährt durch die Tat der Liebe Gottes Barmherzigkeit.
Der Zusammenhang zwischen Glaube und Dienst am Nächsten wird dadurch dargestellt, daß die im Klingelbeutel eingesammelte Kollekte des Gottesdienstes
als Almosen gesammelt wird. Jeden Sonntag und Mittwoch soll darüberhinaus
durch die Gassen gegangen werden, um weitere Gaben zu sammeln. Hier wird
durchaus etwas von der Verknüpfung von Gottesdienst und Alltag der christlichen Gemeinde sichtbar.

Das Armenwesen war bis in das 19. Jahrhundert hinein ein Teil der kirchlichen
Ordnung. Neuanstöße kamen im 18. und 19. Jahrhundert einerseits aus Kreisen
des Pietismus und der Erweckungsbewegung, andererseits aus Kreisen, die der
Aufklärung nahestanden und philanthropischen Idealen verpflichtet waren.[+++]
Daß die Reformansätze des 18. und 19. Jahrhunderts den Kreisen des Pietismus
und der Aufklärung entstammten, hatte erhebliche und langfristige strukturelle Folgen für die diakonische Arbeit. Zum einen wanderte diese immer mehr
aus der Verantwortung der parochialen Kirchengemeinden ab und organisierte
sich in Vereinen, insbesondere später unter Wichern Einfluß in Vereinen der
Inneren Mission. Zum anderen kamen die Impulse der Entwicklung eines in der
Verantwortung des säkular verstandenen Staates liegenden Armen- und Sozial-
rechts zugute. Im 19. Jahrhundert liegen demnach sowohl die Anfänge des
Sozialstaates wie die Anfänge von innerkirchlichen Entwicklungen, die zur
Verselbständigung des diakonisch-karitativen Handlungsbereichs führen.

Freie Wohlfahrtspflege und Aufgabenstellung des Sozialstaates mußten in der
Folgezeit zueinander in Beziehung gesetzt werden. Erst nach 1945 wurde ein
gewisser Abschluß erreicht. Dabei bot sich das in der katholischen Sozial-
lehre entwickelte Subsidiaritätsprinzip als theoretische Grundlage für die
gesetzliche Neuordnung an.

Die innerkirchliche Entwicklung nach 1945 ist durch die Wiedereingliede-
rung der Diakonie in die Gesamtorganisation Kirche geprägt.

Das schon 1945 entstandene Hilfswerk der Evangelischen Kirche in Deutsch-

---

[+] J.K.F. Schlegel, Churhannöversches Kirchenrecht, 3. Theil, Hannover 1803,
S. 448 und ff.

[++] E. Sehling (Hrsg.), a.a.O. S. 262.

[+++] Vgl. zum letzteren insbesondere G. Noske, Die beiden Wurzeln der Diakonie, Stuttgart 1971, S. 27 ff. Ferner: G. Uhlhorn, Die Christliche Liebes-
thätigkeit, 2. verbesserte Auflage, Stuttgart 1895, S. 653 ff und 668 ff.

land wurde 1957 mit dem Central-Ausschuß für Innere Mission verschmolzen. Das "Diakonische Werk" der Evangelischen Kirche in Deutschland ist zwar einerseits Werk der Kirche und als solches in die Kirche integriert, andererseits aber eine in hohem Maße selbständige Institution, einer der großen Spitzenverbände der Freien Wohlfahrtspflege. Er ist damit ein gegenüber der Kirche auch freies Werk geblieben.

Der historische Rückblick sollte einen Beitrag dazu leisten, die beobachtete Diskrepanz zwischen Verkündigung und Diakonie zu erklären. Ein erster Versuch in diese Richtung wurde im Zusammenhang der Darstellung des Augsburgischen Bekenntnisses unternommen: Obwohl dort deutlich auf den Zusammenhang zwischen Glauben und sittlichem Handeln verwiesen wird, rückt der Akzent auf den Vollzug des Glaubens. Glaube als Vertrauen entspricht der göttlichen Zusage der Vergebung der Schuld. Solcher Glaube entsteht durch die Predigt. Glaube ist vertrauende Antwort des Menschen auf das zusagende Wort Gottes. Für die Ordnungen der Kirche rückt deshalb das Geschehen um Gottesdienst und Predigt an die zentrale Stelle.

Die aus der Tradition der alten Kirche und des Mittelalters stammende Praxis des Almosengebens oder allgemeiner ausgedrückt, der Verantwortung für den Bedürftigen, wird in der Orientierung an die biblische Tradition von der Reformation weitergeführt. Dem geben die reformatorischen Kirchenordnungen Ausdruck. Dabei darf nicht außer acht gelassen werden, daß damals die Kirche einen anderen gesellschaftlichen Ort hatte als heute. Sie war eine Einrichtung der Gesamtgesellschaft. Das christlich-kirchliche Normen- udn Wertesystem war das in der Gesellschaft mehr oder weniger allein gültige. Darüberhinaus hatte sie Funktionen inne, die heute in der Verantwortung des Staates liegen: Eherecht war ein Teil des Kirchenrechts, die Schule gehörte in den Aufsichtsbereich der Kirche, ebenso das Sozialwesen. Seit dem 18. Jahrhundert zeichnen sich immer stärkere Veränderungen ab: Die christlich-kirchlichen Normen und Werte sind nicht mehr die in der Gesellschaft allein anerkannten und gültigen. Zwar stehen die allgemeinen Werte der Gesellschaft nicht im Widerspruch zur christlichen Tradition, sie sind geradezu aus ihr erwachsen; sie brauchen aber nicht mehr von dieser her verstanden und begründet zu werden.
Im Blick auf die von der Kirche wahrgenommenen Funktionen kam es nicht nur in Folge der Säkularisierung, sondern auch infolge der Differenzierung gesellschaftlichen Lebens zu einer Abgabe von Aufgaben der Kirche an den Staat. Mit zunehmendem Pluralismus wurde er als weltanschaulich neutrale Handlungsebene verstanden und konnte deshalb Funktionen übernehmen, die die Kirche als eine soziale Einheit, die nur für einen Teil der Gesellschaftsmitglieder sprechen konnte, nicht mehr ausreichend legitimiert wahrzunehmen in der Lage war. Auf diese Weise wird auch das Sozialwesen zu einer Funktion des Staates. Begründet wird es nicht mehr in erster Linie durch den christlichen Glauben, sondern durch sozialpolitische Notwendigkeiten (Armut als Gefährdung staatlicher Stabilität) und durch allgemein humane Wertorientierungen (Menschenrechte, Grundrechte). Soziales Handeln ist in diesem Kontext nicht mehr eindeutig als christliches Handeln identifizierbar. Es kann auch von anderen Traditionen her begründet sein. Im Gegensatz dazu bleibt Verkündigung im Sinne von Predigt des Evangeliums eindeutig christlich-kirchlich verortet. So kann es dazu kommen, daß soziales Handeln, auch wenn es sich selbst als christliches Handeln versteht, als nicht eindeutig genug dem Glauben zugeordnet erlebt wird.
Die Herausforderungen durch die säkularisierte Gesellschaft führen zu Versuchen, die Christlichkeit des ethischen Bereichs - dies gilt über den Bereich des Sozialwesens hinaus - wenigstens auf der theologischen Ebene wiederzugewinnen. Angesichts der Säkularisierung der Eheordnung fragt man z.B. nach der christlichen Ehe, angesichts der verstaatlichten säkularen Schule nach dem Spezifikum christlicher Erziehung, angesichts eines in allgemein gesellschaftlichen Werten verankerten Sozialwesens nach dem Spezifikum christlichen sozialen Handelns. Im Blick auf den zuletzt genannten Bereich galt lange Zeit folgender Lösungsversuch: Soziales Handeln in christlicher Verantwortung ist immer ergänzungsbedürftig. Erst die Verkündigung macht es zur Mission. Hilfe im weitesten Sinne bedeutet von diesem Verständnis her immer auch Hilfe zum persönlichen Glauben. Diakonie ist

nur dann auch Verkündigung, wenn dem sozialen Handeln das christliche
Reden als ein selbständiges Moment hinzugefügt wird. Beides zusammen
erst bildet den Akt diakonischen Handelns. Genau dieser Lösungsversuch
ist indessen in die Krise geraten. Soziales Handeln in christlicher Verantwortung kann nicht mehr ohne weiteres verstanden werden als missionarische Gelegenheit. Liegt dies am mangelnden christlichen Selbstverständnis der Mitarbeiter? Liegt dies umgekehrt daran, daß christlich-evangelische Existenz eben doch denkbar ist, ohne wie gleichsam selbstverständlich soziale Mitverantwortung in praktischen Lebensvollzügen einzuschließen? Liegt dies daran, daß Diakonie in den Ordnungen der Kirche
nicht der Predigt gleichrangig ist oder auch daran, daß die Theologie
bislang nicht in der Lage war, sich ausreichend in den praktischen Vollzügen sozialen Handelns als hilfreich zu bewähren? Diese Fragen lassen
sich von den historischen Entwicklungslinien her nicht ausreichend beantworten. Möglicherweise sind sozialstrukturelle Bedingungen dafür mitverantwortlich.

3. **Sozialwissenschaftlicher Erklärungsversuch für die Diskrepanz zwischen Verkündigung und Diakonie**

Unter sozialwissenschaftlichen Gesichtspunkten hat sich Niklas Luhmann
sowohl mit Problemen des Helfens wie mit der Funktion der Religion beschäftigt. Sein Ansatz bietet darüberhinaus die Möglichkeit, entwicklungsgeschichtliche Gesichtspunkte mit strukturellen zu verknüpfen. Seine
Analyse soll deshalb im Mittelpunkt der folgenden Überlegungen stehen.[+]

Luhmann beschreibt die Wirklichkeit sozialen Lebens vorrangig mit dem
Begriff des Systems. Das Ganze des Sozialen ist in in sich sinnvolle
Einheiten gegliedert, die sich als solche zu einer jeweiligen Umwelt
in Beziehung setzen. Für die Aufrechterhaltung dieser Systeme als Einheit sozialen Handelns ist die Bewältigung der Umweltbeziehung entscheidend. Dabei sind drei verschiedene Ebenen zu unterscheiden: Die Ebene der
Gesellschaft stellt jenes System dar, das alle nur möglichen Sozialbezüge
umschließt. Gesellschaft in diesem Sinne ist in einer Stammeskultur die Gesamtheit der sozialen Bezüge und zugleich die Gesamtheit der möglichen
Handlungsmuster, die den Stammesangehörigen gemeinsam sind. In der Gegenwart ist Gesellschaft nur denkbar als Weltgesellschaft, zumindest in der
Optik der Industriekulturen. Sie partizipieren durch ihre Wissensbestände
an der Gesamtheit möglicher Entwürfe sozialen Lebens.

Die zweite Systemebene - und sie war über Jahrhunderte hinweg neben der
Ebene der Gesellschaft die einzig vorhandene - ist die des einfachen
sozialen Zusammenhandelns. Wo einzelne miteinander direkt zu tun haben,
wo Gruppen sich in der direkten Begegnung von einzelnen aufbauen oder sich
gemeinsam zu ihrer Umwelt in Beziehung setzen, entsteht ein soziales System.
Das System der Gesellschaft baut auf solchen einfachen Systemen auf, wirkt
aber auch wieder auf diese zurück. Die Gesamtheit der Gesellschaft re-

---

[+] Ich beziehe mich schwerpunktmäßig auf zwei Veröffentlichungen von Luhmann: N. Luhmann, Funktion der Religion, Frankfurt am Main 1977, insbesondere Kapitel 1: Die gesellschaftliche Funktion der Religion, S. 9 ff. und
Kapitel 5: Organisation, S. 272 ff. Ferner auf N. Luhmann, Formen des Helfens im Wandel gesellschaftlicher Bedingungen, in: H.-U. Otto/ S. Schneider (Hrsg.), Gesellschaftliche Perspektiven der Sozialarbeit, 1. Halbband,
Neuwied/ Berlin 1973, S. 21-43. Zur Analyse des Luhmann'schen Ansatzes vgl.:
G. Preyer/ H. Grünberger, Die Problemstufenordnung in der systemtheoretischen Argumentation Niklas Luhmanns, in: Soziale Welt, 31. Jg. 1980,
S. 48-67.

präsentiert die auch den Gruppen zur Verfügung stehenden gemeinsamen Formen sozialen Handelns.

Die zwischen der Ebene der Gesamtgesellschaft und der der einfachen Formen sozialen Handelns liegende Systemebene ist die der Organisationen. Sie hat sich erst mit zunehmender Vielfalt und Vielschichtigkeit der Beziehungen zur Welt und zu den jeweils anderen Systemebenen ausgestaltet. Organisationen bilden sich im Prozeß einer funktionalen Differenzierung. Auch die älteren Gesellschaftstypen waren gegliedert. Die Gliederung erfolgte jedoch nach dem Prinzip der Segmente. Jedes Segment war ein Teilsystem, das dem Gesamtsystem nachgebildet war. Alle nur möglichen Funktionen wurden im Segment in ähnlicher Weise wahrgenommen wie im Gesamtsystem. Die funktionale Differenzierung folgt einem anderen Prinzip, dem Prinzip der Arbeitsteiligkeit. Jede soziale Einheit übernimmt nur noch eine bestimmte Anzahl von Funktionen, etwa die Wirtschaft die Funktion der Produktion von Gütern. Innerhalb des Teilsystems Wirtschaft wird wiederum funktional gegliedert. Kein Betrieb stellt alle Güter her, sondern ist spezialisiert auf bestimmte Güter. Auf diese Weise nimmt die Leistungsfähigkeit des sozialen Gesamtsystems zu. Daß dabei auf die Sozialform Organisation zurückgegriffen wird, hängt damit zusammen, daß Handeln als Entscheidung verstanden wird. Die Bewältigung von Problemvielfalt vollzieht sich im Akt der Entscheidung zwischen Alternativen. Dies ist das durchgängige Prinzip der Organisation.[+]

Der Gestaltwandel der Gesellschaft, also etwa die Herausbildung der differenzierten, von Organisationen bestimmten Gesellschaft der Neuzeit, ist auf Struktur und Funktion des Helfens nicht ohne Einfluß geblieben. In den archaischen Gesellschaften bedeutet Hilfe eine umfassende Bereitschaft, unter Stammesangehörigen gemeinsam auftretende Bedürfnisse zu befriedigen. Hilfe in diesem Sinne ist gegenseitig. Erfahrene Hilfe verpflichtet zur Hilfeleistung. Verhaltensmuster dieser Art finden sich auch heute noch, und zwar vor allem in ländlichen Gemeinwesen oder aber zum Teil in den Familien und Verwandschaftsverbänden.

Ist in den alten Formen gegenseitige Hilfe der Angehörigen der Gesellschaft für die Umweltbewältigung der Gesamtheit von grundlegender Bedeutung, so gewinnt die Hilfe in den "hochkultivierten Gesellschaften" einen anderen Stellenwert. Die nach wie vor wichtige gegenseitige Hilfe wird vertraglich abgesichert. Der ursprünglich partnerschaftliche Gedanke des Helfens, nämlich Helfen als gegenseitiges Helfen verstanden, geht hier ein. Gleichzeitig verliert Helfen den Charakter von gesellschaftlich unbedingt notwendigem partnerschaftlichen Verhalten und zieht einen neuen Aspekt an, nämlich den, daß der sozial Stärkere den sozial Schwächeren stützt. Helfen wird zu einem Akt, der von oben nach unten gerichtet ist, die Differenz innerhalb der Gesellschaft symbolisiert und diese zugleich stabil macht. Helfen wird etwa in der mittelalterlichen Gesellschaft zum Akt des Almosengebens, der Besitzende stützt den Nichtbesitzenden, letzterer anerkennt in der Annahme der Hilfe das Gefüge der Ungleichheit, ersterer übernimmt Mitverantwortung für die Situation des Schwächeren, das grundsätzliche Gefüge der Gesellschaft wird jedoch nicht verändert.[++]

Ist in den 'hochkultivierten' Gesellschaften Hilfe immer Sache aller einzelnen und Gruppen, die dazu in der Lage sind, so gewinnt sie in der modernen Gesellschaft, also jenem Gesellschaftstyp, der durch das Vorhandensein von Organisationen geprägt ist, ein verändertes Gesicht. Jetzt bilden

---

[+]   N. Luhmann, Funktion der Religion, S. 284 ff.

[++] Vgl. N. Luhmann, Formen des Helfens im Wandel gesellschaftlicher Bedingungen, S. 27 ff.

sich organisierte Sozialsysteme, die auf das Helfen spezialisiert sind.
Hilfe wird erwartbare Leistung, die durch Programme der Sozialarbeit vorentschieden ist und durch ein professionelles Personal gesteuert wird.
Da Programme nicht die Vielfalt der Situationen völlig erfassen können, kommt der lernbaren Methodik des Helfens eine wichtige Steuerungsfunktion zu. An den Programmen einerseits, an der Methodik des Helfens andererseits wird die Richtigkeit der helfenden Entscheidung im Einzelfall beurteilt. Luhmann formuliert: "In diesem Rahmen ist die Entscheidung, zu helfen oder nicht zu helfen, nicht Sache des Herzens, der Moral oder der Gegenseitigkeit, sondern eine Frage der methodischen Schulung und der Auslegung des Programms, mit dessen Durchführung man während einer begrenzten Arbeitszeit beschäftigt ist".[+] Was generell für die Sozialarbeit gilt, gilt nun im besonderen auch für die Arbeit der Kirchen. Sie haben von ihrer Tradition her gerade an diesem Punkt eine wichtige Funktion. Auch auf sie indessen ist der gesellschaftliche Wandel nicht ohne Einfluß. Dieser muß deshalb zunächst im Blick auf seine Relevanz für das System der Religion beschrieben werden.

Daß Religion in den älteren Gesellschaftsformen selbstverständlich ein Element der gesamtgesellschaftlichen Systemebene war, ist einsichtig. Jedoch nimmt Luhmann an, daß nach wie vor - das heißt auch in modernen Gesellschaften - die Religion auf der gesamtgesellschaftlichen Ebene eine notwendige Aufgabe hat. Sie stellt nämlich Denkmuster zur Verfügung, die es erlauben, das letztlich Unbestimmbare in der Welterfahrung bestimmbar zu machen. Eine grundlegende Aussage in diesem Zusammenhang ist im Rahmen der christlichen Lehre etwa die Formulierung: Gott ist Schöpfer der Welt. Dies bedeutet, daß wenn immer das Unbestimmbare, das Unplanbare, das Schrecken Erregende, auch das wunderbar Glückhafte überwältigen, die Erfahrung benennbar ist. Es ist Gott, und Gott ist ein Gott, der ordnet, der das Chaos zurückdrängt. Er ist nach christlicher Auffassung ein Gott der Liebe, der den Menschen auch in der Erfahrung des Leidens annimmt, weil er das Böse überwindet. Die Vermittlung solcher Grundüberzeugungen vollzieht sich auf der Ebene der einfachen Systeme durch die Rituale, etwa den Gottesdienst. Auf der gesamtgesellschaftlichen Ebene ist allein schon das Vorhandensein des religiösen Deutungs- und Handlungssystems wirksam. Um die Beziehung zwischen Gesamtgesellschaft und Religion zum Ausdruck zu bringen, benützt Luhmann den Begriff der Funktion. Die Religion erfüllt eine Funktion für die Gesamtgesellschaft, indem sie Deutungsmuster bereitstellt, die die bedrohliche Welterfahrung erträgbar machen.

In den modernen Gesellschaften, die durch die Zwischenebene der Organisationen geprägt sind, verändert oder genauer, erweitert sich auch der Beziehungsbereich der Religion. Sie muß sich auf vorhandene Organisationen einstellen. Sie tut dies, indem sie Elemente von Organisation übernimmt und den anderen Organisationen Leistungen zur Verfügung stellt. Hier siedelt Luhmann Diakonie und Seelsorge an. Sie stellen auf der Organisationsebene die "Beiträge" des Religionssystems für die anderen Organisationen dar. Luhmann vergleicht an dieser Stelle die verschiedenen Religionen nicht. Dies ist ein Mangel seines Ansatzes. Jedoch bleibt im Blick auf die christlich geprägten industrialisierten Gesellschaften seine Beobachtung wichtig.

Doch was versteht Luhmann unter Diakonie? Er geht nicht von einer theologischen Bestimmung des Begriffs aus, sondern faßt darunter jene Gestalt der Leistung zwischen Organisationen, in der sozialstrukturelle Probleme in personalisierter Form, an Personen also, "wahrgenommen" werden.[++] Auf diese Weise übernimmt das Religionssystem die Zuständigkeit für "Personen-

---

[+] a.a.O., S. 34.

[++] N. Luhmann, Funktion der Religion, S. 58.

belastungen und Schicksale", die in anderen Teilsystemen erzeugt, aber nicht
behandelt werden. Diese Probleme, die vorrangig vom Wirtschaftssystem verursacht sind, werden jedoch von der Diakonie nicht strukturell, d.h. politisch
bearbeitet, sondern eben in personalisierter Form. Im Gegensatz zur Diakonie
ist Seelsorge nach dem Verständnis von Luhmann ein solcher Dienst, der
personale Probleme behandelt, die aus dem System der Persönlichkeit selbst
herstammen, d.h. individuellen Ursprungs sind. Ob Problembereiche in dieser
Weise getrennt werden können, wird nicht angesprochen.

Leistungen einer Organisation für die andere setzen voraus, daß nicht nur
Leistungen erbracht, sondern auch Leistungen akzeptiert werden. Das heißt,
die abnehmenden Organisationen müssen hinsichtlich ihrer Leistungserwar-
tungen berücksichtigt werden. Im Blick auf den Bereich "Diakonie" meint
dies, daß nicht mehr Liebe im Sinne von "für den anderen einfach da sein"
Kriterium der Leistung ist, sondern Normen, die in den Empfängersystemen
entwickelt sind. Diakonie muß sich den Normen einer methodisch orientierten Sozialarbeit anpassen. Dabei diskreditiert sie möglicherweise die religiöse Zentralnorm "Liebe". Dies bedeutet, daß z.B. der theologisch immer
wieder deutlich gemachte Zusammenhang zwischen einem Dienst, der empirisch
faßbare Zustände humanisiert, und dem anderen, der das Gottesverhältnis
des Menschen als das Zentralproblem alles Unheils betrachtet, nicht mehr
deutlich genug sichtbar werden kann. "Heil" und "Wohl" treten damit unter
den Strukturbedingungen, unter denen Helfen heute möglich ist, auseinander.
Der Sozialarbeiter meint erfolgreich zu arbeiten, wenn er eine empirisch
faßbare Situation verändert, während der Theologe eigentlich sagen muß,
daß eine Unheilsituation nur dann grundlegend verändert wird, wenn die
Schuld vor Gott weggenommen und neues Leben dadurch ermöglicht ist.[+] Luhmann spricht deshalb von einer Kompromittierung der Theologie durch Diakonie, Seelsorge und Moralkasuistik.[++]

Gerade die Leistungen des Religionssystems auf der Ebene der Organisation
scheinen demnach die alle Systemebenen eigentlich einschließende Identität
der Religion zu gefährden. Sie sicherzustellen, ist Aufgabe der Theologie.
In der Theologie verhält sich nach Luhmann das Religionssystem zu sich
selbst. Doch ganz offensichtlich kommt die Theologie an ihre Grenze. Sie
vermag zwar die Funktionen der Religion auf gesamtgesellschaftlicher Ebene
zu bedenken, nur schwer offensichtlich aber jenes, was sich auf der Organisationsebene von Diakonie und Seelsorge vollzieht. Luhmann meint, in der
heutigen Zeit eine Lockerung der Interdependenz beobachten zu können, also
den Tatbestand, daß, was auf der Ebene von Diakonie und Seelsorge geschieht,
gar nicht mehr unter den Anspruch gestellt wird, voll theologisch und re-
ligiös verantwortbar zu sein. Luhmann tendiert zu der Lösung einer Entkoppelung der verschiedenen Ebenen, zu einer Art Systemautonomie innerhalb des
Religionssystems. Diakonie und Seelsorge sollen in relativer Eigenständigkeit ihre Arbeit unter den Bedingungen ihrer Zuordnung zu anderen Organisationen tun können.[+++]

Für das Problem der Diskrepanz zwischen Verkündigung und Diakonie stellt
sich die Lage nach der Luhmann'schen Analyse folgendermaßen dar: Diakonie,
jetzt verstanden als Organisation christlicher Nächstenliebe, steht unter
dem Zugzwang, ihre Leistung innerhalb des Systems verschiedener gesellschaftlicher Organisationen ausreichend einbringen zu können. Sie unter-

---

[+] Vgl. zu dieser Problematik auch J. Degen, Diakonie und Restauration,
Neuwied / Darmstadt 1975, S. 194 f.

[++] Die Funktion der Religion, S. 62 f.

[+++] a.a.O., S. 62 f.

liegt deshalb Normen, denen Sozialarbeit heute generell unterliegt. Ihr Angebot muß programmgesteuert und methodisch verantwortet sein. Es ist in erster Linie Sozialarbeit, wie die auch anderer Organisationen. Sie darf programmatisch gesehen nicht "innere Mission" sein. Diakonie kann von den Strukturbedingungen her also nicht zugleich Aufgaben der verbalen Verkündigung des Evangeliums übernehmen. Sie orientiert sich als Sozialarbeit weder an Vollzügen wie dem des Zuspruchs des befreienden Evangeliums, noch praktiziert sie Nächstenliebe in dem Sinne, daß in allen Einzelakten ein Partnerbezug zustande kommt, in dem personale Annahme unmittelbar erfahren wird. Damit scheint die Diskrepanz zwischen Verkündigung und Diakonie unter den gegenwärtigen Bedingungen als geradezu unaufhebbar. Doch kann sie nicht gemildert werden? Hat Luhmann recht, wenn er eine Entkoppelung der verschiedenen Systemebenen vorschlägt? Muß nicht wenigstens in der Theologie der Versuch gemacht werden, um der Einheit christlichen Lebens und Denkens willen, die verschiedenen Handlungsebenen beieinanderzuhalten? Könnte die Theologie zumindest nicht begründen, warum Diakonie nicht unmittelbar Verkündigung des Evangeliums sein kann? Könnte sie es nicht verstehbar machen, um dadurch dem Mitarbeiter in der Diakonie einen größeren Raum der Freiheit für das Notwendige zu erschließen? Diese Fragen sollen einer weiteren Klärung zugeführt werden. Dabei geht es zunächst darum, theologische Begründungsversuche für die Diakonie auf ihre Leistungsfähigkeit hin zu überprüfen.

4. Die Theologie der Diakonie - Versuche zur Überwindung der Diskrepanz

Es ist auffallend, wie deutlich in der theologischen Diskussion die Distanz zwischen Diakonie und Kirche bzw. Theologie wahrgenommen wird. Johannes Degen etwa konstatiert eine solche Diskrepanz zwischen Theologie und Diakonie, wenn er formuliert: "Die augenblickliche Lage der Diakonie... ist davon bestimmt, daß sie als Liebe zwar methodisch qualifiziert geschieht, sich aber in ihrem geradezu konstitutiven Bezug auf den Glauben nicht mehr so recht verständlich machen kann. Wir stehen vor der Aufgabe, theologische Kriterien für die laufende diakonische Praxis und ihre zukünftige Entwicklung zu benennen".[+]

Eine theologische Grundlegung der Diakonie, die Isolation und Diskrepanz überwinden soll, wird auf sehr unterschiedliche Weise versucht. Paul Philippi meint, die Schwierigkeit dadurch beheben zu können, daß er die Diakonie deutlicher als dies in der protestantischen Tradition bislang geschehen ist, im Christusgeschehen selbst verankert. Er versteht Diakonie als christozentrische Diakonie. Er formuliert: "Die in Christus bezeugte und gegenwärtige Gottesherrschaft zieht die Gemeinde... in ihr Kraftfeld ein und bestimmt die in diesen Kraftfeld Lebenden... zu der christusgemäßen Lebens- und Wirkensgestalt gegenseitiger Zuwendung..."[++] Auch zur Rechtfertigungslehre setzt er Diakonie in Beziehung. Die christozentrisch verstandene Lehre von der Diakonie ist die reformatorische Weise schlechthin, vom Wirken des gerechtfertigten Sünders in einer positiven Weise zu sprechen.[+++]

[+] J. Degen, Diakonie im Widerspruch, in: Wissenschaft und Praxis in Kirche und Gesellschaft, 67. Jg. 1978, S. 252-259, hier: S. 252.

[++] A. Philippi, Christozentrische Diakonie, 2. Aufl., Stuttgart 1975, S. 232.

[+++] a.a.O., S. 233.

Philippi argumentiert deutlich auf der systematisch-theologischen Ebene, d.h. er versucht, Phänomene von Diakonie im christlichen Traditionszusammenhang zu reflektieren und deutlich zu machen, daß das Handeln aus Liebe im Grundakt christlichen Glaubens, nämlich im Kommen Jesu Christi seine Wurzel hat. Auf derselben Ebene liegen Überlegungen, die Arnd Hollweg zur theologischen Orientierung im sozialen Handeln vorträgt.[+] Er formuliert etwa: "Man könnte diakonische Praxis definieren als soziale Arbeit in der Partizipation und der helfenden Beziehung Gottes zur Welt in Jesus Christus" (S. 505).
Derartige Aussagen stellen Legitimationsformeln dar, die das diakonische Handeln von Grundaussagen der biblisch-christlichen Tradition her begründen. Die in der Praxis gängigen Legitimationsformeln sind im allgemeinen einfacher. So wird etwa gesagt, das diakonische Handeln meine den ganzen Menschen, nicht nur den Menschen hinsichtlich seiner Leiblichkeit. Dem diakonischen Handeln gehe es um Heil und Wohl des Menschen. Oder: Verkündigung geschieht immer in der Doppelheit von Wort und Tat. Diese Formulierung ist in einer Reihe von Kirchenverfassungen eingegangen, so etwa in die Grundordnung der Evangelischen Kirche in Deutschland vom 13. Juli 1948. Artikel 15 (1) lautet: "Die Evangelische Kirche in Deutschland und die Gliedkirchen sind gerufen, Christi Liebe in Wort und Tat zu verkündigen. Diese Liebe verpflichtet alle Glieder der Kirche zum Dienst und gewinnt in besonderer Weise Gestalt im Diakonat der Kirche, demgemäß sind die diakonisch-missionarischen Werke Wesens- und Lebensäußerung der Kirche".

Das Interesse solcher Formulierungen ist, die Diakonie im Kern christlichen Glaubens zu verankern. Sie ist nicht etwas Zweites, was auch unterbleiben könnte, sie gehört zum christlichen Zeugnis elementar hinzu. Globalformulierungen dieser Art haben allerdings nur dann Bedeutung, wenn sie auf der Ebene konkreten Handelns umgesetzt werden. Philippi verweist mit einigem Recht darauf, daß man eigentlich banal formulieren müßte: "Hinreichend begründet ist die Diakonie erst, wenn sie zum Examensstoff des theologischen Studiums gehört".[++] Auch Theodor Schober benennt einen ähnlichen Sachverhalt, wenn er an die Problematik von Kirchenordnungen und Kirchenverfassungen erinnert, in denen das Pfarramt als einziges Amt mit dem Monopol der Verkündigung ausgewiesen ist.[+++]
Auf einer ähnlich grundsätzlichen Ebene der Theoriebildung liegen eine Reihe von anderen Beiträgen zur Diakonie, die sich im einzelnen kritisch mit der gegenwärtigen Gestalt von Diakonie auseinandersetzen. Typisch hierfür ist etwa die kurze Arbeit von Jürgen Moltmann.[++++] Ihm geht es um das Verhältnis von Diakonie und Sozialstaat. Der Sozialstaat war notwendig vor den Hintergründen der industriellen Gesellschaft, diese verursacht Leiden. Diakonie kann nicht nur als "Lazarett" verstanden werden, in der Not gelindert wird. Vielmehr geht es darum, das Kommen des Reiches Gottes zu bekennen. "Die Welt ist das Experimentierfeld des Reiches Gottes". Oder: "Ohne die Reich-Gottes-Hoffnung verliert die Diakonie ihre christliche Bestimmung und wird in Praxis und Theorie zu einem Teil der sozialstaatlichen Dienstleistungen". Da die moderne Industriegesellschaft wesentliche Isolationsphänomene nach sich zieht, ist, seiner Meinung nach, eine wichtige Aufgabe der Diakonie, Formen neuer Lebensgemeinschaft zwischen den Menschen zu verwirklichen.

[+] A. Hollweg, Diakonie und Caritas, in: Praktische Theologie heute, hrsg. v. F. Klostermann und R. Zerfaß, München / Mainz 1974, S. 500-511.

[++] a.a.O., S. 19.

[+++] T. Schober, Diakonie als handelnde Kirche, epd-Dokumentation Band 16, Bielefeld und Frankfurt 1976, S. 16 f.

[++++] J. Moltmann, Zum theologischen Verständnis des diakonischen Auftrags heute, in: Diakonie 2/1976, Nr. 3, S. 140-143.

Ein kritisches Gegenbild zur gegenwärtigen Praxis in der Diakonie entwickelt auch Ulrich Bach in seiner Auseinandersetzung mit den 1975 veröffentlichten "Leitlinien zum Diakonat".[+] Bach geht es darum, die Helfermentalität abzubauen. Das im Anschluß an Ernst Käsemann entwickelte Konzept vom "Leib Christi" ist ein Arbeitsprogramm, das nicht Gebende und Empfangende kennt, sondern deutlich macht, daß jeweils alle Beteiligten Gebende und Empfangende zugleich sind. Mit diesem Konzept wird die Methodik diakonischen Arbeitens infrage gestellt, der Schritt in die konkrete Umsetzung ist allerdings kaum angedeutet. Dies gilt ebenso für das Konzept von Moltmann. Stärker noch als im Blick auf die beiden genannten Konzepte, ist dies auch im Blick auf Degen zu sagen. Ohne direkten Gegenentwurf warnt er vor der allzu unkritischen Einbeziehung der Diakonie in die staatliche Sozialpolitik.[++] Unbeschadet des gemachten Einwands muß darauf hingewiesen werden, daß Degens Kritik durchaus zurecht vorgetragen wird. Die Luhmann'sche Analyse, daß sozialstrukturelle Probleme in der Diakonie personalisiert behandelt werden, läßt durchaus die Frage aufkommen, ob die politische Dimension diakonischen Handelns ausreichend im Blick ist. Dies ist erst recht zu sagen, wenn Luhmann die Ausgrenzung der politischen Dimension als systemerhaltend und damit funktional versteht.
Die kritische Auseinandersetzung mit der Diakonie setzt im ganzen Akzente, in denen Elemente der theologischen Tradition so aufgenommen sind, daß sie gegenwärtige Praxis kritisieren. Die Kritik bleibt freilich einer grundsätzlichen Ebene verhaftet. Die konkrete Umsetzung in neues diakonisches Handeln wird mehr oder weniger nur angedeutet.
Doch kann eine konkrete Umsetzung von der Theologie geleistet werden? Reflektiert sie das religiöse System nicht nur hinsichtlich seiner fundamentalen Vorentscheidungen? Theologie könnte darüberhinaus zur theoretischen Grundlage der Diakonie einen Beitrag leisten, wenn sie den Bedingungen des Handelns in Organisationen stärker angemessen wäre. Luhmann hat dieses Handeln als Entscheidungshandeln qualifiziert. Theologie müßte demnach eine Art Entscheidungstheorie sein. Sie müßte einen Prozeß beschreiben, wie auf der Ebene organisierten Handelns Entscheidungen, und zwar eben theologisch begründete Entscheidungen zustande kommen. Genau an dieser Stelle ist auf Neuentwicklungen innerhalb der Theologie aufmerksam zu machen. Die Praktische Theologie hat sich in den letzten Jahren zunehmend als Handlungswissenschaft verstanden. Sie geht damit der Frage nach, wie in kirchlich-christlichen Handlungsfeldern Entscheidungen zureichend begründet werden können. Zu diesem Zweck konstituiert sich Praktische Theologie als Prozeß der Definition von Handlungszielen, der in folgenden Schritten ablaufen kann:
1. Formulierung von Kritik an beobachtbaren Praxisvollzügen eines angebbaren Feldes.
2. Formulierung von Wünschen, Hoffnungen, Träumen, Utopien.
3. Überprüfung und Erweiterung der gewonnenen Aussagen im Kontext der christlichen Überlieferung.
4. Überprüfung unter dem Aspekt sozialer Angemessenheit.
5. Definition der Handlungsziele.
6. Aufweis ihrer Realisierungsbedingungen und begründende Darstellung von Arbeitsmethoden und Strategien.[+++]

Im Rahmen eines solchen Konzeptes braucht die Bewältigung der vielfach festgestellten Diskrepanz zwischen Theologie und Diakonie nicht in Richtung der von Luhmann vorgeschlagenen Lösung der Entflechtung beider gesucht zu werden. Dies würde das Problem der Diskrepanz zwischen Verkündigung

---

[+] U. Bach, Diakonie - Ein Auftrag an Könner? in: Wissenschaft und Praxis in Kirche und Gesellschaft, 67. Jg. 1978, S. 242-251.

[++] J. Degen, Diakonie im Widerspruch, a.a. O., S. 257 ff.

[+++] Vgl. hierzu K.-F. Daiber, Grundriß der Praktischen Theologie als Handlungswissenschaft, München / Mainz 1977, S. 162 ff. und S. 90 ff.

und Diakonie eher verstärken. Notwendig ist freilich eine solche Form theologischen Arbeitens, die dem Organisationshandeln der Diakonie als Entscheidungshandeln gerecht wird. Dieses ersetzt nicht die grundsätzliche theologische Besinnung, sie formuliert das theologische Problem nur auf der Organisationsebene neu. Die bislang vorliegenden, eher systematisch-theologisch orientierten Überlegungen zur Diakonie sind deshalb insgesamt so unwirksam, weil sie die Bedingungen des Organisationshandelns als Entscheidungshandeln außer acht lassen. Ihre Berücksichtigung ist nur in einem praktisch-theologischen Ansatz im Sinne eines handlungsorientierten Ansatzes möglich. Im folgenden soll der vorgeschlagene Versuch am Beispiel der Kirchenkreissozialarbeit konkretisiert werden.

5. <u>Reduzierung der Diskrepanz zwischen Verkündigung und Diakonie am Beispiel der Definition von Handlungszielen für die Kirchenkreissozialarbeit</u>

Was die Kirchenkreissozialarbeit leisten soll, ist zumindest in Rahmenrichtlinien oder Rahmenvorstellungen entwickelt.[+] So weisen etwa die "Leitlinien zum Diakonat" der mittleren Ebene des Kirchenbezirks (Dekanat, Propstei, Kirchenkreis) die Funktion zu, sowohl die landeskirchliche wie insbesondere die ortsgemeindliche Ebene zu ergänzen. Dies geschieht nicht zuletzt durch wirksame Zusammenarbeit der Gemeinden. Die Leitlinien erinnern in diesem Zusammenhang an Diakoniestationen, Beratungsstellen, Ausländerhilfe oder Erholungs- und Freizeitmaßnahmen. Eine Beschreibung der Arbeit der Dekanatsstellen in Hessen und Nassau formuliert beispielsweise: "Die Dekanatsstelle regt diakonische Aktivitäten sowohl auf Gemeinde- als auch auf Dekanatsebene an und begleitet sie. Sie leistet Einzelhilfe, Gruppen- und Gemeinwesenarbeit, stellt Verbindungen zu anderen kirchlichen, diakonischen und sozialen Einrichtungen her und vertritt sowohl die Interessen der Betroffenen als auch die der Diakonie gegenüber der Öffentlichkeit und ihren Institutionen".[++]

Die Schwierigkeiten im Umgang mit derartigen Zielvorstellungen sind darin begründet, daß sie im allgemeinen Maximalvorstellungen formulieren, und außerdem die örtliche Situation nicht berücksichtigen, natürlich nicht berücksichtigen können. Genau sie jedoch ist von Bedeutung, wenn entscheidungsrelevante Ziele definiert werden sollen. Die Situation ist nämlich ein Element, das die notwendige Prioritätensetzung entscheidend mitbestimmt. Im Rahmen dessen, was örtliche Situation meint, geht es nicht nur um die tatsächlich vorhandenen Problembereiche, es geht auch um die Fähigkeit der jeweiligen Mitarbeiter (nicht jeder kann alles), es geht um die finanzielle und personelle Ausstattung der Dienststelle; es geht schließlich darum, in welchem Umfang und mit welchen Schwerpunkten kommunale und staatliche Stellen der Sozialarbeit sowie andere freie Träger tätig sind.

Die örtliche Situation bildet allerdings nur <u>ein</u> Element, das bei der Prioritätensetzung berücksichtigt werden muß, weil jede Form diakonischer Aktivität immer auch das Selbstverständnis der Diakonie und damit der Kirche berührt. Die Entscheidung über Zielsetzungen diakonischer Arbeit im örtlichen Bereich eines Kirchenkreises muß auch danach fragen, wie sich Kirche in diesem Umfeld versteht, wie sie etwa ihr Verhältnis zum Staat

---

[+] Vgl. dazu auch den Beitrag von I. Lukatis in diesem Band.

[++] Diakonie in Hessen und Nassau, 28. Jg., Heft 5, September/Oktober 1978, S. 54 ff.

oder zu anderen Verbänden definiert und wo sie von ihren Voraussetzungen
her Schwerpunkte des Handelns setzt. Es geht etwa darum, zu klären, ob
der einzelne wirklich immer erster und wichtigster Partner ist, ob nicht
auch die Mitarbeit an einem humanen Gemeinwesen gegebenenfalls Priorität
vor der Einzelfallhilfe haben kann.

Bleibt also trotz Rahmenvorstellungen die Definition von Handlungszielen
eine Aufgabe, die in der unmittelbaren Handlungssituation erledigt werden
muß, fragt sich, wie dies angegangen werden kann. Im folgenden wird ein
Versuch vorgestellt. Dabei soll exemplarisch von der Situation ausgegangen
werden, daß ein Kirchenkreissozialarbeiter neu seine Stelle angetreten
hat.

Ehe der Prozeß der Zielbestimmung der Arbeit eingeleitet werden kann, sollten
sich die Beteiligten darin einig sein, daß die Bestimmung der Handlungsziele nicht Sache des Sozialarbeiters allein ist, auch nicht des Sozialarbeiters und des Superintendenten oder des für Diakonie beauftragten
Pfarrers zusammen, sondern Sache des Diakonieausschusses als eines synodalen
Gremiums des Kirchenkreises und damit seiner Gemeinden. Damit ist eine Forderung formuliert, die in einem theologisch begründeten Grundverständnis
der Kirche ihre Wurzel hat. Leitungsfunktionen - und die Bestimmung von
Handlungszielen für Arbeitsfelder ist eine solche - sind eine Sache, die in der
Verantwortung der ganzen Gemeinde bzw. der von ihr gewählten Repräsentanten
liegt.

Eine erste Phase der Arbeit könnte bewußt als Klärungsphase angesetzt werden.
Am Ende eines solchen ersten Vierteljahres stünde das Gespräch mit dem
Diakonieausschuß, im dem gemeinsam die Aufgaben präzisiert werden. Dieses
Gespräch, für das der Sozialarbeiter die Vorarbeiten leistet, könnte sich
an den von mir vorgeschlagenen Schritten der Definition von Handlungszielen
orientieren. Im einzelnen ließen sich folgende Teilüberlegungen anstellen:

Der Sozialarbeiter berichtet zunächst über seine Analyse des Handlungsfeldes: Wo wurden Problembereiche gesichtet, wie werden sie angegangen, von
wem werden sie angegangen, werden sie möglicherweise ausgeblendet, warum
werden sie ausgeblendet, was geschieht bereits im Bereich der Sozialarbeit,
wie geschieht es, was muß unbedingt weitergeführt werden?
In einem zweiten Schritt müßten angesichts der Situationsanalyse "utopische"
Ziele der Sozialarbeit formuliert werden. Dieser Schritt ist unbedingt wichtig, weil er die Differenz zu Möglichem zunächst zur Sprache bringt. Wer
nur auf Situationen reagiert, ist nicht in der Lage, neue Impulse einzubringen. Wer nur das sofort Realisierbare vor Augen hat, unterschätzt die
eigenen Möglichkeiten. In einer solchen Phase geht es vor allem auch darum,
theologische Impulse aufzunehmen. Könnte Diakonie nicht wirklich so etwas
sein wie Verwirklichung des Leibes Christi als einer Gemeinschaft von
Gleichen, Gleichbedürftigen und Gleichhelfenden (Ulrich Bach)? Könnte
sich in der Diakonie nicht wirklich die Hoffnung der Christen auf das kommen-
de Reich Gottes aussagen und symbolisieren lassen? Könnte die Diakonie
nicht tatsächlich einen Beitrag dazu leisten, daß Gemeinschaft unter den
Christen glaubwürdig bezeugt wird (Jürgen Moltmann)? Könnte es nicht Bereiche des diakonischen Handelns geben, in denen zum Ausdruck kommt, daß
der Mensch nicht vom Brot allein lebt? Es ist die spezielle Aufgabe
der Theologen, in einem Diakonieausschuß derartige Fragestellungen einzubringen und die Impulse der christlichen Tradition sichtbar zu machen.

Der dritte Arbeitsschritt muß aber deutlich die Ergebnisse der Analyse
und die der Formulierung von Utopien, Hoffnungen und Impulsen auf konkrete Handlungsziele hin verdichten. Die leitende Frage lautet jetzt: Was
kann konkret und im einzelnen getan werden? Angesichts der überwältigenden
Fülle des Möglichen und zugleich Nötigen kommt es darauf an, weniges
so zu tun, daß erkennbare Akzente eines Handelns in der Tradition christlicher Überlieferung gesetzt werden. Dies bedeutet nicht, daß unbedingt
in den Arbeitsvollzügen selbst das spezifisch Christliche erkennbar werden
muß. Es bedeutet aber, daß die Auswahl der infragekommenden Arbeitsbereiche
auch theologisch begründbar ist.

Der vierte Arbeitsschritt muß die gefundenen Handlungsziele noch einmal einzeln einer kritischen Prüfung unterziehen. Gibt es Gründe der biblisch-christlichen Überlieferung, die gegen eine geplante Akzentsetzung vorgebracht werden könnten? Ist die Situation angemessen berücksichtigt, haben subjektive Interessen einzelner Mitarbeiter die Bedingungen der Situation nicht überspielt? Können die geplanten Aufgaben bearbeitet werden, wenn man die Fähigkeiten der beteiligten Mitarbeiter in Rechnung stellt?

Der fünfte Reflexionsgang gilt schließlich der Zielverwirklichung im einzelnen: Wie soll methodisch gearbeitet werden, welche Mittel müssen zur Verfügung stehen, wo müssen Rahmenbedingungen verstärkt werden?

Der gesamte Reflexionsgang ist darauf abgestimmt, Entscheidungen in einem konkreten Feld zu fällen, und zwar so zu fällen, daß theologische Überlegungen wie Überlegungen aus dem Bereich der Theorien der Sozialarbeit eingehen können und außerdem die Qualifikation und Motivation der Mitarbeiter ebenso wie die Erfahrungen der im Handlungsfeld Verantwortlichen Berücksichtigung finden. Ein Gespräch in diesem Sinne kann eigentlich nur auf einer Klausurtagung des verantwortlichen Ausschusses geführt werden. Ganz unabhängig von der Problembewältigung werden sich daraus auch Folgen für die Gemeinschaft aller an der Entscheidung Beteiligten untereinander ergeben. Je offener das Gespräch gesucht wird, desto mehr kann sich auch in einem solchen Prozeß christliche Gemeinschaft verwirklichen.
Neben der Offenheit gibt es allerdings zumindest zwei andere wichtige Voraussetzungen für das Gelingen des Prozesses:
- Der Theologe darf nicht davon ausgehen, daß aus biblischen und dogmatischen Grundwahrheiten ohne weiteres Handlungsanweisungen abzuleiten sind. Er muß vielmehr dazu bereit sein, gegenwärtige Bedingungen sozialen Handelns zu bedenken und mit ihnen Impulse der Tradition zu vermitteln.
- Der Sozialarbeiter muß in der Lage sein, Anregungen aus der biblisch-christlichen Überlieferung als für seine Arbeit relevant zu entdecken und für sie fruchtbar zu machen.

Es kommt nicht darauf an, daß der Theologe Sozialarbeiter wird und der Sozialarbeiter Theologe, notwendig ist indessen die Kooperationsbereitschaft beider miteinander.
Im vorstehenden Versuch sollte das Problem der Diskrepanz zwischen Theologie und Diakonie bearbeitet werden. Man wird sich darüber klar sein müssen, daß, selbst wenn ein solcher Prozeß innerhalb eines für die Kirchenkreissozialarbeit verantwortlichen Ausschusses gelingt, die Vermittlung an Außenstehende immer noch schwierig genug ist. Von daher stellt sich die Frage danach, ob er nicht zumindest auch der symbolischen Darstellung im Gottesdienst bedarf. Könnte die gottesdienstliche Einführung eines Kirchenkreissozialarbeiters nicht im Anschluß an die Testphase und an das mit dem Diakonieausschuß geführte Gespräch stattfinden? Könnte nicht in einem solchen Gottesdienst etwas davon erzählt werden, wie die Entscheidung für dieses oder jenes Ziel gefallen ist? Und hätte es nicht weit über die Vermittlungsproblematik hinaus einen guten Grund, in theologischer Verantwortung getroffene Entscheidungen in einer größeren Gemeinde vor Gott auszusprechen: zu klagen über die Begrenztheit des Möglichen, darum zu bitten, daß menschliches Handeln der Menschenliebe Gottes Raum zu geben vermag? Man kann gut Klage, Bitte und Lob allgemein formulieren. Besser ist es, wenn es in der Konkretion des Handlungsfeldes geschieht. Alltag und Gottesdienst sind dann einander näher.

Wenn wirklich die Diskrepanz zwischen Verkündigung und Diakonie geringer werden soll, ist beides erforderlich: Die Theologie muß sich auf die Problemlage diakonischen Handelns heute einlassen können. Das diakonische Handeln muß zugleich, und zwar so, wie es in der Realität heute geschieht, seinen Platz finden in der Bitte, in der Klage und im Lob der Gemeinde. Was im Blick auf die "Einführung eines Kirchenkreissozialarbeiters" gesagt ist, mag ein Beispiel sein. Es gibt zahlreiche andere Möglichkeiten; sie brauchen nur genützt zu werden.

Ingrid Lukatis

Kirchenorganisatorische Leitvorstellungen und diakonisch-sozialarbeiterisches Selbstverständnis

		Seite
1.	Formale Regelungen als Rahmen für das konkrete Arbeitsfeld	22
2.	Zielvorstellungen und Aufgabenbeschreibungen	22
2.1	Kirchenorganisatorische Regelungen	22
2.1.1	Allgemeine kirchengesetzliche Regelungen	22
2.1.2	Dienstanweisungen für die Kirchenkreissozialarbeiter	23
2.2	Diakonisches und sozialarbeiterisches Selbstverständnis	26
2.2.1	Leitlinien zum Diakonat	26
2.2.2	Berufsbild und Berufsordnung für Sozialarbeiter und Sozialpädagogen	27
2.2.3	Das Berufsbild des Sozialarbeiters in der Ev.-luth. Landeskirche Hannovers	28
3.	Zum Verhältnis zwischen verschiedenen Zielvorstellungen für die Kirchenkreissozialarbeit	29

1. *Formale Regelungen als Rahmen für das konkrete Arbeitsfeld*

Organisationen sind ihrer Definition nach zielgerichtete Systeme. Berufliche Tätigkeiten im Rahmen einer Organisation sind eingebunden in die Zielsetzung der Organisation insgesamt. Schriftform ist ein Organisationsmittel, das dazu dient, Vorstellungen und Erwartungen der Organisationsleitung den einzelnen Organisationsmitgliedern, insbesondere den Mitarbeitern, erkennbar und verbindlich nahezubringen. Dies alles gilt auch für eine Landeskirche; ihr theologischer Auftrag läßt sich unter dem Organisationsaspekt als Zielformulierung interpretieren. Er findet in Rechtsordnungen und Dienstanweisungen für bestimmte kirchliche Mitarbeiter seinen konkreten Niederschlag. Im Zusammenhang mit einer Arbeitsfeldanalyse von Kirchenkreissozialarbeit ist zu fragen, welche formalen Regelungen schriftlicher Art die Ev.-luth. Landeskirche Hannovers getroffen hat, um die spezifischen Ziele und Aufgaben dieser Mitarbeitergruppe zu beschreiben und festzulegen.

Ein anderer Teil des formalen Rahmens, innerhalb dessen sich Kirchenkreissozialarbeit vollzieht, ist gegeben durch aufgaben- oder berufsspezifisches Selbstverständnis, wie es z.B. von der Mitarbeiterschaft in der Diakonie insgesamt oder von den Sozialarbeitern als einer Berufsgruppe zum Ausdruck gebracht wurde. Formulierungen dieser Art stellen Grundkonzepte dar, die der Orientierung des einzelnen Kirchenkreissozialarbeiters dienen können, mit denen er sich aber vielleicht auch kritisch auseinandersetzen wird.

Eine Beschreibung der unterschiedlichen Leitvorstellungen, wie sie von Kirchenleitung, Mitarbeiterschaft im diakonischen Bereich, der Berufsgruppe der Sozialarbeiter insgesamt und speziell für Kirchenkreissozialarbeiter formuliert werden, ist im Rahmen einer Arbeitsfeldanalyse von Kirchenkreissozialarbeit in zweifacher Hinsicht wichtig:

- Sie ergänzt das Bild individueller Aufgabenbeschreibung, wie es Sozialarbeiter selbst und Superintendenten als Vertreter des Anstellungsträgers entwerfen, indem sie den allen prinzipiell gemeinsamen Orientierungsrahmen sichtbar macht.

- Sie bildet das unter theologischen und allgemeinsoziologischen Gesichtspunkten diskutierte Phänomen von Diskrepanzerfahrung im Verhältnis von Verkündigung und Diakonie (vgl. den Beitrag von K.-F. Daiber in diesem Band) auf der organisatorischen Ebene konkret ab. Damit liefert sie möglicherweise nützliche zusätzliche Kategorien für eine Auseinandersetzung über unterschiedliche Leitvorstellungen, die der konkreten Beschreibung des Arbeitsfeldes Kirchenkreissozialarbeit vorausgehen sollte.

2. *Zielvorstellungen und Aufgabenbeschreibungen*

2.1 Kirchenorganisatorische Regelungen

2.1.1 Allgemeine kirchengesetzliche Regelungen

Allgemeine Kirchengesetze der Ev.-luth. Landeskirche Hannovers, die Richtlinien für die Tätigkeit der Sozialarbeiter auf Kirchenkreis-Ebene enthalten könnten, sind die Kirchengemeindeordnung (vom 12.12.70), die Kirchenverfassung (vom 1.7.71) und insbesondere die Kirchenkreisordnung (in der vorläufigen Fassung vom 10.3.71) - im folgenden zitiert als KGO, KVerf und KKO. (Das Kirchengesetz über die Ordnung der diakonischen Arbeit (Diakoniegesetz) vom 19. Juli 1978 trat erst nach Abschluß der Arbeitsfeldanalyse über die Kirchenkreissozialarbeit in Kraft. Es wird deshalb in diesem Beitrag nicht

berücksichtigt; vgl. dazu aber die gesonderten Ausführungen von J.N.
Bischoff in diesem Band.)
Die Durchsicht der Texte zeigt, daß in der KGO keinerlei Hinweise auf übergemeindliche Dienste enthalten sind, also auch keine die Kirchenkreissozialarbeiter direkt betreffenden Regelungen. Auch in der KVerf ist die Kirchenkreissozialarbeit nur mittelbar angesprochen, insofern als dort der Kirchenkreis insgesamt zur Förderung der Arbeit der Kirchengemeinden und zur Anregung gemeinsamer Erfüllung besonderer kirchlicher Aufgaben verpflichtet wird
(Art. 50, Abs. 2 KVerf). Ob diese Aussage so interpretiert werden darf, daß
dies zugleich Aufgabe jedes einzelnen im Kirchenkreis tätigen Mitarbeiters
ist, muß an dieser Stelle noch offenbleiben.
Die Kirchengemeinden ebenso wie die Landeskirche sind nach § 3 Abs. 1 KGO
bzw. Art. 1 Abs. 2 KVerf in Verantwortung für die rechte Verkündigung des
Wortes Gottes und für die stiftungsgemäße Darreichung der Sakramente zum
"diakonischen Dienst" bzw. "Dienst der helfenden Liebe" verpflichtet.
Sozialarbeit im Kirchenkreis läßt sich diesem Auftrag zuordnen.

Die Analyse der KKO schließlich ergibt, daß hier - im Gegensatz etwa zur Beschreibung des Amtes des Superintendenten - vorwiegend strukturelle Aussagen über Mitarbeiter auf Kirchenkreisebene getroffen werden; ihre Aufgaben
werden im Gesetz nicht inhaltlich angesprochen.
So obliegt dem Kirchenkreistag (nach § 23, Abs. 2, Ziff. c, in Verbindung
mit Ziff. e KKO) die Erstellung eines Planes für Mitarbeiterstellen im Kirchenkreis. Errichtung und Besetzung dieser Stellen ist Sache des Kirchenkreisvorstands, der als Anstellungsträger die Dienstaufsicht über Kirchenkreismitarbeiter führt und Dienstanweisungen für sie aufstellt (§ 39, Abs. 2,
Ziff. f und § 44, Abs. 1 KKO), ihre Fortbildung (§ 39, Abs. 2, Ziff. k) sowie übergemeindliche Arbeitsformen im Kirchenkreis fördert (Ziff. i). Fachaufsicht wird durch das Landeskirchenamt geregelt, der Kirchenkreisvorstand
ist daran zu beteiligen (§ 44, Abs. 1). Unbeschadet der Fachaufsicht Dritter
obliegt dem Superintendenten, der nach §57, Abs. 1 KKO auch Vorsitzender des
Kirchenkreisvorstands ist, ebenfalls die Beratung und die Förderung der
Fortbildung für die kirchlichen Mitarbeiter.

2.1.2 Dienstanweisungen für die Kirchenkreissozialarbeiter

Zum Erlaß genauerer inhaltlicher und auch weiterreichender struktureller Regelungen der Tätigkeit der Kirchenkreissozialarbeiter wurde in der Hannoverschen Landeskirche die Form der Verfügung gewählt. Zum Zeitpunkt der Durchführung der Arbeitsfeldanalyse galt noch die Verfügung Nr. 122 über kirchliche Fürsorgerinnen vom 21. Juli 1954 in Verbindung mit der Dienstanweisung
für kirchliche Fürsorgerinnen (Verfügung Nr. 123, beide abgedruckt im Kirchlichen Amtsblatt 1964, Stück 16, vom 24. Juli 1954). Während der Auswertungsphase der Studie trat eine neue Dienstanweisung in Kraft (Verfügung Nr. 130
vom 19. Oktober 1977, Kirchl. Amtsblatt 1977, Nr. 16, vom 25. Oktober 1977).
Ihrem Erlaß waren langjährige, ausführliche Diskussionen unter den Beteiligten
(Kirchenleitung, Diakonisches Werk, Kirchenkreissozialarbeiter) vorausgegangen. Es ist daher damit zu rechnen, daß ihr Inhalt die Vorstellungen vom
Kirchenkreissozialarbeiter bereits im Zeitpunkt der Datenerhebung für die
Arbeitsfeldanalyse entscheidend beeinflußt oder doch deutlich abgebildet hat.
(In einigen Kirchenkreisen hatte der Kirchenkreisvorstand bereits zum Erhebungszeitpunkt dieser neuen Rahmendienstanweisung entsprechende Einzelanweisungen erlassen). Im folgenden soll deshalb auf beide Dienstanweisungen eingegangen werden (die genauen Texte sind als Anlagen 1 und 2 wiedergegeben).
Wandlungen des Tätigkeitsfeldes aus landeskirchlicher Sicht werden beim Vergleich deutlich sichtbar.

Verfügung Nr. 122 "Kirchliche Fürsorgerinnen" enthält die aus der allgemeinen
kirchlichen Ordnung (s.o.) bekannte strukturelle Eingliederung der Kirchenkreissozialarbeiter als einer Mitarbeitergruppe auf Kirchenkreisebene. Darüberhinaus findet sich hier der Hinweis auf Möglichkeiten der Beratung und

Hilfe für den Kirchenkreis bei Stellenplanung und -besetzung durch das
Hauptbüro des Evangelischen Hilfswerks, das spätere Diakonische Werk e.V.
der Ev.-luth. Landeskirche Hannovers, sowie dessen Beauftragung mit der
Durchführung von Fortbildungskursen und Lehrgängen für die kirchlichen Fürsorgerinnen, damals noch in Zusammenarbeit mit der landeskirchlichen Frauen-
arbeit. (Letztere Zuordnung verweist offensichtlich bereits auf eine besondere Schwerpunktsetzung im Arbeitsfeld dieser Mitarbeitergruppe, auf die
im Zusammenhang mit der Dienstanweisung noch näher einzugehen ist.)
Daneben sind in dieser Verfügung auch erste Hinweise auf Grundsätze der Kirchenkreissozialarbeit enthalten, wenn es z.B. heißt, das Amt der kirchlichen
Fürsorgerinnen weise eine "besondere Prägung auf", oder wenn formuliert wird:
"Die Tätigkeit der Fürsorgerin erstreckt sich grundsätzlich auf den kirchlichen Bereich, ohne daß damit nicht der Kirche Angehörige von der fürsorgerischen Betreuung ausgeschlossen wären."

Die Dienstanweisung vom 21.7.54 (Nr. 123) entfaltet diese prinzipiellen Überlegungen dann eingehender. Sie verweist (Abs. 1) die kirchlichen Fürsorgerinnen an die "Glieder der Kirche", wobei verschiedene soziale Benachtei-
ligungen als Merkmale besonderer Hilfsbedürftigkeit genannt werden. Die kirchliche Fürsorgerin wird dem doppelten Grundsatz "Festigung der Gemeindezugehörigkeit" und "Zurückführung in die Kirchengemeinde" verpflichtet.
Zielgruppen dieser Arbeit werden in Abs. 2 beschrieben: Es sind vorwiegend
Frauen, Kinder und Jugendliche, die - besonderen Belastungen oder Gefähr-
dungen ausgesetzt - einer fürsorgerischen Betreuung bedürfen. Hilfsmaßnahmen
sollen dabei der "Erhaltung der Familie dienen" und "den Willen zur Selbsthilfe anregen und unterstützen" (Abs. 4).
Sie bestehen einerseits in einer persönlichen Betreuung der Hilfsbedürftigen
durch die Kirchenkreis-Mitarbeiterin selbst (Abs. 3, a-c), zum anderen in
deren Bemühen um die Einrichtung ehrenamtlicher Dienste und Helferkreise
(Abs. 3 d und Abs. 9). Für die Hilfesuchenden hat sich die Fürsorgerin um
die "Erwirkung von kirchlichen und staatlichen Unterstützungen zu bemühen"
(Abs. 3e).
Die Dienstanweisung unterstreicht die Notwendigkeit, vorhandene kirchliche und
gemeindliche Strukturen in der Kirchenkreissozialarbeit zu berücksichtigen und
bewußt zu nutzen: Bestehende Kreise und Werke sind bei der Entwicklung ehrenamtlicher Hilfe gezielt anzusprechen, mit Pastoren und anderen im diakonischen Bereich auf Gemeindeebene tätigen Mitarbeitern ist zu kooperieren,
Amtsträger und Leitungsgremien in den Gemeinden und im Kirchenkreis sind in
diakonischen Fragen zu beraten (Abs. 7 bis 9 und Abs. 13).
Zusammenarbeit mit für fürsorgerisches Arbeiten zuständigen Stellen im außerkirchlichen Bereich wird ausdrücklich gefordert (Abs. 10). Die Liste der Kooperationspartner enthält neben öffentlichen Einrichtungen verschiedenster
Art und den Vertretern der anderen Wohlfahrtsverbände beispielsweise auch
Lehrer und Ärzte. Die Vertreterfunktion des Kirchenkreissozialarbeiters nach
außen ist in dieser Dienstanweisung ebenfalls angesprochen, wenn von der
kirchlichen Fürsorgerin Bereitschaft erwartet wird, "als Beauftragte der
Kirche" in den Ausschüssen der öffentlichen Fürsorge mitzuarbeiten.

In den Abs. 12 und 13 geht es um die Entscheidungsspielräume dieser Mitarbeitergruppe: Über "laufende Angelegenheiten" hinausgehende "besondere Vorgänge, die den diakonischen Dienst der Kirche berühren" - "allgemeine Notstände, neu auftretende Aufgaben oder besondere Wirkungsmöglichkeiten" sind
dem Kirchenkreisvorstand (damals noch: "Kreiskirchenvorstand") mitzuteilen.
Über ihn vollzieht sich auch eine eventuelle Unterrichtung weiterer Stellen.
Ein jährlicher Tätigkeitsbericht an den Kirchenkreisvorstand (Abs. 14) dient
der regelmäßigen Information dieses Gremiums.
Die Verpflichtung zur Weiterbildung und zum Kontakt mit den übrigen kirchlichen Fürsorgerinnen ist ebenfalls explizit in dieser Dienstanweisung formuliert.

Die neue Dienstanweisung für Kirchenkreissozialarbeiter[+] zeichnet sich - verglichen mit jener von 1954 - zunächst einmal durch einen viel größeren Allgemeinheitsgrad der Formulierungen aus. Als "Rahmen-Dienstanweisung" verstanden, die den Einzeldienstanweisungen zugrundezulegen ist, benennt sie nicht bestimmte Einzel-Aufgaben, sondern den grundsätzlichen Auftrag des Kirchenkreissozialarbeiters (Abs. 1): Er/sie "nimmt gemäß Artikel 1 der Kirchenverfassung an dem Dienst der helfenden Liebe in der diakonischen Sozialarbeit und damit an der Gestaltung des gemeindlichen Lebens teil". Auch hier findet sich also ein expliziter Bezug auf Gemeinde, allerdings nicht als zu verwirklichendes Ziel, sondern - bezogen auf die Sozialarbeit - als eine Art definitorischer Rahmen. Dieser Satz läßt sich als Legitimation des Arbeitsfeldes als einem Bereich kirchlicher Arbeit interpretieren.

Spezifikation eines "besonderen Auftrages" meint dann die Feststellung sozialer Notstände, Mitwirkung bei ihrer Bewältigung und selbständiges Ausüben entsprechender Tätigkeiten. In Ausübung dieses Dienstes hat der Kirchenkreissozialarbeiter - auch über die Dauer des Dienstverhältnisses hinaus - Amtsverschwiegenheit zu wahren (Abs. 6).

Ein Verweis insbesondere an hilfsbedürftige Kirchenmitglieder, findet sich in dieser Dienstanweisung nicht, stattdessen aber wird die besondere Prägung dieser Sozialarbeit durch die Bindung des Mitarbeiters selbst bzw. seines dienstlichen Handelns an das evangelisch-lutherische Bekenntnis betont.

Die allgemeine Formulierung der Aufgaben von Kirchenkreissozialarbeit soll - der Intention dieser Rahmendienstanweisung entsprechend - durch die Benennung von Schwerpunktaufgaben im Einzelfall ergänzt und konkretisiert werden (Abs. 11). Die Vorstellung, daß diese Arbeit einerseits auf die situativen Gegebenheiten und Probleme eines Kirchenkreises, zum anderen auf die besonderen Erfahrungen, Kenntnisse und Fähigkeiten eines Mitarbeiters zugeschnitten sein muß, hat hier Platz gegriffen. Eine "einheitliche Ausrichtung der Arbeit", wie in der früheren Dienstanweisung formuliert, wird demnach nun zwar noch hinsichtlich ihrer grundsätzlichen Orientierung erwartet, nicht mehr jedoch in ihrer konkreten Ausgestaltung vor Ort.

Auch bei der Benennung kirchengemeindlicher Strukturen, innerhalb deren die Sozialarbeiter tätig werden sollen, haben sich Veränderungen ergeben: Die Entwicklung diakonischer Aktivitäten wird als zentrale Aufgabe benannt; es fehlt aber nun der Verweis auf Möglichkeiten, bereits vorhandene Kreise ehrenamtlicher Art zu nutzen - ein Spiegel veränderten Gemeindelebens und damit zugleich ein Hinweis auf erschwerte Arbeitsbedingungen für den Kirchenkreissozialarbeiter.
Ausdrücklich als "Notwendigkeit" beschrieben wird dagegen auch in dieser neuen Dienstanweisung die "Zusammenarbeit mit den Pastoren und den anderen kirchlichen Mitarbeitern sowie mit Organen, Werken, Einrichtungen, Verbänden und Vereinigungen im kirchlichen und nichtkirchlichen Bereich" (Abs. 2). Dem Kirchenkreisvorstand als Anstellungsträger gegenüber ist der Sozialarbeiter zu einem jährlichen Tätigkeits- und Erfahrungsbericht verpflichtet, den dieser auch dem Landeskirchenamt und dem Diakonischen Werk zuzuleiten hat (Abs. 8). Letzterem obliegt (Abs. 7) die Fachberatung der Kirchenkreissozialarbeiter.
Nach außen treten Kirchenkreissozialarbeiter jetzt sowohl als Beauftragte der Kirche auf als auch des Diakonischen Werkes (Abs. 4), wo sie auf Vorschlag oder im Benehmen mit dem Kirchenkreisvorstand in öffentliche Ausschüsse gewählt oder berufen werden. Im Vorgriff auf § 5 des Diakoniegesetzes - der Kirchenkreis nimmt demnach für seinen Bereich Aufgaben des Diakonischen Werkes als eines Verbandes der freien Wohlfahrtspflege wahr - kann dem Kirchenkreissozialarbeiter die Wahrnehmung der Vertretung des freien Wohlfahrtsverbandes Diakonisches Werk in Angelegenheiten der offenen Sozial- und Jugendhilfe gegenüber öffentlichen Trägern und freien Verbänden übertragen werden (Abs. 3).

[+] Die Formulierung dieser Dienstanweisung ist so gehalten, daß auch Sozialarbeiter einbezogen sind, die auf Gemeindeebene tätig werden.

Übereinstimmend mit der vorherigen Dienstanweisung werden Kirchenkreissozialarbeiter zur Fortbildung und zur Teilnahme an regionalen fachbezogenen Arbeitsbesprechungen verpflichtet (Abs. 13, 14).

2.2 Diakonisches und sozialarbeiterisches Selbstverständnis

2.2.1 Leitlinien zum Diakonat

Die Diakonische Konferenz, das parlamentarische Gremium diakonischer Arbeit auf EKD-Ebene, die sich aus Kirchenvertretern, Vertretern gliedkirchlicher diakonischer Werke und Vertretern der Fachverbände im diakonischen Bereich zusammensetzt, hat am 9.4.75 "Leitlinien zum Diakonat" verabschiedet.[+] Diese stellen einen Versuch dar, Selbstverständnis und Perspektiven diakonischer Arbeit zu formulieren. Auf Grund des Zustandekommens dieser Aussagen ist zwar nicht unbedingt davon auszugehen, daß jeder einzelne Mitarbeiter im diakonischen Bereich, also auch nicht jeder Kirchenkreissozialarbeiter, diesen Ausführungen grundsätzlich oder gar in allen Punkten zustimmen würde. Jedenfalls aber stellen die Leitlinien einen veröffentlichten Standpunkt dar, der einerseits das Selbstverständnis größerer Teile der Mitarbeiterschaft im diakonischen Bereich widerspiegeln dürfte, andererseits, soweit er bekannt wurde, durchaus zur Prägung eines Bildes auch von Kirchenkreissozialarbeit beitragen konnte. Zumindest entspricht eine solche Wirkung der Intention der Leitlinien selbst, wo im Vorwort formuliert wird: "Sie werden den Kirchen und ihren Diakonischen Werken übergeben mit der Bitte um Berücksichtigung bei ihrer eigenen Arbeit an den Fragen des Diakonats".

Zunächst einmal enthalten diese Leitlinien eine allgemeine Perspektive diakonischen Handelns (1). Verstanden als "Präsenz der Gemeinde im sozialen Bezugsfeld" ordnen sie es als einen unter verschiedenen Diensten in "das eine gegliederte Amt der Kirche" ein. Das Verhältnis zur Umwelt der Kirche wird dabei in zweifacher Weise beschrieben: "Weil das Verhalten der Gemeinde zu ihrer Umwelt vom Evangelium bestimmt ist, ist sie jedermann verpflichtet". Und: "Bei aller Abgrenzung gegenüber anderen Heilslehren ist Diakonat darum offen für die Zusammenarbeit mit anderen Gruppen im sozialen Bezugsfeld, die dem Wohl des Menschen dienen".
Nach Skizzierung von Aufgaben und Strukturen der Diakonie in der Gemeinde entwickeln die Leitlinien in einem weiteren Abschnitt (2.2) Vorstellungen zur "Ausformung des Diakonats" auf der mittleren Ebene, zu der auch der Kirchenkreis zählt. Dabei wird festgestellt: "Der Ausbau der mittleren Ebene... hat heute Vorrang". Die Begründung hierfür wird in der größeren Wirksamkeit gesehen, die einer hier angesiedelten Hilfe angesichts heutiger Nöte in den Gemeinden zukommt.
Kooperation zwischen den verschiedenen kirchlichen Handlungsebenen wird dabei für die Arbeit ebenso als erforderlich genannt wie die "Abstimmung mit den öffentlichen und freien Trägern der Wohlfahrtspflege". Zu den Aufgaben der mittleren Ebene gehört aber auch Informations- und Fortbildungsarbeit im Sinne der Befähigung der Gemeinden. Eigene, direkte Hilfe für Klienten, Beratung und Schulung haupt- und ehrenamtlicher Mitarbeiter in den Gemeinden und die Zusammenarbeit mit außerkirchlichen Trägern werden also auch hier als Ansätze diakonischen Handeln im Kirchenkreis benannt.
Die Strukturvorschläge, die zur Umsetzung dieser Zielvorstellungen entworfen werden, entsprechen in vielen Punkten (z.B. Diakonieausschuß, Diakoniegeschäftsstelle) den Regelungen, die mittlerweile (1978) im Diakoniegesetz der Ev.-luth. Landeskirche Hannovers festgelegt wurden (vgl. den Beitrag von J.N. Bischoff in diesem Band).

[+] Die Leitlinien wurden abgedruckt in der Diakonie-Korrespondenz, Hrsg. Diakonisches Werk der Evangelischen Kirche in Deutschland, vom 14.4.74, 9/75, anschließend veröffentlicht in: Diakonie, 1975 (I), S. 206-212.

Hinsichtlich der Mitarbeiter in diakonischen Diensten werden in den Leitlinien einige Feststellungen getroffen, die für die Diskussion um das Arbeitsfeld Kirchenkreissozialarbeit wichtig erscheinen. Zwei Abschnitte aus diesem Text sollen deshalb hier wiedergegeben werden:

"3.1.2 Der hauptberufliche Mitarbeiter braucht ein Verständnis für den Gesamtauftrag der Kirche. Er muß den Zusammenhang der eigenen Tätigkeit mit dem Gesamtauftrag, die Auswirkung des Evangeliums auf den Fachauftrag erkennen und vertreten können. Dazu müssen innerhalb der Kirche entsprechende Möglichkeiten angeboten werden, die den ständigen Prozeß der Rückkoppelung des Fachauftrages zum Evangelium erleichtern. Die Beheimatung in einer Gemeinde sollte hierzu hilfreich sein.
3.1.3 Die Mitgliedschaft in Leitungsgremien und Übernahme einer Leitungsfunktion setzen die Bereitschaft zur Identifikation mit dem Gesamtauftrag der Kirche voraus".

Ähnlich wie in der "Dienstanweisung für Sozialarbeiter und Sozialarbeiterinnen" (vgl. oben) wird auch hier eine Bindung diakonischer Mitarbeiter an den "Gesamtauftrag der Kirche" formuliert, wobei die Differenzierung zwischen leitenden Mitarbeitern, die zur "Identifikation" mit diesem Gesamtauftrag bereit sein müssen, und allen hauptberuflichen Mitarbeitern, von denen "Verständnis" gefordert wird, schwierig erscheint. Schließlich sollen alle Mitarbeiter doch "die Auswirkung des Evangeliums auf den Fachauftrag erkennen und vertreten können", ein Vorgang, der ohne Identifikation schwer denkbar ist. Aus Erfahrungen von Kirchenkreissozialarbeitern, die wesentlich zur Durchführung der Arbeitsfeldanalyse beigetragen haben (vgl. Kapitel 1 des Projektberichts in diesem Band), erweist sich jedenfalls der Hinweis als bedeutsam, daß die Vermittlung von speziellem Fachauftrag und Gesamtauftrag aus dem Evangelium besonderer Aufmerksamkeit und Bemühung bedürfe, auch seitens der Kirche als Gegenüber zum einzelnen Mitarbeiter.

Ein anderer, für die Kirchenkreissozialarbeit ebenfalls wesentlicher Punkt der Leitlinien formuliert organisatorische Konsequenzen aus dem vorher skizzierten Selbstverständnis:

"3.1.5 Jeder hauptberufliche Mitarbeiter in Verkündigung und Diakonie braucht

- eine Beschreibung seines Tätigkeitsfeldes und der Erwartungen des Anstellungsträgers;

- fachliche Beratung;

- geordnete, regelmäßige Kontakte zum Entscheidungsgremium für seine Tätigkeit;

- Sicherstellung der regelmäßigen Information für seine Tätigkeit und für deren Zusammenhang mit dem Gesamtauftrag der Kirche;

- Kooperation mit Mitarbeitern anderer Fachkompetenzen, die im Zusammenhang mit dem Gesamtauftrag tätig sind;

- Verankerung des Rechts auf fachliche Fort- und Weiterbildung".

Diese Aufzählung enthält teils Vorstellungen, die in den Ordnungen der Hannoverschen Landeskirche im Blick auf Kirchenkreissozialarbeit bereits berücksichtigt wurden (z.B. Fachberatung, Fortbildung), zum Teil werden aber auch Desiderata benannt, wie sie in den Problemanzeigen der Arbeitsfeldanalyse eine Rolle spielen (z.B. Beschreibung von Erwartungen des Anstellungsträgers, regelmäßige Information insbesondere hinsichtlich des Zusammenhangs der eigenen Tätigkeit mit dem Gesamtauftrag der Kirche).

2.2.2 Berufsbild und Berufsordnung für Sozialarbeiter und Sozialpädagogen

Das Selbstverständnis professioneller Sozialarbeit wird in einem Berufsbild beschrieben, das die Mitgliederversammlung des Deutschen Berufsverbandes der Sozialarbeiter und Sozialpädagogen e.V. am 2.11.1973 verabschiedete. Es wird durch eine Berufsordnung (vom 7.6.1974) ergänzt.

Als Sozialarbeit wird hier beschrieben (Berufsbild, I) "eine Form beruflichen sozialen Handelns mit gesellschaftspolitischem Bezug". Darunter fallen eine Reihe von Aufgaben:

"-Mitgestalten von gesellschaftlichen Bedingungen

- Aufdecken von sozialen Problemen

- Verhindern, Beheben und Mindern von persönlichen und gesellschaftlichen Konflikten

- Befähigung zur Kommunikation, Eigenständigkeit und Toleranz

- Erschließen und Vermitteln von Hilfsquellen

- Erschließen und Aufzeigen von Bildungsmöglichkeiten".

Zu ihrer Begründung (II) wird auf "soziale Notstände, Bildungsprobleme und Konflikte" verwiesen, die die Gesellschaft zur Hilfeleistung verpflichten. Ziel einer solchen Hilfe bei "individuellen und gesellschaftlich bedingten sozialen Problemen" ist eine "Humanisierung der Gesellschaft".
Sozialarbeit leistet Dienste dieser Art planend, vorbeugend, beratend und durch "soziale Behandlung" (III). Ihre Prinzipien sind - faßt man entsprechende Aussagen in Berufsbild und Berufsordnung zusammen - Rechtsorientierung, verbunden jedoch mit der Perspektive normverändernden Wirkens "im Sinne freiheitlich-demokratischer Grundordnung", partnerschaftlicher Umgang mit Klienten, "Achtung der Eigenständigkeit und Selbstbestimmung von Klienten" und Verschwiegenheit über ihre Probleme, Zusammenarbeit mit Klienten "ohne Ansehen der Person", Anerkennung ihres Rechts "auf eigene Lebensanschauung", Kooperation mit anderen Hilfeleistenden und der Einsatz fachlich überprüfbarer Arbeitsformen (Einzelfallhilfe, Familientherapie, Gruppenarbeit, Gemeinwesenarbeit, Methodik und Didaktik der Bildungsarbeit).

Als Arbeitsfelder werden im einzelnen genannt: Bildung und Erziehung, Freizeithilfen, Beratung und soziale Behandlung in der Arbeit mit verschiedenen Zielgruppen (Kinder, Jugendliche, Familien und Alleinstehende, alte, kranke, behinderte Menschen, ausländische Arbeitnehmer, Nichtseßhafte, Obdachlose, Suchtkranke, Straffällige und Gefährdete), Beratung und Hilfen im Berufs- und Arbeitsleben, Mitarbeit in Rehabilitation und Resozialisierung und anderes (Berufsbild, IV). Nachgewiesene fachliche Qualifikation wird als ein wichtiges Erfordernis sozialarbeiterischen Handelns beschrieben, verbunden mit der Verpflichtung zur Fortbildung. Eigenverantwortliche Tätigkeit und Kompetenz zu eigenständiger Entscheidung des Sozialarbeiters in seinem Fachbereich sind im Sinne dieses Berufsbildes ebenso konstitutiv wie seine Bereitschaft zu ständiger kritischer Überprüfung der eigenen Eisntellung, des eigenen Handelns und seiner Auswirkungen (Berufsbild, V).
Im Vollzug seiner Aufgaben steht der Sozialarbeiter "im Spannungsfeld zwischen den Interessen des Klienten und den Belangen der Gesellschaft, die er gegeneinander abzuwägen hat" (Berufsordnung). Er hat sich über die Ziele seines Anstellungsträgers zu orientieren und diesen seinerseits über Grundsätze und Methoden der eigenen Arbeit zu informieren. Die Verpflichtung zur Klientenorientierung gilt auch gegenüber dem Anstellungsträger; das heißt, Berichterstattung über Arbeit mit Klienten geschieht in der Regel nur nach vorheriger Information des Klienten und nur über das jeweils "zur Klärung der Sachlage" Erforderliche; Ermessensspielräume sind im Interesse des Klienten auszuschöpfen.

2.2.3 Das Berufsbild des Sozialarbeiters in der Ev.-luth. Landeskirche Hannovers

Im Anschluß an die Formulierung eines Berufsbildes für Sozialarbeiter und Sozialpädagogen durch den Berufsverband übernahm eine Arbeitsgruppe in der Hannoverschen Landeskirche, die sich aus Kirchenkreissozialarbeitern und Mitarbeitern der Fachberatung für offene Sozialarbeit im Diakonischen

Werk zusammensetzte, die Aufgabe, ein spezifisches Berufsbild für diese
kirchliche Mitarbeitergruppe zu entwerfen. Im Rahmen eines Sozialarbeitertages am 23. Oktober 1974 wurde dieses von der gesamten Mitarbeitergruppe diskutiert und mit Stimmenmehrheit der Teilnehmer beschlossen.
(Dieses Berufsbild ist dem Text als Anlage 3 angefügt.)
Eine ganze Reihe von Aussagen in diesem Selbstverständnis-Papier wurde analog zum allgemeinen Berufsbild der Sozialarbeiter formuliert, so die Bindung der Arbeit an fachliche Kompetenz und die Verpflichtung zur kritischen
Überprüfung eigener Einstellungen und eigenen Handelns (Abs. 1 und 2).

Die im Sozialarbeiter-Berufsbild genannten Aufgaben (vgl. oben) wurden
durch drei weitere Punkte ergänzt (Abs. 5 und 6):

- "Bewußtmachen von sozialen Zusammenhängen";

- Hilfe für die Kirche, "sich in Frage zu stellen";

- "Wahrnehmung von sozialanwaltlichen Funktionen für vernachlässigte Personen und Gruppen".

Der erstgenannte Punkt bringt die "Katalysator"-Funktion von Kirchenkreissozialarbeit bei der Anregung diakonischer Überlegungen und Aktivitäten
in Gemeinden und Kirchenkreisen als Bestandteil des Selbstverständnisses
dieser Berufsgruppe zum Ausdruck. Daß damit zugleich immer wieder grundlegende Anfragen an die Institution Kirche - ihre Aufgaben, Lebensformen
und Anschauungen - gerichtet werden, wird nicht nur als Konsequenz hingenommen, sondern als für Kirchenkreissozialarbeit konstitutiv aufgefaßt
(Abs. 6 dieses Berufsbildes).
Wahrnehmung sozialanwaltlicher Funktionen als Aufgabe von Kirchenkreissozialarbeit verweist darauf, daß dem Selbstverständnis der Sozialarbeiter
entsprechend Klientenorientierung den aktiven Einsatz für die jeweils
hilfsbedürftigen Personen oder Gruppen meint.
Ebenso wie in der Rahmendienstanweisung wird auch in diesem Berufsbild
ausdrücklich auf den der Kirchensozialarbeit zugrundeliegenden Auftrag
verwiesen. Er "ergibt sich aus der Verpflichtung der Kirche zur Diakonie", aus einem kirchlichen Handeln, das an den "ganzen Menschen" gerichtet ist, im Sinn der Zuwendung Gottes zum Menschen. Solidarität für
andere und Leben in Gemeinschaft werden dadurch angestoßen, Sozialarbeiter helfen mit ihrer Fachkenntnis, sie zu verwirklichen (Abs. 3).
Strukturell erfordert dies die Möglichkeit eigenverantwortlichen Arbeitens
ebenso wie die Zusammenarbeit mit anderen kirchlichen Mitarbeitern, Beteiligung an Entscheidungen und an der "kirchlichen Gesamtverantwortung"
(Abs. 4), aber auch die Vertretung der Kirche nach außen (Abs. 7).

Im konkreten Arbeitsfeld kann sich ein Kirchenkreissozialarbeiter nie der
ganzen Fülle sozialer Notstände annehmen. Voraussetzung für "fachgerechte,
methodische Arbeit" ist vielmehr die "gemeinsam mit den zuständigen kirchlichen Gremien und Organen" zu vollziehende Schwerpunktsetzung unter
gleichzeitiger Berücksichtigung von Ausbildung und Fähigkeiten des jeweiligen Mitarbeiters und der besonderen örtlichen Gegebenheiten. Dieser
Aspekt entspricht der in der Rahmendienstanweisung vorgesehenen Benennung
jeweils spezifischer Aufgaben für die Kirchenkreissozialarbeit.

3. *Zum Verhältnis zwischen verschiedenen Zielvorstellungen für die
   Kirchenkreissozialarbeit*

Daß Menschen sich in ihrem Handeln gleichzeitig an mehreren Zielen orientieren wollen oder sollen, ist nicht ungewöhnlich. Aufmerksamkeit verdient
diese Tatsache aber immer dann, wenn diese Ziele nicht nur unterschiedlich formuliert werden, sondern wenn ihr Verhältnis zueinander als konkurrierend oder gar konfligierend zu beschreiben ist.
Im Blick auf Kirchenkreissozialarbeiter ist als Ergebnis der vorausgegangenen Auswertung zunächst einmal festzustellen, daß die für diese Tätigkeitsfelder relevanten Zielvorstellungen in unterschiedlichen Sprachen

formuliert sind. Einer kirchlich-theologischen Terminologie - z.B. in
der neuen Dienstanweisung für Kirchenkreissozialarbeiter - steht eine
sozialwissenschaftlich geprägte Sprache - besonders ausgeprägt im
Berufsbild für Sozialarbeiter und Sozialpädagogen - gegenüber. An anderen Stellen - etwa in den Leitlinien zum Diakonat und im Berufsbild
für die Kirchenkreissozialarbeiter - wird der Versuch unternommen, Bezugnahme auf Evangelium und Leben der christlichen Gemeinde mit Kategorien sozialen Handelns zu verbinden. Da es sich stets um grundsätzliche
Zielvorgaben und Begründungen handelt, bleiben diese Leitvorstellungen
in allen Fällen allgemein und interpretationsbedürftig. Inwieweit die folgenden Überlegungen in Bezug auf Zielkonkurrenz bzw. -konflikt zutreffen, hängt daher jeweils stark von der Gültigkeit der zugrundegelegten Interpretation der Begriffe ab. Immerhin aber spricht einiges für
die Vermutung, daß - über die Sprachunterschiede hinaus - auch Differenzen inhaltlicher Art zwischen den Zielen der Kirche als Organisation,
dem diakonischen Bereich als solchem, der Berufsgruppe der Sozialarbeiter
allgemein und speziell jener der Kirchenkreissozialarbeiter bestehen.
An drei Stellen soll dies noch eingehender gezeigt werden:

- Im Bereich von Kirche und Diakonie formulierte Zielvorgaben ("Teilnahme am Dienst der helfenden Liebe in der diakonischen Sozialarbeit und
damit an der Gestaltung des gemeindlichen Lebens", "Präsenz der Gemeinde
im sozialen Bezugsfeld") beschreiben ein berufliches Handeln, das aktiv
zum Aufbau christlicher Gemeinde beiträgt. Dabei bleibt freilich noch
offen, inwieweit in solchen Vorstellungen ein bestimmtes Bild von Gemeinde vorgegeben ist bzw. inwieweit sozialarbeiterisches Bemühen selbst
dieses Bild mit prägen und eventuell auch verändern kann. Die Verpflichtung zu kirchlicher Sozialarbeit jedenfalls wird im diakonischen Impuls
des Evangeliums gesehen. Die Zuwendung Gottes zum Menschen - zum ganzen
Menschen - stellt gewissermaßen das Vorbild dar, an dem sich mitmenschliche Hilfe orientiert. Dagegen schließt das allgemeine Berufsbild für
Sozialarbeiter und Sozialpädagogen von der Existenz sozialer Probleme,
wie sie im gesellschaftlichen Zusammenhang von Menschen auftreten, auf
die Pflicht der Gesellschaft zu ihrer Bearbeitung, formuliert "Humanisierung der Gesellschaft" als zu erreichendes Ziel. Es dürfte von der jeweils vertretenen theologischen Position abhängen, ob diese beiden Zielvorstellungen miteinander vereinbar, stellenweise vielleicht sogar
deckungsgleich sind, oder aber die Suche nach einer "menschlicheren
Gesellschaft" sich als theologisch nicht vertretbar oder doch minder relevant erweist.

- Nicht leicht zu interpretieren scheint weiter die in der Rahmen-Dienstanweisung angesprochene "Bindung des Sozialarbeiters an das evangelisch-lutherische Bekenntnis" und entsprechend die in den "Leitlinien zum Diakonat" formulierte Forderung, der "Auswirkung des Evangeliums auf den
Fachauftrag" Rechnung zu tragen. Ist dieses Prinzip beispielsweise zu
verstehen im Sinn des Postulats der Dienstanweisung für Fürsorgerinnen
aus dem Jahr 1954, bei Hilfsmaßnahmen sei darauf zu achten, daß sie
"dem Erhalt der Familie dienen"? Bedeutet es Einschränkungen oder Modifikationen in der Nutzung von Fachkompetenz? Oder gefährdet es gar das in
der Berufsordnung formulierte sozialarbeiterische Prinzip, der Sozialarbeiter habe das "Recht des Klienten auf eigene Lebensanschauung" zu akzeptieren? Und: Welchen Zusammenhang gibt es zwischen dieser Bindung und
der generellen Bindung von Sozialarbeit an die "freiheitlich-demokratische Grundordnung"? Ist der Impuls zur "Gestaltung gesellschaftlicher
Bedingungen" im Sinn dieser Ordnung in jedem Fall mit der Bindung des
Kirchenkreissozialarbeiters an das Evangelium vereinbar, wollen beide
gar dasselbe? Oder wird für kirchliche Sozialarbeit mit dem Verweis auf
das Bekenntnis ein anderer - eventuell engerer - Rahmen abgesteckt?

- Auch innerhalb der im kirchlichen Raum entstandenen Vorstellungen gibt
es Unterschiede. Zwar herrscht prinzipiell Übereinstimmung darüber, daß
Diakonie und Sozialarbeit nicht an den Grenzen kirchlicher Organisation

enden können und sollen. Zielvorgaben, die den Beitrag dieser Arbeit zum
Gemeindeaufbau betonen, könnten aber in der Praxis doch Akzente setzen:
Aktivitäten, die nicht erkennen lassen, wie sie zur "Festigung der Gemeindezugehörigkeit" oder zur "Rückführung in die Gemeinde" beitragen,
bekämen dann von vornherein einen geringeren Stellenwert. Der Anspruch
von Sozialarbeit im allgemeinen, Hilfe "ohne Ansehen der Person" zu
leisten, könnte hierzu zumindest in der Praxis in Widerspruch geraten,
aber auch die Vorstellung, die diakonische Verpflichtung der Gemeinde
bestehe "gegenüber jedermann" (Leitlinien).

Latente Konflikte zwischen diesen verschiedenen Zielvorgaben sind erkennbar. Ob sie offen zutagetreten, hängt davon ab, wie Sozialarbeiter
selbst, aber auch die jeweils zuständigen Entscheidungsträger innerhalb
der kirchlichen Organisation, die allgemein formulierten Ziele konkret
inhaltlich füllen.

Über diese Unterschiede und latenten Konflikte hinaus gibt es in den analysierten schriftlichen Regelungen, Leitvorstellungen und Selbstverständnis-Entwürfen allerdings auch eine Reihe von Gemeinsamkeiten. Sie sind
dort vor allem zu verzeichnen, wo Arbeitsfelder aufgezählt, Aktivitäten
oder Zielgruppen benannt werden. Konsens besteht offenbar auch darüber,
daß es zu den Aufgaben der Kirchenkreissozialarbeiter gehören sollte,
soziale Probleme selbst zu bearbeiten, aber auch andere darauf aufmerksam
zu machen, - insbesondere kirchliche Mitarbeiter und Gemeinden - sie zu
beraten und eventuell zu schulen, den Anstellungsträger über drängende
Probleme und die eigene Arbeit zu informieren, mit anderen im diakonischen
und sozialen Bereich tätigen Personen und Einrichtungen zu kooperieren,
sich selbst in der eigenen Arbeit kritisch zu beobachten und regelmäßiger
Fortbildung zu unterziehen.

Diese weitgehende Übereinstimmung im Aufgabenkatalog von Kirchenkreissozialarbeit läßt vermuten, daß Differenzen und Widersprüche in den
Zielvorstellungen weniger zur Auseinandersetzung über Notwendigkeit und
Berechtigung verschiedener Aufgaben im allgemeinen führen werden. Sie sind
jedoch von Bedeutung, wenn es darum geht, Prioritäten zu setzen oder die
Modalitäten einer prinzipiell akzeptierten Arbeit unter den Beteiligten
abzuklären. Wo Zielvorstellungen nicht explizit geäußert werden, unterbleibt echte Prioritätensetzung; strittige Fragen in Einzelfällen werden
nicht als Zielkonflikte erkannt und stattdessen von Fall zu Fall pragmatisch "gelöst". Gespräche unter den jeweils vor Ort Beteiligten über ihre
Ziele und deren inhaltliche Interpretation könnten helfen, diese auf Übereinstimmung bzw. Divergenz hin zu überprüfen und mögliche Konflikte zu
bearbeiten.

*) Der folgende Ergebnisbericht wurde erstellt von Barbara Boehme,
Brigitte Esau, Hermann Leinker, Ingrid Lukatis, Hermann Ripke,
Wilhelm Schmidt und Ulrich Wesenick.
Er wurde im Dezember 1978 abgeschlossen.

Die Projektgruppe dankt Superintendenten und Kollegen
für die Beteiligung an der Erhebung und die Unterstützung
des Projektes, Herrn Dr. Müller-Schöll und Herrn Dr. Priepke
von der Evangelischen Akademie Stuttgart für die kritischen
Äußerungen zum Zwischenbericht und der Pastoralsoziologischen
Arbeitsstelle, dem Diakonischen Werk sowie dem Landeskirchenamt, daß sie die Arbeit ermöglicht haben.

Projektgruppe „Sozialarbeit im Kirchenkreis" *)

Sozialarbeit in den Kirchenkreisen der Ev.-luth. Landeskirche Hannovers

Analyse und Perspektiven

Inhaltsverzeichnis

	Seite
1. Entwicklung der Dienststellen	34
2. Theoretisch-methodischer Ansatz	38
2.1 Leitende Interessen des Projektes	38
2.2 Untersuchungsansatz 2.2.1 Theoretischer Rahmen der Arbeitsfeldanalyse (4o) - 2.2.2. Was leistet eine Arbeitsfeldanalyse (42) - 2.2.3 Fragen der Arbeitsfeldanalyse (42)	4o
2.3 Ablauf der Untersuchung	45
3. Ergebnisse	5o
3.1 Struktur 3.1.1 Struktureller Rahmen der Dienststelle (5o) - 3.1.2 Kontaktdichte (56) - 3.1.3 Initiatoren und Qualität der Kontakte (63)	5o
3.2 Aufgaben und Ziele 3.2.1 Zielgruppen (77) - 3.2.2 Tätigkeiten (81) - 3.2.3 Ziele und individuelle Motivation (92) - 3.2.4 Planbarkeit der Arbeit und Entscheidungsspielräume (1o1)	77
3.3 Probleme und Veränderungsmöglichkeiten 3.3.1 Probleme und Defizite (1o4) - 3.3.2 Ansätze zur Veränderung der Strukturen und Aufgaben (113) - 3.3.3 Fortbildungswünsche (12o)	1o4
4. Sozialarbeit im Kirchenkreis heute - Schritte in die Zukunft	126

1. *Entwicklung der Dienststellen*

Anders als in anderen Landeskirchen war die Schaffung von Dienststellen für Sozialarbeit in Kirchenkreisen nach dem zweiten Weltkrieg für die Hannoversche Landeskirche eine neue Aufgabe. Man kannte bis dahin wenige "Stadtmissionen", in denen Mitarbeiter in verschiedenen Formen offener Diakonie tätig waren, daneben Schwesternstationen, Kindergärten und diakonische Anstalten.

Soziale Hilfsorganisationen mußten sich nach der Zerschlagung aller freien Einrichtungen in der NS-Zeit und angesichts der Nachkriegsnöte rasch neu entwickeln. Daran beteiligten sich auch die Kirchen. Der Einsatz sozialer Fachkräfte, die zuerst Kirchenkreisfürsorgerinnen genannt wurden, erfolgte im Bereich der Hannoverschen Landeskirche durch das Evangelische Hilfswerk vor allem in Verbindung mit den diakonischen Aufgaben der Flüchtlingshilfe.
Das Selbstverständnis der Landeskirche von der Verpflichtung zur Gemeindediakonie führte zur Übernahme dieser Fachkräfte als landeskirchliche Mitarbeiter dort, wo sich Kirchenkreise und ihre Gemeinden den sozialen und diakonischen Aufgaben umfassender stellen wollten und eine regionale Zentrale dafür brauchten.

Zugleich nahmen die freien Wohlfahrtsverbände ihre Tätigkeit wieder auf. Sie arbeiteten zuerst auch in einem gemeinsamen, jetzt nicht mehr bestehenden Hilfswerk in Niedersachsen zusammen. Jetzt gibt es Arbeitsgemeinschaften auf Landes- und Kreisebene. Sie haben das Ziel, gemeinsames Handeln in Absprachen mit den behördlichen Stellen auf allen regionalen Ebenen zu ermöglichen. Die Organisation verlangte sachkundige Vertreter der Diakonie. Führende Persönlichkeiten aller Verbände, auch aus der Diakonie, waren aktiv daran beteiligt, die Grundlagen der sozialen Gesetzgebung zu schaffen und zu ermöglichen. Diese Gesetze sehen eine Partnerschaft zwischen öffentlichen Trägern, Verbänden der freien Wohlfahrtspflege und der Kirche bei der Wahrnehmung sozialer Aufgaben vor.

Die Vorstellung vom Fürsorgeempfänger als Objekt wich dem Begriff des Hilfesuchenden als Subjekt und Partner im sozialen Gefüge. Anweisungen zum Sozialverhalten wurden von Beratungsvorstellungen abgelöst. Erfahrungen der Sozialwissenschaften wurden auf die Praxis angewandt, und die sozialen Zusammenhänge beeinflußten Forschung und Lehre der Wissenschaft. Der Fürsorger wurde zum Sozialarbeiter mit sehr viel umfassenderer Ausbildung und anderem Berufsverständnis.
Die Formen der Gemeindediakonie, die in den frühen fünfziger Jahren fast ausschließlich von den praktischen Notlagen bestimmt waren, wurden von diesen Wandlungen erfaßt.
Mit der Veränderung der gesellschaftlichen Formen im gesamten Sozialbereich haben sich auch die Formen des kirchengemeindlichen Lebens gewandelt. Von diesem Veränderungsprozeß sind auch die Dienststellen für Sozialarbeit in Kirchenkreisen betroffen.

Bei der Übernahme der fürsorgerischen Fachkräfte vom Evangelischen Hilfswerk in die Dienststellen der Landeskirche im Jahre 1954 waren diese regional unterschiedlich eingesetzt worden, und zwar:

    jeweils 1 Fachkraft für einen Landkreis
                        - das waren damals 2 bis 3 Kirchenkreise -
  oder   1 Fachkraft für die Region eines Sprengels
  oder   1 Fachkraft für 1 Kirchenkreis.

Die letztere Lösung erwies sich vorläufig als die beste, und es wird
landeskirchlich angestrebt, den Ausbau der Arbeit so weiterzuentwickeln,
daß in jedem Kirchenkreis eine Planstelle entsteht. Doch die Entstehung
und Aufgabenstellung für Planstellen ist abhängig vom Interesse des jeweiligen Kirchenkreises, sich an sozialen Aufgaben zu beteiligen und im
regionalen Bereich zusammenzuarbeiten. Manche Kirchenkreise hatten daran
kein sichtbares Interesse und haben keine Dienststelle für Sozialarbeit
eingerichtet; andere suchten den an sie gestellten sozialen Ansprüchen
durch Schaffung solcher Dienststellen zu genügen, ohne sich der Bereitschaft der Gemeinden zur Wahrnehmung sozialer Veränderungen und zu diakonischer Verantwortung zu versichern.

Dadurch und durch zu große regionale Arbeitsbereiche wurden die Fachkräfte überlastet. Bei Schaffung weiterer Planstellen im Verlauf des
Aufbaus wurden deshalb auch andere Strukturen versucht:

- Die Zusammenlegung von 2 Dienststellen verschiedener Kirchenkreise in
  einer politischen Region schafft die Möglichkeit zur Zusammenarbeit
  von zwei Sozialarbeitern, die sich anregen, ergänzen und vertreten.
- Daneben ergaben sich Notwendigkeiten, Sozialarbeiter mit Spezialkenntnissen - zuerst besonders in der Eingliederungshilfe oder in der
  Suchtkrankenhilfe, aber auch für andere Tätigkeiten - anzustellen.

Damals war die Zeit des großen Fachkräftemangels im sozialen und diakonischen Bereich und zugleich richtete die Öffentlichkeit sehr hohe Erwartungen an Leistungen der "freien Kräfte". Ständige Zuwanderung und
explosionsartige Erweiterung von Wohngebieten bestimmten die sozialen
Probleme.

In Verbindung mit den Strukturüberlegungen der Landeskirche in bezug
auf die optimale Größe kirchlicher Regionen, gemessen an der Zahl der
Gemeindeglieder, wurde eine Region von ca. 3o.ooo Gliedern für die Beschäftigung eines Sozialarbeiters in der Diakonie für notwendig gehalten. Eine solche Zahlenangabe ist allerdings eher eine Richtgröße. So
sind zum Beispiel im außerkirchlichen Bereich Regionen sehr unterschiedlich mit sozialen Einrichtungen ausgestattet und daher die Ansprüche an
die Diakonie in einer Region solcher Größe stärker oder geringer.

Die mit einer Fachkraft allein besetzte Dienststelle hat sich wegen der
Fülle unterschiedlicher Aufgabenstellungen nicht bewährt. Darum gehen
die Planungsversuche dahin, zwei bis drei Fachkräfte in einer Dienststelle gemeinsam anzusetzen. Die Voraussetzungen für eine Kooperation
der zuständigen Kirchenkreise auf diakonischem Gebiet müssen dazu in
den meisten Fällen erst noch geschaffen werden.

In der Landeskirche entstanden durch die regionalen Veränderungen von
Kirchenkreisen und durch die kommunale Gebietsreform neue Erschwernisse
für einen kontinuierlichen und regional gleichmäßigen Aufbau der
Dienststellen.
Die in der Praxis stehenden Fachkräfte sehen sich nicht nur ständig
wechselnden sozialen Bedürfnissen von Klienten und diakonischen Aufgabenstellungen gegenüber, sondern auch immer neuen Problemen der Zuständigkeit - Kontaktvermittlungen und Abhängigkeiten, sowohl im innerkirchlichen wie im außerkirchlichen Bereich. Dazu kommt die Einschränkung der
Wiederbesetzung von Planstellen.
Die Entwicklung wurde immer wieder unterbrochen und mußte sich in ihren
strukturellen Formen weiter verändern, noch ehe eine Phase abgeschlossen
war und die ganze Landeskirche erreicht hatte.

Die Aufgaben der Nothilfe der Nachkriegszeit, für Nahrung, Kleidung, Wohnung, Ausbildung zu sorgen, sind längst diakonischen und sozialen Aufgaben in Verbindung mit Benachteiligten, Behinderten, Zugewanderten, Einsamen und von Lebensangst Betroffenen gewichen.
Die Grundlagen der Sozialgesetzgebung werden durch die wirtschaftliche Lage der kommunalen Körperschaften in der Praxis jetzt in Frage gestellt. Das wirkt sich auch auf diakonische Maßnahmen aus, die auf öffentliche Zuschüsse für den Hilfeempfänger angewiesen sind.
Es hatte sich bisher als eine Stärke im sozialen und diakonischen Handeln der Kirche erwiesen, daß sie eigene soziale Fachkräfte beschäftigt und Dienststellen für Sozialarbeit zur Verfügung halten konnte. Doch ein regional gleichmäßiges Netz, das eine kontinuierliche Partnerschaft im kirchlichen und öffentlichen Sozialbereich garantiert, ist nicht entstanden. Die Ausstattung zeigt viele unterschiedliche Stadien der Entwicklung, die Aufgabenstellung ist auf die regionalen Problemlagen ausgerichtet und daher verschieden. Die kontinuierliche regionale Arbeit wird durch zum Teil lange Vakanzzeiten unterbrochen. Geeignete Mitarbeiter sind nach wie vor schwer zu finden, weil sehr hohe Ansprüche an die Vielseitigkeit des beruflichen Könnens gestellt werden.

Das Bewußtsein von Kirchenkreisen als selbständige, verantwortliche kirchliche Aktionseinheit entwickelt sich erst jetzt stärker. Theologische Auseinandersetzungen mit einer Diakonie, die auch verstanden wird als Einübung von Kommunikation und Kooperation, fangen an.

Die langsame Entwicklung von Dienststellen in der Landeskirche in Abhängigkeit von den beschriebenen Einflüssen und vom sozialen und diakonischen Verständnis kirchlicher Regionen bildet den historischen Hintergrund für die Probleme, die Anlaß zu dem Projekt "Sozialarbeit im Kirchenkreis" gegeben haben.

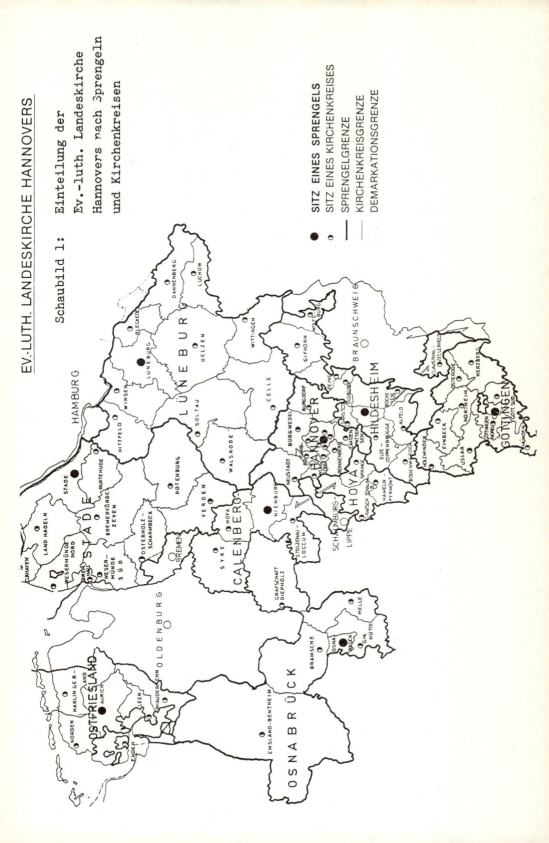

2. *Theoretisch-methodischer Ansatz*

2.1 Leitende Interessen des Projekts

Den Ausgangspunkt für das Projekt "Sozialarbeit im Kirchenkreis" bildet ein Bündel von Fragen, Schwierigkeiten und Überlegungen, die sich aus den Praxiserfahrungen der Sozialarbeiter selbst und der in dieser Arbeit ebenfalls engagierten Fachberatung im Landesverband des Diakonischen Werkes im Laufe der Zeit ergeben haben. Vier Punkte vor allem lassen sich benennen, die die leitenden Interessen der Untersuchung markieren:

- Eine von Sozialarbeitern im Vollzug ihrer Arbeit nicht selten erfahrene Schwierigkeit läßt sich beschreiben als Unsicherheit über den Stellenwert der eigenen Aufgabe innerhalb des gesamten kirchlichen Aufgabenspektrums. Sie haben den Eindruck, ihre Tätigkeit stelle sich möglicherweise in der Einschätzung der Kirchenleitung, der Theologen in ihrem Praxisfeld, vielleicht auch für einen größeren Teil der aktiven Mitarbeiter in den Kirchenkreisen und Gemeinden, gegenüber dem "Proprium", der Wortverkündigung, als zweitrangig, als minder wichtig dar. Damit erfahren sich Sozialarbeiter im Urteil der anderen als Randfiguren kirchlicher Arbeit; das stellt sie unter einen starken psychischen Druck, ihr Tun vor anderen - und, in der Folge, womöglich auch vor sich selbst - ständig legitimieren zu müssen.

Zugleich erfahren Sozialarbeiter, daß der Hinweis auf diakonische Leistungen in öffentlichen Stellungnahmen der Kirchen einen breiten Raum einnimmt, ohne daß diese Bewertung für sie erkennbar im innerkirchlichen Bereich geteilt würde. Daraus resultiert die Befürchtung vieler Sozialarbeiter, eine Art "Alibi"-Funktion für die Kirche zu übernehmen, indem sie den gesamtgesellschaftlichen Nutzen dieser Institution belegen helfen, ohne eigentlich theologisch wesentlich zu sein.

Eindrücke dieser Art entstehen zunächst individuell beim einzelnen Sozialarbeiter; sie werden allenfalls in Gesprächen zwischen je einigen Vertretern dieser Berufsgruppe erörtert. Ein Interesse des Projekts "Sozialarbeit im Kirchenkreis" besteht nun darin, festzustellen, wie weit Erfahrungen dieser Art tatsächlich verbreitet sind. Gleichzeitig aber soll die Untersuchung Gelegenheit bieten, diese subjektiv vorhandenen Eindrücke zumindest ansatzweise auf ihren Realitätsgehalt hin zu überprüfen. Dazu ist es notwendig, daß neben den Sozialarbeitern auch andere Beziehungspartner zu ihren Vorstellungen von Zielen und Aufgaben der Sozialarbeit in den Dienststellen der Kirchenkreise Stellung nehmen.

- Eng verbunden mit diesem Problem ist ein zweites: Sozialarbeiter in den Kirchenkreisen sind gelegentlich im Zweifel darüber, ob ihr Selbstverständnis von Sozialarbeit im Raum der Kirche überhaupt eine angemessene Chance der Verwirklichung finden kann. Ist das, was Kirchenkreissozialarbeiter tun, eigentlich effektive Sozialarbeit? Akzeptiert die Kirche ihren Anspruch, im positiven Sinn "Unruhestifter" zu sein, indem soziale Probleme aufgezeigt und Wege zu ihrer Lösung gefordert und vorgeschlagen werden? Müßten Sozialarbeiter nicht möglicherweise Konsequenzen ziehen und dort, wo in der Kirche keine Möglichkeiten zur Verwirklichung dieses Konzepts bestehen, auf Mitarbeit verzichten?

Auch in diesem Zusammenhang soll die Untersuchung zum einen die Frage klären, ob diese von einzelnen geäußerte Problemanzeige von der Mehrheit der Sozialarbeiter geteilt wird. Zweitens soll eine Zusammenstellung der von den Sozialarbeitern in den Kirchenkreisen tatsächlich wahrgenommenen Aufgaben die Diskussion darüber, ob hier wirksame Sozialarbeit geschieht, erleichtern. Und drittens ist zu überprüfen, ob und

- gegebenenfalls - in welchem Umfang die vermutete Diskrepanz zwischen dem Selbstverständnis der Sozialarbeiter und dem Bild der Kirche von den Aufgaben der Dienststellen für Sozialarbeit in den Kirchenkreisen wirklich besteht. Sollten die Vorstellungen auf beiden Seiten sich als in größerem Umfang diskrepant erweisen, so dienen die Resultate einer genaueren Analyse für diesen Dissens und als Ausgangspunkt für die Suche nach vertretbaren Lösungsmöglichkeiten.

- Ein dritter Problemkomplex ist zentriert um die Offenheit und damit zugleich Diffusität der Aufgabenstellung, mit der sich die Sozialarbeiter in den Dienststellen für Sozialarbeit in den Kirchenkreisen konfrontiert sehen. Generell besteht wohl Einigkeit darüber, daß eine vollständige Festlegung im Sinne der Formulierung eines möglichst geschlossenen Aufgabenkatalogs kein geeigneter Ansatz für Sozialarbeit wäre, die ja immer an den konkreten und eventuell recht spezifischen Defiziten in einer Region orientiert sein muß. Dennoch erleben viele Kirchenkreissozialarbeiter die derzeitige Situation als unbefriedigend: Sie müssen sich als Mitarbeiter in der Kirche ihre Aufgaben ständig selbst stellen; es fehlt ihnen an Rückmeldungen, aus denen ablesbar wäre, ob die selbstgewählte Schwerpunktsetzung und ihr konkretes Vorgehen den anstehenden Problemen gegenüber von anderen als angemessen betrachtet werden; sie haben zu wenig Informationen darüber, ob ihre Praxis einer Sozialarbeit im Kirchenkreis überhaupt den Erwartungen des Anstellungsträgers entspricht.
Sozialarbeiter, die ihre Situation in dieser Weise negativ erleben, versprechen sich eine Verbesserung zum Teil durch die Formulierung einiger zentraler Aufgaben für die Sozialarbeit in den Kirchenkreisen. Ein solcher Orientierungsrahmen könnte es ihnen selbst erleichtern, sich über das in der eigenen Arbeit Geleistete Rechenschaft abzulegen. Und sie würden wahrscheinlich weniger unter der Unsicherheit leiden, die daraus resultiert, daß die Anforderungen des sozialen Umfelds an die eigene Tätigkeit recht diffus, zumindest aber nur schwer erkennbar sind.
Der Beitrag des Projekts angesichts dieser Probleme und Überlegungen besteht darin, herauszufinden, ob sich in der bisherigen Praxis der Sozialarbeiter bereits ein solcher Kern von Aufgaben erkennen läßt. Wenn es Aktivitäten gibt, die bereits jetzt von der Mehrzahl der Sozialarbeiter in den Kirchenkreisen in bestimmtem Umfang übernommen werden und die, parallel dazu, von den Vertretern der Anstellungsträger übereinstimmend als Aufgaben der Kirchenkreissozialarbeiter genannt werden, so dürfte es verhältnismäßig leicht sein, daraus einige relativ verbindliche "Kernaufgaben" zu formulieren. An ihnen könnten sich in Zukunft die Sozialarbeiter selbst ebenso wie ihre Beziehungspartner orientieren.

- Allerdings wird dieser Vorschlag nicht von allen Sozialarbeitern unterstützt. Zweifel an der Tragfähigkeit dieser Lösung werden geäußert unter Verweis auf die Unterschiede in der jeweiligen örtlichen Situation. Die Untersuchungsergebnisse werden es zulassen, diese These ebenfalls zu überprüfen. Sollte sie richtig sein, dann würde dies bedeuten, daß innerhalb der Gesamtheit der Kirchenkreissozialarbeiter kein annähernd einheitliches Muster in den Aufgabenkombinationen sichtbar wird.

In diesem Fall ließe sich der allzu großen Unschärfe in den beruflichen Anforderungen nur vorbeugen, wenn in den Kirchenkreisen Strukturen geschaffen würden, die den Sozialarbeitern kompetente und mit Autorität des Anstellungsträgers ausgestattete Gesprächspartner zur Seite stellten. Mit ihnen zusammen könnten sie dann ein der jeweiligen Situation angemessenes Konzept der Sozialarbeit im Kirchenkreis entwickeln. Die Ergebnisse des Projekts könnten auch hierbei helfen, indem sie die derzeitigen Formen der Beratung und Zusammenarbeit genauer nachzeichnen und auf eventuell erforderliche Strukturveränderungen hinweisen.

Faßt man diese Überlegungen zu den forschungsleitenden Interessen, die zur Projektkonzeption geführt haben, zusammen so wird deutlich: Es geht in der Untersuchung vor allem darum, die derzeitige Praxis der Sozialarbeit in den Kirchenkreisen überschaubar zu machen, sie mit den Erwartungen an diese Praxis zu konfrontieren und die Bedingungen, unter denen sie sich vollzieht, im Blick auf Verbesserungsmöglichkeiten kritisch zu reflektieren.

2.2. Untersuchungsansatz

2.2.1 Theoretischer Rahmen der Arbeitsfeldanalyse

Das Untersuchungsprojekt "Sozialarbeit im Kirchenkreis" trägt den Untertitel "Arbeitsfeldanalyse". Mit diesem Stichwort verbinden sich eine Reihe sehr konkreter Fragestellungen nach den Aufgaben der Kirchenkreissozialarbeiter, nach der Art und dem Umfang der Regelungen, die ihre Arbeit bestimmen, nach der Ausstattung der Dienststellen und nach den Personen und Institutionen, denen sie als Mitarbeiter zugeordnet sind und mit denen sie im Rahmen ihrer Aufgabenerfüllung Kontakte haben bzw. zusammenarbeiten.

Der theoretische Rahmen, der als Leitlinie für die Formulierung dieser Fragestellungen dient, geht davon aus, Kirche unter dem Aspekt ihrer _sozialen Organisation_ zu beschreiben. Mit diesem Ansatz ist die theologische Frage danach, was Kirche ist oder sein solle, nicht ausgeklammert. Die theologische Bedeutung von Kirche bildet vielmehr den "Maßstab", an dem sich Kirche in ihrer Sozialgestalt orientieren kann. Kirche als soziales Gebilde entwickelt sich aber stets unter den Gegebenheiten einer bestimmten gesellschaftlichen Umwelt. Das hat zur Folge, daß sich eben diese soziale Organisation Kirche messen und, falls erforderlich, auch verändern lassen muß nach Kriterien, die die Gemeinde Jesu Christi unter den realen Bedingungen dieser Welt stets von neuem zu konkretisieren hat.

Die Analyse sozialer Organisationen schließt immer auch die Frage ein, welche _Zielvorstellungen_ das Handeln der Mitglieder dieser Organisation leiten. Wo es um die Kirche in ihrer Sozialgestalt geht, ist an dieser Stelle eben jenes theologische Bild von Kirche zu erforschen.

Ein zweites wesentliches Merkmal zur Beschreibung kirchlicher Organisation ist ihre _Struktur_, also das Beziehungsmuster, das sich daraus ergibt, daß einzelne Organisationsmitglieder bzw. Gruppen in der Organisation untereinander in Kontakt treten und gemeinsam an der Erreichung der Organisationsziele arbeiten. Ein Teil dieser Struktur ist durch Gesetze oder Ordnungen festgelegt, andere Teile dieses Beziehungsgefüges bilden sich im Vollzug organisatorischen Handelns heraus.

Organisationen sind schließlich nicht zu denken ohne Bezug zu ihrer _Umwelt_. Obwohl sie relativ abgegrenzte soziale Einheiten bilden, ergeben sich an verschiedenen Stellen Kontakte und oft sogar verhältnismäßig stabile Beziehungen zu Personen, Gruppen oder anderen Organisationen des Umfelds, die unter Umständen für die Erreichung der Organisationsziele von entscheidender Bedeutung sind.

Sozialarbeiter in den Kirchenkreisen nehmen innerhalb der Organisationsstruktur der Kirche ganz bestimmte Positionen ein. Ihre Rolle ist definiert

- durch die Erwartungen, die die Organisation Kirche, vertreten durch verschiedene Personen und Gremien, an sie und ihre Arbeit richtet,
- durch das Geflecht sozialer Beziehungen zu den verschiedenen Partnern innerhalb und außerhalb der Organisation, mit denen sie im Rahmen ihrer Tätigkeit Kontakte haben,
- durch Tatbestände innerhalb der Organisation, die die Ausfüllung der Rollen beeinflussen (z. B. der Umfang der für die Arbeit seitens der Organisation zur Verfügung gestellten Mittel) und
- durch Tatbestände in der Umwelt, die in die Organisation hineinwirken, indem sie das Handeln ihrer Mitglieder bestimmen (z. B. Gesetze).

Die Rolle ist aber zugleich auch definiert durch das Rollen-Selbstbild der Sozialarbeiter, d. h. durch ihre eigenen Vorstellungen davon, wie ihr adäquates Rollenverhalten generell und unter den konkreten Bedingungen der Organisation Kirche auszusehen habe.

Schließlich wird die Rolle der Sozialarbeiter in den Kirchenkreisen
- wie jede soziale Rolle - definiert und umschrieben durch das tatsächliche Verhalten der Rollenträger, durch die Aufgaben, die sie faktisch wahrnehmen und durch die Art und Weise, wie sie dies tun. Inwieweit in diesem konkreten Rollenhandeln die Erwartungen der verschiedenen Beziehungspartner und die Vorstellungen der Rollenträger selbst zur Deckung kommen, hängt einerseits davon ab, ob sie überhaupt gleichlautende Handlungsanweisungen beinhalten oder ob sie widersprüchlich sind und damit einen Rollenkonflikt konstituieren. Solche Unterschiede in den auf den Rollenträger gerichteten Erwartungen und seinen eigenen Vorstellungen können verschiedene Ursachen haben: Unterschiedliche Konkretionen des kirchlichen Auftrags, auseinandergehende Vorstellungen von den Aufgaben der Kirche und der in ihr Tätigen begründen einen Zielkonflikt, aus dem mit einiger Wahrscheinlichkeit auch widersprüchliche Verhaltenserwartungen resultieren. Oder aber es besteht Übereinstimmung im Blick auf die Ziele kirchlichen Handelns, die Vorgehensweisen zur Erreichung dieser Ziele aber werden verschieden beurteilt. Im erstgenannten Fall kann die Konfliktbearbeitung den auf der Zielebene liegenden Dissens nicht unberücksichtigt lassen: Rollenträger und Beziehungspartner müssen hier in einen Dialog über das Bild von Kirche in der Gesellschaft heute eintreten. Im zweiten Fall geht es vor allem darum, bereits vorliegende Erfahrungen mit alternativen Vorgehensweisen und Handlungsstrategien auszuwerten, um daraus ein Rollenkonzept zu entwickeln, das der Erreichung der gemeinsamen Ziele möglichst gut angemessen ist.
In sich widerspruchsfreie Rollenerwartungen und -selbstbilder können jedoch ebenfalls eine Erfüllung durch den Rollenträger unmöglich machen, wenn die damit geforderte Leistung zu umfangreich ist, als daß der Rollenträger in der Lage wäre, sie zu erbringen (Rollenüberlastung).
Selbstverständlich gehen auch die Kenntnisse und Fähigkeiten sowie bisherige Erfahrungen der einzelnen Rollenträger sowohl in ihr Rollenselbstbild als auch in ihr faktisches Rollenhandeln ein. Und schließlich hängt es von verschiedenen Gegebenheiten in und außerhalb der Organisation ab, ob der Rollenträger auch wirklich dazu in der Lage ist, den von ihm selbst und seinen Beziehungspartnern formulierten Erwartungen zu entsprechen.

Eine Arbeitsfeldanalyse durchführen heißt also, diejenigen Erwartungen, Vorstellungen und Bedingungen zu ermitteln, die den Rahmen für das Handeln eines Rollenträgers bilden, der innerhalb einer sozialen Organisation bestimmte Funktionen, ein konkretes Aufgaben- und Arbeitsfeld übernommen hat. Es bedeutet gleichzeitig, das tatsächliche Verhalten dieser Rollenträger zu beschreiben.

2.2.2 Was leistet eine Arbeitsfeldanalyse?

Die Ergebnisse einer Arbeitsfeldanalyse sind geeignet, ein Bild der Arbeitsbedingungen und der tatsächlichen Arbeitsweise der Sozialarbeiter in Dienststellen für Sozialarbeit in den Kirchenkreisen zu entwerfen, das über die - möglicherweise einseitige oder unvollständige - Primärerfahrung der einzelnen Beteiligten oder Betroffenen hinausgeht. Die Resultate lassen Gemeinsamkeiten in der Entwicklung dieses Arbeitsfeldes, eventuell aber auch unterschiedliche Akzentuierungen erkennen und machen sie einer sachlichen Diskussion über ihre Angemessenheit zugänglich. Außerdem läßt sich auf ihrer Grundlage überprüfen, inwieweit formale Organisationsstrukturen und die dazugehörige Praxis den Zielvorstellungen von Kirchenkreissozialarbeit und der Arbeitsweise der Sozialarbeiter adäquat sind.

Aus den Resultaten einer so konzipierten Arbeitsfeldanalyse können sich schließlich auch Hinweise auf Rollenkonflikte oder Rollenüberlastungen ergeben. Sie bilden damit zugleich die Ausgangsbasis für Strategieüberlegungen, deren Ziel es sein könnte, bestehende Konflikte zu mildern bzw. durch Austragung zu klären und Überlastungen zu reduzieren. Unangemessene Arbeitsbedingungen oder Strukturen lassen sich überdenken und gegebenenfalls verändern bzw. Rollenerwartungen und -selbstbilder unveränderlichen Gegebenheiten besser annähern und so Spannungen und Frustrationserfahrungen verringern.

Im folgenden sollen die verschiedenen für eine Arbeitsfeldanalyse relevanten Fragestellungen am konkreten Fall der Sozialarbeiter in Dienststellen für Sozialarbeit in den Kirchenkreisen entwickelt und operationalisiert, d. h. einer Erfassung vor Ort zugänglich gemacht werden.

2.2.3 Fragen der Arbeitsfeldanalyse

Um die Rolle der Kirchenkreissozialarbeiter zu beschreiben und die Erwartungen, die an sie gerichtet werden, genauer zu ermitteln, ist zunächst zu klären, <u>wer überhaupt die Beziehungspartner</u> sind, die durch explizite Verbalisierung oder entsprechendes Handeln solche Verhaltenserwartungen formulieren.

Der formellen Regelung des Anstellungsvertrages folgend, ist der Kirchenkreis Anstellungsträger des Sozialarbeiters. Die Dienstaufsicht obliegt damit dem Kirchenkreisvorstand als dem geschäftsführenden Organ des Kirchenkreistages (§ 44, I KKO); er ist außerdem an der Fachaufsicht über die Aufgabenerfüllung des Sozialarbeiters beteiligt. Vorsitzender des Kirchenkreisvorstandes ist nach § 57 KKO der Superintendent. Dieser ist formal als unmittelbarer Ansprech- und Beziehungspartner des Sozialarbeiters innerhalb der Organisation Kirche ausgewiesen und als Repräsentant dieser Organisation bzw. ihres Subsystems Kirchenkreis berechtigt, Anforderungen an die Arbeit des Sozialarbeiters zu richten.

Darüber hinaus werden wahrscheinlich auch andere Beziehungspartner, die zwar nicht mit organisatorischer Autorität ausgestattet sind, jedoch in engem Kontakt zum Kirchenkreissozialarbeiter stehen, Erwartungen an sein Rollenverhalten äußern. Dies gilt für Positionsinhaber innerhalb der Organisation Kirche ebenso wie für "Außenstehende" (vgl. Schaubild 2).

Mögliche Beziehungspartner innerhalb der Organisation Kirche sind, neben den Superintendenten und den anderen Mitgliedern des Kirchenkreisvorstandes, die Mitarbeiter auf den verschiedensten kirchlichen Handlungs-

Schaubild 2: Der Kirchenkreissozialarbeiter und seine verschiedenen Beziehungspartner

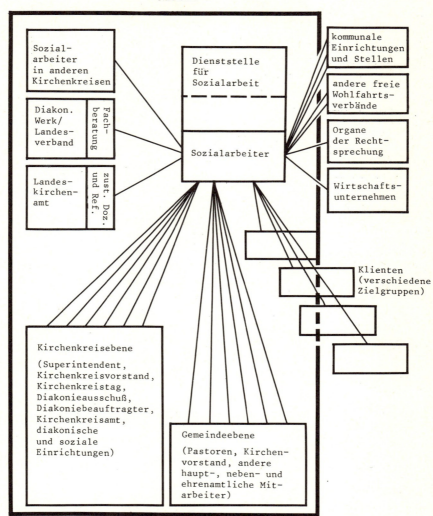

ebenen, also

- in der Dienststelle für Sozialarbeit selbst,
- in den Gemeinden (Pastoren, andere haupt- sowie ehrenamtliche Mitarbeiter),
- auf der Ebene des Kirchenkreises (Mitarbeiter im Kirchenkreisamt, in besonderen Beratungsstellen und anderen diakonischen Einrichtungen, Kreisjugendwarte, Mitglieder im Kirchenkreistag, im Diakonieausschuß, Diakoniebeauftragte),
- außerhalb des eigenen Kirchenkreises (z. B. Sozialarbeiter in anderen Kirchenkreisen; die organisatorisch dem Diakonischen Werk/Landesverband zugeordnete Fachberatung für Sozialarbeiter im kirchlichen Dienst; die für Diakonie zuständigen Positionsinhaber im Landeskirchenamt.

Was den Kreis der Klienten des Sozialarbeiters anbelangt, so ist in der Frage ihrer Zugehörigkeit zur Organisation Kirche zu differenzieren: Innerhalb des gesamten kirchlichen Systems findet sich ein breites Spektrum von Engagement und Partizipation, von Organisationsmitgliedern, die selbst haupt- oder ehrenamtlich tätig sind und/oder am kirchlichen Leben mit gewisser Regelmäßigkeit teilnehmen bis zu der - relativ großen - Gruppe derjenigen, die formal Kirchenmitglieder sind, ohne daß dieses in einer aktiven Beteiligung Ausdruck fände. Klienten der Sozialarbeiter sind u. U. in diesen verschiedenen Personengruppen in der Kirche zu finden. Hilfesuchende können aber - gemessen am formalen Kriterium der Mitgliedschaft - auch außerhalb der Organisation Kirche stehen, wenn sie beispielsweise ausgetreten sind oder einer anderen Glaubensgemeinschaft angehören.

Aus der Sicht der Kirche als Organisation in jedem Fall zur "Umwelt" zählende Beziehungspartner sind schließlich Mitarbeiter in kommunalen Sozialeinrichtungen, in Einrichtungen anderer Wohlfahrtsverbände und in anderen Organisationen in Wirtschaft, Rechtsprechung und Verwaltung, mit denen kirchliche Sozialarbeiter im Rahmen ihrer beruflichen Tätigkeit Kontakte haben.

Um diese formale Struktur für die einzelnen Dienststellen konkret zu ermitteln, erhebt die Arbeitsfeldanalyse die Zahl der Pastoren und Mitarbeiterstellen im Kirchenkreis, seine Ausstattung mit kirchlichen Sozialeinrichtungen (Kindergärten, Gemeinde-/Diakoniestationen, Beratungsstellen usw.). Auch das Vorhandensein entsprechender Dienststellen auf seiten der Kommunen und anderer freier Wohlfahrtsverbände sowie einige Daten zur Sozialstruktur der Region sind zu ermitteln.

Über diese Beschreibung der formalen Struktur hinaus ist das tatsächliche Beziehungsmuster zu analysieren. Hinweise hierauf sollen mit Hilfe gezielter Fragen nach der Dichte der Kontakte zu den verschiedenen Beziehungspartnern gewonnen werden. In diesem Zusammenhang wird auch zu klären sein, inwieweit bestimmte Kontakte institutionell abgesichert sind, beispielsweise über eine Mitgliedschaft des Kirchenkreissozialarbeiters in gemeinsamen Gremien, Ausschüssen oder Arbeitsgruppen.

Auch die genauen Modalitäten dieser Kontakte müssen ermittelt werden:

- Werden sie von den Sozialarbeitern initiiert oder gehen sie von den jeweiligen Beziehungspartnern aus?
- Inwieweit sind sie darauf gerichtet, den Kirchenkreissozialarbeiter in seiner Arbeit zu unterstützen?
- Welcher Art ist speziell die Beziehung zum Superintendenten als dem Repräsentanten der Organisation Kirche?

Die Beantwortung dieser Fragen ermöglicht eine genaue Beschreibung der sozialen Struktur, innerhalb derer sich die Arbeit des Kirchenkreissozialarbeiters vollzieht.

Ein zweiter Fragenkomplex beinhaltet <u>Erwartungen von Beziehungspartnern</u>, <u>Vorstellungen der Sozialarbeiter</u> von der ihrem Arbeitsplatz adäquaten Aufgabenkombination und die Feststellung der derzeit <u>tatsächlich wahrgenommenen Aufgaben</u>:

- Was tut der Sozialarbeiter - was sollte er nach eigener Auffassung - nach Auffassung seiner Beziehungspartner - tun?
- Welchen Klientengruppen (Zielgruppen) wendet er sich vor allem zu? Welchen sollte/möchte er sich zuwenden?
- Welche Zielvorstellungen von Sozialarbeit im Kirchenkreis stehen hinter diesen inhaltlichen Erwartungen?
- Was veranlaßt den Sozialarbeiter, als Mitglied in der Organisation Kirche an diesem konkreten Arbeitsplatz tätig zu werden?
- Wie groß ist der Spielraum, innerhalb dessen Sozialarbeiter in den Kirchenkreisen ihre Aufgaben frei wählen können?
- In welchem Umfang sind diese Aufgaben dabei?
- Inwieweit werden Entscheidungen vom Anstellungsträger - vertreten durch den Superintendenten - getroffen? In welchem Umfang sind die betroffenen Sozialarbeiter daran beteiligt?

Die inhaltliche Frage berührt an dieser Stelle sehr eng die Frage nach der Ausgestaltung der sozialen Beziehungen zwischen dem Rollenträger und seinen Interaktionspartnern.

Ein dritter und letzter Fragenkomplex umschließt die Analyse von <u>Konflikt- und Problempunkten</u>:

- Wo sehen Rollenträger bzw. Beziehungspartner ungelöste Probleme, die mit den Zielvorstellungen oder den konkreten Strukturen im Arbeitsfeld Kirchenkreissozialarbeit zusammenhängen?
- Wo funktionieren Zusammenarbeit oder Informationsfluß nur unzureichend und sind damit Quelle von Unzufriedenheit und Frustration?
- Gibt es aufgrund der äußeren Bedingungen im Arbeitsfeld Probleme?
- Welche Möglichkeiten, eine ungenügende Situation zu verbessern, sehen die Beteiligten?

Eine solche Sammlung von Problemen und Lösungsansätzen könnte geeignet sein, weitere Überlegungen zu geeigneten Verbesserungsstrategien einzuleiten.

2.3. Ablauf der Untersuchung

Nach der Darstellung der projektleitenden Interessen und des Untersuchungsansatzes ist nun ein kurzer Überblick über die Durchführung des Projekts "Sozialarbeit im Kirchenkreis" zu geben.

Der **Projektbeginn** ist markiert durch den Beschluß der **Kirchenkreissozialarbeiter** in der Hannoverschen Landeskirche anläßlich ihrer Jahrestagung im Januar 1977, eine Arbeitsfeldanalyse durchzuführen. Es wurde ein Vorbereitungsausschuß eingesetzt, aus dem heraus sich dann eine Projektgruppe "Arbeitsfeldanalyse" konstituierte. In ihr arbeiten Kirchenkreissozialarbeiter, die Fachberatung für die Kirchenkreissozialarbeit im Diakonischen Werk/Landesverband und die Pastoralsoziologische Arbeitsstelle zusammen.
Diese Projektgruppe formulierte zunächst das Untersuchungsziel genauer und begann dann mit der Entwicklung des Projektplans und des Erhebungsinstruments.

Bei der Entwicklung des Untersuchungsplanes mußte entschieden werden, wie die im Rahmen der Projektfragestellungen relevanten Informationen gewonnen werden konnten. Formen der Beobachtung schieden als Erhebungstechnik von vornherein aus; in der Projektgruppe stand von Anfang an fest, daß nur eine <u>Befragung</u> die notwendigen Daten über Tatbestände, Erfahrungen und Erwartungen im Blick auf Kirchenkreissozialarbeit liefern könnte. Als Zielgruppen, die dabei angesprochen werden sollten, kamen die Sozialarbeiter selbst sowie der große Kreis unterschiedlichster Beziehungspartner in Betracht. Aus pragmatischen Gründen - Mittel und Zeit standen für das Projekt nur in recht begrenztem Umfang zur Verfügung - mußte hier eine Einschränkung vorgenommen werden. Sie erfolgte in der Weise, daß lediglich die <u>Sozialarbeiter</u> und die <u>Superintendenten</u> als die Vertreter der Anstellungsträger als direkte Ansprechpartner ausgewählt wurden. Für diese Personengruppen wurde dann allerdings eine <u>Vollerhebung</u> geplant, d. h., es sollten alle zur Zeit der Erhebung in der Landeskirche tätigen Kirchenkreis-Sozialarbeiter sowie deren Superintendenten erfaßt werden.

Eine alternative Lösung hätte darin bestanden, in einer Auswahl von Kirchenkreisen jeweils eine größere Zahl von Beziehungspartnern des Sozialarbeiters in die Erhebung einzubeziehen. Sie hätte zwar für einige "Fälle" eine exaktere Beschreibung des gesamten Arbeitsfeldes geleistet. Der - vom Forschungsinteresse her - wesentliche Überblick über die Erfahrungen in der Kirchenkreissozialarbeit der Landeskirche und über die Vorstellungen und Erwartungen der Sozialarbeiter selbst sowie der durch die Superintendenten repräsentierten Organisation Kirche wäre dabei aber nur unzureichend erbracht worden.

Die Beschränkung auf eine Befragung von Sozialarbeitern und Superintendenten erscheint auch insofern gerechtfertigt, als damit die Erfahrungen und Vorstellungen derjenigen erhoben wurden, die besonders großen Einfluß auf die tatsächliche Gestaltung dieses Arbeitsfeldes haben dürften: Die Sozialarbeiter selbst prägen, an ihrem Rollenselbstbild orientiert, ihre Arbeit durch eigene Schwerpunktsetzung; die Superintendenten als die Vorsitzenden des Kirchenkreisvorstandes repräsentieren dasjenige Gremium, in dem wichtige Entscheidungen hinsichtlich der Sozialarbeit im Kirchenkreis getroffen werden können. Dabei wird durchaus nicht übersehen, daß auch die anderen Beziehungspartner faktisch großen Einfluß haben können. So haben insbesondere die Fachberatung beim Diakonischen Werk und die zuständigen Dezernenten und Referenten des Landeskirchenamts an der Herausbildung des derzeitigen Rollenbildes des Kirchenkreissozialarbeiters wesentlich mitgewirkt, indem sie sich an der Formulierung von Leitvorstellungen und der Ausgestaltung des gesetzlichen Rahmens beteiligten. Das Projekt hat zwar auch die Aufgabe, solche Leitvorstellungen zu ermitteln, aber in Verbindung mit der konkreten Praxis des einzelnen Sozialarbeiters. Es erschien daher sinnvoll, solche Personengruppen als Befragte zu wählen, die jeweils unmittelbar einem bestimmten Arbeitsfeld zugeordnet sind.

Die Entscheidung darüber, ob die Befragung mündlich - als Interview - oder schriftlich - mittels postalischer Versendung von Fragebogen - erfolgen sollte, hatte sich an zwei Kriterien zu orientieren: Ökonomische Gründe sprachen sehr stark für eine schriftliche Erhebung; der Einsatz von Interviewern hätte wesentlich höhere Projektmittel erfordert. Vom sachlichen Aspekt her war zu prüfen, ob die erforderlichen Informationen bei den beiden Zielgruppen auf schriftlichem Wege eingeholt werden konnten und ob hinreichend große Bereitschaft bestand, eine doch beträchtliche Anzahl von Fragen auf diesem Wege zu beantworten.

Die Entscheidung fiel zugunsten der schriftlichen Befragung. Ein Begleitschreiben, das die Untersuchungsziele möglichst deutlich erläuterte sollte die Antwortbereitschaft der einzelnen Befragten fördern. Beantwortbarkeit und Verständlichkeit des Erhebungsinstruments wurden in einer Voruntersuchung überprüft. Im August 1977 fanden Vortests bei zwei Kirchenkreissozialarbeitern und einem Superintendenten statt. Dabei wurden die Fragebogen den Gesprächspartnern in Anwesenheit je eines Mitglieds der Projektgruppe vorgelegt, um so genauere Hinweise auf eventuelle Unklarheiten, mißverständliche Fragestellungen und Probleme bei der Beantwortung zu erhalten. Die so gewonnenen Erkenntnisse wurden anschließend einer Überarbeitung des Fragebogens zugrunde gelegt.

Der Fragebogen wurde weitgehend standardisiert, das heißt, es wurden Fragen und Antwortvorgaben formuliert. Die Befragten brauchten sich in der Regel nur für eine der vorgeschriebenen Möglichkeiten zu entscheiden. Überall dort, wo trotz Voruntersuchung das Spektrum möglicher Antworten nicht genau vorhersehbar war, wurde allerdings zusätzlich Gelegenheit gegeben, eigene Alternativen zu formulieren (z. B. bei der Frage nach Verbesserungsmöglichkeiten).
Bei der Entwicklung der einzelnen Fragen, wie sie sich der Zielrichtung nach aus dem Untersuchungsanliegen ergaben, konnten zahlreiche Anregungen aus einem "Fragebogen zur Erhebung einer Arbeitsfeldanalyse" entnommen werden, der im Rahmen des 6. Akademiekurses für leitende Mitarbeiter in der Sozial- und Jugendhilfe in der Akademie für Jugend- und Sozialarbeit des Deutschen Vereins für Öffentliche und Private Fürsorge in Frankfurt entwickelt worden war. *)
Entsprechend den beiden Zielgruppen der Erhebung - Sozialarbeiter und Superintendenten - wurden zwei Erhebungsinstrumente entwickelt, in denen die einzelnen Fragestellungen jeweils aus dem Blickwinkel der Angesprochenen thematisiert wurden, im folgenden zitiert als "Sa" und Sup" (vgl. Anhang). Für die Sozialarbeiter wurde außerdem ein kurzer Fragenkatalog angefügt, der als "Fragebogen für die Dienststelle" Daten über den Arbeitsbereich sowie die Ausstattung der Dienststelle in personeller und sachlicher Hinsicht liefern sollte (im folgenden zitiert als "D").

Was die Aussagekraft der so gewonnenen Daten betrifft, so sind folgende Überlegungen anzustellen:

- Bei standardisierter Befragung ist grundsätzlich zu prüfen, inwieweit die Untersuchungsergebnisse Sachverhalte beschreiben, die für die Befragten selbst auch subjektiv wesentlich sind. Handelt es sich beispielsweise dort, wo Sozialarbeiter und Superintendenten zu vorformulierten Zielen, Aufgaben und oder Problemanzeigen Stellung nehmen, auch tatsächlich um jene Ziele, Aufgaben und Probleme, die die Vorstellungen dieser Personen bestimmen, auch ohne die Stimuli dieser Erhebung? Oder spricht die Untersuchung vielleicht für die Befragten selbst mehr oder weniger unwesentliche Aspekte des Arbeitsfeldes Kirchenkreissozialarbeit an und umgeht andere wesentlichere Gesichtspunkte?

---

*) Anregungen und einzelne Fragen wurden ferner entnommen aus:
Lukatis, Ingrid: Organisationsstrukturen und Führungsstile im Wirt-, schaftsunternehmen, Frankfurt: Akademische Verlagsgesellschaft, 1972.
Zeidler, Klaus: Anforderungen an kaufmännische Führungskräfte, Frankfurt: Akademische Verlagsgesellschaft, 1972.

Die Vorgehensweise bei dieser Arbeitsfeldanalyse erscheint geeignet, die letztere Frage zu verneinen. Einerseits waren diejenigen, die den Fragebogen erstellten, zum größeren Teil selbst Kirchenkreissozialarbeiter; ein Superintendent war ebenfalls an der Entwicklung des Erhebungsinstruments beteiligt. Zweitens wurden in den Vortests, die die Form von Interviews hatten, die Vertreter der beiden Befragtengruppen auch um kritische Stellungnahmen hinsichtlich der Relevanz der einzelnen Fragestellungen gebeten. Und drittens läßt zumindest bei den Sozialarbeitern die mittlerweile stattgefundene Rezeption der Untersuchungsergebnisse erkennen, daß diese durchaus nicht als "an den eigentlichen Fragen und Problemen vorbei" formuliert gesehen, sondern an den verschiedensten Stellen in unmittelbaren Bezug zur eigenen Praxis gebracht werden.

- Die Untersuchungsergebnisse stellen Informationen über das Arbeitsfeld der Kirchenkreissozialarbeiter dar, wie es sich im Bewußtsein der einzelnen Mitglieder beider Befragtengruppen spiegelt. Dieser Hinweis scheint besonders notwendig dort, wo die Frageformulierungen scheinbar auf "objektive" Daten abzielen, z. B. auf die Häufigkeit, mit der von den Sozialarbeitern bestimmte Kontakte wahrgenommen und Aktivitäten ausgeführt werden. Es ist davon auszugehen, daß die wenigsten Sozialarbeiter, noch weniger die Superintendenten, an dieser Stelle über exakte Zahlen, etwa aufgrund von Arbeitstagebüchern, verfügen. Bei den Angaben kann es sich also nur um Schätzungen handeln, deren Zuverlässigkeit im Rahmen dieses Projekts nicht geprüft werden kann. Die vorliegenden Informationen sind aber zumindest geeignet, ein Gespräch, z. B. über die "richtige" Aufgabenkombination in der Kirchenkreissozialarbeit einzuleiten und in der Folge eventuell noch gezieltere Fragen bezüglich der tatsächlich wahrgenommenen Aufgaben im konkreten Arbeitsfeld zu stellen.

Der endgültige Versand der Fragebogen an die Kirchenkreissozialarbeiter und Superintendenten im Rahmen der Hauptuntersuchung erfolgte Anfang September 1977. Insgesamt wurden 53 Kirchenkreissozialarbeiter und 50 Superintendenten angesprochen und an 42 Dienststellen Fragebogen gesandt. Bei Beantwortung der Fragen sollte Anonymität gewahrt werden. Um dennoch einen Vergleich der Vorstellungen und Erfahrungen zu ermöglichen, die jeweils ein Sozialarbeiter und der Superintendent des gleichen Kirchenkreises im Blick auf die Sozialarbeit in der Landeskirche machen, wurden die Fragebogen beim Versand mit Codenummern versehen. Diese ermöglichen zwar keine Identifikation einzelner Personen, wohl aber die Zuordnung von im gleichen Kirchenkreis tätigen Superintendenten und Sozialarbeitern.
Um ein möglichst genaues Bild der Situation der Kirchenkreissozialarbeit zu erhalten, war es wichtig, die Zahl der Ausfälle gering zu halten, d. h., die geplante Vollerhebung tatsächlich durchzuführen. Deshalb wurde im Oktober 1977 an alle Sozialarbeiter und Superintendenten noch einmal eine Erinnerung versandt, noch nicht ausgefüllte Fragebogen zu bearbeiten und zurückzusenden. Bis Mitte November 1977 waren dann auch 47 auswertbare Fragebogen von Sozialarbeitern, 34 "Superintendentenbogen" und 39 "Fragebogen für die Dienststelle" eingegangen. Die Quoten der Beteiligung liegen somit bei 89 % (Sozialarbeiter), 68 % (Superintendenten) und 93 % (Dienststelle).

Bereits während des Rücklaufs war im Oktober mit der Codierung und Verlochung der Daten begonnen worden. Nach Abschluß der Erhebung wurden die Auswertungsarbeiten am Kirchlichen Rechenzentrum in Hannover durchgeführt. Im Rahmen dieser Auswertung waren folgende Schritte konzipiert:

a) eine Beschreibung der äußeren Arbeitsbedingungen für die Kirchenkreissozialarbeit ("Fragebogen für die Dienststelle");

b) eine Beschreibung des Beziehungsfeldes, der Aufgaben, Probleme und Verbesserungsmöglichkeiten in der Tätigkeit der Sozialarbeiter aus eigener Sicht dieser Befragtengruppe und aus der Sicht der Superintendenten;

c) ein Vergleich der Sichtweisen dieser beiden Befragtengruppen sowie der einander paarweise zugeordneten Beziehungspartner;

d) eine Differenzierung der Aufgaben, Probleme und Verbesserungsmöglichkeiten nach unterschiedlichen Bedingungen im Arbeitsbereich der Kirchenkreissozialarbeiter.

In einer einwöchigen Klausurtagung erstellte die Projektgruppe aufgrund dieser Resultate einen "Zwischenbericht". Er war Grundlage der Arbeit der nächsten Jahrestagung der Kirchenkreissozialarbeiter im Januar 1978.

Über eine Information aller Kirchenkreissozialarbeiter über die ersten Projektergebnisse hinaus wurde dort in Arbeitsgruppen bereits mit einer inhaltlichen Diskussion einzelner Aspekte begonnen.

Der folgende <u>Ergebnisbericht</u> wird nach drei Hauptgesichtspunkten gegliedert sein:

- Struktureller Rahmen der Kirchenkreissozialarbeit
- Aufgaben und Ziele der Kirchenkreissozialarbeit
- Probleme und Veränderungsmöglichkeiten

Innerhalb dieser einzelnen Kapitel werden jeweils Beschreibungen der Einzelergebnisse für die beiden Befragtengruppen vorgelegt und ihre vergleichende Gegenüberstellung vorgenommen. Soweit Zusammenhänge zwischen den strukturellen Arbeitsbedingungen und den Aufgaben, Problemen oder Verbesserungsmöglichkeiten zu vermuten sind, werden die entsprechenden Hypothesen jeweils im Zusammenhang einer bestimmten Fragestellung am Datenmaterial überprüft.

3. Ergebnisse

3.1. Struktur

3.1.1 Struktureller Rahmen der Dienststelle

Der Bereich, in dem Sozialarbeiter tätig sind, soll beschrieben werden im Hinblick auf

- Größe,
- Ausstattung mit Mitarbeiterstellen,
- Ausstattung mit Sozialeinrichtungen und
- Sozialstruktur.

Hinweise auf die <u>Größe</u> des Arbeitsbereiches geben die Zahl der Kirchengemeinden, der Gemeindeglieder und der Einwohner dieser Region insgesamt.

D 6 Die <u>Zahl der Kirchengemeinden</u>, für die eine Dienststelle für Sozialarbeit zuständig ist, deckt sich mit einer Ausnahme mit der Zahl der Gemeinden im jeweiligen Kirchenkreis. Nur in einem Fall wurden - in einem relativ großen Kirchenkreis - drei getrennte Dienststellen errichtet.
Die 39 Dienststellen für Sozialarbeit in den Kirchenkreisen, für die Angaben vorliegen, waren im Durchschnitt für jeweils 22 Gemeinden zuständig. In den meisten Fällen (32) entsprach das einer Zahl von 1o bis unter 3o Gemeinden (16 Dienststellen: 1o - 2o Gemeinden, 16 Dienststellen: 2o bis unter 3o Gemeinden). Die Arbeitsbereiche von zwei Dienststellen umfaßten weniger als 1o Gemeinden; für fünf Dienststellen waren es 3o oder mehr Gemeinden.

D 8 Was die <u>Anzahl der Gemeindeglieder</u> betrifft, die zum Arbeitsbereich einer Dienststelle gehörten, so war etwa jede vierte Dienststelle für weniger als 5o.ooo Gemeindeglieder zuständig. Die Hälfte der Dienststellen hatte einen Bereich von 5o.ooo bis unter 1oo.ooo Gemeindegliedern zu "versorgen", bei einem knappen Viertel schließlich waren es sogar 1oo.ooo und mehr Gemeindeglieder.

D 5 Ein ähnliches Bild ergab sich für die <u>Gesamteinwohnerzahl</u> des Arbeitsbereiches:

    6 Dienststellen waren zuständig für Bereiche mit weniger als
          5o.ooo Einwohnern,
22 Dienststellen für 5o.ooo bis unter 11o.ooo Einwohner,
11 Dienststellen für 11o.ooo und mehr Einwohner.

Mit diesen drei Angaben läßt sich ein erster Eindruck von der Größe der Arbeitsbereiche vermitteln. Es wird deutlich, daß die Dienststellen für Sozialarbeit in den Kirchenkreisen zum Erhebungszeitpunkt teilweise für sehr große Bereiche zuständig waren.

Eine angemessene Beurteilung dieses Tatbestandes macht es erforderlich, zugleich ihre <u>Ausstattung mit Mitarbeiterstellen</u> zu berücksichtigen. Dabei ist sowohl auf die Stellenzahl und die Art der Stellen einzugehen, die der Dienststelle selbst zur Verfügung stehen, als auch auf die Ausstattung des Arbeitsbereiches mit Mitarbeitern insgesamt.

D 13 In den Dienststellen für Sozialarbeit in den Kirchenkreisen waren zum Erhebungszeitpunkt folgende Mitarbeiter tätig:

Was die Sozialarbeiter selbst betrifft, so wiesen

- 2 Dienststellen nur eine teilzeitbeschäftigte Kraft auf,
- 28 Dienststellen einen vollzeitbeschäftigten Sozialarbeiter,
- 6 Dienststellen zwei vollzeitbeschäftigte Sozialarbeiter,
- 1 Dienststelle zwei vollzeit- und einen teilzeitbeschäftigten Sozialarbeiter,
- 1 Dienststelle drei vollzeitbeschäftigte Sozialarbeiter,
- 1 Dienststelle drei vollzeitbeschäftigte und einen auf Honorarbasis tätigen Sozialarbeiter.

Sonstige Berater - für Ehe-, Erziehungs- oder Suchtberatung - waren in acht Dienststellen tätig: in einer Dienststelle drei, in zwei weiteren je ein vollzeitbeschäftiger Berater, in einem Fall eine Teilzeitkraft, in vier Fällen eine oder mehrere Honorarkräfte.

Sozialarbeiter und sonstige Berater zusammengerechnet, ergibt sich folgendes Bild:

- 2 Dienststellen verfügten nur über eine teilzeitbeschäftigte Fachkraft,
- 25 Dienststellen über eine vollbeschäftigte Fachkraft,
- 2 Dienststellen über eine vollbeschäftigte und eine Honorarkraft,
- 4 Dienststellen über zwei vollbeschäftigte Fachkräfte;
- 6 Diensstellen hatten drei oder mehr teils voll- oder teilzeitbeschäftigte, teils auf Honorarbasis tätige Sozialarbeiter und sonstige Berater (Maximum: fünf vollzeitbeschäftigte Sozialarbeiter und sonstige Berater).

An dieser Stelle ist der Hinweis wichtig, daß diese zusätzlichen Fachkräfte durchaus nicht alle aus landeskirchlichen Mitteln finanziert werden. Die Vermutung erscheint naheliegend, daß dort, wo bereits mehrere Sozialarbeiter tätig sind, zugleich die größeren Chancen bestehen, die Voraussetzungen für eine weitere personelle Verstärkung zu schaffen, d. h., Finanzierungsmöglichkeiten für die Angliederung von Mitarbeitern für besondere Beratungsaufgaben zu erschließen.

D 14
D 15

Was den Zeitpunkt der Errichtung von Planstellen für Sozialarbeiter in den Dienststellen für Sozialarbeit anbelangt, so waren fast alle 1. Planstellen (35) vor mehr als 1o Jahren geschaffen worden. Fast ebenso viele (33) waren auch seit mehr als 1o Jahren besetzt. Ebenso lag die Errichtung 2. und 3. Planstellen, soweit überhaupt vorhanden, zum Erhebungszeitpunkt häufig mehr als 1o Jahre, fast immer aber mehr als 5 Jahre zurück. In den letzten 5 Jahren kamen Neuerrichtungen so gut wie gar nicht vor.

Sa 22

Dagegen waren von den 47 Sozialarbeitern, die im Rahmen der Erhebung ihr Arbeitsfeld beschrieben, dort tätig:

- 8 seit mehr als 1o Jahren,
- 17 seit mehr als 5 bis zu 1o Jahren,
- 18 seit höchstens 5 Jahren.

Nur ein verhältnismäßig kleiner Teil der Stelleninhaber hatte diese demnach bereits zum Zeitpunkt ihrer Errichtung übernommen. Im letzten Jahrzehnt hat sich in den meisten Dienststellen für Sozialarbeit in den Kirchenkreisen bei den Sozialarbeitern ein Mitarbeiterwechsel vollzogen.

Das oben skizzierte Bild der Ausstattung der Dienststelle mit Fachkräften für Sozialarbeit und Beratung wird auch nicht wesentlich verändert, wenn man die dort tätigen Berufspraktikanten berücksichtigt. Lediglich in drei Dienststellen waren nämlich zum Erhebungszeitpunkt Berufspraktikanten beschäftigt - in einem Fall einer, in zwei anderen je zwei.

Über die Ausstattung der Dienststelle mit Verwaltungskräften informiert nachfolgende Übersicht:

  7 Dienststellen hatten keine Verwaltungskraft,
  1 Dienststelle eine Honorarkraft,
 15 Dienststellen eine Teilzeitkraft,
  1 Dienststelle eine Teilzeit- und eine Honorarkraft,
  2 Dienststellen zwei teilzeitbeschäftigte Verwaltungskräfte,
  7 Dienststellen eine vollzeitbeschäftigte Verwaltungskraft,
  4 Dienststellen eine vollzeit- und eine teilzeitbeschäftigte
                                       Verwaltungskraft,
  1 Dienststelle fünf Vollzeitkräfte,
  1 Dienststelle fünf Vollzeitkräfte und zwei Teilzeitkräfte.

Außerdem beschäftigte eine Dienststelle einen Zivildienstleistenden, eine andere zwei Zivildienstleistende als Vollzeitkraft, eine dritte einen Zivildienstleistenden auf Teilzeitbasis.
Auch im Blick auf Verwaltungskräfte und Zivildienstleistende wird deutlich, daß größere Mitarbeiterzahlen sich nur dort finden, wo bereits eine überdurchschnittliche Ausstattung der Dienststelle mit Sozialarbeitern gegeben war.

Setzen wir nun die Ausstattung der Dienststelle zur Größe des Arbeitsbereichs in Beziehung (vgl. Tabellen 1 - 6 im Anhang), so zeigt sich, daß zwischen der Zahl der Kirchengemeinden und der Zahl der Sozialarbeiter und sonstigen Berater offenbar kein Zusammenhang besteht: Größere Dienststellen waren in Bereichen mit verhältnismäßig wenigen Gemeinden ebenso häufig anzutreffen wie bei großer Zahl von Gemeinden. Dagegen waren personell besser ausgestattete Dienststellen mit größerer Wahrscheinlichkeit in Arbeitsbereichen vertreten, deren Gemeindeglieder- ebenso wie die Gesamteinwohnerzahl höher lag.
Dennoch: 18 Dienststellen mit nur einem Sozialarbeiter waren Arbeitsbereichen zugeordnet, die 5o.ooo und mehr Gemeindeglieder umfassen; in Einwohnerzahlen ausgedrückt: in den Arbeitsbereichen von 15 Dienststellen mit nur einem Sozialarbeiter lebten 7o.ooo und mehr Menschen.

Dieses Bild ist noch zu vervollständigen durch entsprechende Differenzierungen nach der Zahl der Pfarrstellen im Arbeitsbereich und nach seiner Sozialstruktur.

Kirchliche Mitarbeiter, die im Arbeitsbereich der Dienststelle für Sozialarbeit im Kirchenkreis tätig sind, vor allem Pastoren, Diakone und andere sozialpädagogische Mitarbeiter, spielen als potentielle Beziehungspartner der Sozialarbeiter eine Rolle. Den Arbeitsbereich unter dieser Fragestellung beschreiben heißt, einerseits auf Kontakte hinzuweisen, die die Sozialarbeiter im Rahmen ihrer Aufgabenerfüllung unterhalten müssen, andererseits auf ihre mögliche Entlastung durch Arbeitsteilung mit anderen Mitarbeitern.

D 7   Was die Zahl der Pfarrstellen im Arbeitsbereich anbelangt, so lag sie im Erhebungszeitpunkt im Schnitt bei 28. Das heißt, in der Regel mußten die Mitarbeiter einer Dienststelle mit 1o bis unter 4o Pfarrstelleninhabern in ihrem Arbeitsbereich zusammenarbeiten (8 Dienststellen mit 1o bis unter 2o, 15 mit 2o bis unter 3o, 8 mit 3o bis unter 4o). Sechs Dienststellen sahen sich 4o oder mehr Pfarrstellen gegenüber (Maximum: 66!), zu einem Arbeitsbereich gehörten weniger als 1o Pfarrstellen.

Setzt man auch diese Angaben wieder in Beziehung zur Ausstattung der Dienststelle mit Sozialarbeitern und sonstigen Beratern (vgl. Tabellen 7 und 8 im Anhang), so zeigt sich: In Arbeitsbereichen, zu denen relativ viele Pfarrstellen zählten, waren auch weitaus die meisten Dienststellen mit zwei oder mehr Sozialarbeitern zu finden. Aber auch hier ist der Tabellenanalyse zugleich zu entnehmen, daß 13 Dienststellen mit nur je einem Sozialarbeiter für Bereiche zuständig waren, die von 2o bis unter 3o Pfarrstellen umfaßten, 6 sogar für Bereiche mit 3o und mehr Pfarrstellen.

D 9   Welche anderen Mitarbeiter in der offenen Arbeit - neben den Sozialarbeitern - sind in den Arbeitsbereichen der Dienststellen für Sozialarbeit tätig?

Gemeindediakone waren zum Erhebungszeitpunkt

- in 6 Arbeitsbereichen überhaupt nicht beschäftigt,
- in 8 Fällen gab es einen Gemeindediakon,
- in 15 Fällen zwei, drei oder vier Gemeindediakone,
- in 1o Fällen lag die Zahl der Gemeindediakone zwischen sechs und zehn.

Kreisjugendwarte fehlten in den Arbeitsbereichen von 15 Dienststellen vollkommen. 15 Dienststellen hatten einen, 7 Dienststellen zwei, je eine Dienststelle drei bzw. vier Kreisjugendwarte aufzuweisen.

Auf die Frage nach "anderen Mitarbeitern im sozialpädagogischen Bereich" (in der offenen Arbeit) nannten

- 23 Dienststellen: keine
- 6 Dienststellen: einen,
- 5 Dienststellen: zwei bis fünf,
- 5 Dienststellen: neun und mehr.

Auch wenn diese Angaben möglicherweise nicht völlig fehlerfrei sind - die Fragenformulierung ließ eventuell unterschiedliche Interpretationen zu - , so ist doch auf jeden Fall davon auszugehen, daß die Zahl der kirchlichen Mitarbeiter, die ebenfalls offene Arbeit betreiben, zum Erhebungszeitpunkt sehr gering war. Mit einer Entlastung der Sozialarbeiter ist also von dieser Seite nur in recht geringem Umfang zu rechnen.

Ein weiteres, in diesem Zusammenhang wichtiges Strukturmerkmal der Arbeitsbereiche, für die die Dienststellen für Sozialarbeit zuständig sind, ist ihre Ausstattung mit Sozialeinrichtungen. Ähnlich wie die einzelnen Mitarbeiter stellen sie einerseits Kontaktanforderungen an die Kirchenkreissozialarbeiter, andererseits bieten sich dort, wo sie zahlreich vorhanden sind, Chancen für Arbeitsteilung und damit Entlastung.

Im Rahmen der Erhebung sollten drei Fragen dazu dienen, die vorhandenen Sozialeinrichtungen zu ermitteln, und zwar die Fragen nach den diakonischen Einrichtungen im Arbeitsbereich, nach der Existenz eines Diakonischen Werkes als e. V. sowie nach den sozialen Einrichtungen freier und öffentlicher Träger.

D 11   Besonders zahlreich in den Arbeitsbereichen der Dienststellen für Sozialarbeit vertretene diakonische Einrichtungen waren zum Erhebungszeitpunkt:

- Kindergärten und Kinderspielkreise,
- Schwesternstationen,
- Altenheime, -tagesstätten und -klubs.

Es gab jeweils nur eine Minderheit von Dienststellen, die für ihren Arbeitsbereich ein gänzliches Fehlen solcher diakonischer Einrichtungen zu verzeichnen hatten. In der Mehrzahl der Fälle gab es jeweils mehrere Einrichtungen der genannten Art im Arbeitsbereich. (Die genauen Zahlenangaben finden sich im Fragebogen-Anhang.)

Besondere Beratungsstellen befanden sich immerhin in jedem zweiten Arbeitsbereich.
Krankenhäuser sowie Einrichtungen der Behinderten- und der Jugendhilfe waren im Bereich etwa jeder dritten Dienststelle in meist geringer Anzahl vorhanden. Noch seltener bestanden Familienbildungsstätten, ambulante sozialpflegerische Dienste und - im Erhebungszeitpunkt erst im Aufbau befindlich - Diakoniestationen.

D 11 Ein <u>Diakonisches Werk als e. V.</u>, das die Vertretung des freien Wohlfahrtsverbandes auf kommunaler Kreisebene mittragen konnte, gab es in 12 der 39 beschriebenen Arbeitsbereiche.

Im weiteren Verlauf der Darstellung der Untersuchungsergebnisse wird noch näher darauf einzugehen sein, welche Bedeutung diesen diakonischen Einrichtungen für die Tätigkeit der Kirchenkreissozialarbeiter zukommt, - wo ihnen daraus neue Aufgaben erwachsen sind und in welchem Umfang und in welcher Form Zusammenarbeit stattfindet.

Diese Frage stellt sich auch im Blick auf die <u>Sozialeinrichtungen öffentlicher Träger und anderer freier Wohlfahrtsverbände</u>, die im Arbeitsbereich der Dienststellen für Sozialarbeit bestehen.

D 12 An dieser Stelle ist zunächst festzuhalten, daß zwischen den Arbeitsbereichen der einzelnen Dienststellen offenbar erhebliche Unterschiede bestehen, sowohl was die Zahl vorhandener Einrichtungen als auch die Vielfalt ihrer Trägerschaft anbelangt:

Im Erhebungszeitpunkt fanden sich nach Angaben der Sozialarbeiter im Bereich von

- 14 Dienststellen 1o solcher Einrichtungen oder weniger;
- 11 Dienststellen benannten 11 bis 25 Einrichtungen,
- 1o Dienststellen 26 bis 5o Einrichtungen,
- 2 Dienststellen mehr als 5o Einrichtungen.

Diese Sozialeinrichtungen waren teils in der Hand einiger weniger Träger, teils deuten die Antworten auf eine recht große Anzahl öffentlicher und freier Träger hin. Unter methodischen Gesichtspunkten ist an dieser Stelle zwar darauf hinzuweisen, daß die offen formulierte Frage von den verschiedenen Beantwortern möglicherweise unterschiedlich ausgelegt werden konnte. Das breite Antwortspektrum bedürfte insofern eventuell einer kleinen Korrektur; größere Unterschiede in der Ausstattung der Arbeitsbereiche mit Sozialeinrichtungen blieben jedoch mit ziemlich hoher Wahrscheinlichkeit erhalten.
Geht man auch hier wieder der Frage nach, welche Einrichtungen freier und öffentlicher Träger in den Arbeitsbereichen vorhanden waren, so setzt sich die schon bei den diakonischen Einrichtungen beobachtete Tendenz fort, daß Altenheime, -tagesstätten, -klubs und -wohnungen, Kindergärten, -spielkreise und -heime sowie Schwestern-/Diakoniestationen und ambulante sozialpflegerische Dienste einen relativ starken Schwerpunkt bildeten.

Etwa in der gleichen Zahl von Arbeitsbereichen anzutreffen waren Einrichtungen der Behindertenhilfe und Krankenhäuser. Letztere befanden sich ganz überwiegend in öffentlicher Trägerschaft, Einrichtungen der Behindertenhilfe, soweit vorhanden, vor allem in der Trägerschaft freier Wohlfahrtsverbände.

Besondere Beratungsstellen (einschließlich Suchtberatung) öffentlicher oder freier Träger bestanden in etwas mehr als der Hälfte der Arbeitsbereiche. Dagegen benannten jeweils etwa zwei Drittel der erfaßten Dienststellen für Sozialarbeit in ihrem Zuständigkeitsbereich keine Familienbildungsstätten (einschl. sonstiger Erwachsenenbildung), keine Jugendhilfe- oder Gefährdetenhilfeeinrichtungen in öffentlicher oder freier Trägerschaft.

Gut ausgebaut erscheinen damit sowohl im diakonischen Bereich als auch seitens öffentlicher und anderer freier Träger die Einrichtungen für Kinder, alte Menschen und für den pflegerischen Dienst. Lücken ergaben sich insbesondere hinsichtlich der Ausstattung mit Einrichtungen für Gefährdetenhilfe, Jugendhilfe und Familienbildung. Außerdem ist zu vermuten, daß das Potential an besonderen Beratungsstellen - je Arbeitsbereich war im Schnitt eine einzige vorhanden - nicht ausreicht, um den tatsächlich bestehenden Bedarf an Beratung auch nur annähernd abzudecken. In diesen Aufgabenbereichen war somit mit erheblichen Anforderungen und Erwartungen an die Sozialarbeiter in den Dienststellen für Sozialarbeit in den Kirchenkreisen zu rechnen.

Ergänzen wir den Überblick über die Arbeitsbereiche dieser Dienststellen schließlich noch durch einige Angaben zur Sozialstruktur der jeweiligen Region.

D 1, 2   Der Standort der Dienststellen war überwiegend eine Kleinstadt (25); acht Dienststellen hatten ihren Sitz in einer Mittelstadt, vier in einer Großstadt.
In der Mehrzahl der Fälle (21) handelte es sich dabei um den Sitz einer Kreisverwaltung.

D 4   Die meisten Dienststellen (28) beschrieben die Sozialstruktur ihres Arbeitsbereichs als "ländlich/kleinstädtisch"; nur acht Arbeitsbereiche waren überwiegend "mittelstädtisch", zwei überwiegend "großstädtisch" strukturiert.

D 3   Jeder zweite Arbeitsbereich (2o) gehörte zu einem Landkreis, die übrigen zu zwei (8) oder drei (4) Landkreisen bzw. zu einer kreisfreien Stadt (5).

Da davon auszugehen ist, daß Arbeitsbereiche unterschiedlicher Sozialstruktur qualitativ und möglicherweise auch quantitativ verschiedene Anforderungen an die Sozialarbeit stellen, soll an dieser Stelle wieder untersucht werden, ob Zusammenhänge zwischen der personellen Ausstattung der Dienststellen und diesen strukturellen Merkmalen bestehen (vgl. Tabellen 9 bis 16 im Anhang).
Zwei oder mehr Sozialarbeiter bzw. sonstige Berater fanden sich demnach relativ häufig in solchen Dienststellen, die ihren Sitz in Mittel- oder Großstädten und am Sitz einer Kreisverwaltung hatten. Übereinstimmend waren sie mit größerer Wahrscheinlichkeit dort angesiedelt, wo der gesamte Arbeitsbereich eher als mittel- oder großstädtisch strukturiert zu bezeichnen war. Umgekehrt bestanden Dienststellen mit höchstens einem Sozialarbeiter ganz überwiegend in Kleinstädten und Regionen mit vorwiegend ländlich/kleinstädtischer Struktur.

Diesem Tatbestand dürfte vermutlich die Annahme zugrunde liegen, daß größere soziale Probleme in der Stadt (insbesondere in der Mittel- und Großstadt) eine dichtere Versorgung mit offener Sozialarbeit notwendig machen. Dabei scheint freilich die Gefahr zu bestehen, andere Probleme zu übersehen, die sich gerade in den ländlich/kleinstädtisch strukturierten Arbeitsbereichen mit besonderer Schärfe stellen dürften: Nicht zuletzt die Gebietsreform hat dazu geführt, daß gerade die Dienststellen für Sozialarbeit in diesen Bereichen, soweit sie Repräsentanten des freien Wohlfahrtsverbandes Diakonisches Werk sind, mit einer um ein Mehrfaches vergrößerten Zahl von Ämtern und kommunalen Einrichtungen Kontakte halten und zusammenarbeiten müssen. So waren denn auch zum Erhebungszeitpunkt 12 der 3o erfaßten Dienststellen mit nur einem Sozialarbeiter für Arbeitsbereiche zuständig, die zu zwei oder drei Landkreisen gehörten. Es ist zu fragen, ob die Aufgaben, die damit auf diese Dienststellen zukommen, mit dieser personellen Besetzung angemessen zu bewältigen sind. Darüber hinaus ist gerade in diesem Zusammenhang zu prüfen, inwieweit das Organisationsmodell "ein Sozialarbeiter pro Dienststelle im Kirchenkreis" gerade auch unter diesen strukturellen Gegebenheiten beibehalten werden kann.

3.1.2 Kontaktdichte

Gehen wir nun von der Beschreibung der strukturellen Vorgegebenheiten in den Arbeitsbereichen über zu der Frage, inwieweit Beziehungen zu den verschiedenen Partnern von den Sozialarbeitern tatsächlich realisiert wurden. Ein Indikator hierfür ist die <u>Häufigkeit von Arbeitskontakten</u> zu den verschiedenen Mitarbeitern und Einrichtungen im Arbeitsbereich.

Informationen über die Kontakthäufigkeit wurden durch Einschätzungen der Sozialarbeiter selbst und entsprechende Angaben der Superintendenten gewonnen. Dabei ist davon auszugehen, daß diese Schätzwerte zwar an der Realität orientiert sind, diese jedoch nicht in jedem Fall unverzerrt abbilden. Vorurteile und Vorstellungen über die eigene Arbeit bzw. - aus der Sicht der Superintendenten - die Arbeit der Sozialarbeiter beeinflussen die Wahrnehmung. Auch mangelhafter Informationsfluß zwischen Sozialarbeitern und Superintendenten kann zu Fehleinschätzungen führen. Diskrepanzen zwischen den Äußerungen beider Befragtengruppen weisen auf solche Fehler hin.

Sa 23, Sup 1

Die Schaubilder 3a und 3b geben einen Überblick über die Häufigkeiten, mit denen <u>Arbeitskontakte zu kirchlichen Mitarbeitern und Einrichtungen</u> wahrgenommen werden:

An erster Stelle stand <u>aus der Sicht der Sozialarbeiter</u> der Kontakt zum Kirchenkreisamt. Etwa drei Viertel dieser Befragtengruppe berichteten hier von mindestens wöchentlichen, die Hälfte sogar von fast täglichen Kontakten. Dies dürfte damit zusammenhängen, daß beide Dienststellen auf Kirchenkreisebene tätig sind und das Kirchenkreisamt kassen- und abrechnungstechnische Aufgaben der Dienststelle übernommen hat.

An zweiter Stelle folgten die Kontakte zu bestimmten einzelnen Pastoren, danach jene zu den Superintendenten und zu den Diakoniebeauftragten. Letztere wurden von beinahe zwei Dritteln der Sozialarbeiter allenfalls als "1 x monatlich" eingestuft. Noch seltener waren nach Angabe einer größeren Anzahl dieser Befragten Arbeitskontakte zu sonstigen diakonischen Werken und Einrichtungen, zu Schwesternstationen, besonderen Beratungsstellen, zu kirchlichen Projekt- und Initiativgruppen, Kindergärten und -spielkreisen und zu Gemeindediakonen und Jugendwarten.

Die Kontakte zu anderen kirchlichen Sozialarbeitern im Sprengel wurden fast ausschließlich als "monatlich" beschrieben. In diesen Aussagen kommen die regelmäßigen Treffen der "Sprengel-Arbeitsgemeinschaften" zum Ausdruck. Ganz überwiegend "monatlich" oder "seltener" ergaben sich Kontakte zur "Mehrzahl der Pastoren" und zur Fachberatung des Diakonischen Werkes. Dieser zum Teil sehr geringe Kontakt zu Pastoren mag damit zusammenhängen, daß viele Sozialarbeiter nicht ständiges Mitglied der Pfarrkonferenz ihres Kirchenkreises sind, bzw., wo sie es sind, auf eine regelmäßige Teilnahme verzichten.

Schaubild 3a: Durchschnittliche Häufigkeit von Arbeitskontakten der Sozialarbeiter im kirchlichen Bereich (Einschätzung durch die Sozialarbeiter)

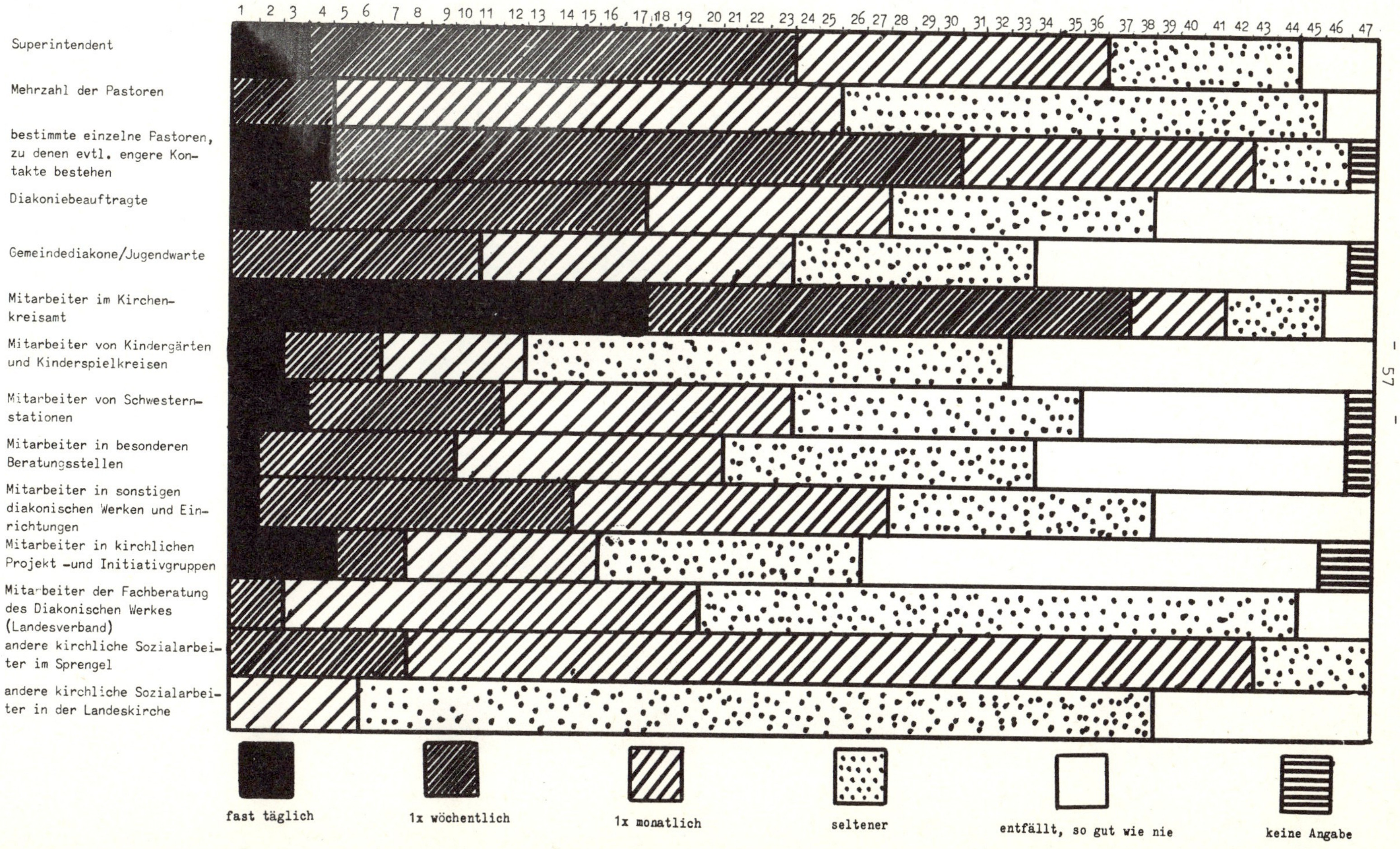

Schaubild 3b: Durchschnittliche Häufigkeit von Arbeitskontakten der Sozialarbeiter im kirchlichen Bereich (Einschätzung durch die Superintendenten)

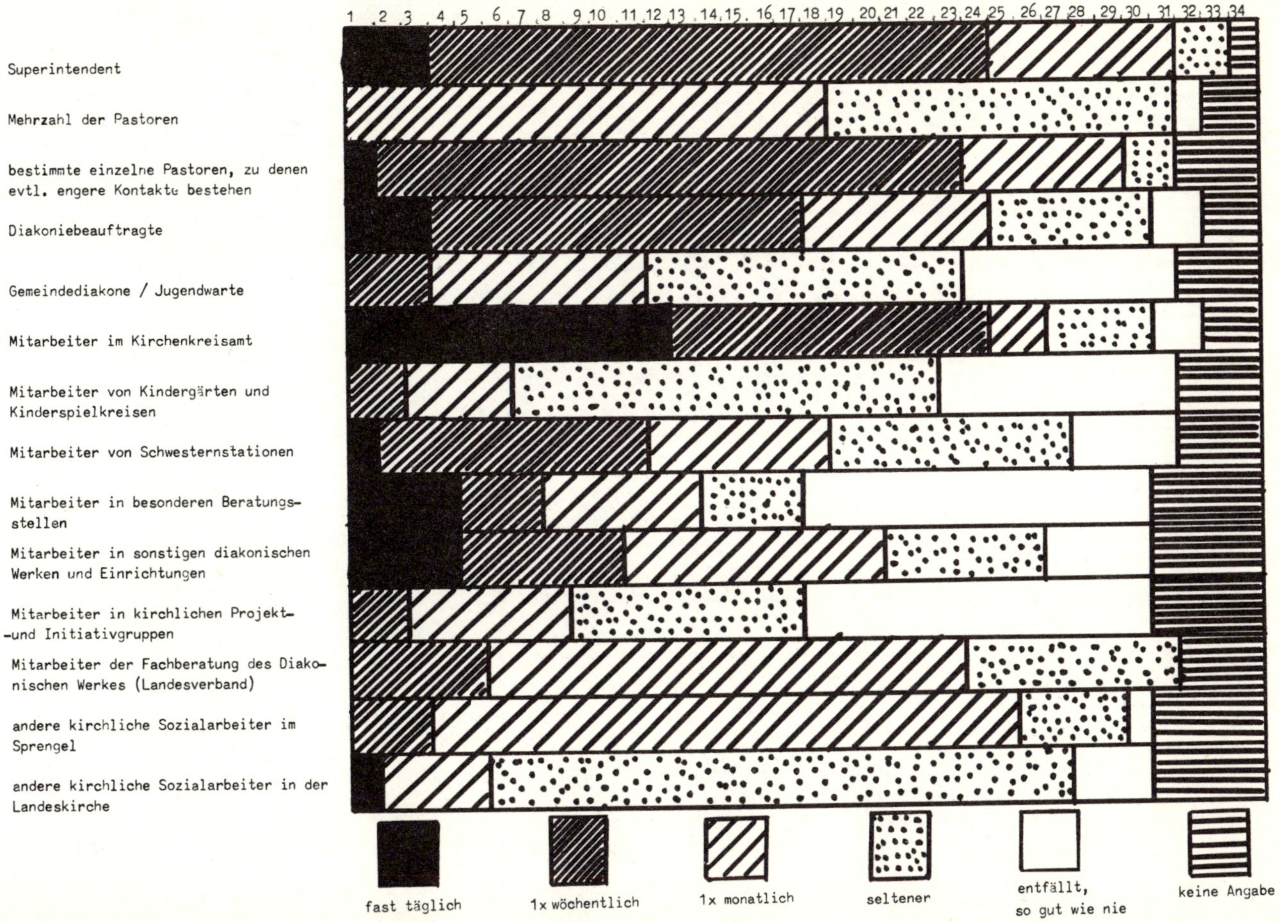

Die befragten Superintendenten schätzten die Arbeitskontakte der Sozialarbeiter im kirchlichen Bereich durchaus ähnlich ein. Allerdings ging ein verhältnismäßig höherer Anteil dieser Befragtengruppe davon aus, selbst mindestens wöchentliche Kontakte zu den Sozialarbeitern zu unterhalten. Besonders häufig ergaben sich aber auch nach ihrer Wahrnehmung Kontakte zwischen diesen und dem Kirchenkreisamt, einzelnen Pastoren und den Diakoniebeauftragten. Etwas höher eingeschätzt - im Vergleich zu den Sozialarbeitern - wurde von den Superintendenten die Kontaktdichte zur Fachberatung des Diakonischen Werkes.

Hinweise auf die Intensität der Beziehung zwischen Sozialarbeitern und ihren Vorgesetzten, das heißt also vor allem den Superintendenten, geben auch die Antworten auf die Frage, <u>wie häufig</u> sich diese <u>über die Tätigkeit</u> dieses Mitarbeiters <u>informieren</u> ließen.

Sa 44
Sup 2o

Fast alle Sozialarbeiter stellten fest, ihre Vorgesetzten ließen sich nur "hin und wieder" / "einmal im Monat" (31) oder gar nur "äußerst selten" (14) über ihre Arbeit berichten. Dagegen ist den Aussagen der Superintendenten zu entnehmen, daß mehr als die Hälfte sich in wesentlich geringeren Abständen informiert sahen. Diese Diskrepanz der Einschätzungen deckt sich mit dem soeben bei der Beschreibung der Kontaktdichte dargestellten Unterschied.

Sa 24,
35,
36
Sup 2,
12

Auskunft über einen weiteren Aspekt des Beziehungsgefüges, in dem Sozialarbeiter im kirchlichen Bereich stehen, gibt die Frage nach ihrer <u>Mitgliedschaft in kirchlichen Gremien und Organen</u> bzw. nach einer <u>Zusammenarbeit</u> mit diesen.

Mehr als die Hälfte der Sozialarbeiter war zum Erhebungszeitpunkt Mitglied des Kirchenkreistags. Noch höher war der Anteil derjenigen, die in einem Diakonieausschuß Mitglied waren (33 von 47). Andere Mitgliedschaften (Mitarbeitervertretung, Kirchenvorstand, Kirchenkreisvorstand) spielten im Vergleich dazu eine äußerst geringe Rolle.

Zusammenarbeit mit diesen Gremien generell verneint hat nur ein verhältnismäßig kleiner Teil der befragten Sozialarbeiter. Immerhin berichteten neun Sozialarbeiter, es gäbe keine Zusammenarbeit mit Kirchenvorständen; sechs trafen diese Feststellung im Blick auf Pfarrkonferenzen. Superintendenten dagegen vertraten - von vereinzelten Ausnahmen abgesehen - die Auffassung, daß Sozialarbeiter mit allen genannten Gremien Kontakte hätten.

Sa 27,
Sup 5

Schwerpunkte in den Kontakten der Sozialarbeiter zu <u>außerkirchlichen Stellen</u> (vgl. Schaubilder 4a/4b) lagen bei Jugend- und Sozialämtern, Krankenkassen, Gemeindeverwaltungen, Ärzten, Krankenhäusern, Gesundheitsämtern und anderen Ämtern der Stadt- bzw. Kreisverwaltungen. Bei der Hälfte bis einem Drittel der Sozialarbeiter waren Kontakte zu diesen Institutionen mindestens wöchentlich gegeben. Dieses Ergebnis ist zu sehen im Zusammenhang mit der sozialanwaltlichen Tätigkeit, der Arbeit für Erholungsmaßnahmen und der Beratung Suchtkranker (vgl. Kapitel 3.2.).

Mindestens monatliche Kontakte hatten mehr als die Hälfte der Sozialarbeiter zu außerkirchlichen Heimen und Einrichtungen sowie zu anderen Verbänden, Orts- oder Kreisarbeitsgemeinschaften. Für eine etwas geringere Zahl dieser Befragten traf das ebenfalls zu für Schulen/Lehrer, außerkirchliche Beratungsstellen und Gerichte. Ausgesprochen selten waren bei den meisten Sozialarbeitern Kontakte zu Rechtsanwälten, Fachverbänden, Geldinstituten, Parteien/Fraktionen und Gewerkschaften.

Sa 37,
Sup 13

<u>Außerkirchliche Organe, Vereine, Ausschüsse oder Arbeitsgemeinschaften</u>, denen Sozialarbeiter als Mitglieder angehörten, waren zum Erhebungs-

Schaubild 4a: Durchschnittliche Häufigkeit von Arbeitskontakten der Sozialarbeiter im außerkirchlichen Bereich (Einschätzung durch die Sozialarbeiter)

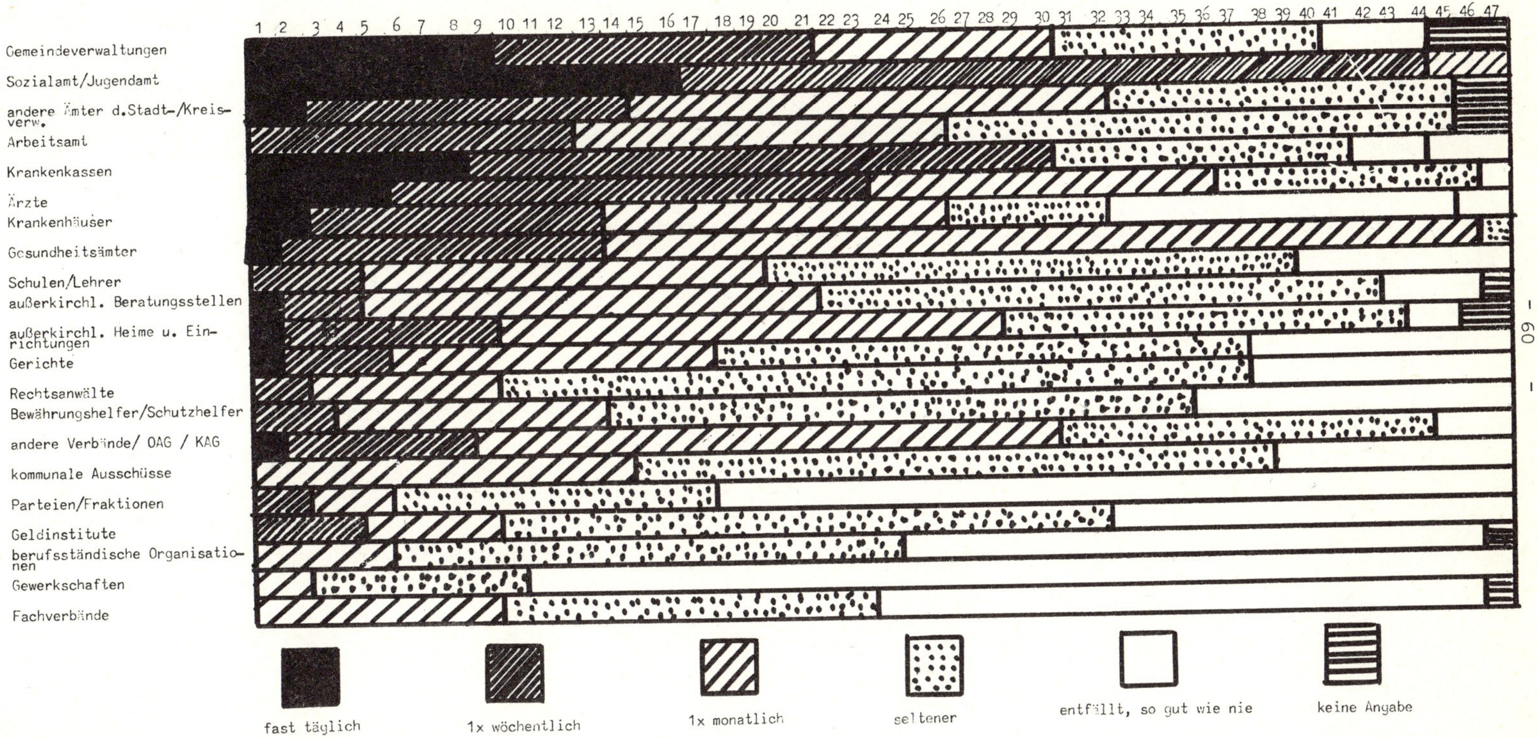

Schaubild 4b: Durchschnittliche Häufigkeit von Arbeitskontakten der Sozialarbeiter im außerkirchlichen Bereich (Einschätzung durch die Superintendenten)

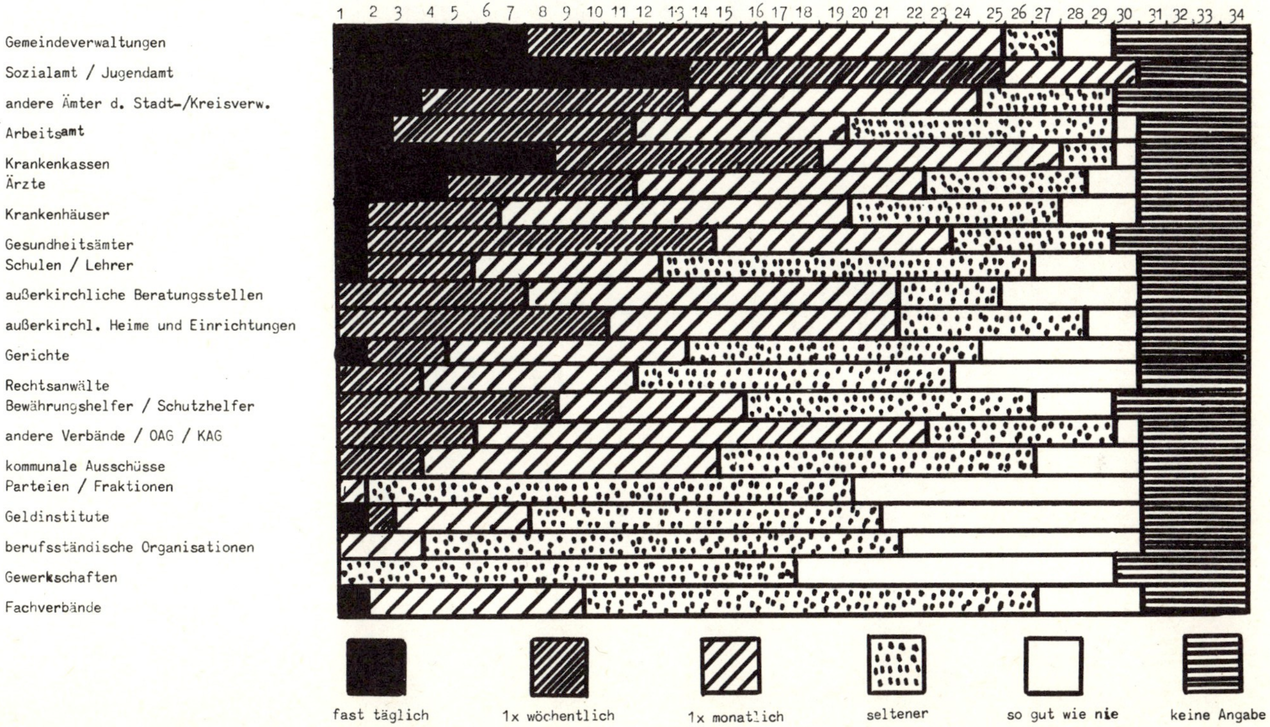

zeitpunkt vor allem die Kreisarbeitsgemeinschaften der freien Wohlfahrtsverbände. Mehr als die Hälfte dieser Befragtengruppe bezeichneten sich hier als Mitglieder. 14 Sozialarbeiter nannten in diesem Zusammenhang die Ortsarbeitsgemeinschaften der freien Wohlfahrtsverbände, 12 den Widerspruchsausschuß der Kommune. Noch etwas seltener waren Mitgliedschaften im Jugendwohlfahrtsausschuß und im Sozialausschuß der Kommunen. Mit allen diesen Mitgliedschaften war in der Regel zugleich die Vertretung der Kirche und des Diakonischen Werkes in diesen Ausschüssen und Arbeitsgemeinschaften verbunden.

Vergleicht man die Angaben der Sozialarbeiter zu diesen Fragen mit denjenigen der Superintendenten, so fällt auf, daß letztere insbesondere über die Zugehörigkeit ihrer Mitarbeiter zu den kommunalen Ausschüssen sowie über die dort von diesen wahrgenommene Vertretungsfunktion für Kirche und Diakonisches Werk offenbar nicht in allen Fällen hinreichend informiert waren. Die Zahl derjenigen, die hier entsprechende Mitgliedschaften und Funktionen benannte, war relativ geringer.

Sa 35   Einen Eindruck von der Vielfalt der Beziehungspartner, mit denen Sozialarbeiter im Rahmen ihrer Tätigkeit zu tun haben, vermitteln schließlich die Angaben über <u>Mitgliedschaften in Gruppen, Vereinen und Ausschüssen</u>. Diese Frage war offen, das heißt ohne vorformulierte Antwortmöglichkeiten, gestellt worden. 22 von 47 Befragten nannten fünf oder mehr Gruppen usw.; zu einem großen Teil handelte es sich dabei um Arbeitsgemeinschaften im kirchlichen Bereich (Altenarbeit, Gesprächsgruppen, Besuchsdienst, Erwachsenenbildung, Kindergärten/-spielkreise usw.). Aber auch Gruppen im öffentlichen Bereich (Arbeitsgemeinschaft Sozialhilfe, Beirat für Ausländer) und im Verbund mit anderen Einrichtungen der Wohlfahrtspflege spielten eine beträchtliche Rolle (Suchtkrankenhilfe, Lebenshilfe, AG psychisch Kranke, AG Körperbehinderte, Aussiedlerförderung usw.).

Faßt man die Ergebnisse dieser Analysen zusammen, so wird deutlich, daß das Beziehungsmuster, innerhalb dessen sich Kirchenkreissozialarbeit vollzieht, Schwerpunkte in unterschiedlichen Bereichen dieses Arbeitsfelds aufweist:
Da sind einerseits Kontakte zu Vorgesetzten und anderen Mitarbeitern im kirchlichen Bereich, vor allem zum Superintendenten, zu Mitarbeitern im Kirchenkreisamt, zu einzelnen Pastoren und zu den Diakoniebeauftragten sowie die Mitgliedschaft im Diakonieausschuß. Und da sind zum anderen Kontakte in gleicher, zum Teil sogar größerer Dichte zu kommunalen Ämtern und Ausschüssen - zum Sozialamt, Jugendamt usw. - , zu Krankenkassen, Ärzten und zu den anderen Verbänden der freien Wohlfahrtspflege. Kirchenkreissozialarbeiter stellen sich somit in struktureller Sicht dar als Inhaber von Schlüsselpositionen, die im sozialen Bereich einen großen Teil der Beziehungen zwischen der Organisation Kirche und anderen sozialen Systemen durch Ausübung ihrer Rollen realisieren und gestalten. Zugleich verweist dieses Strukturmuster auf eine Problematik, die als latente Konfliktquelle interpretiert werden muß: Personen, die so zwischen sozialen Systemen vermitteln (müssen), sind möglicherweise gleichzeitig unterschiedlichen Erwartungsmustern und Normvorstellungen ausgesetzt. Aber auch dort, wo eine solche Situation nicht zu Konflikten führt, sind Spannungen und Belastungen infolge von Rollenüberlastung denkbar.

3.1.3 Initiatoren und Qualität der Kontakte

Im vorausgegangenen Kapitel wurde beschrieben, wie eng die Kontakte zwischen Sozialarbeitern und verschiedenen Beziehungspartnern im kirchlichen und außerkirchlichen Bereich sind. Nun soll dieses Beziehungsmuster analysiert werden im Blick darauf, wer jeweils Zusammenarbeit initiiert und wie der jeweilige Kontakt zu beschreiben ist.

Sa 14

Bei der Frage nach dem Initiator von Kontakten zwischen Sozialarbeitern und verschiedenen kirchlichen Gremien wurde zwischen folgenden Möglichkeiten unterschieden: "keine Zusammenarbeit", "auf Aufforderung", "aus Eigeninitiative" und "als Mitglied" (vgl. Schaubild 5).
<u>Mitgliedschaft</u> in einem Gremium bewirkt eine Institutionalisierung der Kooperation, sie muß nicht erst von Fall zu Fall eingeleitet werden. Sozialarbeiter waren am häufigsten - bezogen auf die hier vorgegebenen Gremien - Mitglieder im Diakonieausschuß (31) und im Kirchenkreistag (22). Relativ seltener war eine Mitgliedschaft in der Pfarrkonferenz (7) oder in einem Kirchenvorstand (7). (Eine Mitgliedschaft im Kirchenvorstand muß nicht direkt mit der beruflichen Tätigkeit eines Sozialarbeiters zu tun haben, sie ist vielmehr zunächst einmal Ausdruck des Engagements in der eigenen Kirchengemeinde. Dennoch kann sie die - auch berufliche - Zusammenarbeit mit diesem Gremium erleichtern.)
Kirchliche Gremien im diakonischen Bereich, mit denen Sozialarbeiter im Kirchenkreis zusammenarbeiten können, sind die Arbeitsgemeinschaften Diakonischer Werke auf kommunaler Ebene und die "Diakonischen Werke e.V.". Die Befragten waren häufig Mitglied der Arbeitsgemeinschaft Diakonischer Werke, soweit eine solche in ihrem Arbeitsbereich bestand (d. h. in 13 von 21 Fällen); beim Diakonischen Werk e. V. traf dies nur in 8 von 19 Fällen zu, etwa im gleichen Umfang (7) entstanden Kontakte hier auf Initiative der Sozialarbeiter.
Kaum gegeben war eine Mitgliedschaft von Sozialarbeitern in Kirchenkreisvorständen. Zusammenarbeit mit diesen kirchlichen Gremien erfolgte besonders häufig auf deren <u>Aufforderung</u> hin (34). Jedoch scheint auch <u>Eigeninitiative</u> der Sozialarbeiter in vielen Fällen eine solche Kooperation ausgelöst zu haben (25).

Im Blick auf Kirchenvorstände und Pfarrkonferenz nannten Sozialarbeiter ebenfalls Aufforderung und/oder Eigeninitiative als Auslöser für Kontakte und Zusammenarbeit.

Sup 2

Vergleicht man die entsprechenden Aussagen der Superintendenten mit diesen Ergebnissen, so wird deutlich, daß sie eine Mitgliedschaft der Sozialarbeiter in den verschiedenen kirchlichen Gremien in weitgehender Übereinstimmung mit den Beteiligten selbst beschrieben haben. Auch die häufig vom Kirchenkreisvorstand ausgehende Initiative zu Kontakten mit Sozialarbeitern brachten sie in ähnlicher Weise zum Ausdruck. Dagegen meinten die Superintendenten, abweichend von den Sozialarbeitern, daß eine Kooperation zwischen letzteren und Kirchenvorständen bzw. Pfarrkonferenzen häufiger auf eine entsprechende Aufforderung durch diese Gremien zurückzuführen sei. Ebenso sahen sie hinsichtlich der Zusammenarbeit zwischen Sozialarbeitern und Kirchenkreistag die Initiative eher auf der Seite des letztgenannten Gremiums.

Sa 35

Auch die <u>Initiative zur Gründung</u> verschiedener Gruppen, Vereine, Ausschüsse oder Arbeitsgemeinschaften durch Kirchenkreissozialarbeiter wurde in der Erhebung angesprochen. Die Resultate lassen erkennen, daß weit über die Hälfte der Befragten in dieser Richtung aktiv geworden sind. 17 Sozialarbeiter nannten eine Gruppe, deren Gründung sie selbst initiiert hatten; bei neun Befragten waren es zwei, bei drei weiteren sogar

- 64 -

Schaubild 5: Initiativen zur Zusammenarbeit zwischen Sozialarbeitern und verschiedenen Gremien

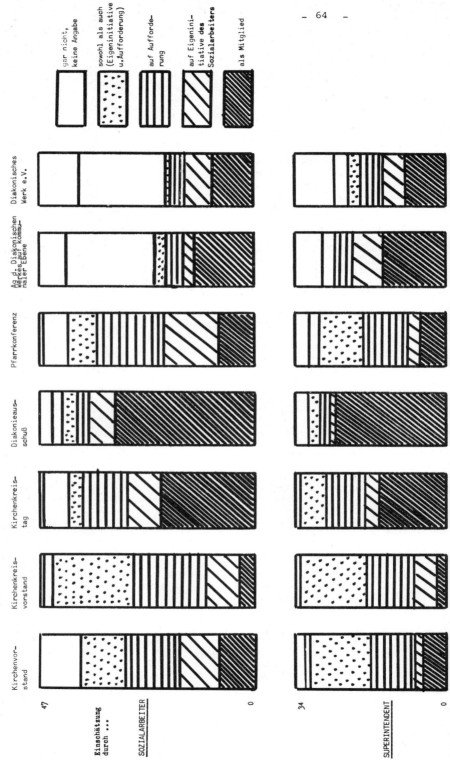

drei oder mehr Gruppen. Dabei handelt es sich zu gleichen Teilen um
Gruppen oder Arbeitsgemeinschaften im kirchlichen Bereich (Altenarbeit,
Haus- und Familienpflege, Gemeindeschwestern usw.) und um solche im
außerkirchlichen Bereich, vor allem in der Zusammenarbeit mit anderen
freien Wohlfahrtsverbänden (Arbeitsgemeinschaft Suchtkranke, psychisch
Kranke usw.). Die Rolle der Dienststellen für Sozialarbeit in den Kirchenkreisen als Bindeglied zwischen Kirche und anderen Organisationen im Umfeld wird an dieser Stelle erneut sehr deutlich sichtbar.

Die <u>Qualität der Zusammenarbeit</u> zwischen Sozialarbeitern und ihren verschiedenen Beziehungspartnern wurde mit Hilfe der Kategorien Beratung,
Kontrolle, Anregung, Unterstützung und Beteiligung an Entscheidungen beschrieben.

a 35   Auf die Frage, in welchem Umfang sie selbst als <u>Berater</u> in Gruppen, Vereinen, Ausschüssen oder Arbeitsgemeinschaften tätig würden, benannten
13 Sozialarbeiter eine Gruppe, 12 zwei oder drei, 7 sogar vier bis sieben
Gruppen. Soweit es sich dabei um Zusammenschlüsse im kirchlichen Bereich
handelte, wurden am häufigsten genannt Arbeitsgemeinschaften im Bereich
von Jugend-, Kindergarten-/Spielkreis- und Altenarbeit. Im kommunalen
Bereich verwiesen Sozialarbeiter auf ihre Beratungsfunktion im Sozial-/
Widerspruchs- und Jugendwohlfahrtsausschuß; Beratung sonstiger Gruppen
geschah vor allem in der Arbeit mit Suchtkranken. Die fachliche Kompetenz der Sozialarbeiter in den Dienststellen für Sozialarbeit wird, wie
dieses Ergebnis zeigt, offenbar von vielen Seiten her genutzt und in Anspruch genommen.

Die umgekehrte Frage, nämlich nach der aktiven Mitwirkung verschiedener
Beziehungspartner an den Aufgaben der Kirchenkreissozialarbeit, ist
mit der Analyse des Beziehungsmusters hinsichtlich <u>Kontrolle, Anregung
und Unterstützung</u> dieser Arbeit gestellt (vgl. Schaubilder 6a / 6b).

a 25   Eine <u>Kontrolle</u> durch ihre Beziehungspartner empfanden die Sozialarbeiter
ap 3   offensichtlich nur in recht geringem Umfang. Sie beschrieben das Ausmaß
an Kontrolle, das die verschiedensten Personen und Gremien ihnen gegenüber üben, in aller Regel mit den Kategorien "wenig" bis "gar nicht".
Relativ am stärksten durch Kontrolle geprägt waren nach Einschätzung der
Sozialarbeiter ihre Beziehungen zum Kirchenkreisvorstand, zum Superintendenten, zu Mitarbeitern des Kirchenkreisamtes und zum Diakonieausschuß; aber auch hier sprach die Mehrzahl dieser Befragten allenfalls von
"wenig" Kontrolle. Dieses Ergebnis deckt sich mit den Angaben der Sozialarbeiter über die Häufigkeit, mit der sich ihre Vorgesetzten über ihre
Tätigkeit informieren lassen (vgl. 3.1.2).

Die Superintendenten schätzten die Situation der Sozialarbeiter in diesem Punkt recht ähnlich ein; sie sahen lediglich Kontrolle durch den
Kirchenkreisvorstand, ihre eigene Person und den Diakonieausschuß in etwas größerem Umfang gegeben.

Dieses geringe Ausmaß an Kontrolle, dem die Sozialarbeiter somit offensichtlich unterliegen, signalisiert einerseits ein erhebliches Maß an
Autonomie, das ihnen in ihrer Tätigkeit zugestanden wird. Aber auch die
negative Seite eines solchen Fehlens von Kontrolle sollte nicht übersehen werden: Kirchenkreissozialarbeiter fühlen sich unter diesen Umständen weitgehend auf sich allein gestellt; es fehlt ihnen an Rückmel-
dung über ihre Arbeit. Kontrolle beinhaltet ja nicht nur Aufsicht und
- negative - Kritik, sondern zugleich auch Anerkennung, Bestätigung und
wiederholte Formulierung von Zielvorstellungen und Erwartungen. Kriterien,
nach denen wichtige Beziehungspartner, insbesondere die Repräsentanten
der Anstellungsträger, die Aufgabenerfüllung beurteilen, bleiben ohne aus-

Schaubild 6: Anregung, Unterstützung und Kontrolle der Sozialarbeiter durch verschiedene Beziehungspartner (Mittelwerte)

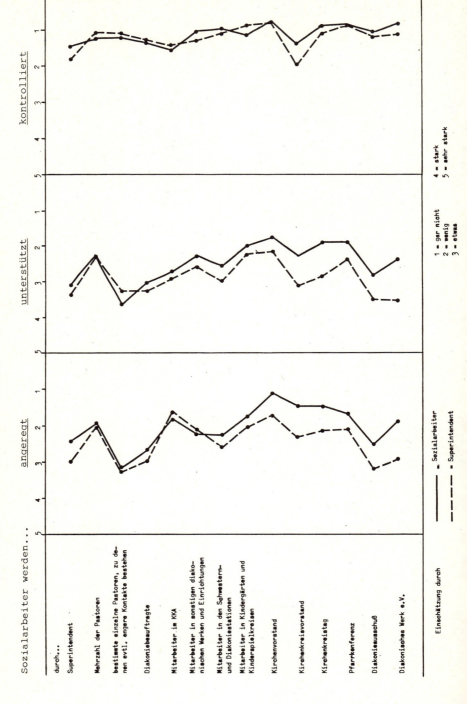

geübte Kontrolle unklar und lassen mit der Zeit Unsicherheit bei den Rollenträgern entstehen.

Dieses Bild des Kirchenkreissozialarbeiters, der in seiner Arbeit weitgehend auf sich selbst gestellt ist, wird allerdings zu einem Teil korrigiert durch die Aussagen darüber, in welchem Maße er <u>Anregung</u> durch verschiedene Beziehungspartner bekommt.
Nach Darstellung der Sozialarbeiter selbst waren unter den genannten Einzelpersonen "einzelne Pastoren, zu denen engere Kontakte bestehen" in diesem Zusammenhang von größter Bedeutung; die überwiegende Mehrheit der Kirchenkreissozialarbeiter kannte offenbar mindestens einen Pastor, der die Arbeit zumindest "etwas", nicht selten aber sogar "stark" anregte. Auch die Diakoniebeauftragten spielten als "Anreger" eine gewisse Rolle. Als etwas geringer wurde im Schnitt die von den Superintendenten ausgehende Anregung eingeschätzt, vergleichbar im Umfang etwa den von Mitarbeitern in Schwestern- und Diakoniestationen sowie sonstigen diakonischen Werken und Einrichtungen ausgehenden Impulsen. Kaum von Bedeutung waren an dieser Stelle die "Mehrzahl der Pastoren", "Mitarbeiter im Kirchenkreisamt" und in "Kindergärten und -spielkreisen".
In der Liste kirchlicher Gremien rückte der Diakonieausschuß als "Anreger" an die erste Stelle. Alle übrigen Gremien - Kirchenkreisvorstand, Kirchenkreistag, Kirchenvorstände, Pfarrkonferenz und Diakonische Werke e. V. - wurden hier als bedeutungslos eingestuft.
Ein Vergleich dieser Äußerungen mit den Einschätzungen der Superintendenten läßt erkennen, daß letztere insbesondere das Maß an Anregung durch die verschiedenen Gremien wesentlich höher einstufen als die Sozialarbeiter. Auch den eigenen Beitrag, die Anregung durch Diakoniebeauftragte sowie durch Mitarbeiter in Schwestern- und Diakoniestationen setzten Superintendenten vergleichsweise höher an.

a 41
up 17

Eine Ergänzung erfährt dieses Bild durch die Beantwortung der Frage, wie Sozialarbeiter auf diejenigen <u>Probleme aufmerksam</u> wurden, die sie in den letzten Jahren neu in Angriff genommen haben (vgl. Schaubild 7). Die Ergebnisse bieten hier die Möglichkeit, die Beiträge verschiedener Personen und Gremien zur "Eigenleistung" der Sozialarbeiter in Beziehung zu setzen.

Bei einem solchen Vergleich wurde deutlich, daß die Sozialarbeiter selbst Anregungen durch andere Personen oder Gruppen eine wesentlich geringere Bedeutung beimaßen als der eigenen Erkenntnis von Defiziten und Konflikten. Lediglich der Beitrag der Betroffenen selbst, also der Klienten, wurde von den Sozialarbeitern als verhältnismäßig hoch eingestuft. "Gelegentliche" Hinweise auf Probleme kamen nach Aussage einer Mehrheit dieser Befragten auch von Gemeindegliedern oder kirchlichen Mitarbeitern, von außerkirchlichen Stellen, vom Diakonischen Werk/Landesverband und von den Diakonieausschüssen. In ähnlichem Umfang hat ferner die Verabschiedung neuer Gesetze dazu beigetragen, auf Probleme aufmerksam zu werden, aus denen dann neue Aufgaben erwuchsen. Dagegen spielten Anträge kirchlicher Gremien, ein Auftrag des Kirchenkreisvorstandes oder Kirchenkreistages oder gute Finanzierungsmöglichkeiten eine etwas geringere Rolle ("gelegentlich" bzw. "nie"), Anregungen durch das Landeskirchenamt waren praktisch ohne Bedeutung.

In den Aussagen der Superintendenten zeigt sich der bereits mehrfach beschriebene Unterschied in der Beurteilung erneut: Befragte dieser Gruppe sahen eine Mitwirkung der verschiedenen kirchlichen Gremien in höherem Umfang als gegeben an und schätzten entsprechend die von den Sozialarbeitern selbst sowie von den Betroffenen ausgehenden Impulse relativ geringer ein.

Schaubild 7: Beitrag verschiedener Personen und Gremien zur Formulierung von Problemen, die zu neuen Aufgaben des Kirchenkreissozialarbeiters geführt haben (Mittelwerte) *)

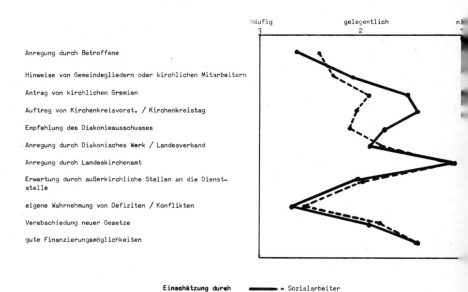

Anregung durch Betroffene

Hinweise von Gemeindegliedern oder kirchlichen Mitarbeitern

Antrag von kirchlichen Gremien

Auftrag von Kirchenkreisvorst. / Kirchenkreistag

Empfehlung des Diakonieausschusses

Anregung durch Diakonisches Werk / Landesverband

Anregung durch Landeskirchenamt

Erwartung durch außerkirchliche Stellen an die Dienststelle

eigene Wahrnehmung von Defiziten / Konflikten

Verabschiedung neuer Gesetze

gute Finanzierungsmöglichkeiten

Einschätzung durch ⎯⎯⎯ = Sozialarbeiter

⎯ ⎯ ⎯ = Superintendent

*) Um den Vergleich zwischen den beiden Befragtengruppen zu erleichtern, wurden die prinzipiell ordinalen Meßdaten hier wie auch in einigen der folgenden Schaubilder arithmetisch gemittelt. Die exakten Verteilungen finden sich im Fragebogen-Anhang.

Wie läßt sich eine solche Diskrepanz erklären? Es könnte sein, daß Sozialarbeiter höhere Erwartungen oder auch einfach andere Vorstellungen davon haben, wie für sie brauchbare Anregungen seitens ihrer Beziehungspartner aussehen sollten, als z. B. die Superintendenten als Beobachter und selbst Beteiligte. Es wäre zu überlegen, ob Anregungen eventuell deutlicher artikuliert werden müßten, um für die Sozialarbeiter als solche erkennbar zu sein. Die vorhandenen Gesprächsmöglichkeiten zwischen den Sozialarbeitern und ihren verschiedenen Partnern sollten aber auch daraufhin überprüft werden, ob sie ausreichend Raum bieten für Information und Diskussion; in ihrem Verlauf können dann auch Anregungen so eingebracht werden, daß sich daraus möglicherweise weiterführende Ansätze entwickeln.

Ähnliche Überlegungen sind offenbar auch im Zusammenhang mit dem Maß an Unterstützung notwendig, das Sozialarbeiter nach eigenem Urteil und nach Wahrnehmung ihrer Superintendenten durch andere erfahren. Die Sozialarbeiter selbst fühlten sich "stark" unterstützt durch einzelne Pastoren, durch den Superintendenten und durch Diakoniebeauftragte. "Etwas" Unterstützung erfuhren sie durch Mitarbeiter im Kirchenkreisamt und in Schwestern- bzw. Diakoniestationen.

Unter den Gremien hatte, wie bereits bei der Frage nach der Anregung, der Diakonieausschuß herausragende Bedeutung. Aber auch vom Kirchenkreisvorstand und von den Diakonischen Werken e. V. fühlten sich zahlreiche Sozialarbeiter deutlich unterstützt. Andere Gremien - Kirchenvorstände, Kirchenkreistag, Pfarrkonferenz - leisteten dagegen nach Einschätzung der Sozialarbeiter nur "wenig" Unterstützung.

Auch an dieser Stelle war das von den Superintendenten wahrgenommene Niveau der Unterstützung insbesondere bezüglich der verschiedenen Gremien durchweg höher.

Diese Darstellung der Ist-Situation wird ergänzt durch die von den Befragten geäußerten Wunschvorstellungen im Blick auf das Maß an Kontrolle, Anregung und Unterstützung durch die verschiedenen Beziehungspartner (vgl. Schaubild 8).

Veränderungen im Umfang der Kontrolle wurden kaum gewünscht. Nur Kontrolle durch die Mitarbeiter des Kirchenkreisamtes wollte man im Schnitt eher etwas reduziert wissen.

Verstärkte Anregung und Unterstützung wünschten sich Sozialarbeiter vor allem von Pastoren, Kirchenvorständen, dem Kirchenkreisvorstand, der Pfarrkonferenz, dem Kirchenkreistag, den Diakoniebeauftragten und Diakonieausschüssen.

Dieses Resultat deckt sich weitgehend mit den Vorstellungen der Superintendenten, wenn man berücksichtigt, daß dort die Tendenz zu mehr Anregung und Unterstützung - der höheren Einschätzung in der Ist-Situation entsprechend - schwächer ausgeprägt ist.

Fassen wir die Ergebnisse zu diesem Fragenkomplex zusammen: Was Anregung und Unterstützung der Sozialarbeiter und ihrer Arbeit betrifft, so sind anscheinend unter den genannten Einzelpersonen einzelne Pastoren von besonderer Bedeutung, im Blick auf "Unterstützung" gilt dies auch für den Superintendenten. Ein Gremium, das Sozialarbeitern in besonderer Weise Anregung und Unterstützung zukommen läßt, ist der Diakonieausschuß; Unterstützung in begrenzterem Umfang gewährt außerdem der Kirchenkreisvorstand.

Damit erweist sich der Diakonieausschuß als ein verhältnismäßig wirksames und zuverlässiges "Standbein" der Sozialarbeiter in den Kirchenkreisen. Die Rolle einzelner Pastoren als Gesprächspartner der Sozialarbeiter kommt ebenfalls deutlich zum Ausdruck; ihre Auswirkung könnte

Schaupild 8: Erwünschte Anregung, Unterstützung und Kontrolle der Sozialarbeiter durch verschiedene Beziehungspartner

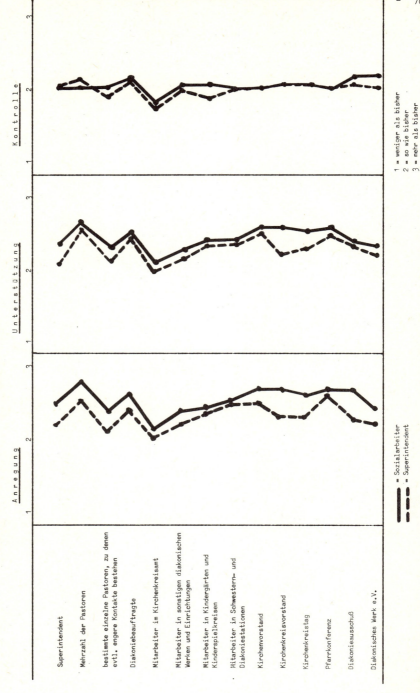

sich allerdings als eher ambivalent erweisen. Möglicherweise können
einzelne Pastoren eine engere Zusammenarbeit nicht auf Dauer leisten.
Ansätze in dieser Richtung wecken jedoch bei den Sozialarbeitern eventuell Erwartungen, die dann von den anderen weniger interessierten
Pastoren zwangsläufig enttäuscht werden. Freilich ist auch zu fragen,
inwieweit Sozialarbeiter tatsächlich versuchen, Anregung und Unterstützung von der Mehrzahl der Pastoren bzw. von den Kirchenvorständen
der verschiedenen Gemeinden abzurufen. Und: Inwieweit sind sie angesichts der Vielfalt und Komplexität der Beziehungen im Arbeitsfeld
überhaupt bereit und in der Lage, Anregungen und Unterstützung überall
dort, wo diese geboten werden, auch tatsächlich wahrzunehmen?

Man könnte ferner vermuten, daß in der hohen Bewertung des eigenen Bei-
trages durch die Sozialarbeiter deren eigenes Rollenverständnis zum Ausdruck kommt: Das Rollenselbstbild dieser Personengruppe beinhaltet die
Aufgabe, auf Defizite im sozialen Feld aufmerksam zu machen und sich zu
ihrer Beseitigung zu engagieren. Die dazu erforderliche Fachkompetenz
wurde im Rahmen der Ausbildung und vorangegangener Berufserfahrung er-
worben.
Diese "Expertensituation" gerät nun jedoch in Konflikt mit dem gleichzeitig vorhandenen Wunsch nach kooperativem Handeln. Die subjektiv als
recht gering empfundene Unterstützung durch kirchliche Gremien drückt
zu einem Teil wohl auch dieses Dilemma aus, das die Sozialarbeiter in
ihrem Arbeitsfeld empfinden.

Bleibt als ein letztes Merkmal, anhand dessen die Beziehungen zwischen Sozialarbeitern und ihren verschiedenen Beziehungspartnern beschrieben werden
sollen, die Frage nach der <u>Entscheidungsbeteiligung</u>. Wer wirkt an Entscheidungen mit, die die Aufgaben der Dienststellen für Sozialarbeit in
den Kirchenkreisen betreffen? Und in welchem Umfang ist dies jeweils

Sa 42
Sup 18

der Fall? Es wurde unterschieden zwischen "keine Beteiligung", "Anhörung",
"Beratung", "Mitwirkung" und "Mitentscheidung"(vgl. Schaubild 9 a/b).
<u>Mitentscheidung</u> hatten nach Meinung der meisten Sozialarbeiter vor allem
sie selbst, der Kirchenkreisvorstand und der Superintendent.
Die Beteiligung des Diakonieausschusses wurde in den meisten Fällen als
<u>Mitwirkung</u> oder <u>Beratung</u> beschrieben. Auch die Fachberatung des Diakoni-
schen Werkes wurde - ihrem Auftrag entsprechend - sehr häufig "beratend"
eingeschaltet. Von einer größeren Zahl von Sozialarbeitern wurden ferner
genannt Beratung durch Mitarbeiter des Kirchenkreisamtes und Beratung
durch außerkirchliche Fachkräfte.
Der Kirchenkreistag war nach Aussage jedes zweiten Sozialarbeiters an
Entscheidungen allenfalls in der Form der <u>Anhörung</u> beteiligt. Noch weniger beteiligt waren Behörden, Kirchengemeinden und Pfarrkonferenz.

Die Darstellung durch die Superintendenten stimmt mit diesem Bild größ-
tenteils überein. Größere Abweichungen traten vor allem hinsichtlich
der Beteiligung von Pfarrkonferenzen und Gemeinden auf; Superintendenten
sahen beide häufiger wenigstens "beratend" beteiligt.
Bringt man diese Einschätzung der Entscheidungsbeteiligung mit den Aussagen über Unterstützung der Kirchenkreissozialarbeit durch diese Personen und Gremien in Verbindung, so wird das Beziehungsmuster sehr deutlich:
Die starke Beteiligung von Superintendenten und Kirchenkreisvorständen
an Entscheidungen, die die Sozialarbeiter betreffen, trifft zusammen
mit dem beträchtlichen Maß an Unterstützung, das beide der Arbeit des
Sozialarbeiters entgegenbringen. Unterstützung und Anregung durch den
Diakonieausschuß liegen dagegen anscheinend eher im Vorfeld von Entscheidungen; Diakonieausschüsse beteiligen sich also vorwiegend durch
Mitwirkung und Beratung bei der Entscheidungsvorbereitung.

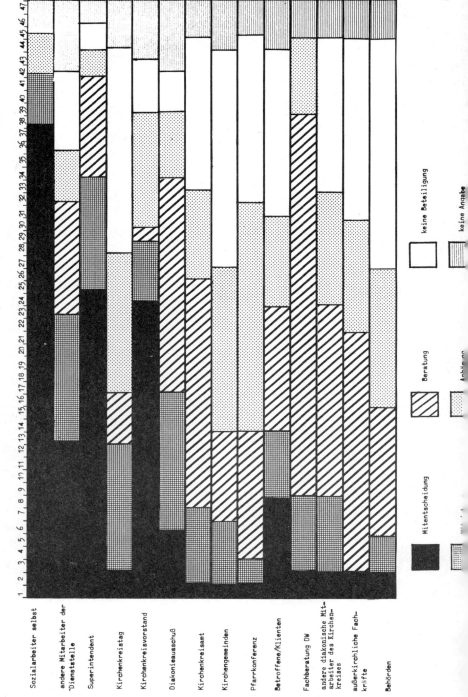

Schaubild 9a: Beteiligung verschiedener Personen und Gremien an Entscheidungen, die die Aufgaben der Dienststelle für Sozialarbeit im Kirchenkreis betreffen (Einschätzung der Sozialarbeiter)

Schaubild 9b: Beteiligung verschiedener Personen und Gremien an Entscheidungen, die die Aufgaben der Dienststelle für Sozialarbeit im Kirchenkreis betreffen. (Einschätzung der Superintendenten)

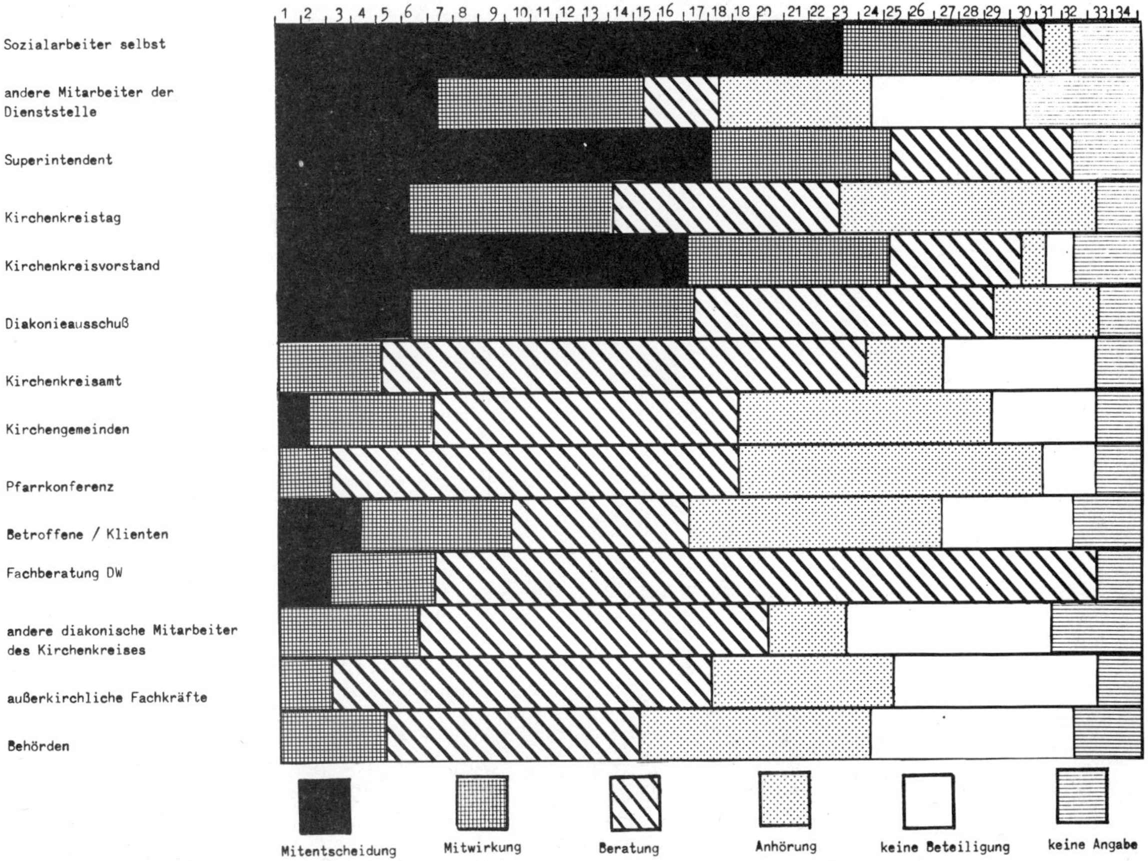

Auch Mitarbeiter im Kirchenkreisamt, die die Kirchenkreissozialarbeit
ebenfalls unterstützen, sind an Entscheidungen kaum direkt beteiligt,
beraten aber häufig.
Die relativ geringe Bedeutung der meisten Kirchenvorstände und Pastoren
als Anreger und Unterstützer der Sozialarbeit stimmt mit ihrer allenfalls
auf Anhörung beschränkten Entscheidungsbeteiligung überein.(Vgl.Schaubilder
1oa/1ob)

Sa 62
Sup 36

Ein Vergleich dieser Ist-Situation mit den Wunschvorstellungen zeigt,
daß nahezu ausnahmslos eine Verbreiterung der Entscheidungsbasis durch
verstärkte Beteiligung weiterer Personengruppen und Gremien für wünschenswert gehalten wird. Sozialarbeiter und Superintendenten waren sich
in diesem Punkt zumindest in der grundsätzlichen Tendenz weitgehend
einig.
Dabei zeigten sich die befragten Sozialarbeiter offenbar mit den eigenen
Mitsprachemöglichkeiten weitgehend einverstanden. Eine Ausweitung ist hier
auch kaum möglich; zumindest ergab dies der Vergleich der Durchschnittswerte von Ist- und Sollvorstellungen.
Mehr Mitwirkung wünschten sich Sozialarbeiter vor allem von den anderen
Mitarbeitern der Dienststelle, dem Kirchenkreistag, der Pfarrkonferenz
und den Kirchengemeinden. Die Superintendenten unterstützten dieses Votum, soweit es die anderen Mitarbeiter der Dienststelle betraf. Was dagegen den Kirchenkreistag, die Kirchengemeinden und die Pfarrkonferenzen
anbelangt, so sahen Superintendenten hier bereits jetzt eine Beteiligung
an Entscheidungen über den Sozialarbeiter betreffende Fragen in wesentlich höherem Ausmaß gegeben als die Sozialarbeiter selbst; eine Ausweitung größeren Umfangs schien ihnen daher nicht notwendig bzw. wünschenswert.
Sozialarbeiter und Superintendenten waren übereinstimmend der Meinung,
daß das Kirchenkreisamt - wie bisher - lediglich im Sinn von Anhörung
bzw. Beratung an Entscheidungsprozessen beteiligt sein sollte und daß
Behörden - vielleicht sogar noch in etwas geringerem Umfang als bisher -
nur in der Form der Anhörung einbezogen werden sollten.

Der einzige größere Unterschied zwischen den beiden Befragtengruppen
bestand in der Frage einer Einbeziehung von Klienten: Während Sozialarbeiter an dieser Stelle im Schnitt eher für eine Intensivierung der Mitsprache - eher Beratung als bloße Anhörung - votierten, möchten Superintendenten den Einfluß dieser Personengruppe eher reduziert sehen.
Selbst wenn man berücksichtigt, daß Sozialarbeiter ihren Stellungnahmen
andere Entscheidungssituationen zugrunde gelegt haben könnten als Superintendenten, wird daraus doch deutlich, daß erstere ihren Arbeitsbereich
offenbar etwas stärker durch Klienten mitbestimmen lassen möchten als
die Superintendenten als Vertreter der Anstellungsträger.

Generell läßt sich vermuten, daß in dem Wunsch zahlreicher Sozialarbeiter, einerseits die kirchliche und gemeindliche Basis, zum anderen die
Klienten stärker in die Beratung der eigenen Tätigkeitsfelder einzubeziehen, ein wichtiger Aspekt ihres beruflichen Selbstverständnisses zum
Tragen kommt. Während sie sich im Blick auf stärkere Einbeziehung von
Partnern aus den Kirchengemeinden nicht im Widerspruch zu ihren Anstellungsträgern befinden, zeichnet sich hinsichtlich verstärkter Beteiligung
von Klientengruppen ein Konflikt mit den Vorgesetzten ab, der bei konsequenter Verfolgung dieses Wunsches manifest werden dürfte und dann offen
diskutiert und ausgetragen werden muß.

Schaubild 1oa: Durchschnittlicher Grad der Beteiligung verschiedener Personen und Gremien an Entscheidungen, die die Aufgaben der Dienststelle für Sozialarbeit im Kirchenkreis betreffen (Einschätzung d. Sozialarbeiter)

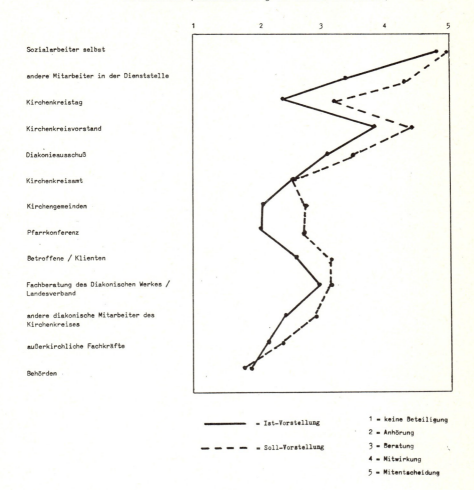

Schaubild 10 b: Durchschnittlicher Grad der Beteiligung verschiedener Personen und Gremien an Entscheidungen, die die Aufgaben der Dienststelle für Sozialarbeit im Kirchenkreis betreffen
(Einschätzung der Superintendenten)

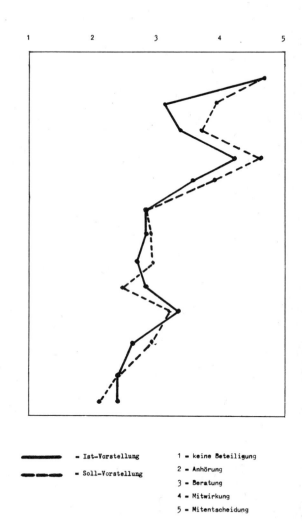

3.2. Aufgaben und Ziele

3.2.1 Zielgruppen

Im zweiten Kapitel dieses Berichts über die Ergebnisse der Arbeitsfeldanalyse der Sozialarbeit in den Dienststellen der Kirchenkreise sollen Aufgaben und Ziele dieser Arbeit näher beschrieben werden. In diesem Zusammenhang ist auch die Frage nach den Zielgruppen zu stellen, für die - und eventuell zugleich mit denen zusammen - Kirchenkreissozialarbeiter tätig werden.

Dabei ist einerseits an Personengruppen zu denken, die selbst als "Problemgruppen" unserer Gesellschaft zu bezeichnen sind oder die aufgrund ihrer besonderen Lebensumstände soziale Probleme zu bewältigen haben. Wo Kirchenkreissozialarbeiter sich als Multiplikatoren verstehen, die andere kirchliche Mitarbeiter zu diakonischem Handeln in ihrem Bereich anregen und befähigen, können Zielgruppen aber auch in diesen Mitarbeitergruppen gesehen werden, für die Sozialarbeiter Beratungs- und Fortbildungsfunktion übernommen haben.

Gehen wir zunächst der Frage nach, ob und in welcher Weise Sozialarbeiter in ihrer Arbeit <u>Schwerpunkte bei bestimmten Zielgruppen</u> im Sinne von Problemgruppen gesetzt haben.

Sa 31, 32
Sup 8, 9

39 von 47 befragten Sozialarbeitern bejahten eine solche Schwerpunktsetzung. An der Spitze der Nennungen standen dabei die folgenden Problemgruppen bzw. Lebenssituationen:

- Mütter/Ehen/Familien   (31)
- Problemfamilien   (25)
- ältere Menschen   (25)

Aber auch Suchtkranke (18), psychisch Kranke (15), Behinderte (13), Kinder und Jugendliche (12) sowie Schwangerschaftsberatung (11) stellten häufig Schwerpunkte in diesem Arbeitsfeld dar. Weniger als 1o Nennungen entfielen dagegen auf Nichtseßhafte, Aussiedler, Ausländer, Straffällige/Strafentlassene und Arbeitslose. Die Befragten selbst hatten diese Vorlage in je einem Fall noch ergänzt um Suizidgefährdete, alleinerziehende Mütter und Väter sowie Sozialhilfeempfänger.

Diese Ergebnisse führen zu folgenden Überlegungen:

- Sozialarbeit in den Dienststellen der Kirchenkreise hat ein nur wenig festgelegtes Arbeitsfeld; sehr unterschiedliche Schwerpunktsetzungen sind möglich.

- Schwerpunktsetzung ist nicht gleichbedeutend mit Umwandlung der Dienststelle in eine Spezialberatungsstelle; soweit Schwerpunkte bei verschiedenen Zielgruppen überhaupt benannt wurden, machte jeder einzelne Befragte im Durchschnitt vier bis fünf Angaben; das Arbeitsfeld bleibt damit trotz Schwerpunktsetzung in der Regel sehr komplex.

- Soweit aus diesen Angaben ersichtlich, ist die Arbeit der Dienststellen in erster Linie familienorientiert. Die Tätigkeit der Sozialarbeiter im Zusammenhang mit Mütterkuren, Auswirkungen der Schwangerschaftskonfliktberatung, aber auch ein Beratungsansatz, der generell das familiäre Umfeld zu berücksichtigen versucht, dürften zu diesem deutlichen Schwerpunkt "Mütter/Ehen/Familien" beigetragen haben.

- Zielgruppen, deren Problematik vermutlich weniger auf dem familiären Hintergrund bearbeitet werden kann, für die gesamtgesellschaftliche Strukturen von größerer - oder doch offensichtlicherer - Relevanz sind, spielen als Schwerpunkte im Arbeitsfeld Kirchenkreis anscheinend eine geringere Rolle (z. B. Arbeitslose, Ausländer, Nichtseßhafte).

Zieht man zum Vergleich die entsprechenden Angaben der Superintendenten heran, so werden diese Feststellungen überwiegend bestätigt: Superintendenten sahen Schwerpunktsetzungen etwa im gleichen Umfang als gegeben, sie nannten im Schnitt eine ähnliche Anzahl von Zielgruppen, und sie setzten die gleichen Gruppen auf die ersten Rangplätze. Kleinere Unterschiede bestehen lediglich in der Häufigkeit, mit der psychisch Kranke und Schwangere auf der einen, Nichtseßhafte und Straffällige/Strafentlassene auf der anderen Seite als Schwerpunkt dieser Arbeit genannt wurden: Superintendenten schätzten den Umfang der Arbeit mit den ersten beiden Gruppen geringer, mit den beiden letztgenannten höher ein als die Sozialarbeiter selbst.

Bei der Beschreibung dieses Arbeitsfeldes ist nun aber davon auszugehen, daß in einem bestimmten Zeitpunkt nicht alle von den vorhandenen Problemen her notwendigen Aufgaben tatsächlich übernommen werden können. Aussagen der Sozialarbeiter und der Superintendenten über Zielgruppenschwerpunkte, die, wenn die Möglichkeit dazu bestünde, neu zu setzen wären, ergänzen deshalb das Bild der Problemlage im Arbeitsfeld. Aus der Umkehrung - der Möglichkeit, bestehende Schwerpunkte aufzugeben, ergeben sich Hinweise darauf, inwieweit sich eine eventuelle Mehrbelastung durch neue Aufgaben ausgleichen läßt.

Sa 60
Sup 34

Bei der Frage nach Neusetzung bestimmter Zielgruppenschwerpunkte wird deutlich, daß offenbar fast alle Sozialarbeiter unbewältigte Probleme im eigenen Arbeitsbereich erkannt haben; nur in vier Fällen gab es keine entsprechenden Äußerungen. Im Schnitt wurden dabei fünf neu zu setzende Schwerpunkte benannt. Zielgruppen, die am häufigsten gewählt wurden, waren

- psychisch Kranke   (30),
- Mütter/Ehen/Familien (28),
- Problemfamilien   (22),
- Suchtkranke   (21).

Aber auch Kinder und Jugendliche, Schwangere, ältere Menschen, Arbeitslose sowie geistig oder körperlich Behinderte wollten Sozialarbeiter in großer Zahl als Schwerpunkte ihrer zukünftigen Arbeit sehen, soweit sie dazu die Möglichkeiten hätten. Seltener als zehnmal genannt wurden dagegen Straffällige/Strafentlassene, Nichtseßhafte, Aussiedler und Ausländer.

Vergleicht man diese Angaben mit den bereits vorhandenen Schwerpunkten, so wird deutlich, daß Sozialarbeiter in vielen Fällen offenbar auch dann von "Neusetzen" gesprochen haben, wenn sie mit einer bereits bestehenden Zielgruppe gerne eine neue Form der Arbeit beginnen möchten; die hohe Zahl der Nennungen von Müttern/Ehen/Familien und Problemfamilien als bereits vorhandene, gleichzeitig aber neu zu setzende Schwerpunkte legt eine solche Interpretation jedenfalls nahe. Daneben aber sollten auch neue Schwerpunkte entstehen, z. B. in der Arbeit mit psychisch Kranken.

Wesentlich geringer als bei den neu zu setzenden Schwerpunkten war die Zahl der Nennungen, die auf Zielgruppen entfielen, die die Sozialarbeiter als Schwerpunkt aufgeben wollten. Hier machten 26 der Befragten aus dieser Gruppe keine entsprechenden Angaben. Die übrigen nannten im Durchschnitt drei Gruppen. Mit anderen Worten: Wenn Sozialarbeiter versuchen sollten, ihre eigenen Vorstellungen über angemessene Arbeitsschwerpunkte zu verwirklichen, dann würde dies eine noch höhere Arbeitsbelastung bedeuten. Nach Möglichkeit aufgeben wollten sie vor allem eine Arbeit mit Nichtseßhaften und Ausländern. Die Tatsache, daß die Zahl derjenigen, die einen solchen Schwerpunkt aufgeben möchten, sogar etwas größer ist als die Zahl derer, die angaben, derzeit mit einer solchen Zielgruppe schwerpunktmäßig zu arbeiten, scheint anzudeuten, daß Sozialarbeiter hier Arbeitsbereiche so weit wie möglich einschränken möchten. Das Profil kirchlicher Sozialarbeit wird sehr deutlich gezeichnet, wenn gleichzeitig die Schwerpunkte Mütter/Ehen/Familien und psychisch Kranke nur von je einem Sozialarbeiter, Problemfamilien nur in zwei Fällen aufgegeben werden sollten.

Ziehen wir auch im Blick auf mögliche Schwerpunktverlagerung in der Arbeit mit Zielgruppen wieder die Aussagen der Superintendenten zum Vergleich heran. Dabei werden einige Unterschiede sichtbar:

- Superintendenten waren in geringerer Zahl der Meinung, daß bestimmte Zielgruppenschwerpunkte aufgegeben, ebenso aber auch, daß solche neu gesetzt werden sollten. Zumindest verzichteten im ersteren Fall neun, im zweiten 26 von 34 Befragten auf entsprechende Nennungen. Dies könnte darauf hinweisen, daß Superintendenten die Schwerpunkte der Sozialarbeit in den Dienststellen der Kirchenkreise zum Erhebungszeitpunkt etwas stärker als die Sozialarbeiter als der jeweiligen Situation angemessen und deshalb nicht änderungsbedürftig einschätzen.

- Diejenigen, die für Neusetzung votierten, nannten etwas weniger (4 - 5) Zielgruppen, die dafür in Frage kämen, diejenigen, die die Aufgabe von Schwerpunkten für möglich hielten, eine größere Anzahl (im Durchschnitt vier) als die Sozialarbeiter. In diesen Voten könnte der Wunsch einiger Superintendenten zum Ausdruck kommen, die Arbeitsüberlastung der Sozialarbeiter zu vermindern, die Vorteile verstärkter Spezialisierung zu nutzen oder auch einfach bestimmte Arbeitsbereiche zu reduzieren.

- Die Antworten auf die Frage, welche Zielgruppenschwerpunkte neu gesetzt bzw. aufgegeben werden könnten, ergaben kein einheitliches Bild. Was Neusetzung anbelangt, so standen hier zwar, ähnlich wie bei den Sozialarbeitern, Suchtkranke, psychisch Kranke, Problemfamilien und Mütter/Ehen/Familien an erster Stelle, doch wurden diese Akzente bei weitem nicht mit gleicher Deutlichkeit gesetzt. Arbeitslose sowie Kinder und Jugendliche nahmen bei diesen Befragten als mögliche Zielgruppen einen ähnlich hohen Rangplatz ein. Gleichzeitig nannte eine relativ große Zahl derjenigen, die Vorstellungen über eine mögliche Aufgabe von Schwerpunkten äußerten, ebenfalls Arbeitslose und Suchtkranke.

Die Angaben der Sozialarbeiter und Superintendenten über die Zielgruppen, mit denen in den Dienststellen für Sozialarbeit in den Kirchenkreisen schwerpunktmäßig gearbeitet wird, lassen sich noch ergänzen durch die Einschätzung der <u>Zugehörigkeit</u> dieser Gruppen zu verschiedenen <u>sozialen Schichten</u>.

Sa 33, 34
Sup 1o, 11

Auf die Frage nach der vorwiegenden Schichtzugehörigkeit der <u>Gesamtgruppe der Klienten</u> meinten Sozialarbeiter wie Superintendenten zum großen Teil, eine solche sei nicht erkennbar. Soweit doch eine Zuordnung vorgenommen wurde, entschied man sich am häufigsten für die Kategorie "Facharbeiter/einfache Angestellte/Beamte" oder "ungelernte Arbeiter". Die Dienststellen für Sozialarbeit in den Kirchenkreisen erreichen damit relativ am häufigsten Angehörige der unteren Mittelschicht und der Unterschicht.

Dieses Bild wiederholt sich, wenn man die Schichtzugehörigkeit der Angehörigen schwerpunktmäßig betreuter <u>Zielgruppen</u> betrachtet. Auch hier war die Zahl der Befragten, die keine Zuordnung vornehmen konnte, sehr hoch; wo Sozialarbeiter oder Superintendenten bei den Klienten eine bestimmte Schichtzugehörigkeit überwiegen sahen, war dies, ähnlich wie bei der Gesamteinschätzung, die Unter- bzw. untere Mittelschicht. Dabei bestanden Unterschiede zwischen den einzelnen Zielgruppen:

- Bei Mütter/Ehen/Familien, Suchtkranken und älteren Menschen wurde häufiger überwiegende Zugehörigkeit zur unteren Mittelschicht vermutet, Problemfamilien und Nichtseßhafte der Unterschicht zugeordnet.

Neben der Arbeit an und mit Problemgruppen zählt zum Arbeitsfeld Kirchenkreissozialarbeit auch die <u>Beratung und Fortbildung kirchlicher Mitarbeiter</u>. Welchen Raum Tätigkeiten in diesem Bereich einnehmen, verglichen auch mit der Beschäftigung mit den soeben angesprochenen Zielgruppen, soll im folgenden untersucht werden. Dabei ist auch im einzelnen zu fragen, ob sich Sozialarbeiter schwerpunktmäßig um haupt- oder um ehrenamtliche Mitarbeiter bemühen und welche Bedeutung der Beratung von Institutionen an dieser Stelle zukommt.

Die dazu erforderlichen Informationen sind einem Teil dieser Analyse zu entnehmen, der ausführlicher noch später (vgl. 3.2.2) diskutiert werden wird. Gemeint sind die Angaben beider Befragtengruppen über <u>Häufigkeit und Bedeutung unterschiedlicher Tätigkeiten</u> des Sozialarbeiters (vgl. Schaubilder 11 a/b und 13).

Sa 28, 29
Sup 6, 7

Im Vergleich zwischen der Arbeit mit Klienten - das heißt Personen aus den oben genannten sozialen Gruppen bzw. Problemgruppen - und mit kirchlichen Mitarbeitern wird deutlich, daß erstere, gemessen am <u>Zeitaufwand</u>, ganz eindeutig vorherrschend war. Beratung von einzelnen Klienten geschah in beinahe allen Fällen "fast täglich"; hinzu kam bei etwa der Hälfte der Sozialarbeiter die mindestens "wöchentliche" Beratung von Klientengruppen. Innerhalb der Arbeit mit kirchlichen Mitarbeitern stand die Beratung einzelner hauptberuflicher Mitarbeiter/Pastoren an erster Stelle. Mehr als die Hälfte der Sozialarbeiter übten eine solche Tätigkeit zumindest "wöchentlich" aus, ein großer Teil davon tat dies sogar "fast täglich". Die Häufigkeit, mit der ehrenamtliche Mitarbeiter beraten wurden, lag allerdings nur wenig niedriger: Immerhin zwei von fünf Sozialarbeitern meinten, auch dies mindestens wöchentlich zu tun. Auf die Frage, welche Mitarbeitergruppen im einzelnen beraten wurden, braucht hier nicht weiter eingegangen zu werden; sie wurden bereits benannt (vgl. 3.1.3).

Dagegen hatte die Beratung kirchlicher Institutionen wesentlich geringeren Umfang. Sie geschah häufig "einmal monatlich", in vielen Fällen aber noch seltener. Außerkirchliche Institutionen und Einrichtungen schließlich hatten in diesem Zusammenhang das geringste Gewicht; eine Beratung durch Sozialarbeiter in den Dienststellen der Kirchenkreise geschah in der Regel nur recht selten.

Zieht man ergänzend die von Sozialarbeitern und Superintendenten eingeschätzte <u>Bedeutung</u> dieser verschiedenen Aktivitäten zur Beschreibung heran, so zeichnet sich noch einmal eine Veränderung der Schwerpunkte ab. "Beratung einzelner Klienten" fand sich zwar auch hier auf dem ersten Rangplatz, die durchschnittliche Bewertung dieser Tätigkeit lag nahe bei "sehr wichtig". Dicht darauf folgte jedoch die "Beratung ehrenamtlicher Mitarbeiter". Die "Beratung einzelner hauptberuflicher Mitarbeiter/Pastoren" tendierte dagegen im Schnitt schon eher gegen "wichtig". Das bedeutet offenbar, daß eine größere Zahl von Sozialarbeitern der Ansicht war, in der Arbeit mit Ehrenamtlichen ein für sie wesentlicheres Aufgabenfeld gefunden zu haben, auch wenn sich dies nicht in einem höheren Zeitaufwand niedergeschlagen hat.

Diese Schwerpunktsetzung in der Beurteilung wurde allerdings von den befragten Superintendenten nicht geteilt. Für sie waren die Zielgruppen "hauptberufliche" und "ehrenamtliche Mitarbeiter" nahezu gleich wichtig, während der Beratung einzelner Klienten hier eine noch herausragendere Bedeutung zukam.

3.2.2 Tätigkeiten

Ein nächster Schritt im Rahmen dieser Arbeitsfeldanalyse besteht darin, die unterschiedlichen Tätigkeiten, die von Sozialarbeitern ausgeübt werden, hinsichtlich ihrer Häufigkeit und Bewertung zu beschreiben.

Sa 28, 29
Sup 6, 7

Was die relative <u>Häufigkeit</u> betrifft, so wurde bereits deutlich, daß die "Beratung einzelner Klienten" bei nahezu allen Sozialarbeitern eine "fast täglich" anfallende Aufgabe war (vgl. Schaubild 11 a und 11 b).
Mit Klientengruppen arbeiteten die Befragten dagegen eher "einmal wöchentlich". Beratung kirchlicher Mitarbeiter erfolgte dagegen häufiger "wöchentlich", bzw., soweit jeweils Gruppen angesprochen waren, "monatlich" oder noch seltener. Insgesamt wird aus diesen Angaben sehr deutlich, daß Beratungsaufgaben sehr häufig wiederkehrende und, wie aus ihrer Bewertung ersichtlich (vgl. Schaubild 13), zentrale Tätigkeiten der Kirchenkreissozialarbeiter darstellen. Dabei überwiegt die Beratung von Einzelpersonen gegenüber der Arbeit mit Gruppen.

Andere Tätigkeiten, die ebenfalls sehr häufig vorkamen, waren neben Schriftwechsel/Abrechnung und sonstiger Verwaltung sowie Eigeninformation insbesondere die Planung, Organisation und Durchführung von Maßnahmen (z. B. Kuren, Veranstaltungsreihen) und die Anleitung von Mitarbeitern in der Dienststelle. Andere Aktivitäten organisatorischer Art (Organisation der Dienststelle, Koordination von Aktivitäten) wurden innerhalb dieser Befragtengruppe hinsichtlich ihrer Häufigkeit recht unterschiedlich eingeschätzt; dabei dürfte unter anderem die Größe und Ausstattung der Dienststellen eine Rolle gespielt haben.
Etwa jeder vierte Sozialarbeiter bezeichnete die Entwicklung von Initiativgruppen, Konzepten oder Entscheidungsvorlagen, die Planung, Organisation und Durchführung von Einrichtungen/Projekten/Modellen oder von Bildungs- und Fortbildungsmaßnahmen für Mitarbeiter als Tätigkeiten, die zumindest "monatlich" ausgeübt wurden. Ebenfalls etwa ein Viertel dieser Befragten nahm Aufgaben dieser Art überhaupt nicht wahr.
Sehr unterschiedlich waren die Angaben der Sozialarbeiter, was die Weitergabe von Informationen/Berichte/Vorträge betraf: Jeweils etwa ein Drittel der Befragten betätigte sich in dieser Weise "fast täglich" oder "wöchentlich", "einmal monatlich" bzw. "seltener". Öffentlichkeitsarbeit betrieb dagegen die überwiegende Mehrheit "seltener" (als monatlich).

Die Einschätzung der Tätigkeiten der Sozialarbeiter durch die Superintendenten ergab eine hohe Übereinstimmung mit der Selbsteinschätzung durch die Sozialarbeiter. Dies erscheint als deutlicher Hinweis auf den hohen Informationsgrad dieser Befragtengruppe.

Gehen wir der Frage nach den Tätigkeiten, die im Rahmen der Sozialarbeit in den Kirchenkreisen ausgeübt werden, noch etwas genauer nach. Mit Hilfe eines besonderen statistischen Verfahrens, einer sogenannten Korrelationsanalyse, soll ermittelt werden, ob es bestimmte <u>Tätigkeitsmuster</u> gibt, die von Sozialarbeitern mehr oder weniger häufig praktiziert werden (vgl. Tabelle 17 im Anhang).
Vergleicht man die Häufigkeiten, mit denen jeweils zwei verschiedene Tätigkeiten ausgeübt wurden, so zeigen sich folgende Muster:

Schaubild 11 a: Häufigkeit, mit der verschiedene Tätigkeiten von den Sozialarbeitern ausgeübt werden (Einschätzung der Sozialarbeiter)

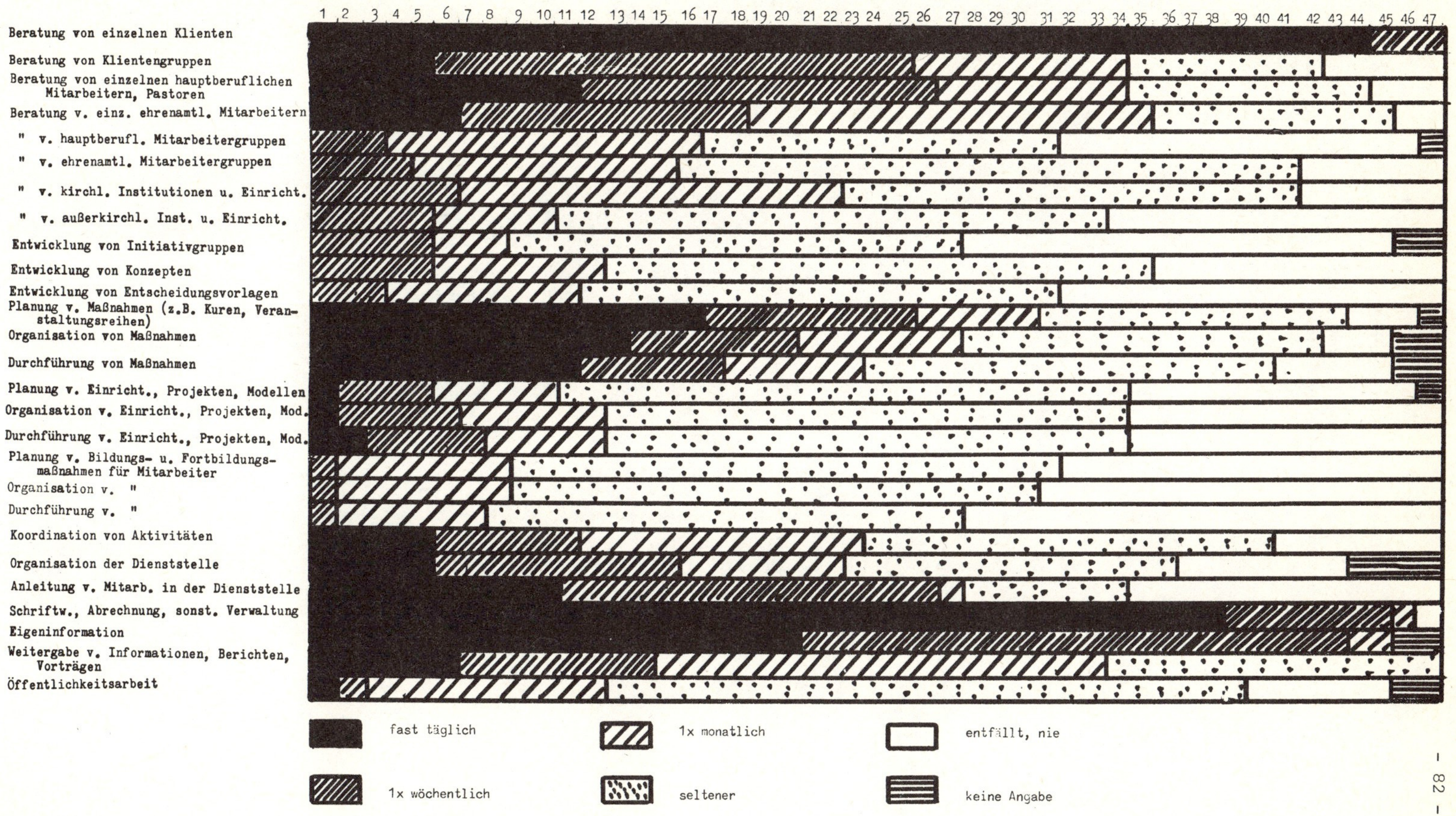

- 82 -

Schaubild 11 b: Häufigkeit, mit der verschiedene Tätigkeiten von den Sozialarbeitern ausgeübt werden (Einschätzung der Superintendenten)

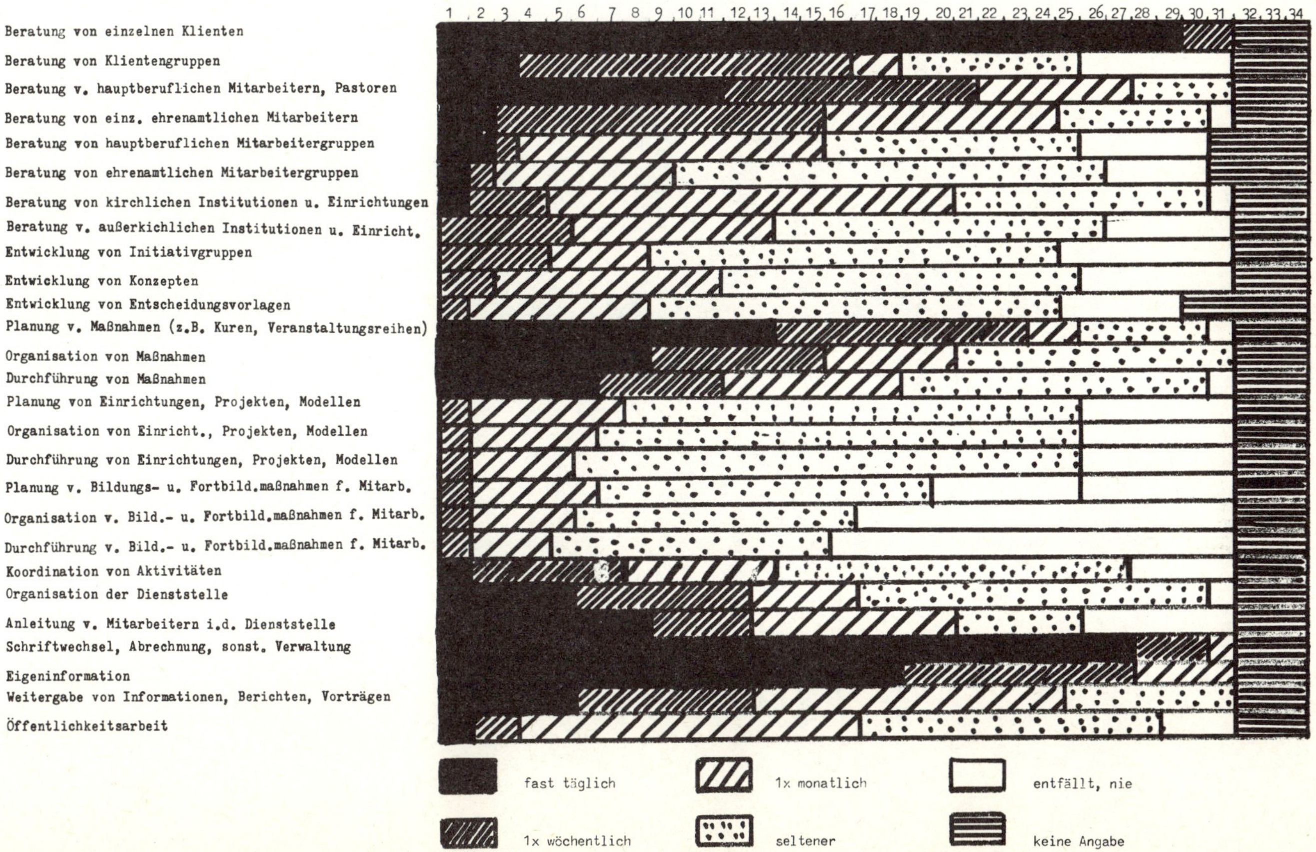

- Die Häufigkeit der Beratung einzelner Klienten war praktisch unabhängig von der Häufigkeit aller anderen Aktivitäten. Schon das Schaubild hatte ja deutlich gemacht, daß fast alle Sozialarbeiter dies nahezu täglich praktizierten.

- Tendenziell ähnlich waren sich die Häufigkeiten für die Beratung von Klientengruppen, einzelnen haupt- oder ehrenamtlichen Mitarbeitern, Mitarbeitergruppen und kirchlichen sowie außerkirchlichen Institutionen; Sozialarbeiter, die eine dieser Zielgruppen häufiger berieten, taten dies mit großer Wahrscheinlichkeit auch bei den anderen Gruppen. Das heißt also, es gab Sozialarbeiter, die über die Klienten-Einzelberatung hinaus Beratungsaufgaben in größerem Umfang wahrnahmen, und andere, die sich eher auf Beratung einzelner Klienten beschränkten.

- Die Häufigkeit der Beratung von Mitarbeitern hing zum Teil recht eng mit der Häufigkeit der Planung, Organisation und Durchführung von Bildungs- und Fortbildungsmaßnahmen für Mitarbeiter zusammen. Möglicherweise haben Befragte diese Beratungsaufgaben zu einem erheblichen Teil selbst als Fortbildung interpretiert oder aber aus dieser Beratung sind weitere Fortbildungsmaßnahmen erwachsen.

- Für Maßnahmen, Einrichtungen/Projekte/Modelle und Bildungs-/Fortbildungsmaßnahmen gilt, daß Planung, Organisation und Durchführung dieser Aktivitäten hinsichtlich ihrer Häufigkeit eng zusammenhängen. Wo Sozialarbeiter hier die Planung übernommen hatten, oblagen ihnen in der Regel auch Organisation und Durchführung.

- Sozialarbeiter, die häufiger Einrichtungen/Projekte/Modelle geplant, organisiert und durchgeführt hatten, waren meist auch stärker in der Bildung und Fortbildung anderer Mitarbeiter engagiert. Offenbar gehörte es in diesem Zusammenhang auch zu ihren Aufgaben, die an diesen Projekten Mitarbeitenden für diese Tätigkeit zuzurüsten.

- Die Häufigkeit der Beratung kirchlicher Institutionen, der Entwicklung von Konzepten und Entscheidungsvorlagen, der Planung, Organisation und Durchführung von Einrichtungen/Projekten/Modellen, der Weitergabe von Informationen/Berichte/Vorträge und Öffentlichkeitsarbeit waren ebenfalls eng miteinander verknüpft. Es gab demnach unter den befragten Sozialarbeitern eine Gruppe, die sich besonders dafür einsetzte, neue Projekte oder Einrichtungen in Gang zu bringen, indem sie informierte, Konzepte entwickelte und sich selbst bei der Organisation und Durchführung beteiligte; andere Sozialarbeiter haben diesen Aufgabenkomplex in geringerem Maß entwickelt.

Die Angaben der Superintendenten ließen ähnliche Zusammenhänge sichtbar werden. Der auffallendste Unterschied war, daß die Mehrzahl der Superintendenten offenbar keine so ausgeprägte Beziehung zwischen "Beratung" und "Bildung und Fortbildung" von Mitarbeitern sah; Beratung anderer Mitarbeiter durch die Sozialarbeiter wurde anscheinend von dieser Befragtengruppe nicht unbedingt im Sinne von Bildung/Fortbildung verstanden.

Vergleicht man die Einschätzung der Häufigkeit verschiedener Tätigkeiten der Sozialarbeiter durch diese selbst und den Superintendenten des Kirchenkreises, in dem sie jeweils tätig sind, dann werden zum Teil recht beträchtliche Übereinstimmungen erkennbar (vgl. Tabelle 18 im Anhang). Das heißt also, nicht nur die Gesamtgruppe der Superintendenten hatte Vorstellungen von Sozialarbeit im Kirchenkreis, die hinsichtlich der Häufigkeit einzelner Tätigkeiten mit den Vorstellungen der Gesamtgruppe der Sozialarbeiter weitgehend übereinstimmte. Auch der einzelne Superintendent als Vorgesetzter eines bestimmten Sozialarbeiters entwarf ein recht ähnliches Bild von dessen Aktivitäten wie dieser selbst. Keine Übereinstimmung in den Einschätzungen ergab sich lediglich hinsichtlich der Häufigkeit der Beratung von Klientengruppen, Gruppen hauptberuflicher Mitarbeiter und von ehrenamtlichen Mitarbeitern (einzeln und in Gruppen) sowie der Entwicklung von Initiativgruppen. Möglicherweise wurden diese Tätigkeitsbezeichnungen von beiden Befragtengruppen unterschiedlich verstanden; es könnte aber auch sein, daß Superintendenten über diese Aktivitäten weniger gut Bescheid wußten; es wäre zu überprüfen, wie Sozialarbeiter ihre Vorgesetzten hierüber informieren.

Die Aussagen von Sozialarbeitern und Superintendenten haben deutlich gezeigt, wie groß das Gewicht ist, das Beratungsaufgaben zukommt. Die Frage, wie diese Beratung im einzelnen aussah, soll deshalb noch etwas eingehender untersucht werden.

Sa 3o   Fünf unterschiedliche <u>Beratungsformen</u> waren den Sozialarbeitern in der Erhebung vorgelegt worden; sie sollten einschätzen, wie häufig sie die einzelnen Formen anwandten. Die Antworten ergaben die größten Häufigkeiten für "Information/Auskunft/Vermittlung" und "intensives Beratungsgespräch". Innerhalb dieser gesamten Befragtengruppe waren demnach zwei große Teilgruppen zu unterscheiden: die eine verstand sich stärker als Auskunftgeber und Vermittler, die andere setzte die eigene intensive Beratung an erste Stelle. Die Unterschiede waren freilich eher gradueller Art: beide Beratungsformen wurden von fast allen Sozialarbeitern mindestens "häufig" eingesetzt. Letztere Aussage gilt auch für die "sozialanwaltliche Hilfe", wenn auch mit kleinen Einschränkungen. Obwohl kaum je als "überwiegend" bezeichnet, wurde Beratung in dieser Form von weitaus der Mehrzahl der Befragten "häufig" geleistet. "Materielle" und "praktische" Hilfen dagegen stuften jeweils etwa die Hälfte der Sozialarbeiter als "selten" ein. (Vgl. Schaubild 12)

In diesen deutlich abgestuften Häufigkeiten kommen Zielvorstellungen von Sozialarbeit zum Ausdruck, wie sie für die Befragten eine Rolle spielten. Information, Beratung und sozialanwaltliche Hilfe hatten demnach eindeutig den Vorrang vor materieller und praktischer Unterstützung.

Die Praxis der Sozialarbeit in den Kirchenkreisen ist mit diesen Angaben über die Häufigkeit verschiedener Aktivitäten sehr deutlich beschrieben. Wie aber haben Sozialarbeiter und Superintendenten diese unterschiedlichen Tätigkeiten bewertet? Welche Aufgaben sehen sie als besonders wichtig an, welche als weniger wichtig? (Vgl. Schaubild 13)

Sa 29
Sup 7   Auf Unterschiede in der <u>Bedeutung verschiedener Tätigkeiten</u>, soweit sie unter die Kategorie "Beratung" fallen, wurde bereits hingewiesen (vgl. 3.2.1 Zielgruppen). Aus Schaubild 13 ist weiter zu entnehmen, daß Beratung für die Sozialarbeiter insgesamt von größter Wichtigkeit war, wenn man diese Aktivitäten mit den anderen hier genannten vergleicht. Lediglich der Eigeninformation, der Weitergabe von Informationen, der Anleitung von Mitarbeitern in der Dienststelle und der Öffentlichkeitsarbeit wurden ähnlich hohe Bewertungen zuteil.
Alle übrigen Tätigkeiten wurden von den befragten Sozialarbeitern im Durchschnitt immerhin noch als "wichtig" bezeichnet.

Vergleicht man diese Prioritäten mit den Bewertungen der Tätigkeiten durch die Superintendenten, werden an mehreren Stellen Unterschiede sichtbar:

- Superintendenten maßen insbesondere der Beratung von ehrenamtlichen Mitarbeitern und Mitarbeitergruppen sowie von außerkirchlichen Institutionen geringeres Gewicht bei, ebenso der Entwicklung von Initiativgruppen, Konzepten und Entscheidungsvorlagen, der Planung, Organisation und Durchführung von Projekten/Einrichtungen/Modellen und von Bildungs- und Fortbildungsmaßnahmen für Mitarbeiter sowie der Koordination von Aktivitäten.

Schaubild 12: Häufigkeit der Anwendung verschiedener Beratungsformen
(Einschätzung durch die Sozialarbeiter)

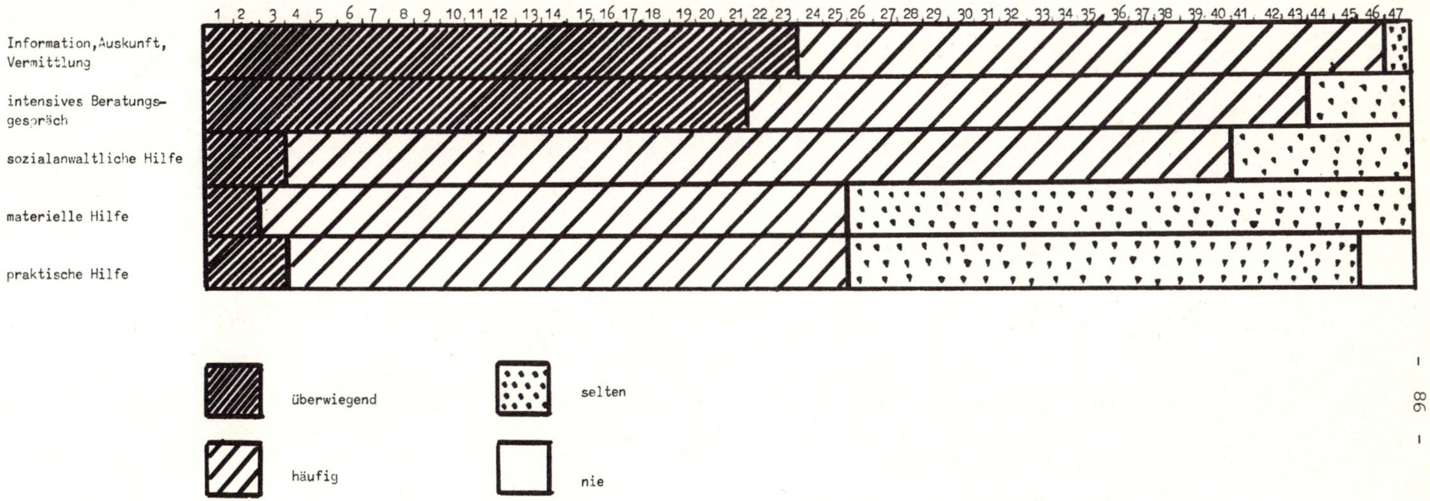

Schaubild 13: Durchschnittliche Bewertung verschiedener Tätigkeiten

- Superintendenten hielten für wichtiger als die Sozialarbeiter selbst vor allem die Beratung einzelner Klienten, Planung, Organisation und Durchführung von Maßnahmen sowie Schriftwechsel/Abrechnungen/sonstige Verwaltung.

Dieses Resultat legt die Vermutung nahe, daß Superintendenten denjenigen Tätigkeiten größere Bedeutung beimaßen, die schon länger zum Arbeitsfeld Kirchenkreissozialarbeit gehören (Einzelfall-Beratung; Maßnahmen, insbesondere Kuren). Dagegen sind Formen der Arbeit mit Gruppen sowie der projektorientierten Arbeit noch verhältnismäßig neu, ihre mögliche Bedeutung im Rahmen der Tätigkeit der Sozialarbeiter in den Kirchenkreisen wird deshalb eventuell weniger hoch bewertet.

Auch bei der Bewertung verschiedener Tätigkeiten der Sozialarbeiter wurde mit Hilfe einer Korrelationsanalyse untersucht, ob bestimmte Aufgabenkombinationen häufig relativ einheitliche Bewertungen erfuhren (vgl. Tabelle 19 im Anhang).

- In den Einschätzungen der Sozialarbeiter wie auch der Superintendenten ergaben sich auffallend enge Zusammenhänge jeweils zwischen der Planung, Organisation und Durchführung von Maßnahmen, von Einrichtungen/Projekten/Modellen und von Bildungs- und Fortbildungsmaßnahmen für Mitarbeiter. Obwohl es prinzipiell denkbar wäre, daß Sozialarbeiter sich beispielsweise nur an der Planungsphase einer Maßnahme beteiligen, während Organisation und Durchführung von anderen übernommen werden, zeigen die Bewertungen dieser einzelnen Schritte ebenso wie bereits die Häufigkeitseinschätzungen, daß eine solche Differenzierung weder den Vorstellungen noch der Praxis der meisten Sozialarbeiter entsprach.

- In der Bewertung verschiedener Tätigkeiten kommt - anders als bei der Einschätzung ihrer Häufigkeit - zum Ausdruck, daß Sozialarbeiter sich entweder eher als klientenorientiert verstanden oder als Multiplikatoren, die andere Mitarbeiter zu diakonischem Handeln befähigen wollten. Negative Zusammenhänge zwischen Beratung von Klienten und Beratung haupt- und ehrenamtlicher Mitarbeiter weisen auf eine solche Alternative hin. Hohe Bewertungen für Klienten-Beratung gingen dabei zugleich mit tendenziell geringerem Gewicht von Planung, Organisation und Durchführung von Projekten/Einrichtungen/Modellen einher; dagegen wurden die letzteren auch hier meist höher bewertet, wenn auch der Mitarbeiter-Beratung größeres Gewicht beigemessen wurde. Das heißt nur, in den Leitvorstellungen der Sozialarbeiter bestanden durchaus Unterschiede hinsichtlich der Gewichtung einer Arbeit mit Problemgruppen und/oder Mitarbeitergruppen; in der Praxis dagegen spielte die Beschäftigung mit Klienten bei nahezu allen Befragten eine ganz herausragende Rolle.

Die Vorstellungen der Superintendenten von der Wichtigkeit der einzelnen Aktivitäten wichen von jenen der Sozialarbeiter insofern ab, als keinerlei Zusammenhang zwischen der Bewertung von Mitarbeiter-Beratung und der Planung, Organisation und Durchführung von Projekten/Einrichtungen/Modellen festzustellen war. Zwischen der Wichtigkeit der Klienten-Einzelberatung und der Projektarbeit ergaben sich zwar ebenso wie bei den Sozialarbeitern negative Beziehungen, jedoch war die Zahl der Superintendenten, die eine Beratung einzelner Klienten nicht als "sehr wichtig" bezeichneten, so gering, daß diese Aussage nicht besonders aussagefähig erscheint.

Die Feststellung eines Unterschiedes zwischen der Häufigkeit einzelner Tätigkeiten und ihrer Bewertung, wie er sich aus den Aussagen der Sozialarbeiter ergab, fordert noch eine Zusatzfrage an das Datenmaterial heraus: Inwieweit sahen die Sozialarbeiter ihre Praxis in Übereinstimmung mit der Wichtigkeit der unterschiedlichen Aktivitäten? Werden Aufgaben, die häufiger getan werden müssen, auch höher bewertet?

Ein Vergleich der entsprechenden Schaubilder (11 und 13) weist bereits darauf hin, daß die von der Häufigkeit her vorherrschenden Tätigkeiten zum großen Teil auch bei der Bewertung hohe Durchschnittswerte erzielten (Beratung, insbesondere von Klienten; Eigeninformation); es gab aber auch Aktivitäten, die in ihrer Bedeutung im Vergleich zur Häufigkeit beträchtlich abfielen (Schriftwechsel/Abrechnungen/sonstige Verwaltung; Planung, Organisation und Durchführung von Maßnahmen). Andere dagegen erschienen den Sozialarbeitern relativ wichtiger, als dies ihrem Stellenwert in der Praxis entsprach (Öffentlichkeitsarbeit; Planung, Organisation und Durchführung von Bildungs- und Fortbildungsmaßnahmen für Mitarbeiter).

Wir sind dieser Frage noch etwas genauer nachgegangen und haben für jeden einzelnen Sozialarbeiter den Zusammenhang zwischen Häufigkeit und Bedeutung der einzelnen Aktivitäten ermittelt (vgl. Tabelle 20 im Anhang). Das Resultat zeigt, daß sich beide an vielen Stellen für den größeren Teil der Befragten in Einklang befanden; es gibt aber auch Tätigkeiten, deren Häufigkeit nicht zu ihrer Wichtigkeit (im Urteil der Sozialarbeiter) in Beziehung stand.

- Verhältnismäßig groß war die Übereinstimmung im Aufgabenbereich Mitarbeiter-Beratung, bei der Entwicklung von Initiativgruppen, Konzepten und Entscheidungsvorlagen, bei der Durchführung von Bildungs- und Fortbildungsmaßnahmen für Mitarbeiter, bei der Organisation der Dienststelle und bei der Öffentlichkeitsarbeit.

- Keine wesentlichen Zusammenhänge ergaben sich dagegen für die Planung, Organisation und Durchführung von Maßnahmen, die Koordination von Aktivitäten, für Anleitung von Mitarbeitern der Dienststelle, Schriftwechsel und Eigeninformation. Aufgaben dieser Art fielen offenbar in den einzelnen Dienststellen jeweils in einem bestimmten Umfang an, ohne daß dies mit entsprechender Bewertung zusammentreffen mußte.

Nun besagen freilich auch verhältnismäßig positive Korrelationen zwischen Häufigkeit und Bewertung einer Tätigkeit noch nicht, daß die Sozialarbeiter selbst in jedem Fall der Meinung sind, diese Tätigkeit in ihr angemessenen Umfang auszuüben. Welche Veränderungen Sozialarbeiter vornehmen würden, wenn sie die Möglichkeit dazu hätten, zeigt Schaubild 14.

Sa 59
Sup 33

Mehr Zeit als bisher wollten die Befragten vor allem aufwenden für Eigeninformation, Öffentlichkeitsarbeit, für die Beratung von ehrenamtlichen Mitarbeitern, einzeln und in Gruppen, von einzelnen hauptberuflichen Mitarbeitern/Pastoren sowie von Klientengruppen; aber auch für die Beratung von einzelnen Klienten und für die Entwicklung von Initiativgruppen und Konzepten wollten die meisten gerne mehr Zeit aufbringen. Überhaupt zeigen die Ergebnisse, daß die Sozialarbeiter am liebsten nahezu alle hier genannten Tätigkeiten verstärken oder doch im bisherigen Umfang beibehalten wollten. Lediglich im Blick auf Schriftwechsel/Abrechnung/sonstige Verwaltung ergab sich eindeutig die umgekehrte Tendenz. Bei der Planung von Maßnahmen (z.B. Kuren, Veranstaltungsreihen) und der Organisation der Dienststelle konnten sich zumindest einige eine Reduktion vorstellen.

Bei den Superintendenten war der Wunsch nach einer Verstärkung bestimmter Aktivitäten weit schwächer ausgeprägt; die Prioritäten waren dabei aber weitgehend dieselben wie bei den befragten Sozialarbeitern.

Ehe wir das Kapitel über die Tätigkeiten der Sozialarbeiter abschließen, ist noch auf eine Aktivität näher einzugehen, für die sich in den bisherigen Überlegungen ein wenig einheitliches Bild ergab: <u>Öffentlichkeitsarbeit</u> spielte, gemessen an der Einschätzung der Häufigkeit, mit der sie betrieben wurde, eine äußerst nachgeordnete Rolle; gleichzeitig wurde sie verhältnismäßig hoch bewertet; die meisten Sozialarbeiter wollten, obwohl bereits ein ausgeprägter Zusammenhang zwischen derzeitiger Praxis und Bewertung dieser Aufgabe bestand, nach Möglichkeit noch mehr Zeit dafür aufwenden.

Schaubild 14: Durchschnittliche Tendenzen zur Verstärkung, Beibehaltung oder Reduzierung des derzeitigen Zeitaufwandes für ver- verschiedene Tätigkeiten

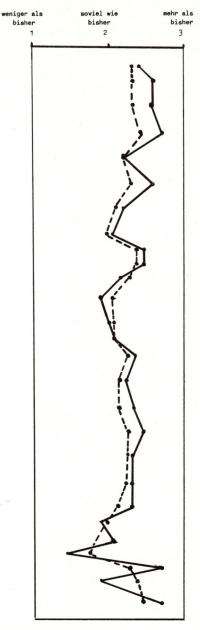

- Beratung von einzelnen Klienten
- Beratung von Klientengruppen/Familien
- Beratung von einzelnen hauptberufl. Mitarbeitern/Pastoren
- Beratung von einzelnen ehren- amtlichen Mitarbeitern
- Beratung von hauptamtlichen Mitarbeitergruppen
- Beratung von ehrenamtlichen Mitarbeitergruppen
- Beratung von kirchlichen Insti- tutionen und Einrichtungen
- Beratung von außerkirchlichen Institutionen und Einrichtungen
- Entwicklung von Initiativgruppen
- Entwicklung von Konzepten
- Entwicklung von Entscheidungsvorlagen
- Planung von Maßnahmen (z. B. Kuren/Veranstaltungsreihen)
- Organisation von Maßnahmen
- Durchführung von Maßnahmen
- Planung von Einrichtungen/ Projekten/Modellen
- Organisation von Einrichtungen/ Projekten/Modellen
- Durchführung von Einrichtungen/ Projekten/Modellen
- Planung von Bildungs- u.Fortbildungs- maßnahmen für Mitarbeiter
- Organisation von Bildungs- und Fort- bildungsmaßnahmen für Mitarbeiter
- Durchführung von Bildungs- und Fort- bildungsmaßnahmen für Mitarbeiter
- Koordination von Aktivitäten
- Organisation der Dienststelle
- Anleitg.v.Mitarbeitern i.d.Dienststelle
- Schriftwechsel/Abrechnung/Verwaltung
- Eigeninformation
- Weitergb.v.Information./Berichte/Vortrg
- Öffentlichkeitsarbeit

Einschätzung durch
——— Sozialarbeiter
- - - - Superintendent

Sa 46,47,   Die überwiegende Mehrheit der Sozialarbeiter bejahte grundsätzlich die
64,65,   Frage, ob Öffentlichkeitsarbeit betrieben werde. Wichtigste Formen da-
66   bei waren:
Sup 22,38,
    39,4o - Zusammenarbeit mit der örtlichen Presse   (31),
           - Herausgabe von Jahres- und Tätigkeitsberichten   (26),
           - Berichte in Gemeindebriefen   (26),
           - Informationsveranstaltungen   (2o).

Kaum genutzt wurden unter den hier genannten Möglichkeiten Tage der
offenen Tür (4) und Plakataktionen (8).
Die Zahl derjenigen, die überhaupt <u>Tätigkeits- oder Jahresberichte</u> erstellte, ohne daß dies in jedem Fall als Öffentlichkeitsarbeit verstanden wurde, war noch höher (Tätigkeitsberichte aus besonderem Anlaß: 3o;
Jahresberichte: 38).
Berichte dieser Art wurden nach Angabe der Sozialarbeiter am häufigsten an Superintendenten und Kirchenkreisvorstand verschickt. Weitere
Adressaten sind in der Regel das Diakonische Werk/Landesverband, das
Landeskirchenamt, Diakonieausschüsse und Diakoniebeauftragte. Dabei
gingen die Sozialarbeiter von einer <u>Berichtspflicht</u> vor allem gegenüber
dem Kirchenkreisvorstand und dem Superintendenten aus. Eine größere Zahl
dieser Befragten sah sich auch gegenüber dem Landeskirchenamt und dem
Diakonischen Werk zum Bericht verpflichtet. (Folgt man der Musterdienst-
anweisung - vgl. Kirchliches Amtsblatt Nr. 16 vom 25. 1o. 1977 - dann
besteht Berichtspflicht nur gegenüber dem Kirchenkreisvorstand (Ziff. 8).
Dieser ist allerdings verpflichtet, den Bericht dem Landeskirchenamt und
dem Diakonischen Werk zuzuleiten.)

Die Vorstellungen der Superintendenten von den Adressaten solcher Berichte und einer damit verbundenen Berichtspflicht ergaben in manchen
Punkten ein abweichendes Bild:
Neben den von den Sozialarbeitern besonders häufig genannten Adressaten
spielten hier auch der Kirchenkreistag, das Kirchenkreisamt und die Pfarrkonferenz eine beträchtliche Rolle. Mit anderen Worten, eine große Zahl
von Superintendenten ging davon aus, daß auch diese Gremien und Einrichtungen durch Berichte über die Kirchenkreissozialarbeit informiert würden.
Dagegen spielte das Landeskirchenamt aus der Sicht dieser Befragtengruppe
als Adressat hier kaum eine Rolle. Berichtspflicht sahen die Superintendenten lediglich gegenüber dem Kirchenkreisvorstand, sich selbst und
- seltener - dem Kirchenkreistag als gegeben an.

Die für die Sozialarbeiter erkennbaren <u>Reaktionen</u> auf solche Berichte,
waren eher spärlich:
Eine gemeinsame Aussprache über die weitere Arbeit ergab sich bei 17 Befragten, Rückfragen wurden 12 Sozialarbeitern gestellt, 9 erhielten auf
einen Bericht hin Anregungen. Andere Reaktionen waren noch seltener.

Danach gefragt, welche <u>Auswirkungen</u> mit Öffentlichkeitsarbeit beabsich-
tigt seien, äußerten Sozialarbeiter und Superintendenten, es gehe vor
allem um die "Aktivierung der Gemeindeglieder", um das "Wecken von Verständnis für Probleme der Klientengruppen" und um "Aufklärung". "Darstellung der Eigenleistung der Einrichtung" hielt man allenfalls für
wichtig, häufig aber für nur "weniger wichtig". Ein Unterschied in der
Bewertung durch die Befragten beider Gruppen ergab sich hinsichtlich
einer Öffentlichkeitsarbeit mit dem Ziel einer "Solidarisierung mit Klientengruppen". Sozialarbeiter hielten dies im Schnitt für wichtig; bei
den Superintendenten lagen die Einschätzungen im Mittel zwischen "wichtig" und "weniger wichtig".

3.2.3 Ziele und individuelle Motivation

In diesem Kapitel sollen sowohl die Vorstellungen der Sozialarbeiter und Superintendenten vom Auftrag kirchlicher Sozialarbeit als auch die Motive von Sozialarbeitern, in der Kirche tätig zu werden, und umgekehrt die Gründe der Anstellungsträger für die Beschäftigung von Sozialarbeitern beschrieben werden.

Sa 48
Sup 23

Mit Hilfe einer aus 15 Zielvorgaben bestehenden Skala wurde der Versuch gemacht, <u>Ziele kirchlicher Sozialarbeit</u> aus der Sicht der Kirchenkreissozialarbeiter und der Superintendenten zu beschreiben.

Das Ergebnis (vgl. Schaubild 15) zeigt, daß die Sozialarbeiter von einem recht breit gefächerten Ansatz ausgingen. Zielvorstellungen, die von ihnen ganz überwiegend als zum Auftrag von Sozialarbeit in der Kirche gehörig bejaht wurden, waren vor allem:
- "Klienten zu eigenen Aktivitäten motivieren und befähigen",
- "sozialanwaltlich eintreten für Benachteiligte",
- "diakonischen Auftrag erfüllen",
- "persönliche Hilfen gewähren (beraten, trösten, vermitteln)",
- "Konflikte und Ungerechtigkeiten sichtbar machen",
- "Beitrag leisten zur Veränderung diskriminierender gesellschaftlicher Normen",
- "Minderheiten/Randgruppen in die Gesellschaft integrieren",
- "ganzheitliche Hilfen anbieten",
- "neue Formen und Handlungsmodelle in der Sozialarbeit entwickeln und erproben".

Diese Ziele stimmen weitgehend mit den allgemeinen Zielen von Sozialarbeit überein; daraus wird deutlich, daß die Befragten auch in der kirchlichen Arbeit stark an ihrem beruflichen Selbstverständnis orientiert waren, allerdings verbunden mit einem ebenfalls ausdrücklich bejahten Profil als <u>kirchlicher</u> Sozialarbeit.

Eher abgelehnt wurden von dieser Befragtengruppe die Formulierungen
- "Beitrag leisten zur Aufrechterhaltung gesellschaftlicher Normen",
- "materielle Sicherheit des Klienten garantieren".

Es könnte sein, daß es sich dabei um Ziele handelt, die von den Sozialarbeitern eher als solche der behördlichen Sozialverwaltung ausgelegt wurden.

Die Befragten äußerten sich verhältnismäßig häufig ambivalent ("teils/teils") gegenüber den Zielvorgaben
- "Lücken in der Sozialarbeit schließen",
- "den Erwartungen der Kirchenglieder in bezug auf soziale Hilfen gerecht werden",
- "zum Interessenausgleich in der Gesellschaft beitragen",
- "ergänzende Hilfe für öffentliche Sozialarbeit leisten".

Das Bild kirchlicher Sozialarbeit, das mit diesen Stellungnahmen entworfen wurde, enthält zugleich Ansätze zu einer Arbeit mit Einzelpersonen, mit Gruppen und an der Veränderung sozialer Strukturen. Ablehnung trat häufiger dort auf, wo Ziele entweder direkt zu einer Stabilisierung bestehender Verhältnisse beitragen würden oder doch nur vordergründige Lösungen ("materielle Hilfen") bieten. Die Rolle des "Lückenbüßers" wurde teils abgelehnt, teils bejaht; hinter den zustimmenden Voten könnte dabei eine Vorstellung von "modellhaftem" Handeln der kirchlichen Sozialarbeit stehen.

Schaubild 15: Durchschnittliche Bewertung verschiedener Ziele kirchlicher Sozialarbeit

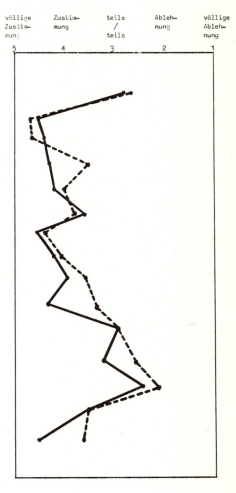

Etwas abweichend von diesem Bild stellte sich der Auftrag kirchlicher
Sozialarbeit aus der Sicht der Superintendenten dar. Ausdrückliche Zustimmung, gemessen am Durchschnitt der Beurteilungen, erfuhren hier
nur drei Zielvorgaben, nämlich

- "diakonischen Auftrag erfüllen",
- "persönliche Hilfen gewähren (beraten, trösten, vermitteln)",
- "Klienten zu eigenen Aktivitäten motivieren und befähigen".

Recht zurückhaltend, verglichen mit den Sozialarbeitern, reagierten die
Superintendenten dagegen auf

- "Beitrag leisten zur Veränderung diskriminierender gesellschaftlicher
  Normen",
- "Konflikte und Ungerechtigkeiten sichtbar machen",
- "zum Interessenausgleich in der Gesellschaft beitragen",
- "sozialanwaltlich eintreten für Benachteiligte".

Dagegen stimmten sie mit dieser Befragtengruppe bezüglich der geringen
Bewertung für die folgenden Sätze überein:

- "materielle Sicherheit des Klienten garantieren",
- "Beitrag leisten zur Aufrechterhaltung gesellschaftlicher Normen".

Diese Rangordnung läßt deutlich erkennen, daß die spezifisch kirchlichen
Zielvorstellungen bei dieser Befragtengruppe im Vordergrund standen.

Superintendenten gaben insgesamt einer am Einzelfall orientierten Sozialarbeit in der Kirche den Vorzug vor einer Betonung gesellschaftlicher
Aufgaben. Ob dieser Unterschied mit einer entsprechenden Verschiedenartigkeit im Kirchenverständnis beider Befragtengruppen zusammenhängt oder
ob Superintendenten in der kirchlichen Sozialarbeit keine Realisierungschancen für einen solchen Ansatz sahen, der nicht nur den einzelnen
Hilfesuchenden im Blick hat, und aus diesem Grund den Auftrag enger begrenzen, das müßte im Gespräch zwischen beiden Befragtengruppen noch
näher geklärt werden.

Bei einem Vergleich der Gewichtung dieser Zielformulierungen durch Sozialarbeiter und Superintendenten jeweils eines Kirchenkreises wurde
deutlich, daß eine Diskussion über diese Frage offenbar noch kaum stattgefunden oder doch noch nicht zu einer Konsensbildung zwischen diesen
beiden Beziehungspartnern geführt hatte. Eine Korrelationsanalyse hat
gezeigt, daß es zwischen den Voten jeweils zweier Befragter aus dem
gleichen Kirchenkreis keine wesentlichen Zusammenhänge gab. Sozialarbeiter ordneten die einzelnen Zielvorgaben dem Auftrag der Sozialarbeit in
der Kirche mehr oder weniger nachdrücklich zu, ohne daß sich hierin, bezogen auf die Gesamtheit der Befragten, Übereinstimmungen mit dem jeweiligen Superintendenten hätten nachweisen lassen.

Im folgenden soll noch genauer untersucht werden, inwieweit sich in den
Vorstellungen der Sozialarbeiter und der Superintendenten vom Auftrag der
Sozialarbeit in der Kirche bestimmte Muster abzeichnen.
Gab es unter den vorgelegten Zielformulierungen jeweils mehrere Sätze,
die eine tendenziell gleichartige Bewertung erfuhren?
Eine Korrelationsanalyse, wie sie bereits oben bei der Beschreibung der
verschiedenen Tätigkeiten der Sozialarbeiter angewandt worden war, erbrachte an dieser Stelle keine eindeutig interpretierbaren Resultate.
Um die Voten zu den einzelnen Zielvorgaben noch stärker zu bündeln, wurde deshalb ein weiteres statistisches Verfahren, die sogenannte Faktorenanalyse, angewandt. Sie faßt Einzelmerkmale, hier also konkret - Stellungnahmen zu einzelnen Aufgabenformulierungen - zu komplexen Merkmalen
zusammen. Anstelle einer Beschreibung des Auftrags kirchlicher Sozialarbeit mit Hilfe von 15 einzelnen Stellungnahmen ergeben sich dann einige

grundlegende Unterscheidungsmerkmale ("Dimensionen"), die die unterschiedlichen Vorstellungen von kirchlicher Sozialarbeit kennzeichnen. Die genauen Ergebnisse dieses statistischen Verfahrens sind im Anhang dargestellt (vgl. Tabelle 21a). Hier sollen nur die Haupttendenzen wiedergegeben werden.

Eine erste Dimension (Faktor I), mit deren Hilfe sich die Vorstellungen der befragten Sozialarbeiter vom Auftrag kirchlicher Sozialarbeit umschreiben lassen, wird gebildet von den Einzel-Zielvorgaben
- "Klienten zu eigenen Aktivitäten motivieren und befähigen",
- "persönliche Hilfen gewähren (beraten, trösten, vermitteln)",
- "sozialanwaltlich eintreten für Benachteiligte",
- "ganzheitliche Hilfen anbieten",
- "den diakonischen Auftrag erfüllen".

Die befragten Sozialarbeiter neigten häufig dazu, alle diese Sätze in jeweils ähnlicher Weise, also in ihrer Gesamtheit eher stärker oder schwächer, zur Beschreibung des Auftrags kirchlicher Sozialarbeit heranzuziehen.

Eine zweite, davon grundsätzlich unabhängige Dimension (Faktor II) wird durch folgende Sätze markiert:
- "den Erwartungen der Kirchenglieder in bezug auf soziale Hilfen gerecht werden",
- "ergänzende Hilfe für öffentliche Sozialarbeit leisten",
- "zum Interessenausgleich in der Gesellschaft beitragen",
- "einen Beitrag leisten zur Aufrechterhaltung gesellschaftlicher Normen",
- "materielle Sicherheit des Klienten garantieren",
- "Lücken in der Sozialarbeit schließen".

Eine dritte Dimension (Faktor III) schließlich umfaßt
- "Konflikte und Ungerechtigkeiten sichtbar machen",
- "Beitrag leisten zur Veränderung diskriminierender gesellschaftlicher Normen",
- "neue Formen und Handlungsmodelle in der Sozialarbeit entwickeln und erproben",
- nicht "ergänzende Hilfe für öffentliche Sozialarbeit leisten".

"Ergänzende Hilfe für öffentliche Sozialarbeit leisten" markiert hier die eine Richtung dieser dritten Dimension in den Vorstellungen vom Auftrag der kirchlichen Sozialarbeit, die drei anderen Zielformulierungen die Gegenrichtung; das heißt starke Bejahung der drei erstgenannten Sätze und Ablehnung bzw. schwächere Bejahung des letzten Satzes beschreiben diese Dimension auf der einen Seite, während auf der anderen starke Bejahung des letzten Satzes mit abgeschwächter Bejahung bzw. Verneinung der drei ersteren zusammentreffen.

Ein Versuch, diese drei Dimensionen im Verständnis des Auftrags kirchlicher Sozialarbeit zu benennen, kann bei den unterschiedlichen Aussagen ansetzen, die dort zusammengefaßt sind. Für das erste Aussagenbündel ist offenbar kennzeichnend, daß hier stärker beim Individuum angesetzt wird; Interessen und Bedürfnisse der Klienten werden betont, ihnen möchte man durch Hilfe und Unterstützung, aber auch durch Aktivierung der Betroffenen selbst gerecht werden.
Die beiden anderen Dimensionen betonen dagegen stärker Aspekte der Sozialstruktur. Bei der zweiten Dimension sind die Bezugspunkte vor allem die lückenhafte öffentliche Sozialarbeit, gesellschaftlich bedingte Defizite bei Klientengruppen und die Erwartungen der Kirchenglieder;

es geht darum, Härten und Ungerechtigkeiten auszugleichen, Spannungen
zu verringern, Normen aufrechtzuerhalten. Die dritte Dimension stellt
dagegen einen Konfliktansatz in den Vordergrund; es geht hier gerade
nicht um Ergänzung, sondern um die Verdeutlichung von Spannungen, um
neue Strategien, um Veränderung.

Sozialarbeiter unterscheiden sich nun nicht in der Weise, daß der eine
Vorstellungen des ersten Typs verträte, ein anderer die des zweiten und
ein dritter den mit der dritten Dimension beschriebenen Auftrag. Jeder
einzelne Sozialarbeiter vereinigt in seinem Bild von kirchlicher Sozialarbeit mehr oder weniger ausgeprägt alle drei genannten Dimensionen. Um
den Auftrag kirchlicher Sozialarbeit auf der Basis dieses Ansatzes zu
formulieren, sind jeweils drei Aussagen notwendig. Es bedarf einer Feststellung über den Grad der Ausrichtung an den Interessen und Bedürfnissen der Klienten auf der einen Seite, zum anderen über den einer Orientierung am gesamtgesellschaftlichen System; dabei sind die unterschiedlichen Gewichte im Blick auf Strukturerhaltung und -veränderung zu prä-
zisieren. Das Ergebnis dieser Faktorenanalyse zeigt recht deutlich, daß
Kirchenkreissozialarbeiter - wie vermutlich Sozialarbeiter überhaupt -
in ihrer Arbeit Spannungen zwischen Individuum und gesellschaftlichem
System, zwischen Stabilisierung und Veränderung bewältigen müssen.

Die im Projekt erfaßten Sozialarbeiter unterschieden sich danach, wie
sie diese drei Aspekte in ihren Zielvorstellungen kombiniert hatten. Es
gab Sozialarbeiter, die einen dieser Gesichtspunkte besonders stark,
die beiden übrigen relativ wenig betonten und andere, bei denen ein eher
ausgewogenes Verhältnis zwischen Klienteninteressen und systemerhalten-
den und -verändernden Vorstellungen bestand. Die Durchschnittsergebnisse
für diese gesamte Befragtengruppe zeigten eine relativ stärkere Bejahung
der auf der ersten Dimension versammelten Zielvorgaben.

Etwas anders stellt sich die Zusammenfassung der Einzelaussagen dar,
wenn man die gleiche Analyse für die Äußerungen der Superintendenten vor-
nimmt (vgl. Tabelle 21b i. Anhang). Auch hier gab es eine Dimension (Faktor III), die die Sorge um das Individuum, die persönliche Hilfe in den
Vordergrund stellte, gekoppelt jedoch mit dem Anliegen, öffentliche Sozialarbeit zu ergänzen; möglicherweise sahen Superintendenten den Haupt-
mangel öffentlicher Sozialarbeit gerade im Fehlen einer solchen persönlichen Hilfe. Die beiden anderen Dimensionen setzen, wie auch bei den
Sozialarbeitern, stärker an Problemen der Sozialstruktur an. Der Unterschied liegt hier aber weniger in den Merkmalen "Stabilisierung" und
"Veränderung". Ein Merkmal, das die Vorstellungen dieser Befragten vom
Auftrag der Sozialarbeit in der Kirche in unterschiedlicher Weise aus-
zeichnet, ist eher, inwieweit sie bei der Bewältigung sozialstruktureller Defizite von den Klienten ausgehen und in welchem Umfang sie zugleich die sozialen Normen und Konflikte unmittelbar zum Gegenstand
dieser Arbeit machen möchten. Entsprechend setzt sich eine Dimension
(Faktor I) in erster Linie zusammen aus den Zielvorgaben

- "Klienten zu eigenen Aktivitäten motivieren und befähigen",
- "Minderheiten/Randgruppen in die Gesellschaft zu integrieren",
- "neue Formen und Handlungsmodelle in der Sozialarbeit entwickeln und
  erproben",
- "zum Interessenausgleich in der Gesellschaft beitragen".

Neue Ansätze in der Sozialarbeit hatten offenbar für viele ganz wesentlich etwas damit zu tun, Klientengruppen zu aktivieren und ihr Verhältnis
zur Gesellschaft insgesamt, die Vertretung ihrer Interessen in diesem
sozialen System zu verbessern.

Die andere Dimension (Faktor II) betont direkt die Mängel in der gesellschaftlichen Struktur und die Notwendigkeit, an dieser Struktur zu arbeiten; es geht um

- "Konflikte und Ungerechtigkeiten sichtbar machen",
- "Beitrag leisten zur Veränderung diskriminierender gesellschaftlicher Normen, aber auch:
- "Beitrag leisten zur Aufrechterhaltung gesellschaftlicher Normen".

Zum Auftrag kirchlicher Sozialarbeit gehören demnach nach den Vorstellungen sowohl der Sozialarbeiter als auch der Superintendenten in mehr oder weniger großem Umfang die Orientierung am einzelnen Klienten, gleichzeitig aber auch die Arbeit an den sozialstrukturellen Problemen der Gesellschaft. Die Notwendigkeit, Bestehendes zu erhalten und zugleich Veränderungen dort herbeizuführen, wo sie erforderlich scheinen - beide Tendenzen trafen in den Zielvorstellungen dieser Befragten zusammen - und diese verschiedenen Orientierungsgesichtspunkte verlangen jeweils in der konkreten Handlungssituation nach einer Entscheidung.

Bei genauer Betrachtung dieser Untersuchungsergebnisse wurde nun allerdings auch deutlich, daß diese verschiedenen Dimensionen in den Vorstellungen beider Befragtengruppen nur verhältnismäßig unscharf gezeichnet waren. Die Vermutung liegt nahe, daß diese Unschärfe eine tatsächlich nur vage Strukturierung von Zielvorstellungen kirchlicher Sozialarbeit wiederspiegelt. Was die befragten Superintendenten betrifft, so könnte diese Unschärfe freilich auch durch die vorgelegten Zielformulierungen bedingt sein, die stark an theoretischen Ansätzen von Sozialarbeit insgesamt orientiert sind; als Theologen würden sich diese Befragten eventuell anderer Kategorien zur Beschreibung dieses kirchlichen Auftrags bedienen. In jedem Fall aber macht das Ergebnis deutlich, daß der gemeinsame Diskussionsprozeß darüber, was kirchliche Sozialarbeit sich zum Ziel setzen solle, noch nicht sehr weit fortgeschritten ist. Gerade angesichts der Vielfalt möglicher Ziele und des hohen Maßes an Zustimmung, das sehr unterschiedlichen Zielvorstellungen zuteil wurde, erscheint es sehr wichtig, im Dialog Zielhierarchien zu entwickeln.

Solange dies nicht geschieht, kann sich konkretes Handeln nicht an diesen Vorstellungen orientieren; Sozialarbeiter können dann nur auf die jeweils drängendsten Erwartungen und Erfordernisse einer Situation reagieren, die Gefahr einer Rollenüberlastung ist sehr groß.

Anhand des Datenmaterials ließ sich diese Vermutung noch genauer überprüfen. Wenn Handeln an bestimmten Zielen ausgerichtet ist, dann müßte sich eigentlich ein Zusammenhang zwischen der Bewertung einzelner Zielvorstellungen und der Häufigkeit und Bewertung konkreter Tätigkeiten aufzeigen lassen. Die Resultate einer Korrelationsanalyse zeigen jedoch sehr deutlich, daß so gut wie keine Beziehungen zwischen diesen Merkmalsreihen bestehen. (Auf die Wiedergabe dieser umfangreichen Tabellen wird aus Gründen der Platzersparnis verzichtet.) Ob Sozialarbeiter bestimmte Ziele eher bejahen oder verneinen, hat offenbar kaum einen Einfluß darauf, wie ihre alltägliche Praxis, beschrieben in den Kategorien einzelner Tätigkeiten, aussieht. Das bedeutet entweder, daß sich im Rahmen dieser Tätigkeiten sehr unterschiedliche Zielvorstellungen verfolgen lassen oder aber, daß der Versuch, Tätigkeiten unter dem Aspekt der Zielerreichung zu beurteilen und auszuüben, noch nicht konsequent genug gemacht wurde. Inwieweit die methodischen und institutionellen Möglichkeiten nach Meinung der Befragten ausreichend erschienen, um den Vorstellungen von kirchlicher Sozialarbeit entsprechend tätig zu werden, darauf ist weiter unten noch einzugehen. (Vgl. Kapitel 3.3.1 Probleme.)

Nach den Gründen gefragt, warum Sozialarbeiter in der Kirche tätig wurden, nannten die Betroffenen selbst in erster Linie "religiöse Motive" und "interessanter und abwechslungsreicher Arbeitsbereich" (vgl. Schaubild 16). Auf den beiden nächstfolgenden Rangplätzen standen "besonders gute Möglichkeiten, meine beruflichen Fähigkeiten anzuwenden" und "besonders gute Möglichkeiten, meine Vorstellung von Sozialarbeit zu verwirklichen". Andere Motive - "ethisch-ideelle", "sicherer Arbeitsplatz", "gute Einkommensmöglichkeiten", "gesellschaftspolitische Motive" - spielten allenfalls "zum Teil" eine Rolle. "Gute Aufstiegschancen" sah keiner der Sozialarbeiter als Grund für seine Mitarbeit in der Kirche an.

[margin: Sa 50 / Sup 25]

Die Vorstellungen der Superintendenten von den Gründen, die Sozialarbeiter veranlassen, in der Kirche tätig zu werden, waren den Äußerungen der Betroffenen selbst sehr ähnlich. Auch bei ihnen war die Tendenz sehr ausgeprägt, äußere Vorteile (sicherer Arbeitsplatz, gute Einkommensmöglichkeiten, gute Aufstiegschancen) als Motive gering zu bewerten. Gründe für die Mitarbeit von Sozialarbeitern in der Kirche sahen sie vorwiegend in guten Möglichkeiten zur Verwirklichung der Vorstellungen von Sozialarbeit, in religiösen und ethisch-ideellen Motiven, in einem interessanten und abwechslungsreichen Arbeitsbereich und in den guten Möglichkeiten zur Anwendung der beruflichen Fähigkeiten. Damit gingen Superintendenten sogar noch etwas stärker als Sozialarbeiter selbst von einem hohen Grad der Identifikation dieser Mitarbeitergruppe mit ihrem Arbeitsfeld aus.

Ein beträchtliches Maß an Identifikation der meisten Sozialarbeiter mit ihrer Aufgabe kam auch im Umgang mit ihrer eigenen Zeit zum Ausdruck: Mehr als zwei Drittel leisteten nach eigenen Angaben "häufig" bis "regelmäßig" Überstunden, fast alle übrigen "gelegentlich". Nur in 19 Fällen wurden diese Überstunden durch Freizeitausgleich abgegolten, in 28 Fällen erfolgte weder Ausgleich noch Vergütung.

[margin: Sa 39, 40 / Sup 15, 16]

Die Antworten der Superintendenten auf die entsprechende Frage ließen erkennen, daß diese Konsequenz hoher Identifikation der Sozialarbeiter von den Anstellungsträgern anscheinend nicht im tatsächlichen Umfang wahrgenommen wurde. Nur jeder zweite Superintendent war der Ansicht, der Sozialarbeiter leiste "häufig" oder gar "regelmäßig" Überstunden; die übrigen sprachen nur von "gelegentlich".

Was die Gründe der Anstellungsträger für die Beschäftigung eines Sozialarbeiters betrifft, so sahen die Sozialarbeiter vor allem vier Überlegungen als ausschlaggebend an (vgl. Schaubild 17):

[margin: Sa 51 / Sup 26]

- "Weiterführung bestehender Arbeit",
- "Vertretung der diakonischen Arbeit gegenüber den Behörden und anderen Institutionen",
- "Fortentwicklung von Sozialarbeit im Kirchenkreis" und
- "weil der Anstellungsträger selbst von der Notwendigkeit von Sozialarbeit in der Kirche überzeugt ist".

Bereits bei diesen relativ am stärksten bejahten Argumenten gab es allerdings jeweils eine ganz beträchtliche Zahl von Sozialarbeitern, die eine solche Begründung nur für teilweise zutreffend hielten.
Von jeweils zehn Sozialarbeitern als völlig unzutreffend abgelehnt wurde einerseits das formale Argument "Erhaltung der Planstelle", zum anderen aber auch "zur fachlichen Beratung und Hilfestellung für diakonische Ansätze in Gemeinden".
Die Mehrzahl der Sozialarbeiter vertrat die Auffassung, daß Sozialarbeit im Kirchenkreis für den Anstellungsträger eine wichtige Funktion hat. Die Einschränkungen, die an vielen Stellen gemacht wurden, scheinen aber gleichzeitig ein Problem zu signalisieren, dem noch weiter nachzugehen ist.

Schaubild 16: Durchschnittliche Bewertung verschiedener Gründe für die Mitarbeit von Sozialarbeitern in der Kirche

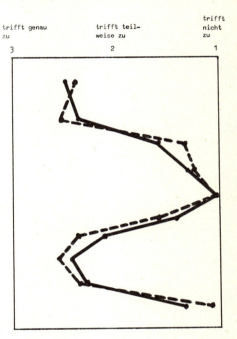

- interessanter und abwechslungsreicher Arbeitsbereich
- besonders gute Möglichkeiten, seine Vorstellung von Sozialarbeit zu verwirklichen
- sicherer Arbeitsplatz
- gute Einkommensmöglichkeiten
- gute Aufstiegschancen
- aus gesellschaftspolitischen Motiven
- aus ethisch – ideellen Motiven
- aus religiösen Motiven
- besonders gute Möglichkeiten, seine beruflichen Fähigkeiten anzuwenden
- hat sich zufällig ergeben

Einschätzung durch ⎯⎯⎯ = Sozialarbeiter
⎯ ⎯ ⎯ = Superintendent

Schaubild 17: Durchschnittliche Bewertung verschiedener Gründe der Anstellungsträger für die Beschäftigung von Sozialarbeitern

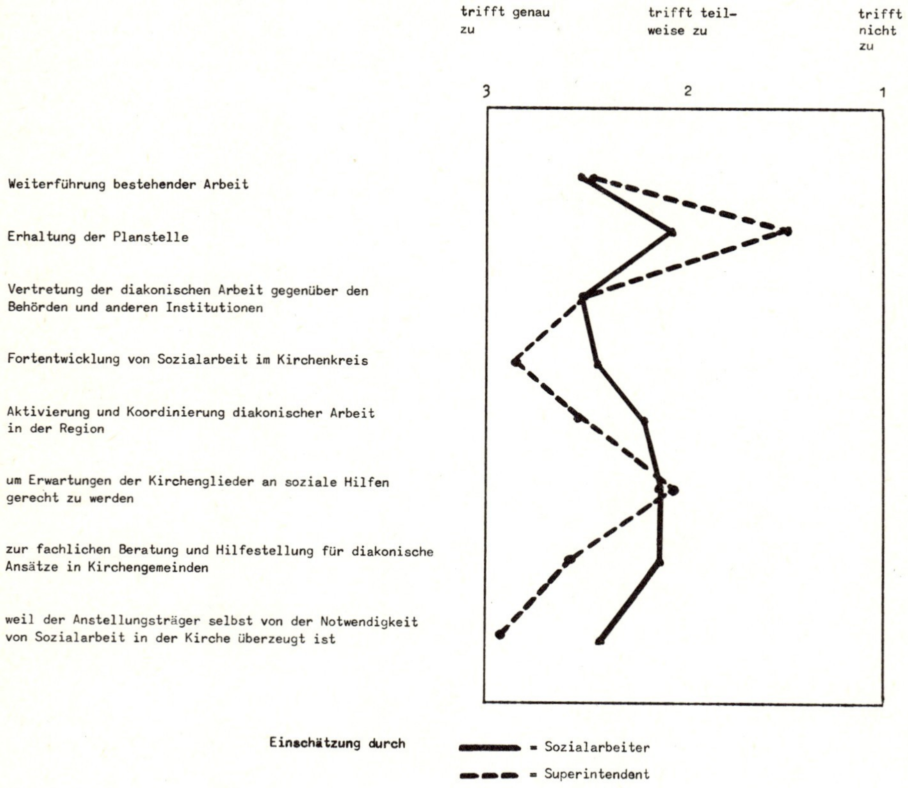

	trifft genau zu	trifft teilweise zu	trifft nicht zu
	3	2	1

Weiterführung bestehender Arbeit

Erhaltung der Planstelle

Vertretung der diakonischen Arbeit gegenüber den Behörden und anderen Institutionen

Fortentwicklung von Sozialarbeit im Kirchenkreis

Aktivierung und Koordinierung diakonischer Arbeit in der Region

um Erwartungen der Kirchenglieder an soziale Hilfen gerecht zu werden

zur fachlichen Beratung und Hilfestellung für diakonische Ansätze in Kirchengemeinden

weil der Anstellungsträger selbst von der Notwendigkeit von Sozialarbeit in der Kirche überzeugt ist

Einschätzung durch ——— = Sozialarbeiter
━ ━ ━ = Superintendent

Zieht man die Aussagen der Superintendenten selbst, als der Vertreter
der Anstellungsträger, zum Vergleich heran, so ergibt sich allerdings
kein Hinweis, der diese Problemanzeige verstärken könnte. Eine ganze
Reihe dieser Begründungen für die Beschäftigung eines Sozialarbeiters
wurde von dieser Befragtengruppe sehr eindeutig bejaht. Insbesondere
die Vorgaben

- "weil der Anstellungsträger selbst von der Notwendigkeit von Sozialarbeit in der Kirche überzeugt ist",
- "Fortentwicklung von Sozialarbeit im Kirchenkreis",
- "zur fachlichen Beratung und Hilfestellung für diakonische Ansätze in Kirchengemeinden",
- "Aktivierung und Koordinierung diakonischer Arbeit in der Region"

wurden hier wesentlich stärker zur Beschreibung herangezogen, als die
Sozialarbeiter dies vermuteten.
"Erhaltung der Planstelle" als Grund für die Beschäftigung eines Sozialarbeiters wurde dagegen von den Superintendenten eindeutig verneint.
Geht man davon aus, daß in diesen Antworten die tatsächlichen Motive
der Anstellungsträger zum Ausdruck kommen, dann bestand eine Schwierigkeit offenbar darin, den Sozialarbeitern diese Überlegungen in der Zusammenarbeit mit den Vorgesetzten und anderen Beziehungspartnern im
Arbeitsfeld deutlich werden zu lassen. Unsicherheit und Legitimationsprobleme der Sozialarbeiter in ihrem Arbeitsbereich (vgl. Kapitel 3.3.1
Probleme) könnten beträchtlich vermindert werden, wenn dieses Defizit
behoben würde.

3.2.4 Planbarkeit der Arbeit und Entscheidungsspielräume

SA 38
Sup 14

Um zu ermitteln, in welchem Umfang die Sozialarbeiter ihre Tätigkeit für
planbar hielten, wurden ihnen fünf Sätze vorgelegt, die unterschiedliche
Grade der Planbarkeit zum Ausdruck bringen sollten. Jeder Befragte wählte daraus die ihm zutreffend erscheinende Formulierung aus.

Die Ergebnisse der Analyse zeigen, daß die Möglichkeit, die eigene Arbeit zu planen, von den einzelnen Sozialarbeitern recht unterschiedlich beurteilt wurde. 18 Befragte meinten, sie planten ihre Arbeit
zwar, veränderten diese Planung dann aber je nach der konkreten Situation. Etwa ebenso groß war die Gruppe derjenigen, die sich bei nur punktueller Planung meist von aktuellen Erfordernissen leiten ließen. Etwas
seltener traf die Feststellung zu, man arbeite mit einer Art Grobplanung. Nur ein Sozialarbeiter stimmte dem Satz zu: "Ich plane meine Arbeit sehr genau und halte mich streng an diese Planung."

Die Superintendenten schätzten das Ausmaß an Planung durch die Sozialarbeiter etwas höher ein. Sie gingen überwiegend davon aus, daß Sozialarbeit geplant und diese Planung dann der konkreten Situation angepaßt
würde. Lediglich punktuelles Planen, das von einer größeren Anzahl von
Sozialarbeitern als die eigene Arbeitsform beschrieben wurde, sahen
Superintendenten verhältnismäßig selten als gegeben an.

Ein geringes Maß an Planung kann sicher verschiedene Ursachen haben:
Sozialarbeiter können ihre eigene Rolle interpretieren als eine Art
"Bereitschaftsdienst"; dann ist Planung von relativ untergeordneter Bedeutung. Möglicherweise spielen dabei auch berufsethische Motive eine
Rolle: Planung macht ausdrückliche Prioritätensetzung und im Einzelfall
auch Verweigerung von Engagement notwendig; dies läßt sich schlecht mit
einem Selbstbild vereinbaren, welches vorsieht, daß ein Sozialarbeiter

immer für Hilfsbedürftige dazusein hat. Es kann aber auch sein, daß ein
Verzicht auf Planung durch entsprechende Erwartungen und Forderungen von
Beziehungspartnern erzwungen wird, die den Sozialarbeiter immer wieder
mit aktuellen Anliegen konfrontieren und der von ihm an sich vorgesehenen
Planung wenig Realisierungschancen geben.
Eines aber scheint jedenfalls festzustehen: Auch dort, wo Planung in grö-
ßerem Umfang geschah, diente sie nicht dazu, die eigene Arbeit so zu be-
messen, daß sie im Rahmen der vorgeschriebenen Arbeitszeit leistbar wäre.
Unabhängig davon, in welchem Umfang Sozialarbeiter auch planten - die
Häufigkeit von Überstunden wurde dadurch nicht beeinflußt.

Was den <u>Entscheidungsspielraum</u> anbelangt, den die Sozialarbeiter in ihrem
Arbeitsfeld hatten, wurden einige Ergebnisse bereits bei der Beschreibung
der Kontakte zu den verschiedenen Beziehungspartnern angesprochen (vgl.
Kapitel 3.1.3). Dort hatte sich gezeigt, daß zwar eine ganze Reihe von
Personen und Gremien (Diakonieausschuß, Fachberatung des Diakonischen
Werkes, Kirchenkreisamt und außerkirchliche Fachkräfte) sehr häufig
"beratend" an Entscheidungen beteiligt waren, die die Aufgaben der Dienst-
stelle betrafen; andere (Kirchenkreistag, Kirchengemeinden, Pfarrkonferenz, Behörden) wurden zumindest "gehört". Der Kreis derjenigen jedoch,
die bei solchen Fragen "mitentscheiden" konnten, beschränkte sich in der
Regel auf den Sozialarbeiter selbst, den Kirchenkreisvorstand und den
Superintendenten.

Sa 44 Die Antworten auf drei weitere Fragen geben genauere Auskunft darüber,
wie groß der den Sozialarbeitern verbleibende Entscheidungsspielraum war:

- Inwieweit beteiligen Vorgesetzte die betroffenen Sozialarbeiter an
  Entscheidungen, die deren Tätigkeit betreffen?
- Inwieweit greifen Vorgesetzte durch direkte Anweisungen in den Tätig-
  keitsbereich der Kirchenkreissozialarbeiter ein?
- Wie weit reichen die Kompetenzen, innerhalb deren Sozialarbeiter eigen-
  ständig Entscheidungen treffen können?

Soweit <u>Vorgesetzte Entscheidungen zu treffen</u> hatten, die die Kirchenkreissozialarbeit berührten, suchten sie - nach Aussage jedes zweiten
befragten Sozialarbeiters (24) - mit diesem gemeinsam nach der richtigen
Lösung; jeder Dritte (14) berichtete immerhin von gemeinsamer Beratung.
Es gab jedoch auch eine nicht kleine Zahl von Befragten (8), die äußerten, ihre Vorgesetzten träfen Entscheidungen, ohne sie daran zu beteiligen.

Ähnliche Zahlenverhältnisse fanden sich bei der Frage nach der Erteilung
von <u>Anweisungen durch den Vorgesetzten</u>. Drei Viertel der Sozialarbeiter
(31) erhielten nach eigenem Empfinden so gut wie keine Anweisungen:
"Meine Vorgesetzten greifen nur ein, wenn ich sie direkt um Rat und Hilfe bitte". Die übrigen entschieden sich für die Antwortvorgaben "Eingreifen der Vorgesetzten bei Schwierigkeiten" (8) und "detaillierte Anweisungen bei besonders wichtigen Fragen" (8).

Was die <u>Befugnisse</u> betrifft, die den Sozialarbeitern selbst übertragen
wurden, so sagte die Mehrheit der Befragten (28) von sich, sie könnten
"Entscheidungen im Rahmen festgelegter Grundsätze treffen, ohne die Zustimmung meiner Vorgesetzten einzuholen". Jeder sechste Sozialarbeiter (8)
brauchte "in der Mehrzahl außergewöhnlicher Entscheidungen die Zustimmung
meiner Vorgesetzten". Dagegen waren sowohl sehr weitgehende Entscheidungs-
freiheit als auch enge Abhängigkeit des Sozialarbeiters von seinen Vorgesetzten relativ selten (5 bzw. 4 Nennungen).

Sa 43	Etwas anders fiel das Bild der Entscheidungsbeteiligung der Sozialarbeiter aus, wo es um die <u>Aufstellung des Haushaltsplanes</u> der Dienststelle ging. Einerseits wurden auch hier von etwa jedem zweiten Befragten (23) Mitentscheidungs- oder doch Mitwirkungsmöglichkeiten gesehen; andererseits stellte nahezu ein Viertel der Sozialarbeiter (13) fest, an dieser Aufgabe "nicht beteiligt" zu sein.
Sa 42	Bei der <u>Gesamteinschätzung der eigenen Entscheidungsbefugnisse</u> schien dies allerdings nur eine recht geringe Rolle zu spielen. Das dort ermittelte Bild zeigt eine wesentlich höhere Beteiligung. Ein Grund dafür könnte sein, daß der Haushalt der Dienststellen für Sozialarbeit ohnehin weitgehend festgelegt ist, seine Aufstellung daher für die eigentliche Arbeit nur relativ geringe Bedeutung hat.
Sup 18, 19, 2o	Von den Superintendenten wurde - wie ebenfalls bereits dargestellt - die Mitentscheidung von Personen und Gremien über Fragen, die die Tätigkeit der Dienststelle für Sozialarbeit betreffen, ähnlich dargestellt wie von den Sozialarbeitern selbst. Übereinstimmungen zeigten sich auch in der Beurteilung der Entscheidungsspielräume der Sozialarbeiter; die Superintendenten votierten hier ebenfalls überwiegend (2o) für den Satz "In der Regel kann der Sozialarbeiter Entscheidungen im Rahmen festgelegter Grundsätze ohne meine Zustimmung treffen". Abweichend von den Sozialarbeitern brachten die Superintendenten häufiger (25) zum Ausdruck, daß sie diese an eigenen Entscheidungen beteiligten, soweit sie ihren Tätigkeitsbereich berührten. Und gleichzeitig waren sie häufiger (1o) der Meinung, immer dann einzugreifen, wenn Schwierigkeiten auftreten - also nicht nur, wenn sie vom Sozialarbeiter direkt darum gebeten werden. Ein dritter Unterschied bestand darin, daß kaum ein Superintendent die Beteiligung des Sozialarbeiters an der Aufstellung des Haushaltsplanes völlig verneinte.

Insgesamt läßt sich also sagen: Die Mehrzahl der Sozialarbeiter hatte selbst den Eindruck, auf wichtige Fragen Einfluß nehmen und innerhalb eines bestimmten Rahmens selbständig handeln zu können. Ein kleinerer Teil dieser Befragten berichtete von stärkerem Eingreifen der Vorgesetzten und Nicht-Beteiligung an Entscheidungen, die das eigene Arbeitsfeld betrafen. Aus der Sicht der Superintendenten stellten sich solche "Eingriffe" offenbar stärker als Mithilfe und Unterstützung für die Sozialarbeiter dar, besonders dort, wo diese Schwierigkeiten zu bewältigen hatten.

Der Eindruck, daß die meisten Sozialarbeiter die eigenen Entscheidungsbefugnisse als zufriedenstellend empfanden, wird unterstützt durch die Beantwortung der Frage nach Wunschvorstellungen. Auch hier votierte lediglich eine kleinere Zahl von Befragten für Ausweitung der eigenen Mitentscheidung (vgl. Kapitel 3.1.3). Mangelnde Entscheidungskompetenz stellte also offenbar für die Mehrzahl der Sozialarbeiter kein schwerwiegendes Problem dar.

3.3. Probleme und Veränderungsmöglichkeiten

3.3.1 Probleme und Defizite

Bereits in den "Vorüberlegungen" (vgl. Kapitel 1.2) zum Projekt "Sozialarbeit im Kirchenkreis" hatten wir auf eine Reihe von Problemen hingewiesen, die von Sozialarbeitern mehrfach artikuliert worden waren und deshalb dazu geführt hatten, das Arbeitsfeld zu analysieren. Dort ging es

- um die theologische Relevanz kirchlicher Sozialarbeit im Urteil kirchlicher Beziehungspartner, das heißt, um den Stellenwert dieser Aufgabe innerhalb des gesamten kirchlichen Aufgabenspektrums,
- um Chancen und Schwierigkeiten, in der Kirche effektive Sozialarbeit zu betreiben,
- um die Möglichkeit, die Komplexität und Unschärfe des Arbeitsfeldes durch Formulierung eines verbindlichen Aufgabenkatalogs zu reduzieren und
- um die Notwendigkeit geeigneter Strukturen für Information, Beratung und Zusammenarbeit.

Bei der Darstellung und Diskussion von Untersuchungsergebnissen wurde bisher versucht, die "Ist-Situation" von Kirchenkreissozialarbeit zu beschreiben, und zwar sowohl hinsichtlich der Strukturen, innerhalb deren sie sich vollzieht, als auch im Blick auf die Aufgaben, die dieses Arbeitsfeld kennzeichnen und die damit verbundenen Zielvorstellungen und Motivationen. Einige Resultate unterstreichen die eingangs formulierten Problemanzeigen, so etwa die Aussagen über Größe des Arbeitsbereichs, Vielzahl der Kooperationspartner, Umfang und Vielfalt der Aufgaben. Andere werfen zusätzliche Fragen auf, lassen Schwierigkeiten unter neuen Gesichtspunkten erscheinen. Dies gilt beispielsweise im Blick auf mögliche oder vorhandene Anregung und Unterstützung durch Beziehungspartner ebenso, wie auf Bedeutung und Stellenwert dieser Arbeit aus der Sicht der Anstellungsträger.
Im folgenden soll diese Beschreibung der Ist-Situation ergänzt werden durch direkte Hinweise auf Schwierigkeiten und Probleme, wie sie von den Sozialarbeitern und Superintendenten in ihren Antworten auf entsprechende Fragen gegeben wurden. Beiden Personengruppen wurde einmal eine Liste mit verschiedenen Problemaussagen vorgelegt, die die negativen Erfahrungen von Sozialarbeitern in Worte kleideten. Ein zweiter "Problemkatalog" versuchte, Schwierigkeiten in den vorhandenen Strukturen und Arbeitsabläufen zu lokalisieren. Eine dritte Frage verknüpfte Problemerfahrungen mit Zielvorstellungen; hier ging es um eine Einschätzung von Realisierungschancen für die unterschiedlichen Ziele, die mit dem Auftrag kirchlicher Sozialarbeit verbunden worden waren.

Sa 52, 53
Sup 27

Gehen wir zunächst von der Frage nach ungelösten Problemen in der Arbeitssituation der Sozialarbeiter aus (vgl. Schaubild 18). Am meisten Zustimmung durch die Sozialarbeiter selbst fanden hier die Sätze

- "Wegen der Unschärfe meines Aufgabenbereichs wähle ich selbst die mir sinnvoll erscheinenden Tätigkeiten aus."

- "In meinem Kirchenkreis gibt es keine klaren Prioritäten hinsichtlich des Handelns, an denen ich auch meine Arbeit orientieren könnte."

Die Belastung der Sozialarbeiter durch eine Vielzahl von Aufgaben, die alle dringend notwendig erscheinen und aus denen auszuwählen deshalb schwerfällt, wird auch an dieser Stelle wieder sehr deutlich.

Schaubild 18 : Ungelöste Probleme im Arbeitsfeld
Einschätzung durch

SOZIALARBEITER   SUPERINTENDENT

Angesichts der Vielfalt der täglichen Probleme ist es kaum möglich, einmal Abstand zu gewinnen und in Ruhe die Situation und daraus resultierende Arbeitsmöglichkeiten und -notwendigkeiten zu reflektieren.

In meinem Kirchenkreis gibt es keine Prioritäten hinsichtlich des Handelns, an denen ich auch meine Arbeit orientieren könnte.

Ich empfinde es als sehr belastend, die Diakonie in Gemeinden vorantreiben zu müssen, ohne Information darüber zu haben, wie diese diakonische Arbeit eigentlich aussehen soll.

Eines meiner Hauptprobleme ist, daß ich nicht weiß, wie ich Mitarbeiter in den Gemeinden finden soll.

Ich leide darunter, daß ich sowohl für besonders schwierige Einzelfälle als auch für die Arbeit in Gruppen und Gemeinden zuständig bin.

Ich habe Schwierigkeiten, den Gemeinden deutlich zu machen, daß sie selbst Mitarbeiter für diakonische Aufgaben finden müssen.

Das ungeklärte Verhältnis zwischen verfaßter Kirche und DW auf Orts- und Kreisebene erschwert für mich ständig die fachliche Planung und Entscheidung.

- = völlige Zustimmung, trifft genau zu
- = Zustimmung
- = teils/teils, trifft teilweise zu
- = Ablehnung
- = völlige Ablehnung
- = keine Angabe

Fortsetzung: Schaubild 18

	SOZIALARBEITER	SUPERINTENDENT
Ich leide darunter, daß ich in Gemeinden oft an Aufgaben nicht beteiligt werde, die unmittelbar in meinen Tätigkeitsbereich fallen.		
Die derzeitige Unvereinbarkeit diakonischer Strukturen in der Landeskirche mit kommunalen Strukturen erschwert jegliche Zusammenarbeit mit anderen Wohlfahrtsverbänden und Behörden und beeinträchtigt die Möglichkeiten der diakonischen Arbeit erheblich.	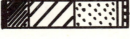	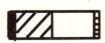
Ich leide darunter, daß meine Fachkompetenz nicht benutzt wird.		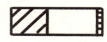
Ich erlebe ständig, daß die für Diakonie notwendige Spontaneität durch Schwerfälligkeit landeskirchlicher Strukturen behindert wird.		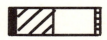
Ich habe oft den Eindruck, daß Pastoren mein Angebot zu Beratung und Aktivität als bedrohlich empfinden und sich deshalb ablehnend verhalten.		
Wegen der Unschärfe meines Aufgabenbereichs wähle ich selbst die mir sinnvoll erscheinenden Tätigkeiten aus.		
Ich wünsche, daß häufiger neue Aufgaben an mich herangetragen werden.		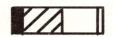
Ich erlebe einen ständigen Widerspruch zwischen Verkündigung von Nächstenliebe und ihrer praktischen Umsetzung.		

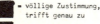 = völlige Zustimmung, trifft genau zu
= Zustimmung
= teils/teils, trifft teilweise zu

 = Ablehnung
 = völlige Ablehnung
 = keine Angabe

Unterstrichen wird diese Aussage auch durch das ebenfalls hohe Maß an
Zustimmung zu dem Satz

- "Angesichts der Vielfalt der täglichen Probleme ist es kaum möglich,
  einmal Abstand zu gewinnen und in Ruhe die Situation und daraus resultierende Arbeitsmöglichkeiten und -notwendigkeiten zu reflektieren."

Fehlende Unterstützung durch die Gemeinden, ein Mangel an Hilfe bei der
Prioritätensetzung und als "schwerfällig" empfundene kirchliche Strukturen stellten weitere Problemanzeigen dar.

Deutlich geringer war die Zahl derjenigen, die Probleme ihrer Arbeit
darin sahen,

- von Gemeinden nicht an Aufgaben beteiligt - also übergangen - zu
  werden,
- Fachkompetenz nicht einbringen zu können,
- nicht genügend auf neue Aufgaben hingewiesen zu werden,
- von Pastoren als "bedrohlich" empfunden und deshalb abgelehnt zu werden.

Der Satz

- "Ich erlebe einen ständigen Widerspruch zwischen Verkündigung von Nächstenliebe und ihrer praktischen Umsetzung"

wurde nur von wenigen Befragten eindeutig abgelehnt, es überwogen "Zustimmung" und "teils/teils". Enttäuschungen, wie sie in einer solchen
Feststellung zum Ausdruck kommen, stellten jedoch offenbar keine Dauer-
erfahrung für die meisten Sozialarbeiter dar. Dies dürfte auch eine Er-
klärung dafür sein, warum die meisten darauf durchaus positiv reagieren
konnten: Unter den vorgegebenen Möglichkeiten am häufigsten gewählt (3c)
wurde der Satz

- "Diese Erfahrung läßt es mir umso dringender erscheinen, im Rahmen meiner Arbeitsmöglichkeiten an der Beseitigung dieses Widerspruchs zu arbeiten".

Über den eigenen Bereich hinausgreifende Reaktionen - ".... veranlaßt
mich, an der Veränderung kirchlicher Strukturen mitzuarbeiten" - waren
demgegenüber weit seltener (7). Kein Sozialarbeiter "resignierte" infolge dieser Erfahrungen, nur einzelnen erschien die Kirche deshalb
"immer unglaubwürdiger" (2) bzw. der Gedanke an einen Wechsel des Arbeitsbereiches oder Berufs gewann an Bedeutung (2). Trotz tiefgreifender und
schwerwiegender Probleme wollten also fast alle an ihrer Aufgabe im Rahmen der Dienststellen für Sozialarbeit in den Kirchenkreisen festhalten.
Aus den negativen Erfahrungen entstand keine grundlegende Skepsis gegenüber der Institution Kirche, sondern weit stärker der Impuls, vorhandene
Mängel im eigenen Bereich anzugehen und nach Möglichkeit zu beseitigen.
Dieses Resultat ist in engem Zusammenhang mit der hohen beruflichen Identifikation dieser Personengruppe, wie sie bereits oben (vgl. Kap. 3.2.3)
zum Ausdruck kam, zu sehen.

Sa 22   Im Zusammenhang mit den Problemerfahrungen der Sozialarbeiter wurde in
der Auswertung untersucht, ob eventuell bestimmte Probleme vor allem bei
jenen Befragten aufgetreten waren, die erst verhältnismäßig kurze Zeit
in dieser Arbeit standen. Es war ja durchaus denkbar, daß bestimmte
Schwierigkeiten sich im Laufe der Zeit abschwächten, wenn sich Kontakte
entwickelt und ein eigenes Selbstverständnis in bezug auf kirchliche
Sozialarbeit herausgebildet hatten.

Eine Korrelationsrechnung (vgl. Tabelle 22 im Anhang) ergab, daß tatsächlich bei einer Reihe von Problemanzeigen derartige Zusammenhänge bestanden. Dies galt vor allem für einige Aussagen, die einen Mangel an
"Gefordert-Sein" andeuteten, sowie für solche, die Unsicherheit hinsicht-

lich der eigenen Aufgaben zum Ausdruck brachten. Allerdings war es durchaus nicht so, daß derartige Probleme grundsätzlich bei jüngeren Sozialarbeitern bestanden hätten und mit zunehmendem Dienstalter in jedem Fall einer Lösung nähergekommen wären. Die verhältnismäßig niedrigen Korrelationskoeffizienten lassen deutlich erkennen, daß hier lediglich graduelle Unterschiede vorlagen.

Und noch eine weitere Vermutung erschien an dieser Stelle einer Überprüfung wert: Die meisten Probleme von Sozialarbeitern hingen einerseits mit einem Mangel an Prioritäten in ihrem Arbeitsbereich zusammen, zum anderen waren es Kooperationsprobleme innerhalb der kirchlichen Strukturen. Als naheliegend erschien daher die Annahme, daß engere Beziehungen zu wichtigen Partnern innerhalb des kirchlichen Arbeitsfeldes dazu beitragen könnten, Probleme dieser Art als weniger belastend zu erleben. Es wurde deshalb untersucht, welche Zusammenhänge zwischen Problemerfahrungen und dem Ausmaß an Anregung, Unterstützung und Kontrolle durch verschiedene Beziehungspartner bestanden. Die deutlichsten Resultate (vgl. Tabelle 23 im Anhg.) zeigten sich in bezug auf die Superintendenten als Beziehungspartner: Je höher Sozialarbeiter das Maß an Anregung durch die Superintendenten einschätzten, desto geringer war die Wahrscheinlichkeit, daß sie die vorformulierten Probleme als gegeben ansahen. Umgekehrt: Je weniger Anregung ein Sozialarbeiter durch seinen Superintendenten erfuhr, desto schwerer wogen eine ganze Reihe von Problemen (insbesondere "Prioritätenmangel im Kirchenkreis", "fehlende Information über das 'Wie' diakonischer Arbeit", "ungeklärtes Verhältnis zwischen verfaßter Kirche und Diakonischem Werk", "Nichtbeteiligung an Aufgaben, die in den unmittelbaren Tätigkeitsbereich fallen", "Unvereinbarkeit diakonischer und kommunaler Strukturen", "mangelhafte Nutzung der Fachkompetenz" und "Schwerfälligkeit landeskirchlicher Strukturen").

Ähnliche, jedoch weniger enge Beziehungen ergaben sich zwischen Problemerfahrungen und Anregung durch die Mehrzahl der Pastoren.

Ersetzt man "Anregung" durch "Unterstützung", so bleibt das Bild in der Tendenz ebenfalls erhalten, es verliert jedoch an Deutlichkeit. (Auf die Wiedergabe der entsprechenden Koeffizienten wurde deshalb verzichtet.)

Anders dagegen, wenn man Diakoniebeauftragte bzw. bestimmte einzelne Pastoren, zu denen engere Kontakte bestanden, als Beziehungspartner wählte. In den meisten Fällen bestanden hier überhaupt keine erkennbaren Zusammenhänge zwischen Problemerfahrungen und Anregung durch diese Personen. Einige Probleme wurden sogar etwas schärfer gesehen, wo Anregung seitens dieser Partner häufiger war. Lediglich bei "Ich erlebe einen ständigen Widerspruch zwischen der Verkündigung von Nächstenliebe und ihrer praktischen Umsetzung" bestand in einem Fall der erwartete Zusammenhang: Je mehr Anregung durch Diakoniebeauftragte gegeben war, desto geringer wurde in der Tendenz das genannte Problem bewertet.

Die negative Bewertung von "Kontrolle" hat sich offenbar dort niedergeschlagen, wo es im Zusammenhang erfahrener Kontrolle mit der Problemwahrnehmung geht: Ein höheres Maß an Kontrolle durch den Superintendenten oder die Mehrzahl der Pastoren war häufig mit verschärfter Problemwahrnehmung bei den Sozialarbeitern verbunden. Was die Kontrolle durch einzelne Pastoren oder Diakoniebeauftragte anbelangt, so erscheinen die entsprechenden Zusammenhänge dagegen als recht zufällig.

Keine eindeutigen Beziehungen ergaben sich auch im Blick auf die anderen Beziehungspartner und das Maß der von ihnen ausgehenden Anregung, Unterstützung und Kontrolle.

Superintendenten und die Gesamtheit der Pastoren im Kirchenkreis stellen
demnach ganz offensichtlich diejenigen Beziehungspartner dar, an denen
sich Sozialarbeiter in erster Linie orientieren möchten. Wo Anregungen
von ihrer Seite weitgehend fehlen, da erfahren Sozialarbeiter ihren Arbeitsbereich eher als problembeladen, was die Unsicherheit ihrer Aufgabe
und die strukturellen Möglichkeiten ihrer Arbeit anbelangt.

Wie wurden nun aber diese Probleme der Sozialarbeiter von den Superintendenten als den Vertretern der Anstellungsträger wahrgenommen?

Auch hier gab es einen deutlichen Schwerpunkt. Superintendenten waren vor
allem davon überzeugt, daß die Gewinnung von Mitarbeitern für diakonische
Aufgaben in den Gemeinden sehr schwierig sei. Kaum vorstellen dagegen
konnte sich die Mehrzahl dieser Befragten, daß Sozialarbeiter unter man-
gelnder Nutzung ihrer Fachkompetenz leiden könnten. Auch das Problem
eines Widerspruchs zwischen Verkündigung von Nächstenliebe und ihrer
praktischen Umsetzung sahen sie, wenn überhaupt, nur als eingeschränkt
vorhanden an. Ob Superintendenten die Mängel kirchlicher Diakonie und
Sozialarbeit geringer einschätzten als die Sozialarbeiter oder ob sie gerade in deren Mitarbeit einen realen Beweis für eben diese "praktische
Umsetzung" sahen und aus diesem Grunde die Problemanzeige verneinten,
läßt sich an dieser Stelle nicht beantworten.

Bei der Gegenüberstellung der Äußerungen von Sozialarbeitern und Superintendenten jeweils eines Kirchenkreises (vgl. Tabelle 24 im Anhang)
zeigt sich, daß die meisten dieser Problemerfahrungen der Sozialarbeiter
von ihren Superintendenten tendenziell ähnlich eingeschätzt werden. Dies
gilt vor allem für die Sätze

- "Ich habe oft den Eindruck, daß Pastoren mein Angebot zu Beratung und
  Aktivität als bedrohlich empfinden und sich deshalb ablehnend verhalten."
- "Im Kirchenkreis gibt es keine klaren Prioritäten hinsichtlich des Han-
  delns, an denen ich auch meine Arbeit orientieren könnte".

Keine Übereinstimmung der Problembeurteilung ergab sich vor allem hinsichtlich

- der Mitarbeiterfindung in Gemeinden,
- der mangelnden Nutzung von Fachkompetenz,
- einer die Diakonie behindernden Schwerfälligkeit kirchlicher
  Strukturen und
- eines Widerspruchs zwischen Verkündigung von Nächstenliebe und ihrer
  praktischen Umsetzung.

Es ist also davon auszugehen, daß Superintendenten als die Vertreter der
Anstellungsträger die Schwierigkeiten von Sozialarbeitern im Kirchenkreis
in vieler Hinsicht ähnlich wahrnehmen wie diese selbst. Wo keine Übereinstimmungen bestehen, könnte dies zum Teil damit zusammenhängen, daß
Superintendenten hier Problemerfahrungen aus anderen Bereichen auf Kirchenkreissozialarbeit übertragen ("Mitarbeitergewinnung"); zum anderen
bringen Sozialarbeiter bestimmte Enttäuschungen und Probleme dem Anstellungsträger gegenüber vermutlich nicht erkennbar zum Ausdruck.

Sa 54
Sup 28

Eine Fortsetzung dieser Problemanalyse bestand in dem Versuch, ungelöste
Probleme im Arbeitsbereich in den Strukturen und Arbeitsabläufen, aber
auch im Selbstverständnis der Beteiligten zu orten (vgl. Schaubild 19).
Bei einer Liste mit 14 Problemformulierungen sahen die Sozialarbeiter
Schwierigkeiten am häufigsten in der "Diskrepanz zwischen eigenem Anspruch
und Handlungsmöglichkeiten", im "Mitarbeitermangel", in "Kommunikations-
problemen zwischen den Entscheidungsebenen" und in "Status- und Hierar-
chieproblemen". Das geringste Gewicht maßen sie einer "zu hohen Erwartungs-

Schaubild 19: **Umfang verschiedener Probleme im Arbeitsfeld**

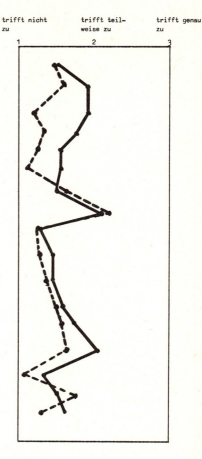

haltung der Vorgesetzten" bei. Diese Ergebnisse unterstreichen sehr nachdrücklich das bereits mehrfach entworfene Bild: Sozialarbeiter erkennen in ihrem Arbeitsbereich eine Vielzahl von Aufgaben, die alle dringend erfüllt werden müßten; aufgrund ihrer hohen Identifikation mit Beruf und Aufgabe fühlen sie sich gedrängt und verpflichtet, möglichst alle Defizite aufzugreifen; eine Prioritätensetzung, die eigentlich dringend erforderlich wäre, fällt sehr schwer. Gleichzeitig aber sind ihnen die Grenzen, die der Bewältigung einer solchen Aufgabenvielfalt gesteckt sind, deutlich.

So erscheint es dann auch nicht verwunderlich, daß Mitarbeitermangel als ein zweites Problem benannt wird. Mehr Mitarbeiter könnten sich in die umfangreiche Arbeit teilen, sie wäre dann eventuell eher zu leisten. Aber auch die Suche nach Gesprächspartnern, ausgedrückt im Hinweis auf Kommunikationsprobleme zwischen den Entscheidungsebenen, wird in diesem Zusammenhang wichtig. Wo schon keine Möglichkeit zu bestehen scheint, den personellen Stand der Dienststelle zu erweitern, da werden Hilfen bei der Prioritätensetzung um so dringlicher. Insbesondere der Wunsch nach mehr Anregung durch die Anstellungsträger ist hier sehr wichtig.

Die befragten Superintendenten teilten die Meinung der Sozialarbeiter im Blick auf das Problem "Mitarbeitermangel". Dagegen gingen sie in geringerem Umfang davon aus, daß ungelöste Probleme in der Kirchenkreissozialarbeit als Kommunikations- und Strukturprobleme beschrieben werden könnten. Auch Unterschiede im "Selbstverständnis zwischen Dienststelle und Anstellungsträger" sowie eine "Diskrepanz zwischen eigenem Anspruch und Handlungsmöglichkeiten" sahen sie seltener als Ausgangspunkt für Probleme an.

Beim Vergleich zwischen den Problemanalysen von Sozialarbeitern und Superintendenten jeweils eines Kirchenkreises wurde deutlich, daß hier fast ebenso oft voneinander abweichende wie gleichlautende Aussagen gemacht wurden. Die Korrelationsanalyse brachte nur vereinzelt deutliche Zusammenhänge zum Vorschein. So ergaben sich vorwiegend ähnliche Beurteilungen hinsichtlich der Auslösung von Problemen durch "Konkurrenz-/Rivalitätsprobleme im gesamten Arbeitsbereich" und durch "unterschiedliches Selbstverständnis zwischen den Mitarbeitern in der Dienststelle". (Die Korrelationskoeffizienten lagen hier bei o.58 bzw. o.31.) Diese Schwierigkeiten waren vermutlich in vielen Fällen sehr offensichtlich, so daß sie von den meisten Superintendenten übereinstimmend mit den Sozialarbeitern benannt wurden. Was die übrigen Problemursachen betrifft, so stand eine gemeinsame Auswertung vorhandener Schwierigkeiten anscheinend noch aus.

Die Untersuchungsergebnisse zu diesem Fragenkomplex machen insgesamt sehr deutlich, daß Sozialarbeit im Kirchenkreis, vor allem aus der Sicht der Sozialarbeiter selbst, aber auch im Urteil der Superintendenten mit verschiedenen Problemen belastet ist. Inwieweit ist dann aber überhaupt die Möglichkeit gegeben, dem Auftrag von Sozialarbeit in der Kirche gerecht zu werden? Wie schätzen Sozialarbeiter und Superintendenten die <u>methodischen und institutionellen Möglichkeiten</u> dieser Einrichtung für die Erreichung verschiedener Ziele ein?

Sa 49
Sup 24

Schaubild 20 bringt zum Ausdruck, das beide Befragtengruppen im Durchschnitt die vorhandenen Möglichkeiten für zumeist wenigstens "teilweise" geeignet hielten. Besonders positive Bewertungen ergaben sich bei den Sozialarbeitern hinsichtlich der Ziele

- "persönliche Hilfen gewähren (beraten, trösten, vermitteln)",
- "sozialanwaltlich eintreten für Benachteiligte",
- "Klienten zu eigenen Aktivitäten motivieren und befähigen",
- "diakonischen Auftrag erfüllen".

Damit standen diejenigen Zielvorgaben, die von diesen Befragten als die wichtigsten angesehen wurden (vgl. Kapitel 3.2.3), zugleich an erster Stelle, was ihre Realisierungschancen betraf.

Besonders gering erschienen den Sozialarbeitern die Möglichkeiten,

- "zum Interessenausgleich in der Gesellschaft beizutragen",
- "materielle Sicherheit des Klienten zu garantieren",

Schaubild 20: **Angemessenheit methodischer und institutioneller Möglichkeiten zur Zielerreichung**

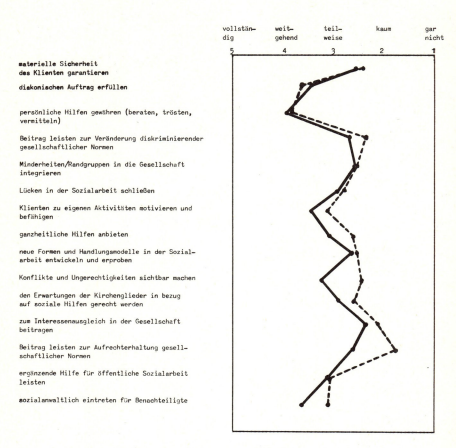

- "Minderheiten/Randgruppen in die Gesellschaft zu integrieren",
- "neue Formen und Handlungsmodelle in der Sozialarbeit zu entwickeln und zu erproben",
- "Beitrag zu leisten zur Aufrechterhaltung gesellschaftlicher Normen",
- "Beitrag zu leisten zur Veränderung diskriminierender gesellschaftlicher Normen".

Auch unter diesen Zielformulierungen sind solche, die nach den Vorstellungen der Sozialarbeiter unbedingt zum Auftrag kirchlicher Sozialarbeit gehörten (z. B. Minderheiten/Randgruppen integrieren", "Beitrag zur Veränderung diskriminierender Normen"). Damit ist ein Ansatzpunkt für die von Sozialarbeitern wahrgenommene Diskrepanz zwischen eigenem Anspruch und Handlungsmöglichkeiten markiert.

Beim Vergleich mit den Einschätzungen der Superintendenten fällt auf, daß diese an einigen Stellen die Chancen einer Zielerreichung schlechter beurteilten. Besonders traf dies zu im Blick auf die Ziele

- "Konflikte und Ungerechtigkeiten sichtbar machen",
- "Beitrag leisten zur Aufrechterhaltung gesellschaftlicher Normen",
- "sozialanwaltlich eintreten für Benachteiligte".

Zieht man die Bewertung dieser Ziele selbst zur Interpretation mit heran (vgl. Kapitel 3.2.3), dann zeigt sich freilich, daß dies zugleich Ziele waren, die von dieser Befragtengruppe im Rahmen kirchlicher Sozialarbeit für weniger wichtig gehalten wurden.

Insgesamt also ist festzuhalten, daß Sozialarbeiter wie Superintendenten im Rahmen kirchlicher Sozialarbeit unter den gegebenen Möglichkeiten solche Ziele für verhältnismäßig gut erreichbar hielten, die Veränderungen im Blick auf Einzelpersonen beinhalteten. Wo es um die Veränderung gesellschaftlicher Strukturen ging, wurden die Realisierungschancen deutlich geringer veranschlagt. Sozialarbeiter dürften dieses Defizit dabei als gravierender empfinden; sie haben diesen Zielen im Schnitt höhere Bedeutung beigemessen als die Superintendenten.

3.3.2 Ansätze zur Veränderung von Strukturen und Aufgaben

Nach dieser detaillierten Problemanalyse geht es nun darum, Veränderungsperspektiven aufzuzeigen, die geeignet sein könnten, die oben aufgezeigten Schwierigkeiten zu vermindern. In diesem Kapitel sollen zunächst Vorstellungen von Sozialarbeitern und Superintendenten über mögliche strukturelle Verbesserungen beschrieben werden. Auf Tendenzen, das Aufgabenspektrum von Kirchenkreissozialarbeitern zu verändern und hier eventuell neue Schwerpunkte zu setzen, wurde bereits eingegangen (vgl. Kap. 3.2.2). An diese Darstellung ist noch einmal anzuknüpfen. In einem letzten Kapitel des Ergebnisberichtes (vgl. Kapitel 3.3.3 Fortbildungswünsche) sind dann Überlegungen zu diskutieren, die stärker an den Kenntnissen und Fähigkeiten der Sozialarbeiter selbst ansetzen.

Sa 55
Sup 29

Als notwendige Veränderungen im Arbeitsbereich (vgl. Schaubild 21) nannten beide Befragtengruppen vor allem

- "Verbesserung des Informationsflusses in der Öffentlichkeit",
- "Verbesserung des Informationsflusses im kirchlichen Bereich",
- "verbesserte Kommunikation mit anderen kirchlichen Mitarbeitern",
- "Erweiterung der Mitarbeiterzahl",
- "verbesserte Kommunikation mit Vorgesetzten",
- "verstärkte Information und Zusammenarbeit mit anderen Wohlfahrtsverbänden und kommunalen Stellen" und
- "Erhöhung der finanziellen Mittel".

- 114 -

Schaubild 21 : Notwendige Veränderungen im Arbeitsfeld

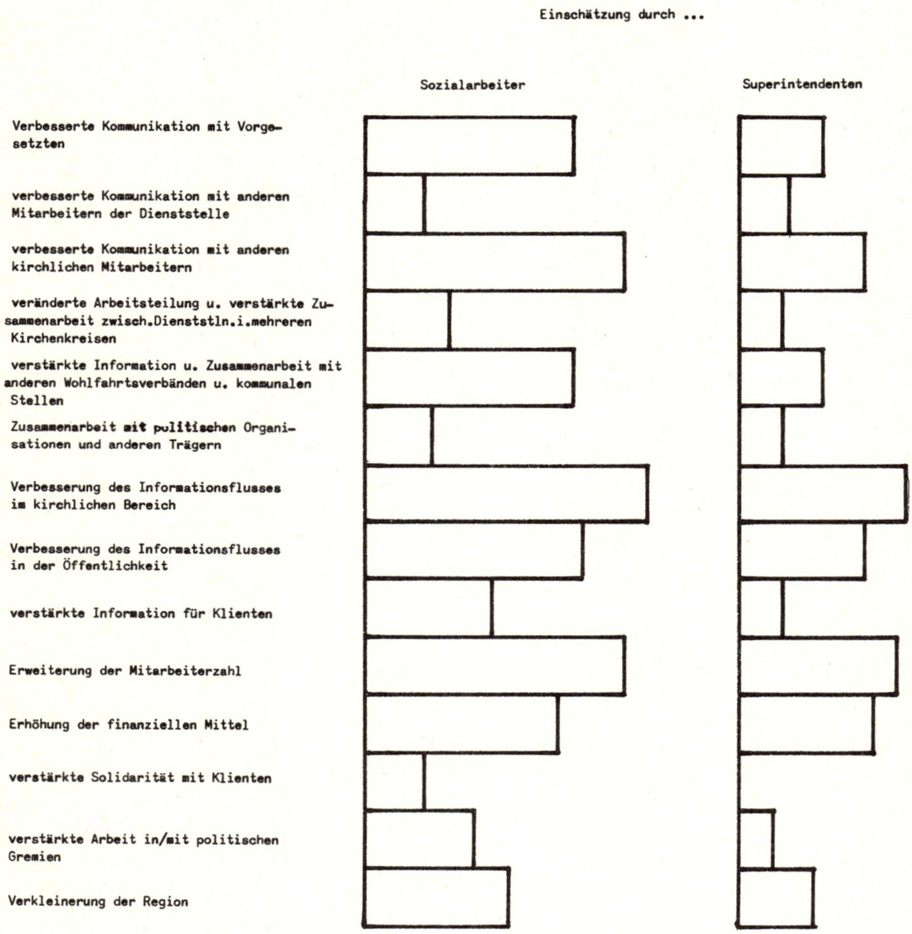

Einschätzung durch ...

| | Sozialarbeiter | Superintendenten |

- Verbesserte Kommunikation mit Vorgesetzten
- verbesserte Kommunikation mit anderen Mitarbeitern der Dienststelle
- verbesserte Kommunikation mit anderen kirchlichen Mitarbeitern
- veränderte Arbeitsteilung u. verstärkte Zusammenarbeit zwisch.Dienststln.i.mehreren Kirchenkreisen
- verstärkte Information u. Zusammenarbeit mit anderen Wohlfahrtsverbänden u. kommunalen Stellen
- Zusammenarbeit mit politischen Organisationen und anderen Trägern
- Verbesserung des Informationsflusses im kirchlichen Bereich
- Verbesserung des Informationsflusses in der Öffentlichkeit
- verstärkte Information für Klienten
- Erweiterung der Mitarbeiterzahl
- Erhöhung der finanziellen Mittel
- verstärkte Solidarität mit Klienten
- verstärkte Arbeit in/mit politischen Gremien
- Verkleinerung der Region

Die meisten Sozialarbeiter gingen somit davon aus, daß veränderte Beziehungsstrukturen im gesamten Arbeitsfeld mindestens ebenso wie eine bessere Ausstattung der Dienststelle mit personellen und finanziellen Mitteln wichtige Voraussetzungen dafür wären, daß Sozialarbeit im Kirchenkreis wirksamer geschehen könnte.

Vergleicht man auch hier wieder die Äußerungen von Superintendenten und Sozialarbeitern jeweils des gleichen Kirchenkreises miteinander, so stimmen diese vor allem im Blick auf folgende Veränderungen überein (vgl. Tabelle 25 im Anhang):
- "Zusammenarbeit mit politischen Organisationen und anderen Trägern",
- "verstärkte Information und Zusammenarbeit mit anderen Wohlfahrtsverbänden und kommunalen Stellen",
- "Verkleinerung der Region",
- "veränderte Arbeitsteilung und verstärkte Zusammenarbeit zwischen Dienststellen in mehreren Kirchenkreisen",
- "Erhöhung der finanziellen Mittel",
- "verbesserte Kommunikation mit anderen Mitarbeitern der Dienststelle",
- "Erweiterung der Mitarbeiterzahl",
- "verbesserte Kommunikation mit anderen kirchlichen Mitarbeitern".

Sozialarbeiter und Superintendenten waren sich demnach häufig einig in der Beurteilung der Frage, ob verstärkte Zusammenarbeit mit außerkirchlichen Stellen und Verbesserung der Kommunikation mit anderen kirchlichen Mitarbeitern die Voraussetzungen für kirchliche Sozialarbeit verbessern könnten. Aber auch bessere Arbeitsbedingungen wurden innerhalb der einzelnen Kirchenkreise von den Befragten beider Gruppen häufig ähnlich bewertet. Als weitgehend unabhängig voneinander erwiesen sich dagegen die Stellungnahmen jeweils zweier Beziehungspartner zu verbesserter Kommunikation mit Vorgesetzten, verstärkter Arbeit mit politischen Gremien und Information für bzw. Solidarisierung mit Klienten.
Diese unterschiedlichen Bewertungen einzelner Verbesserungsansätze hängen möglicherweise mit unterschiedlichen Vorstellungen für kirchliche Sozialarbeit zusammen (vgl. z. B. auch Kapitel 3.2.4).

Im folgenden sollen diejenigen Veränderungsansätze noch etwas eingehender untersucht werden, die von beiden Befragtengruppen besonders häufig genannt und vielfach auch von den Partnern in der jeweiligen Region übereinstimmend beurteilt wurden.

Sa 56
Sup 30

Auf die Frage nach der angemessenen Einwohnerzahl für den Arbeitsbereich erklärten mehr als die Hälfte der Sozialarbeiter (25), sie sollte kleiner sein als ihr derzeitiger Arbeitsbereich. Dabei nannten mehrere Befragte genauere Zahlen:

- acht votierten für 20.000 bis 30.000 Einwohner,
- neun für 40.000 bis 50.000 Einwohner,
- zwei für 60.000 bis 70.000 Einwohner.

Berücksichtigt man bei der Auswertung dieser Angaben die derzeitige Einwohnerzahl des Arbeitsbereiches und die Größe der Dienststelle (vgl. Tabelle 26 im Anhang), so ergibt sich folgendes:

- Für eine Verkleinerung bzw. Beibehaltung des derzeitigen Arbeitsbereiches stimmten Befragte in den kleineren ebenso wie in den größeren Regionen. Das Ausmaß der zu bewältigenden Aufgaben war ganz offensichtlich so groß, daß selbst in den relativ kleinsten Bereichen - die freilich in jedem Fall noch mehr als 30.000 Einwohner zählten - eine Verkleinerung vielfach als notwendig erschien.

- Sozialarbeiter, die zusammen mit einem oder mehreren Kollegen in einer
Dienststelle tätig waren, entfielen fast ausschließlich auf die zahlenmäßig größten Arbeitsbereiche. Wie die Mehrheit der Befragten insgesamt
waren auch sie zum großen Teil für eine Verkleinerung ihrer Region. Auffallend häufig vertreten war angesichts der Größe dieser Bereiche aber
auch die Ansicht, die bisherige Situation könnte beibehalten werden. Wo
Sozialarbeiter in großen Dienststellen eine Verkleinerung der Region für
notwendig hielten, nannten sie entsprechend höhere Einwohnerzahlen als
ihre allein arbeitenden Kollegen. Die Vorteile einer Zusammenarbeit von
zwei oder mehr Sozialarbeitern in einer Dienststelle werden in diesem
Resultat noch einmal sehr deutlich. Auch verhältnismäßig große Arbeitsbereiche lassen sich offenbar arbeitsteilig noch eher bewältigen.

Auch bei den Superintendenten hielt jeder zweite eine kleinere Region für
angemessen. Der Schwerpunkt der Vorschläge lag dabei eindeutig in der Kategorie bei 20.000 - 30.000 Einwohnern.

An dieser Stelle scheint es wichtig, eine mögliche strukturelle Veränderung
noch einmal hervorzuheben, die, wie sich oben gezeigt hatte, von Superintendenten und Sozialarbeitern in einigen Kirchenkreisen ähnlich positiv
beurteilt wird: die "veränderte Arbeitsteilung und verstärkte Zusammenarbeit zwischen Dienststellen in mehreren Kirchenkreisen". Eine solche Neuorganisation - zum Erhebungszeitpunkt nur ganz vereinzelt praktiziert -
könnte unter Umständen dazu beitragen, den vielfältigen Anforderungen in
großen Arbeitsbereichen arbeitsteilig etwas besser gerecht zu werden.
Größere Dienststellen waren in der Vergangenheit offenbar auch eher in
der Lage, zusätzliche Mittel für weitere Mitarbeiter zu beschaffen. Eine
solche Vergrößerung durch Zusammenlegung von Dienststellen könnte möglicherweise längerfristig selbst zu weiterer personeller Verstärkung und damit
zur Entlastung der derzeitigen Mitarbeiter beitragen.

Sa 57
Sup 31

Aus der Einschätzung <u>notwendiger Veränderungen bei den unterschiedlichen
Kontakten</u> geht hervor, wo strukturelle Verbesserungen in den Beziehungen
zwischen Kirchenkreissozialarbeitern und ihren verschiedenen Beziehungspartnern für erforderlich gehalten wurden (vgl. Schaubild 22).

Zunächst einmal wird in dieser Übersicht deutlich, daß keine der beiden
Befragtengruppen im Blick auf die hier genannten Beziehungspartner oder
Gremien eine Reduzierung der Kontakte für angemessen hielt. Dagen war an
vielen Stellen ein deutlicher Wunsch nach Verstärkung von Kontakten erkennbar.
Die befragten Sozialarbeiter betonten vor allem eine Intensivierung von
Kontakten

- zur Mehrzahl der Pastoren,
- Kirchenvorstand,
- Pfarrkonferenz.

Aber auch mit dem Superintendenten, den Mitarbeitern in Schwesterstationen, Beratungsstellen und kirchlichen Projekt- und Initiativgruppen sowie
dem Kirchenkreisvorstand wollte man sehr häufig gerne enger kooperieren.

Am ehesten als ausreichend angesehen wurden von Sozialarbeitern die Kontakte zu Mitarbeitern im Kirchenkreisamt, in sonstigen diakonischen Werken
und Einrichtungen und zu den anderen kirchlichen Sozialarbeitern im Sprengel und in der Landeskirche.

Die Vorstellungen der Superintendenten wichen auch an dieser Stelle nur an
wenigen Punkten stärker von denjenigen der Sozialarbeiter ab.

Schaubild 22 : **Tendenzen zu Verstärkung, Beibehaltung oder Reduzierung verschiedener Kontakte des Sozialarbeiters im Arbeitsfeld**

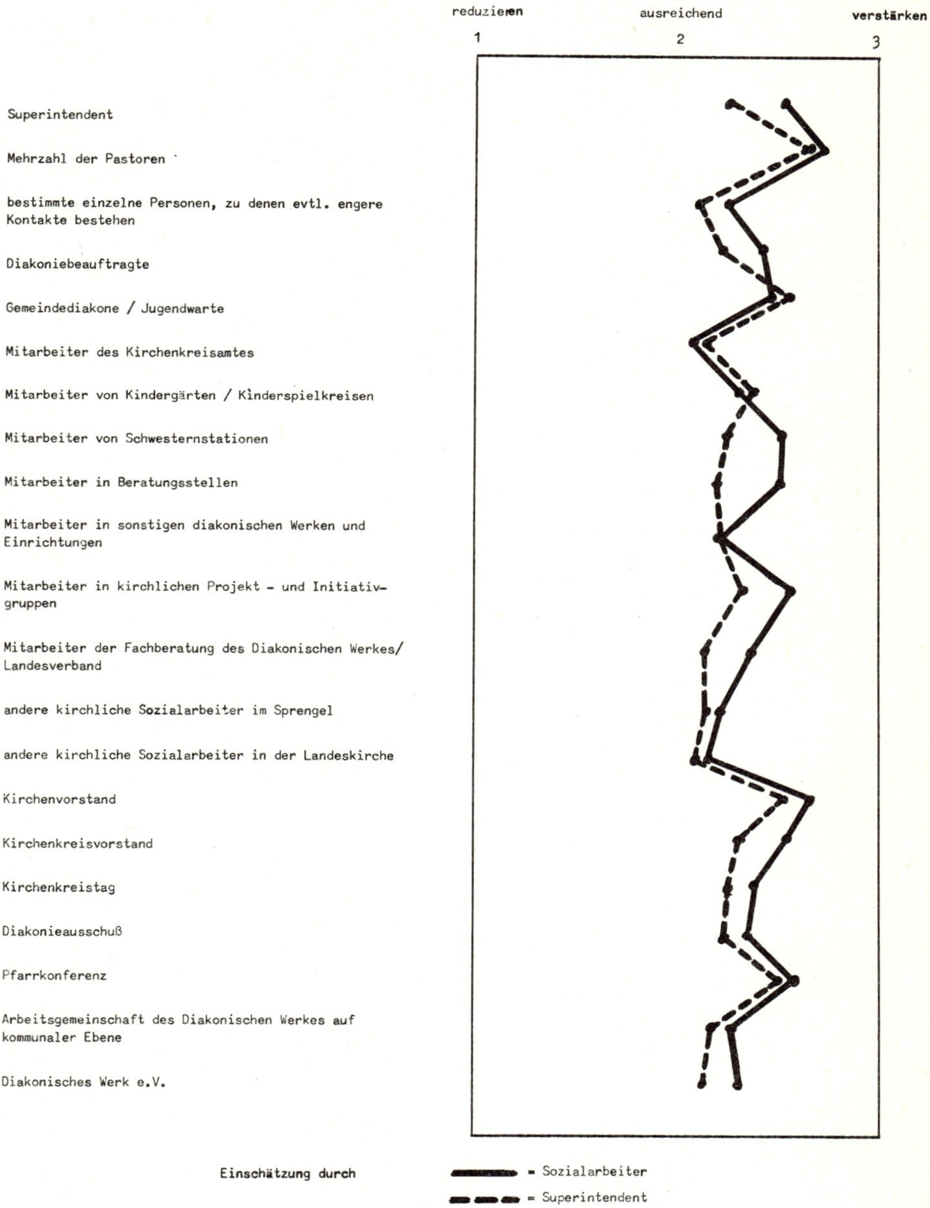

	reduzieren 1	ausreichend 2	verstärken 3

- Superintendent
- Mehrzahl der Pastoren
- bestimmte einzelne Personen, zu denen evtl. engere Kontakte bestehen
- Diakoniebeauftragte
- Gemeindediakone / Jugendwarte
- Mitarbeiter des Kirchenkreisamtes
- Mitarbeiter von Kindergärten / Kinderspielkreisen
- Mitarbeiter von Schwesternstationen
- Mitarbeiter in Beratungsstellen
- Mitarbeiter in sonstigen diakonischen Werken und Einrichtungen
- Mitarbeiter in kirchlichen Projekt - und Initiativgruppen
- Mitarbeiter der Fachberatung des Diakonischen Werkes/ Landesverband
- andere kirchliche Sozialarbeiter im Sprengel
- andere kirchliche Sozialarbeiter in der Landeskirche
- Kirchenvorstand
- Kirchenkreisvorstand
- Kirchenkreistag
- Diakonieausschuß
- Pfarrkonferenz
- Arbeitsgemeinschaft des Diakonischen Werkes auf kommunaler Ebene
- Diakonisches Werk e.V.

Einschätzung durch ——— = Sozialarbeiter
　　　　　　　　　　 – – – = Superintendent

Superintendenten hatten, nach ihrer eigenen Einschätzung, bereits verhältnismäßig häufige Kontakte mit den Sozialarbeitern. Entsprechend geringer veranschlagten sie hier die Notwendigkeit einer Intensivierung. Ebenso sahen sie auch die Kontakte der Sozialarbeiter zum Kirchenkreisvorstand sowie zu Mitarbeitern in Schwesternstationen, Beratungsstellen, sonstigen diakonischen Werken und Einrichtungen und zu der Fachberatung des Diakonischen Werkes/Landesverband häufiger als die Sozialarbeiter selbst als ausreichend gegeben an. Besonders wichtig erschienen jedoch auch den Befragten dieser Gruppe verstärkte Kontakte zur Mehrzahl der Pastoren, zu Gemeindediakonen und Jugendwarten, zu Kirchenvorständen und zur Pfarrkonferenz. Intensivere Beziehungen der Sozialarbeiter zur kirchengemeindlichen Basis waren demnach aus der Sicht der Superintendenten ein wichtiger Hauptansatzpunkt für strukturelle Änderungen.

Ein dritter Gesichtspunkt, der unter den genannten Verbesserungsmöglichkeiten besonderes Gewicht hatte, war die Verstärkung der Zusammenarbeit mit anderen Wohlfahrtsverbänden und kommunalen Stellen. Daß Kirchenkreissozialarbeiter von der Struktur ihres Arbeitsbereiches her, aber auch aufgrund ihres Auftrages und ihrer Funktion als Repräsentant von Kirche und Diakonischem Werk als freiem Wohlfahrtsverband, eine Art Schlüsselstellung zwischen Kirche, Kommune und freien Trägern innehaben, wurde bereits mehrfach deutlich. Deutlich aber wurde auch, daß nur ein kleiner Teil der Sozialarbeiter offiziell mit der Vertretung der Kirche bzw. des Diakonischen Werkes in wichtigen außerkirchlichen Gremien beauftragt war (vgl. Kapitel 3.1.2).

Sa 61
Sup 35

Ein ganz anderes Resultat ergibt sich, wenn man auch hier die Soll-Vorstellungen der beiden Befragtengruppen untersucht (vgl. Schaubild 23). Fast alle Sozialarbeiter hielten es für richtig, wenn sie im Sozialausschuß, im Jugendwohlfahrtsausschuß und in der Kreisarbeitsgemeinschaft der freien Wohlfahrtsverbände die Kirche bzw. das Diakonische Werk repräsentierten. Auch im Blick auf Ortsarbeitsgemeinschaften der freien Wohlfahrtsverbände und Widerspruchsausschüsse war eine Mehrheit der Befragten dieser Ansicht. Die Diskrepanz zur Ist-Situation erscheint hinsichtlich aller hier genannten Gremien ganz offensichtlich.

Die Superintendenten als Vertreter der Anstellungsträger teilten in der Tendenz die Auffassung der Sozialarbeiter, was den Sozial- und den Jugendwohlfahrtsausschuß der Kommune sowie Kreis- und Ortsarbeitsgemeinschaften der freien Wohlfahrtsverbände betraf. Vertretungsaufgaben im Widerspruchsausschuß wollten dagegen nur wenige Superintendenten auf die Sozialarbeiter übertragen.

Weitere Hinweise auf notwendige Veränderungen im Arbeitsfeld der Sozialarbeiter wurden bereits beschrieben. Sie können hier noch einmal zusammengefaßt wiedergegeben werden:

- Vor allem die Sozialarbeiter selbst plädierten für mehr Anregung und Unterstützung insbesondere durch die Mehrzahl der Pastoren, Kirchenkreis- und Kirchenvorstände, Pfarrkonferenz, Kirchenkreistag, Diakoniebeauftragte und Diakonieausschüsse (vgl. Kapitel 3.1.3). Das vorhandene Maß an Kontrolle hielten beide Befragtengruppen für ausreichend; Kontrolle der Sozialarbeiter durch das Kirchenkreisamt wollte man im Schnitt sogar eher reduziert sehen.

- Sozialarbeiter und Superintendenten brachten grundsätzlich den Wunsch zum Ausdruck, die Basis für Entscheidungen, die die Sozialarbeiter und ihre Tätigkeit betreffen, zu verbreitern. Vor allem sollten die Mitsprachemöglichkeiten anderer Mitarbeiter der Dienststelle, des Kirchenkreistags, der Pfarrkonferenz und der Kirchengemeinden vergrößert werden (vgl. Kapitel 3.1.3).

Schaubild 23: Mitgliedschaft von Sozialarbeitern in verschiedenen kommunalen und sonstigen außerkirchlichen Gremien

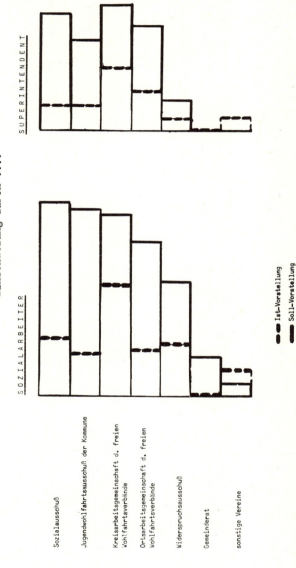

Die Vorstellung, daß kirchliche Sozialarbeit eine Aufgabe aller, insbesondere auch der Kirchengemeinden und ihrer Mitarbeiter ist, kommt in diesen strukturellen Änderungsvorschlägen deutlich zum Ausdruck. Mehr Kontakte zu den verschiedenen Beziehungspartnern und Gremien, mehr Anregung und Unterstützung, aber auch mehr Möglichkeiten zu gemeinsamer Beratung und Entscheidung - in diesen Überlegungen spiegelt sich das Bild einer Sozialarbeit im Kirchenkreis, die nicht an den "Fachmann" delegiert ist, sondern von ihm gemeinsam mit den genannten anderen Personen und Gremien praktiziert wird.

Überprüfen wir schließlich auch die Aussagen der Sozialarbeiter und Superintendenten über notwendige und sinnvolle Veränderungen im Aufgabenkatalog von Kirchenkreissozialarbeitern im Hinblick darauf, wo sich Ansätze zu einer Bewältigung der Probleme in diesem Arbeitsfeld ergeben. Bei der Schwerpunktsetzung bei bestimmten Zielgruppen (vgl. Kapitel 3.2.1) wurde deutlich, daß aus der Sicht beider Befragtengruppen kaum Ansätze für eine Reduzierung von Aufgaben bestehen.

- Die Zahl der neu zu setzenden Zielgruppenschwerpunkte überstieg bei weitem die der möglichen Reduktionen.

- Eine Verringerung des Zeitaufwandes hielten Sozialarbeiter im Blick auf Schriftwechsel/Abrechnung/sonstige Verwaltung sowie vereinzelt bei der Planung von Maßnahmen (Kuren, Veranstaltungsreihen) und bei der Organisation der Dienststelle für möglich, der Zeitaufwand für alle übrigen Tätigkeiten sollte dagegen nach Möglichkeit sogar noch erhöht werden. Superintendenten zeigten sich insgesamt eher zufrieden mit der bisher für verschiedene Tätigkeiten verfügbaren Zeit, sie machten aber ebenfalls kaum Vorschläge für mögliche Reduzierung.

Diese Hinweise deuten an, daß in beiden Befragtengruppen Perspektiven für eine Verbesserung der strukturellen Voraussetzungen der Kirchenkreissozialarbeit recht gut entwickelt vorliegen. Ansätze zu einer echten Prioritätensetzung, wie sie angesichts der umfangreichen und vielfältigen Aufgaben im Arbeitsfeld dringend erforderlich wäre, finden sich dagegen kaum. Es könnte allerdings sein, daß eine gemeinsame Diskussion und Entscheidung über derartige Schwerpunkte erst möglich ist, nachdem in struktureller Hinsicht tatsächlich hierfür die erforderlichen Veränderungen eingetreten sind.

3.3.3 Fortbildungswünsche

Nach der Diskussion von Verbesserungsmöglichkeiten, die bei einer Veränderung des Arbeitsfeldes der Sozialarbeiter ansetzen, bleibt nun noch die Frage zu beantworten, wo Sozialarbeiter, ausgehend von ihrer derzeitigen Berufserfahrung und Arbeitssituation, Fortbildung für notwendig erachten. Eigenes Lernen ist ja, ebenso wie Veränderung von Beziehungen oder Aufgaben, eine Möglichkeit, die Voraussetzungen für angemessenes Rollenhandeln zu verbessern.

Ein Überblick über die Fortbildungswünsche von Sozialarbeitern (vgl. Schaubild 24) macht zunächst einmal deutlich, daß Hilfen dieser Art von den Sozialarbeitern offenbar als geeignet angesehen wurden, bestimmte Probleme oder Defizite in der eigenen Arbeit zu bewältigen. Kein Befragter wollte vollkommen auf Fortbildungsangebote der hier vorgeschlagenen Art verzichten.

Im Durchschnitt entschieden sich die Sozialarbeiter für jeweils acht verschiedene Themen. Methodisches Lernen für den Umgang mit anderen Menschen stand dabei offenbar an wichtigster Stelle:

Schaubild 24: Fortbildungswünsche

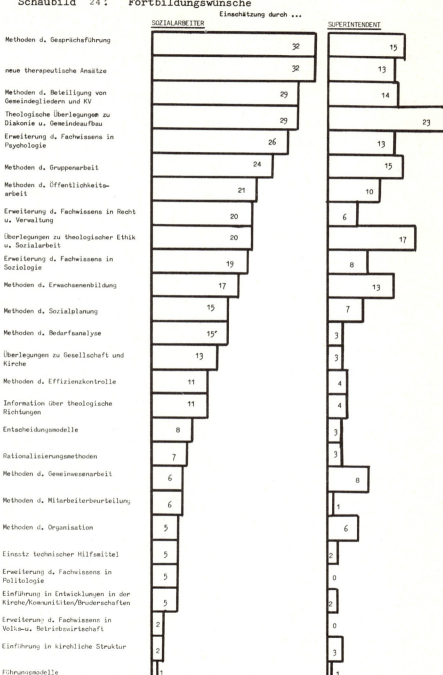

- "Methoden der Gesprächsführung",
- "neue therapeutische Ansätze",
- "Methoden der Beteiligung von Gemeindegliedern und Kirchenvorstehern".

Kenntnisse und Fähigkeiten dieser Art sind im Umgang mit Klienten bei der Bemühung, diese zu aktivieren und zum eigenen Handeln zu befähigen, ebenso erforderlich wie bei dem Versuch, Diakonie zusammen mit den Gemeinden und Mitarbeitern im Kirchenkreis zu entwickeln.

- "Theologische Überlegungen zu Diakonie und Gemeindeaufbau" und
- "Überlegungen zu theologischer Ethik und Sozialarbeit",

ebenfalls von den Sozialarbeitern in großer Zahl als erwünschter Gegenstand von Fortbildung beschrieben, könnten einerseits helfen, die theologischen Beziehungspartner besser zu verstehen; sie sind aber auch wichtig, wenn es darum geht, den Stellenwert der eigenen Arbeit im Rahmen kirchlichen Handelns zu erkennen und eventuell zu verdeutlichen.

Der Wunsch vieler Sozialarbeiter nach Fortbildung in "Methoden der Gruppenarbeit" und "Methoden der Öffentlichkeitsarbeit" verweist auf zwei Tätigkeitsfelder, denen die Befragten nach eigenen Vorstellungen gerne mehr Gewicht beimessen wollten. Offenbar ging etwa jeder Zweite davon aus, dazu auch noch genauerer methodischer Kenntnisse zu bedürfen.

Schließlich wurde auch eine Erweiterung des eigenen Fachwissens in Psychologie, Soziologie, Recht und Verwaltung jeweils von einer größeren Zahl von Befragten für wünschenswert erachtet. Das Bemühen um bessere Orientierung im eigenen Arbeitsfeld und die Notwendigkeit, über Veränderungen in den rechtlichen Grundlagen der eigenen Arbeit ständig auf dem laufenden zu sein, dürften dabei eine Rolle gespielt haben.

Eine Reihe anderer Themen wurde dagegen nur vom kleineren Teil der Befragten als Gegenstand notwendiger eigener Fortbildung benannt. So kam die stark an Einzelberatung orientierte Arbeitsweise der meisten Sozialarbeiter in der relativ geringen Besetzung von "Methoden der Sozialplanung" und "Gemeinwesenarbeit" zum Ausdruck. Von relativ geringerer Bedeutung waren auch allgemeinere Informationen und Überlegungen zu Theologie und Kirche, in denen der eigene Arbeitsbereich nicht ausdrücklich angesprochen wurde.

Nachdem in vorausgegangenen Teilen dieser Untersuchung zahlreiche Hinweise auf Probleme als Folge eines umfassenden und komplexen Arbeitsfeldes enthalten waren, erschien es auf den ersten Blick überraschend, wie gering der Wunsch nach "Methoden der Bedarfsanalyse", "Effizienzkontrolle", nach "Entscheidungsmodellen", "Rationalisierungsmethoden", "Organisation" und "Einsatz technischer Hilfsmittel" war. Lösungen im Blick auf Prioritätensetzung, Abgrenzung der eigenen Aufgaben und Auswahl geeigneter Strategien und Verfahren wurden offenbar seltener in eigener Fortbildung gesucht; geeignetere Schritte zur Bewältigung dieser Schwierigkeiten sahen diese Befragten im Kontakt zu wichtigen Beziehungspartnern und in der gemeinsamen Diskussion und Verantwortung für Schwerpunkte. Möglicherweise haben jedoch die Erfahrungen anläßlich der Jahrestagung 1978 dazu beigetragen, dieses Bild zu korrigieren. Dort wurden erste Ergebnisse der Arbeitsfeldanalyse dargestellt und bearbeitet. Der dabei praktizierte methodische Umgang mit den Anforderungen im eigenen Arbeitsfeld wurde von sehr vielen Teilnehmern an dieser Fortbildung als äußerst wichtig beurteilt.

Insgesamt wird deutlich, daß das große Interesse der Sozialarbeiter an Fortbildung mindestens drei unterscheidbare Ursachen hat:

- die Notwendigkeit, um der Aufgabe willen die eigenen sozialen Fähigkeiten immer weiter zu verbessern,
- das Erfordernis, in den verschiedenen Bereichen berufsspezifischen Fachwissens einen hohen Informationsstand zu erhalten und

- der Bedarf an "kirchenspezifischem" Wissen zur besseren Integration der eigenen Arbeit in das kirchliche Umfeld.

Sup 37   Von den <u>Superintendenten</u> wurden diese Vorstellungen von der Notwendigkeit der Fortbildung der Sozialarbeiter nicht in allen Punkten im gleichen Umfang geteilt. Sie wählten mit durchschnittlich sechs Themen eine kleinere Zahl von Fortbildungsangeboten für diese Mitarbeiter aus. "Theologische Überlegungen zu Diakonie und Gemeindeaufbau" und "Überlegungen zu theologischer Ethik und Sozialarbeit" standen dabei ganz eindeutig an erster Stelle. Methodische Hilfen zum Umgang mit Einzelnen und Gruppen, zur Beteiligung von Gemeindegliedern und Kirchenvorstehern, neue therapeutische Ansätze, Methoden der Erwachsenenbildung und eine Erweiterung des psychologischen Fachwissens wurden jeweils von knapp der Hälfte dieser Befragten für erforderlich gehalten. Erweiterung des Fachwissens in Soziologie sowie in Recht und Verwaltung erschien nur wenigen Superintendenten erforderlich. Auch sie sahen nur vereinzelt in Fortbildungsangeboten wie "Bedarfsanalyse", "Effizienzkontrolle", "Entscheidungsmodelle", "Rationalisierungsmethoden" eine Möglichkeit, den Umgang der Sozialarbeiter mit der eigenen Arbeit und der damit verbundenen Be- und Überlastung zu erleichtern.

Welche Rolle Fortbildungsangebote für die Sozialarbeiter spielen, wurde noch genauer untersucht. Wir gingen der Frage nach, ob eventuell Beziehungen zwischen Fortbildungswünschen und der personellen Ausstattung der Dienststelle, den Zielvorstellungen, Problemen und notwendigen Veränderungen der eigenen Arbeit bestanden.
Was die Größe der Dienststelle, ausgedrückt durch die <u>Mitarbeiterzahl</u>, betraf, so hatten wir vermutet, daß sich Sozialarbeiter in "Ein-Mann-Dienststellen" gezwungen sähen, quasi "für alles" kompetent zu sein und dieser Anforderung durch besonders intensive und vielseitige Fortbildung gerecht zu werden versuchten. In Dienststellen mit mehr Mitarbeitern dagegen könnten unterschiedliche Qualifikationen der einzelnen arbeitsteilig genutzt werden, eine Fortbildung wäre dann in eingeschränkterem Umfang notwendig.
Das Untersuchungsergebnis bestätigt diese Annahme der Tendenz nach:
Von 32 Befragten, die in Dienststellen tätig waren, zu denen außer ihnen selbst kein weiterer Sozialarbeiter gehörte, wurden im Schnitt 8,5 Themen aus der Liste ausgewählt. Dagegen entschieden sich die 14 Sozialarbeiter, die mit einem oder mehreren Kollegen zusammenarbeiteten, für durchschnittlich 7,9 Themen. Noch deutlicher wird der Unterschied, wenn man die Gesamtzahl der Mitarbeiter in der Dienststelle berücksichtigt. Insgesamt 22 Sozialarbeiter waren in Dienststellen tätig, die weniger als zwei vollzeitbeschäftigte Mitarbeiter umfaßten. Sie bezeichneten im Schnitt Fortbildung zu 8,9 Themen der vorgelegten Liste als notwendig. Bei Befragten aus Dienststellen mit zwei bis unter drei vollzeitbeschäftigten Mitarbeitern waren es 8,1 Nennungen, bei drei oder mehr Mitarbeitern nur noch 7,7.
Dabei bestanden zwischen Sozialarbeitern in kleineren und solchen in größeren Dienststellen keine erkennbaren Unterschiede, was die Inhalte der gewünschten Fortbildung betraf. Zwar wurden einige Themen ("neue therapeutische Ansätze", "Öffentlichkeitsarbeit", "Gemeinwesenarbeit") besonders häufig von "Einzelkämpfern" verlangt, andere dagegen ("Gesprächsführung") eher von Mitarbeitern in größeren Teams; ein eindeutiges Muster unterschiedlicher Fortbildungsinteressen in Abhängigkeit von der Größe der Dienststelle ließ sich jedoch nicht erkennen.
Inwieweit wird nun diese Fortbildung von Sozialarbeitern gezielt eingesetzt, um die eigenen Vorstellungen von kirchlicher Sozialarbeit besser zu verwirklichen, eventuell vorhandene Schwierigkeiten zu bewältigen und notwendige Veränderungen herbeizuführen?
Die Untersuchungsergebnisse beantworten diese Frage zum Teil. So gibt

es zwischen <u>Zielvorstellungen</u> von kirchlicher Sozialarbeit und Fortbildungswünschen einige recht plausible Zusammenhänge:

- "Methoden der Öffentlichkeitsarbeit" und "Fachwissen in Soziologie" wurden häufiger als notwendige Themen von Fortbildung genannt, wo das Ziel "Minderheiten/Randgruppen in die Gesellschaft integrieren" stärker bejaht wurde.
- Wer den Auftrag kirchlicher Sozialarbeit darin sah, "Lücken in der Sozialarbeit zu schließen", wollte häufiger das eigene "Fachwissen in Psychologie" erweitern und sich in "Methoden der Gruppenarbeit" fortbilden.
- Bei stärkerer Zustimmung zum Ziel "den Erwartungen der Kirchenglieder in bezug auf soziale Hilfen gerecht werden" fand sich seltener der Wunsch nach Fortbildung in "neuen therapeutischen Ansätzen" und "soziologischem Fachwissen"; häufiger genannt wurden in diesem Fall "theologische Überlegungen zu Diakonie und Gemeindeaufbau" und "Überlegungen zu theologischer Ethik und Sozialarbeit".
- Je stärker Sozialarbeiter "ganzheitliche Hilfen anbieten" bejahten, um so seltener hielten sie "Methoden der Bedarfsanalyse" für einen notwendigen Gegenstand von Fortbildung.

Nicht alle Resultate ließen sich allerdings in dieser Weise einleuchtend interpretieren. Eine Reihe von "Zusammenhängen" zwischen Zielvorstellungen und Fortbildungswünschen war offenbar eher zufällig zustande gekommen. Eine engere Beziehung zwischen Zielen und notwendiger Fortbildung war aber auch gar nicht zu erwarten: Fortbildungsinteressen entwickeln sich schließlich nicht nur dort, wo für die Zielerreichung erforderliche Kenntnisse und Fähigkeiten noch nicht ausreichend vorhanden sind. Auch relativ unabhängig von konkreten Zielvorstellungen kann Fortbildung zu einem bestimmten Thema interessieren z. B. aus dem Wunsch heraus, eine Lücke im eigenen Wissen zu schließen oder neue methodische Ansätze überhaupt einmal kennenzulernen.

Zu ähnlichen Ergebnissen kommt man, wenn man Fortbildungswünsche der Sozialarbeiter zu den <u>Problemen</u> und <u>notwendigen Veränderungen</u> im Arbeitsfeld in Beziehung setzt. Auch hier ist davon auszugehen, daß die Erfahrung von Schwierigkeiten zum Teil Hilfe von eigener Fortbildung erwarten läßt, zum anderen Teil einen Rückgriff auf vorhandene Fähigkeiten und Kenntnisse erfordert oder den Blick auf Strukturfragen lenkt, die vom Sozialarbeiter allein überhaupt nicht zu bewältigen sind.

Einen Beitrag zur Lösung bestimmter Probleme und zur Einleitung notwendiger Veränderungen versprachen sich die Sozialarbeiter offenbar an folgenden Stellen:

- Für "neue therapeutische Ansätze" interessierten sich besonders Befragte, die mehr Zeit für die Beratung von einzelnen Klienten und Klientengruppen, aber auch von ehrenamtlichen kirchlichen Mitarbeitern aufwenden wollten. Wer sich dagegen verstärkt um die Beratung von Pastoren und hauptberuflichen kirchlichen Mitarbeitern kümmern wollte, maß solchen Fortbildungsangeboten eher geringere Bedeutung bei.
- Sozialarbeiter, die "Verbesserung der Kommunikation mit anderen Mitarbeitern in der Dienststelle" für notwendig hielten und mehr Zeit für die Anleitung von Mitarbeitern in der Dienststelle aufwenden wollten, votierten häufiger für Fortbildung in "Methoden der Gesprächsführung", "Gruppenarbeit" und "Fachwissen in Psychologie".
- "Methoden der Gesprächsführung", "neue therapeutische Ansätze", "Fachwissen in Psychologie" wurden seltener von denjenigen Sozialarbeitern für notwendig gehalten, die "Kommunikationsprobleme zwischen den Entscheidungsebenen", "Status- und Hierarchieprobleme", "starre Organisationsstrukturen", "unzureichende Entscheidungsregelung" und/oder "unterschiedliches Selbstverständnis zwischen Dienststelle und Träger" als Schwierigkeiten ihrer Arbeit benannten. Wo diese Probleme in größerem

Ausmaß gegeben waren, erwartete man anscheinend eher Hilfe von "Überlegungen zu Gesellschaft und Kirche" und "Fachwissen in Soziologie". Auch Fortbildung in "Methoden der Sozialplanung" wurde in diesen Fällen häufiger gewünscht, ohne daß ein direkter inhaltlicher Zusammenhang mit den genannten Problemen erkennbar wäre.

- Mit dem Wunsch nach mehr "Fachwissen in Soziologie" tendenziell verbunden waren ferner als notwendig erachtete Verbesserungen in der Kommunikation mit Vorgesetzten und anderen kirchlichen Mitarbeitern, veränderte Arbeitsteilung und verstärkte Zusammenarbeit zwischen Dienststellen in mehreren Kirchenkreisen, verbesserter Informationsfluß in der Kirche, der Öffentlichkeit und zu den Klienten, verstärkte Solidarisierung mit den Klienten und verstärkte Arbeit in und mit politischen Gremien.
- Für Fortbildung in "Methoden der Gemeinwesenarbeit" entschieden sich überwiegend Sozialarbeiter, die eine verstärkte Arbeit in und mit politischen Gremien für notwendig hielten, die mehr Zeit für Initiativgruppen, für die Entwicklung von Konzepten und Entscheidungsvorlagen und für die Projektarbeit aufbringen und die verstärkt Öffentlichkeitsarbeit betreiben wollten.
- Ähnliches ergibt sich auch für die Fortbildungsthemen "Methoden der Sozialplanung" und "Bedarfsanalyse". Hier noch stärker als bei "Methoden der Gemeinwesenarbeit" korrelierte dieser Wunsch offenbar zugleich mit Schwierigkeiten im Arbeitsfeld, die aus unterschiedlichen Vorstellungen der Beteiligten ("unterschiedliches Selbstverständnis zwischen Dienststelle und Träger", "unterschiedliches Methodenverständnis", "zu hohe Erwartungshaltung des Vorgesetzten") und Strukturmängeln ("unzweckmäßige Organisationsform") resultierten.
- Befragte, die ein "unterschiedliches Diakonieverständnis zwischen Sozialarbeitern und Handlungsbeteiligten" als Problem beschrieben, zeigten sich häufiger als andere an "Methoden der Beteiligung von Gemeindegliedern und Klienten" interessiert; häufiger wurde dieser Wunsch auch dort geäußert, wo mehr Zeit für Öffentlichkeitsarbeit aufgewandt werden sollte.
- Daß Verstärkung von Öffentlichkeitsarbeit zugleich eine verbesserte Kenntnis einschlägiger "Methoden der Öffentlichkeitsarbeit" voraussetzt, wurde an entsprechenden Fortbildungswünschen sehr deutlich.
- Wer die Arbeit von Initiativgruppen oder aber für die Organisation der Dienststelle verstärken wollte, wer verstärkte Solidarisierung mit Klienten für notwendig hielt, wünschte sich eher eine Erweiterung des "Fachwissens in Recht und Verwaltung".
- "Theologische Überlegungen zu Diakonie und Gemeindeaufbau" und "Überlegungen zu Kirche und Gesellschaft" wurden dort eher als notwendige Inhalte von Fortbildung angesehen, wo sich Probleme aus Unterschieden im Diakonie- bzw. Methodenverständnis von Sozialarbeitern und anderen Beteiligten ergaben. Zugleich wurde hier häufiger Verbesserung der Kommunikation mit Vorgesetzten und anderen kirchlichen Mitarbeitern, ein verbesserter Informationsfluß und verstärkte Zusammenarbeit im kirchlichen und öffentlichen Bereich für erforderlich gehalten. Der Wunsch, den Zeitaufwand für die Beratung insbesondere ehrenamtlicher Mitarbeiter zu erhöhen, ging ebenfalls häufig mit den genannten Fortbildungsinteressen einher.
- Ein etwas abweichendes Bild ergab sich für "Überlegungen zu theologischer Ethik und Sozialarbeit"; Befragten, die sich hierzu eine Fortbildung wünschten, ging es möglicherweise weniger um eine bessere Abstimmung zwischen dem eigenen Selbstverständnis und den Vorstellungen anderer von kirchlicher Sozialarbeit. Sie hielten vor allem verstärkte Zusammenarbeit mit anderen Wohlfahrtsverbänden und kommunalen Stellen, verbesserten Informationsfluß in der Öffentlichkeit und verstärkte Arbeit in und mit politischen Gremien für wichtig, daneben allerdings auch Verbesserung der Kommunikation mit Vorgesetzten und anderen kirchlichen Mitarbeitern.

4. Sozialarbeit im Kirchenkreis heute – Schritte in die Zukunft

Im dritten Kapitel dieses Berichtes wurde eine ausführliche Analyse des Arbeitsfeldes "Sozialarbeit im Kirchenkreis" vorgelegt. Abschließend sollen nun die wichtigsten Ergebnisse noch einmal zusammengefaßt werden; Probleme und Ansatzpunkte für notwendige Veränderungen sind zu bündeln, Perspektiven für die weitere Arbeit zu entwerfen.

- Bei der Untersuchung des <u>strukturellen Rahmens</u> wurde deutlich, daß Kirchenkreissozialarbeiter <u>für sehr große Arbeitsbereiche</u> zuständig sind. An der Zahl der Gemeinden und Gemeindeglieder in den Kirchenkreisen läßt sich dies ebenso ablesen wie an der Einwohnerzahl einer Region insgesamt. Dabei ist in den meisten Dienststellen jeweils nur ein Sozialarbeiter tätig; vereinzelt ist die personelle Ausstattung etwas besser, vor allem dort, wo die Arbeitsbereiche besonders groß sind. Dennoch ergibt sich schon aus der Größe der Region für jeden einzelnen ein beträchtliches Maß an Anforderungen.

- Kirchenkreissozialarbeiter stehen einer <u>Vielzahl von Beziehungspartnern</u> gegenüber, zu denen sie im Rahmen ihrer Aufgabe Kontakte zu unterhalten haben. Klienten aus den verschiedensten Zielgruppen gehören ebenso dazu wie kirchliche Mitarbeiter und Gremien auf Gemeinde- und Kirchenkreisebene. Als Vertreter von Kirche und Diakonischem Werk als freiem Wohlfahrtsverband müssen sie gleichzeitig auch mit kommunalen Stellen und anderen freien Wohlfahrtsverbänden zusammenarbeiten. Diese Außenkontakte erfordern besonders dort einen beträchtlichen Arbeitsaufwand, wo der Arbeitsbereich zu zwei oder mehr Landkreisen gehört.

- Sozialarbeiter im Kirchenkreis nehmen in der offenen diakonischen Arbeit für die Kirche eine <u>Schlüsselposition</u> ein; durch ihre beruflichen Kontakte schaffen sie Beziehungen zwischen dem System Kirche und verschiedenen anderen außerkirchlichen Systemen. Für ihr eigenes Handeln ist damit zugleich die Notwendigkeit verbunden, sich mit den unterschiedlichen Erwartungen, Normen und Zielvorstellungen der Beziehungspartner im einzelnen auseinanderzusetzen und in Abstimmung mit dem eigenen Selbstverständnis Entscheidungen zu treffen.

- Die meisten Sozialarbeiter wünschen sich eine <u>Intensivierung ihrer Kontakte</u>, mehr Anregung und Unterstützung durch verschiedene Personen und Gremien, Mitwirkung eines größeren Kreises von Beteiligten und Betroffenen an Entscheidungen, die die Aufgaben ihrer Dienststelle betreffen. Zur Zeit gibt es nach ihrer Wahrnehmung Anregung und Unterstützung nur in begrenztem Umfang.
Superintendenten gehen dagegen davon aus, daß den Sozialarbeitern schon jetzt ein höheres Maß an Anregung und Unterstützung zuteil wird; in ähnlicher Weise sehen sie auch die Beteiligung eines größeren Kreises von Beziehungspartnern, insbesondere aus den Gemeinden, als bereits gegeben an.

- Soziale Notlagen in den Arbeitsbereichen der Sozialarbeiter, aus denen sich <u>Anforderungen und Aufgaben</u> ergeben, lassen sich indirekt am Fehlen diakonischer und anderer sozialer Einrichtungen in den einzelnen Regionen ablesen: Während Einrichtungen für Kinder, ältere Menschen und pflegerische Dienste relativ gut ausgebaut sind, fehlen sie weitgehend in der Gefährdetenhilfe, Jugendhilfe, Familienbildung und Beratung. Die Sozialarbeiter selbst bemühen sich <u>schwerpunktmäßig</u> vor allem um Mütter/Ehen/ Familien, Problemfamilien und ältere Menschen. Weitere mehrfach genannte Zielgruppen sind u. a. Suchtkranke und psychisch Kranke. Kirchenkreissozialarbeiter greifen damit in vielen Fällen soziale Probleme im Arbeitsbereich auf, für die andere Einrichtungen nicht vorhanden sind. An anderen Stellen mußten auch sie vorhandene Notlagen bisher unbewältigt lassen.

Sie benennen eine größere Zahl von Zielgruppen, denen sie gerne mehr Raum in ihrer Arbeit widmen möchten; gleichzeitig sehen sie sich kaum in der Lage, vorhandene Schwerpunkte aufzugeben.

- Die Aktivitäten der Sozialarbeiter lassen sich <u>vier Aufgabenkomplexen</u> zuordnen:
    der Arbeit für und mit Klienten,
    der Anregung und Beratung von Gemeinden und kirchlichen Mitarbeitern zu diakonischem Handeln,
    der projektorientierten Arbeit und
    der Vertretung von Kirche und Diakonischem Werk als freiem Wohlfahrtsverband gegenüber Kommune und anderen Verbänden.

Die meisten Sozialarbeiter betrachten alle diese Tätigkeiten als wesentlich bestimmend für ihr Arbeitsfeld. Besonderes Gewicht wird der Beratung einzelner Klienten beigemessen, die häufig in der Form des intensiven Beratungsgesprächs erfolgt und den Sozialarbeiter damit nicht nur vom Zeitaufwand her ganz erheblich beansprucht.

- Die Sozialarbeiter stellen an sich selbst und ihre Arbeit <u>hohe Ansprüche</u>; dies kommt in ihren <u>Zielvorstellungen</u> deutlich zum Ausdruck. Hilfe für den einzelnen durch Unterstützung und Befähigung spielt dabei ebenso eine Rolle wie Bemühungen um die Korrektur sozialstruktureller Defizite und um die Entwicklung neuer, besserer Formen von Sozialarbeit. Die meisten Superintendenten messen dagegen Veränderungen im gesellschaftlichen Bereich geringeres Gewicht bei. Wo Zielvorstellungen für die Sozialarbeiter tatsächlich handlungsrelevant werden, beinhalten sie somit nicht nur eine Überfülle von Aufgaben, sondern möglicherweise auch Konflikte mit dem Anstellungsträger. In der Untersuchung gibt es allerdings Hinweise darauf, daß eine konsequente Umsetzung von Zielen in bestimmte Handlungsschritte zur Zeit nicht erfolgt.

- Verschiedene Wunschvorstellungen der Sozialarbeiter, die eine <u>Veränderung der eigenen Aufgaben</u> betreffen, weisen darauf hin, daß sie selbst die derzeitige Aufgabenkombination für durchaus noch nicht optimal halten. Aber auch hier werden fast ausschließlich Tätigkeiten genannt, die eigentlich verstärkt werden müßten. Es geht also weniger um eine Korrektur derzeitiger Arbeitsschwerpunkte, sondern vielmehr um die Hinzunahme weiterer Akzente.

- Die <u>Identifikation</u> der Sozialarbeiter mit ihrer Arbeit ist sehr hoch. Dies kommt in der Beschreibung ihrer Motivation ebenso wie in einem erheblichen Maß an Überstunden zum Ausdruck. Gleichzeitig bestehen bei einer Reihe von Sozialarbeitern offenbar Unsicherheit und Zweifel darüber, inwieweit ihr Anstellungsträger das Arbeitsfeld überhaupt als sinnvoll und notwendig einschätzt. In den Stellungnahmen der Superintendenten finden sich jedoch keine Anhaltspunkte, die eine solche Befürchtung rechtfertigen könnten.

- Angesichts der Fülle und Komplexität der Anforderungen, die sich auf den Sozialarbeiter richten, erscheint es dringend notwendig, die verschiedenen Tätigkeiten möglichst gut im voraus zu <u>planen</u>, um tatsächlich im notwendigen Umfang über Zeit und Mittel für besonders wichtige Aufgaben zu verfügen. Eine solche Planung wird allerdings für einen großen Teil der Sozialarbeiter begrenzt durch unvorhersehbare aktuelle Erfordernisse; weil diese die Einhaltung von Plänen durchkreuzen, planen sie nur "punktuell". Diese Situationsabhängigkeit könnte einer der Gründe dafür sein, daß Zielvorstellungen und einzelne Aktivitäten nur in loser Beziehung zueinander stehen.

- Sozialarbeiter fühlen sich in ihrer Arbeit nur wenig kontrolliert.
Direkte Eingriffe in ihre Tätigkeit durch Vorgesetzte sind selten. Aber
auch den Wunsch ihrer Vorgesetzten nach Information über ihre Arbeit
schätzen viele Sozialarbeiter recht gering ein, ganz im Gegensatz zu den
Superintendenten selbst, die sich nach eigener Wahrnehmung verhältnismäßig häufig informieren lassen.
Während Sozialarbeiter sich offenbar gerne den Spielraum erhalten wollen,
der mit dem geringen Maß an Kontrolle verbunden ist, möchten sie gleichzeitig doch ihre Vorgesetzten durch verbesserten Informationsfluß stärker
an ihrer Arbeit beteiligen.

- Die von Sozialarbeitern am häufigsten genannten Schwierigkeiten im
eigenen Arbeitsfeld hängen eng mit der Fülle vorhandener Aufgaben zusammen. Man fühlt sich im kirchlichen Bereich alleingelassen mit der
schweren Aufgabe, angesichts tatsächlich bestehender sozialer Defizite
Prioritäten zu setzen und damit zugleich bestimmten Hilfesuchenden nicht
zur Verfügung zu stehen; man hat das Gefühl, sich zu verlieren in dem
Bemühen, möglichst doch allen Anforderungen gerecht zu werden. Wo ein
höheres Maß an Anregung und Unterstützung seitens des Superintendenten
und des Kirchenkreisvorstandes für den Sozialarbeiter erfahren wird,
erweisen sich diese Problemerfahrungen als deutlich geringer.

- Als Hauptprobleme ihrer Arbeit bezeichnen Sozialarbeiter am häufigsten
eben diese Diskrepanz zwischen eigenem Anspruch und Handlungsmöglichkeit,
außerdem Mitarbeitermangel, Kommunikationsprobleme zwischen den Entscheidungsebenen und Status- und Hierarchieprobleme. Wenn sie gleichzeitig die
methodischen und institutionellen Möglichkeiten doch als zumindest teilweise zur Zielerreichung geeignet beschreiben, so muß man dies wohl angesichts der genannten Schwierigkeiten eher im Sinne prinzipiell vorhandener Chancen interpretieren.

- Entscheidende Verbesserungen sehen Sozialarbeiter jedenfalls in Veränderungen der Informations- und Kommunikationsstruktur und des strukturellen Rahmens von Kirchenkreissozialarbeit. Aber auch einer Weiterentwicklung der eigenen Fähigkeiten und Erweiterung des Wissens werden Chancen zugeschrieben, mit vorhandenen Problemen besser fertig zu werden.
Jedenfalls stehen die geäußerten Fortbildungswünsche häufig in engem Zusammenhang mit Problemanzeigen und Vorstellungen zukünftiger Veränderung.

In Kurzfassung könnte man das Ergebnis dieser Analyse damit so beschreiben: Kirchenkreissozialarbeiter sind in einem Arbeitsfeld tätig, das
wegen der Größe des Bereiches und der Vielfalt vorhandener sozialer Defizite eine Fülle von Anforderungen an sie stellt, die sie immer nur zu
einem Teil bewältigen können.
Die Vorstellung, diakonisches Handeln in den Gemeinden und im Kirchenkreis anzuregen und Prioritäten eigenen Tuns in Zusammenarbeit mit Vorgesetzten und anderen Mitarbeitern in der Region zu setzen, kollidiert
mit der Erfahrung, als Einzelner die Verantwortung für die Diakonie im
Kirchenkreis weitgehend allein zu tragen. Gegenteilige Erfahrungen sind
offenbar in erster Linie dort möglich, wo sich Vorgesetzte für die Sozialarbeiter erkennbar mit Anregung und Unterstützung beteiligen, Verantwortung mittragen und deutlich zum Ausdruck bringen, worin für sie der
Wert dieser Arbeit liegt.

Greifen wir an dieser Stelle noch einmal diejenigen Fragen auf, die als
projektleitende Interessen diese Arbeitsfeldanalyse veranlaßt haben:

- Welchen Stellenwert hat Sozialarbeit im Kirchenkreis innerhalb des gesamten kirchlichen Aufgabenspektrums?
- Ist in diesem Arbeitsfeld effektive Sozialarbeit möglich?

- Gibt es im Aufgabenbündel Kirchenkreissozialarbeit einen "harten Kern", an dem sich der einzelne orientieren könnte? Oder muß darüber, welche Aktivitäten jeweils mit größter Dringlichkeit stattzufinden haben, im Einzelfall die örtliche Situation entscheiden?

Der Stellenwert von Kirchenkreissozialarbeit wird in den Aussagen von Superintendenten und Sozialarbeitern über den Auftrag, der damit verbunden ist, sehr deutlich, ebenso auch in den Äußerungen der Superintendenten über die Gründe für die Beschäftigung dieser Mitarbeiter. Auch wenn damit noch nichts über ihre relative Bedeutung, etwa im Vergleich zu der mit dem Pfarramt verbundenen Wortverkündigung, ausgesagt ist, kann zumindest kaum ein Zweifel daran bestehen, daß Sozialarbeit im Kirchenkreis auch in den Augen der Anstellungsträger eine wichtige Funktion hat. Geht man davon aus, daß diese Stellungnahmen so, wie sie hier abgegeben wurden, der ständigen Überzeugung der Anstellungsträger entsprechen, so handelt es sich auch hierbei offenbar eher um ein Kommunikationsproblem: Sozialarbeiter sollten für sich selbst glaubhaft erfahren, daß Kirche und konkret der jeweilige Anstellungsträger ihre Arbeit als einen wichtigen kirchlichen Auftrag betrachten. Und sie müssen lernen, Signale ihrer Beziehungspartner besser wahrzunehmen, Anregungen als solche zu erkennen und selbst an der Suche nach geeigneten Kommunikationsstrukturen mitarbeiten.

Was die Effektivität kirchlicher Sozialarbeit betrifft, so sind die Sozialarbeiter selbst offenbar prinzipiell von den guten Arbeitsmöglichkeiten überzeugt; eine Bewältigung vorhandener Mängel wird für möglich gehalten. Dennoch besteht eine mehrfach konstatierte Diskrepanz zwischen Anspruch und Wirklichkeit. Dieser Widerspruch läßt sich mit dem vorhandenen Material nicht völlig auflösen. Wird er durch die nicht zu bewältigende Fülle der Arbeit erzeugt? Oder ist er zu sehen auf dem Hintergrund der Befürchtung, notwendige strukturelle Änderungen und Aktivierungen könnten möglicherweise doch nicht gelingen? Weitere Gespräche über diesen Punkt sind offenbar erforderlich. Das neue Diakoniegesetz ergänzt die dazu schon vorhandenen Möglichkeiten.

Eine Bewältigung der Fülle und Vielfalt von Anforderungen, die das Arbeitsfeld Kirchenkreissozialarbeit bestimmen, durch Formulierung einer Reihe von "Kernaufgaben" scheint nach den Untersuchungsergebnissen nur schwer möglich. Zwar werden die meisten Tätigkeiten, die im Kontext der Erhebung angesprochen wurden, von der Mehrzahl der Sozialarbeiter ausgeübt, jedoch mit recht verschiedenen Häufigkeiten. Unterschiedliche Gegebenheiten im Arbeitsbereich, eventuell aber auch Unterschiede in Kenntnissen und Fähigkeiten des einzelnen Sozialarbeiters erschweren die Formulierung eines einheitlichen Katalogs von Rollenerwartungen. Es bleibt also die Frage, wie auf andere Weise die tatsächlich vorhandene Rollenüberlastung bewältigt werden könnte.
Daß Prioritätensetzung hierzu ein geeigneter Weg wäre, wurde von den Sozialarbeitern mehrfach betont. Daneben wurden verbesserte Ausstattung der Dienststelle mit personellen und finanziellen Mitteln, Verkleinerung der Region und verstärkte Arbeitsteilung und Zusammenarbeit mit Dienststellen in anderen Kirchenkreisen als Möglichkeiten angesprochen. Eine Kombination dieser Vorgehensweisen ist denkbar. Zusammenarbeit zwischen Kollegen aus benachbarten Dienststellen schafft möglicherweise einen Freiraum, um zum Beispiel im außerkirchlichen Raum finanzielle Mittel für weitere Mitarbeiter zu beschaffen.

Was die Fähigkeit zur Prioritätensetzung betrifft, so werden zur Zeit von den Sozialarbeitern selbst Schritte unternommen, mit diesem Problem methodisch besser umgehen zu lernen. Ein Fortbildungsprogramm, wie es im

Rahmen von zwei Jahrestagungen durchlaufen wird, soll dazu beitragen. Möglicherweise kann ein solches Training auch bewirken, daß Schwerpunkte dann im Rahmen des Arbeitsbereiches insgesamt und in der Verantwortung auch der übrigen Beteiligten bewußt durchdacht und formuliert werden. Superintendenten und Kirchenkreisvorstände sollten daran nach Möglichkeit ebenso mitwirken wie die Diakoniebeauftragten und Diakonieausschüsse, deren Rolle als Berater an vielen Stellen der Erhebung recht eindeutig umschrieben wurde. Sozialarbeiter in benachbarten Kirchenkreisen könnten jeweils wechselseitig die Funktion eines "Supervisors in Prioritätenfindung und -setzung" übernehmen. Auch die Rolle der Fachberatung wäre unter diesem Aspekt noch eingehender zu überprüfen: Einerseits Anreger und Vermittler für neue fach- und kirchenspezifische Informationen, könnte sie zum anderen auch die "Norm der Selektivität" sehr ausdrücklich und so konkret wie möglich vertreten.

Gerade im Zusammenhang mit der Frage der Prioritätensetzung aber scheint abschließend die Feststellung wichtig, daß Sozialarbeiter mit den Schwierigkeiten eines scheinbar nicht zu begrenzenden Aufgabenfeldes im kirchlichen Bereich nicht alleinstehen. Pastoren und andere Mitarbeiter in gemeindlichen und übergemeindlichen Aufgaben sehen sich vor ähnlichen Problemen. Gerade deshalb könnte es wichtig werden, daß Kirchenkreissozialarbeiter modellhaft Lösungen entwickeln, die für sie selbst und die anderen Beteiligten akzeptabel sind.

Albrecht Müller-Schöll

Der Beitrag der Fortbildung zur Verwirklichung des Konzepts einer Sozialarbeit im Kirchenkreis

Planungen – Ziele – Versuche

		Seite
1.	Die Arbeitsfeldanalyse als Ausgangspunkt von Fortbildung	133
2.	Die einzelnen Schritte des Fortbildungsprogramms	134
2.1	Seminar I : Die Methode "Zielfindungsprozeß"	134
2.2	Hausaufgaben I : Bestandsaufnahme und Zielfindungsprozeß "vor Ort"	136
2.3	Seminar II : Konzepte von Kirchenkreis-Sozialarbeit	137
2.4	Hausaufgaben II : Schwerpunkt und Vorgehensweisen in der eigenen Arbeit	140
2.5	Seminar III : Arbeitsplatzbeschreibung und Fortbildungsplanung für Kirchenkreis-Sozialarbeiter	143
3.	Ergebnisse der Fortbildung	144

1. **Die Arbeitsfeldanalyse als Ausgangspunkt von Fortbildung**

Fortbildung ist ein Mittel zum Zweck. Sie dient dazu, Mitarbeiter zu motivieren, zu befähigen und dabei zu unterstützen, die Ziele ihrer Arbeit zu erreichen. Das gliedkirchliche Diakonische Werk Hannovers hat es gewagt, über die Sozialarbeit in den Kirchenkreisen der Evangelisch-lutherischen Kirche Hannovers eine Untersuchung anfertigen zu lassen. Das Ergebnis war eine Ist-Bestandsaufnahme, eine Analyse des Bestehenden, an die sich die Entwicklung von Perspektiven anschloß.

Die sehr aufschlußreiche Untersuchung wurde nicht gleich veröffentlicht. Man stellte sie zunächst zur Diskussion, und zwar unter den betroffenen Kirchenkreissozialarbeitern, Superintendenten und Diakoniepfarrern. Weiter bat man die Diakonische Akademie (Stuttgart) um ein kritisches Feedback und - im Blick auf die entwickelten Perspektiven - um die Entwicklung von Fortbildungsmaßnahmen zur Förderung der Zusammenarbeit bei der Verfolgung der Perspektiven.

Aus den Stimmen zum Zwischenbericht ergab sich, daß man zwar mit dem Ergebnis der Bestandsaufnahme im großen und ganzen einverstanden ist, daß aber die Frage, was nun Kirchenkreis-Sozialarbeit eigentlich sein soll oder sein kann, doch unterschiedlich zu beantworten ist. Die einen sind der Meinung, daß man sich auf spezielle Gruppen konzentrieren müsse, ihnen spezielle Angebote der Sozialarbeit zu machen habe, um etwa Suchtkranken, psychisch Kranken, Strafgefangenen, Nichtseßhaften oder anderen "Menschen in besonderen Lebenssituationen" wirksame Hilfe geben zu können. Die anderen sind der Meinung, daß Kirchenkreis-Sozialarbeit auf die Breite orientiert sein und allen etwas bringen müsse. Ist der Sozialarbeiter eine Alibifigur, die man als "Mädchen für alles" einsetzt, um den Herausforderungen durch die Nöte der Zeit in möglichster Breite begegnen zu können? Die Gespräche unter den Betroffenen zeigten jedenfalls, daß man durch die Untersuchung zwar angeregt und aufgeregt, aber keineswegs schon befriedigend aufgeklärt wird, welche Zukunftsperspektiven oder reale Alternativen für eine Weiterentwicklung der gegenwärtigen Kirchenkreis-Sozialarbeit sich ergeben. Der Auftrag an die Diakonische Akademie wurde daher dahingehend präzisiert, gemeinsam mit dem Team, das schon die zitierte Untersuchung begleitet hatte: Frau Barbara Boehme, Frau Brigitte Esau, Herr Hermann Leinker, Frau Dr. Ingrid Lukatis, Herr Hermann Ripke, Herr Wilhelm Schmidt und Herr Ulrich Wesenick, Fortbildungsveranstaltungen zu planen, zu entwickeln, durchzuführen und auszuwerten, die der Klärung von durch die Untersuchung aufgeworfenen Fragen dienen sollten.

2. Die einzelnen Schritte des Fortbildungsprogramms

2.1 Seminar I : Die Methode "Zielfindungsprozeß"

Eine erste Fortbildungsveranstaltung fand dann vom 16. bis 2o. 1. 1978 in Loccum statt. Verschiedene Kommunikationsübungen führten die anwesenden Kirchenkreissozialarbeiter - alles versierte "Einzelkämpfer" - zu der Entdeckung, daß sie als Gruppe neue Phantasie, Liebe und neue Kräfte für die Erreichung gemeinsamer Zielvorstellungen entwickeln können. Im Mittelpunkt dieser ersten Veranstaltung stand dabei ein ausführlicher Zielfindungsprozeß mit Methoden, die die Diakonische Akademie (DA) zusammen mit einer Expertengruppe für Methoden systematischer Entscheidungsfindung (MSE) entwickelt hat. Das Stichwort "Sozialmanagement" in diesem Zusammenhang weist darauf hin, daß es sich um auf die Sozialarbeit hin ausgewählte Methoden gemeinsamen Entscheidens, Planens, Organisierens, Führens und Kontrollierens handelt.

Der methodische Ablauf des Zielfindungsprozesses umfaßt folgende Schritte:

Ablauf des Zielfindungsprozesses

Verlauf

1. Sammlung von Zielvorstellungen
2. Zieldifferenzierung (zeitlich, funktional, hierarchisch)

    2.1 <u>Grundsatzziele</u> (GZ)   (zeitlos)

    2.2 <u>Rahmenziele</u> (RZ)   (Programmziele in 3 bis 5 Jahren erreichbar)

    2.3 <u>Ergebnisziele</u> (EZ)   (Maßnahmen bzw. Handlungsziele in 1 bis 3 Jahren erreichbar)

3. Zielzuordnung (vgl. Zielpyramide)

    3.1 Zugehörigkeit von einem Ziel zum anderen Ziel

    3.2 Ableitung eines Zieles aus einem anderen Ziel

    3.3 Zweck - Mittel - Beziehungen

4. <u>Zielanpassungen</u>

    Bedingungen dazu: gegeben   +

    nicht gegeben   -

    nicht gegeben, aber realisierbar   o

5. <u>Zielauswahl</u> (Vergleich, Tabelle oder Matrix)

6. <u>Zeit, Geld und Arbeitsaufwand</u>

Das Thema des gemeinsamen Zielfindungsprozesses lautete: Was wollen Sozialarbeiter in der Kirchenkreis-Sozialarbeit erreichen?

Natürlich war jedem klar, was er erreichen will. Was die Kirche mit Kirchenkreis-Sozialarbeit vorhat, war schon weniger deutlich. Was das Gemeinsame von Kirchenkreis-Sozialarbeit ist, das war offen. Der Zielfindungsprozeß umschloß daher eine Sammlung von Zielen - Zielen einzelner, Zielen der Landeskirche, des Diakonischen Werkes, Erwartungen der Klienten, der Gemeinden und ihrer Kirchenvorstände. Eine Zieldifferenzierung und Zielzuordnung sowie eine Zielergänzung wurde vorgenommen. Eine Zielauswahl schaffte Überblick über die Vielfalt und regte zu Überlegungen für die Verwirklichung der wichtigsten Ziele an. (Am Beispiel des Grundsatzzieles "Verbesserung der Situation Nichtseßhafter" wird in der Anlage 4 eine solche Zielpyramide wiedergegeben).

Es ergab sich, daß _ein_ wichtiges Grundsatzziel von Kirchenkreis-Sozialarbeit die Hilfe für Familien ist, die eine Beratung in wirtschaftlichen Schwierigkeiten, die Veranstaltung von Ehe- und Erziehungsseminaren, die Initiierung von Ehepaar-Gruppen, die Durchführung von Erholungsmaßnahmen und die Konfliktberatung beinhaltet. Es wurde deutlich, wieviele kleine Schritte notwendig sind, um ein solches Grundsatzziel einigermaßen zu verwirklichen. Ein weiteres Grundsatzziel, das genannt wurde, "das Evangelium in glaubwürdige Praxis umsetzen", ist zum Beispiel in der sachgerechten allgemeinen Sozialberatung oder bei Hilfen in besonderen Notfällen besonders zu realisieren. Weitere Grundsatzziele waren: die Kooperation im sozialen Feld verstärken, das Verständnis für soziale Probleme wecken, ehrenamtliche Mitarbeiter gewinnen, Kirchengemeinden und Kirchenkreise bei der Verwirklichung und Wahrnehmung ihres diakonischen Auftrags zu unterstützen. Alle diese Grundsatzziele haben es in sich. Es wurde erkannt: Jedes Grundsatzziel erfordert die Erreichung vieler mittelfristiger Ziele und vor allem von noch mehr Alltagsaufgaben. Interessant war schon beim ersten Seminar die Erkenntnis, die im Grunde ja eine sehr alte Weisheit ist: "Allen Menschen recht getan, ist eine Kunst, die niemand kann." Mit anderen Worten: Man erkannte, daß aus der Fülle der Aufgaben immer wieder die wichtigsten ausgewählt werden müssen. Um diese Wahl nicht nach den persönlichen Vorlieben einzelner ausfallen zu lassen, wurde versucht, eine Bewertung der herausgefundenen mittelfristigen Aufgaben anhand gemeinsam entwickelter Kriterien vorzunehmen. Die Bewertung geschah dann nach folgenden ganz verschiedenartigen Kriterien:

- Was nützt den Kirchengemeinden bei ihrem Bemühen, Diakonie in ihrem Bereich zu verwirklichen, am meisten? (Kriterium des Nutzens)

- Welche Aufgaben werden sich kostenmäßig am ehesten bezahlen lassen? (Kriterium der Finanzen)

- Was wird wohl im Zeitraum der nächsten Jahre (80er Jahre) am wahrscheinlichsten zu erreichen sein? (Kriterium der zeitlichen Realisierbarkeit)

Die Anlagen 5, 6 und 7 zeigen beispielhaft das methodische Vorgehen zur Beantwortung dieser Fragen.

Als optimales Mittel ergab sich, daß es die Aufgabe eines Kirchenkreissozialarbeiters in erster Linie ist, freiwillige Mitarbeiter

zu mobilisieren, die sich in den verschiedensten Bereichen der
sozialen Nöte ihrer Nächsten annehmen. Darüber hinaus sind Kirchenkreissozialarbeiter Fachkräfte, die

- die Tätigkeit eines Sozialanwalts ausüben,
- die Integration von Sozialarbeit in den Kirchenkreis betreiben,
- die Klienten an der Entwicklung von Hilfsprogrammen beteiligen,
- qualifizierte Mitarbeiter heranziehen und also für die Mitarbeiter Fortbildungsmaßnahmen entwickeln,
- den Aufbau von Beratungsstellen vorantreiben,
- Aussiedler und Kontingentflüchtlinge zu integrieren versuchen,
- eine zukunftsorientierte Jugendhilfe entwickeln.

Dieses Ergebnis zeigte, daß die Tätigkeit eines Kirchenkreis-Sozialarbeiters offensichtlich in die Richtung eines "Breitwurzlers" tendiert, der als Fachmann in vielen Bereichen tätig sein muß, dessen Beruf aber daraus besteht, überall Hilfeprozesse zu organisieren, Beratung im Sinne von Verstärkung zu geben und selbst innerhalb der kirchlichen Sozialarbeit als "Modell für eine Lebensbewältigung" zu leben.

Nach dem ersten Fortbildungsabschnitt war das Ergebnis, daß man anhand eines gemeinsam durchgeführten Zielfindungsprozesses erlebt hatte, daß es wohl so etwas gibt wie eine gute Einigung über gemeinsam wahrzunehmende Aufgaben. Die Erfahrung, daß Zusammenarbeit etwas bringt, wurde auch auf der Grundlage eines Zitats von Ernst Bloch meditiert: "Ich bin, aber ich habe mich nicht, darum werden wir erst."

2.2 Hausaufgaben I : Bestandsaufnahme und Zielfindungsprozeß "vor Ort"

Die Erkenntnis, daß man die Gruppe braucht, um Konzepte zu entwickeln, führte zur Bereitschaft, sich bis zum Zeitpunkt einer weiteren Jahrestagung in verschiedenen Kleingruppen damit zu beschäftigen, ähnliche Zielfindungsprozesse, wie sie auf der Tagung durchgeführt worden waren, nunmehr im eigenen Arbeitsbereich durchzuführen. Die Aufgaben lauteten:

- Machen Sie sich noch einmal bewußt, wie die methodischen Schritte der gemeinsamen Arbeit waren.
- Führen Sie einen kleinen Zielfindungsprozeß durch - entweder zu einem der Grundsatzziele oder zu einem der gefundenen Alltagsprobleme.
- Notieren Sie an 3 Tagen des nächsten Halbjahres Ihren Arbeitstageslauf vom Dienstbeginn bis zum Dienstschluß (möglichst alle 1o Minuten).
- Stellen Sie außerdem bildlich Ihre Aufgaben an einem Schaubild dar. Welches sind die von Ihnen aus gesehen wichtigsten Aufgaben, welches dann die zweit- oder drittwichtigsten Aufgaben?

Die Mehrzahl der Kirchenkreis-Sozialarbeiter nahm die Anregung auf und beteiligte sich an regionalen Arbeitsgruppen. Die eingesandten

Arbeiten zeigten, daß die Methode verstanden, umgesetzt und mit anderen phantasievoll im eigenen Bereich angewandt worden war. Interessant waren die Tagesläufe. Sie zeigen unter anderem:

- Kirchenkreis-Sozialarbeiter haben extrem lange Arbeitstage.
- Sie haben ein extrem vielseitiges Arbeitsprogramm.
- Sie haben hohe Ansprüche an die eigene Arbeit.
- Sie möchten gern niemanden enttäuschen und doch auf einem Gebiet spezialisiert sein.

Ein Vergleich der eingesandten Tagesläufe zeigte weiter, daß es keine erkennbare Einigung über Ziele und daher auch nicht immer zielorientiertes Vorgehen gibt. Vielfach werden Arbeiten ausgeführt, die dem hochqualifizierten Kirchenkreis-Sozialarbeiter die Zeit wegnehmen, in seiner eigentlichen Aufgabe tätig zu werden. Einer schrieb: "Man wird durch eine Vielzahl von Telefongesprächen, durch eine Unzahl kleiner Managementaufgaben ständig gestört, ein Vorhaben auszuführen. Das schafft ein Gefühl der Überlastung und des Unbefriedigtseins."

Es wurde bei den Tagesläufen aber auch deutlich: Die Kirchenkreis-Sozialarbeiter haben eine große Freiheit und können diese Freiheit dazu nutzen, ihre Stärken einzubringen und ihrer Arbeit ein persönliches Profil zu geben. Für den Außenstehenden mag das nicht immer klar erkennbar sein, wie sich das, was der einzelne an einem Tag tut, in einem Konzept von Sozialarbeit auf Kreisebene zusammenreimt. Die Vorstellungen, was mit Gesprächsführung verknüpft ist, oder was es heißt, eine Problemfamilie zu besuchen, oder auch was es bedeutet, für Hilfesuchende ein Katalysator (ein Vermittler) zu sein und sein Beziehungsnetz dafür auszunützen, solchen Hilfesuchenden das richtige Hilfeangebot zu vermitteln, werden sich den verantwortlichen Stellen in Kirche und Diakonie kaum vermitteln. Diskutiert wurde viel über den Jahresbericht und über die Notwendigkeit, in diesem die Vielfalt der Tagesläufe irgendwie erscheinen zu lassen.

Es fällt den Kirchenkreis-Sozialarbeitern sehr schwer, unter den wahrgenommenen Aufgaben Prioritäten zu setzen. Man ist bereit, rein organisatorische Aufgaben, die zu den Schwerpunktaufgaben gehören, an die Peripherie zu setzen. Deutlich wird an dieser Stelle, daß Delegation von Aufgaben schon deshalb schwierig ist, weil niemand da ist, an den man sie delegieren kann, weil einfach die Kirchenkreis-Sozialarbeit noch zu wenig im Kirchenkreis eingewurzelt ist.

2.3 Seminar II : Konzepte von Kirchenkreis-Sozialarbeit

Das zweite Seminar fand in der Zeit vom 3o. 1. bis 2. 2. 1979 statt. Nachdem man die Arbeitsfähigkeit der Großgruppe, durch verschiedene Kommunikationsübungen angeregt, wieder hergestellt hatte, wurden zunächst die Ergebnisse der Hausaufgaben berichtet. Dann kam es zu einer Kleingruppenarbeit über folgende Fragen:

a) Ist es richtig, zwischen Allround-Sozialarbeitern und Spezialisten zu unterscheiden?

b) Ist es richtig, die einen als Breitwurzler, die anderen als Tiefwurzler zu bezeichnen?

Ist es gut, zwei Kategorien von Kirchenkreis-Sozialarbeitern zu schaffen? Muß man nicht vielmehr die Frage stellen, ob Kirchenkreis-Sozialarbeit nicht eben eine spezielle Form mit unterschiedlichen, aber unverkennbaren Kombinationen von Inhalten und Methoden ist? Durch welche anderen Angebote der Evangelischen Landeskirche oder anderer Wohlfahrtsverbände wird dann das, was Kirchenkreis-Sozialarbeit leisten kann, ergänzt, abgerundet? Wie sieht das die Kirchenkreis-Sozialarbeit umgebende Netzwerk helfender Angebote aus, das schließlich auch für die Kirchenkreis-Sozialarbeit als Entlastung gesehen werden kann?

Mit diesen Fragen und mit gesammelten Anmerkungen zu den Hausaufgaben zogen sich die Teilnehmer in Kleingruppen zurück. Im Plenum berichteten sie später: Die Aufgabenstellung im Kirchenkreis erfordert eigentlich den Allround-Sozialarbeiter, einen Fachmann, der von vielem etwas weiß, um möglichst allen in irgendeiner Form helfen zu können. Aber - wie soll ein solcher Sozialarbeiter Experte bleiben, offen für Weiterentwicklungen in seinem Spezialgebiet sein, bereit, sich selbst immer wieder in den verschiedensten Aufgaben weiterzuentwickeln? Wird nicht der Allround-Sozialarbeiter zwangsläufig zu einem Breitwurzler, der flächendeckend verankert ist, der es verlernt, immer wieder einer Sache auf den Grund gehen zu können. Dort, wo eine Gruppe von Kirchenkreis-Sozialarbeitern tätig ist, mag es möglich sein, daß jeder Allroundmann und Spezialist in einem Teilbereich zu bleiben vermag. Viele Sozialarbeiter, die ihren Beruf gern ausüben, hängen daran, daß sie sich auf einem Gebiet spezialisieren. Andererseits besteht ein Horror vor der Tiefwurzlerexistenz. Denn hat man seine Wurzeln in einen Problemkreis so tief eingesenkt, kommt man an die Ursachen von Problemen, sieht man, was einen da herausfordert und wird zugunsten der Qualität die Quantität eingrenzen.

Schließlich wird gemeinsam ein Raster von Kirchenkreis-Sozialarbeit entworfen, der folgendes zeigt (siehe Schaubild).

- Der Sozialarbeiter im Kirchenkreis muß über ein gutes Grundwissen verfügen. Er muß in Einzelfallhilfe, Methoden der Beratung und Gruppenarbeit so zu Hause sein, wie im Planen und Organisieren. Er muß systematisches Entscheiden in Gruppen fördern, zu Teamarbeit anregen und den Aufgaben angemessene Führungsstile entwickeln können. Er muß anleiten, beraten, unterrichten und befähigen können.

- Die Kernbestandteile der Aufgabe eines Kirchenkreis-Sozialarbeiters sind:

    1. Arbeit mit und für Klienten.
    2. Planen und Organisieren.
    3. Fortbildung, Anregung und Beratung.
    4. Öffentlichkeitsarbeit.

    Diese 4 Aufgaben müssen <u>alle</u> Kirchenkreis-Sozialarbeiter in irgendeiner Form leisten. Für ihre Durchführung braucht er das oben beschriebene Wissen und methodische Können, das er in der Fortbildung ständig zu erweitern hat. Der dafür anzusetzende Teil der Gesamtarbeitszeit liegt bei schätzungsweise 70 %.

Schaubild: "Aufgabenteppich" des Kirchenkreis - Sozialarbeiters

70% Kernbestandteil der Arbeit

30% Fortbildungsschwerpunkte nach jeweils eigenem Engagement

Zu 1 - 16:

Der einzelne Sozialarbeiter wird nach den Gegebenheiten seine Kombination von Schwerpunkten wählen

	1 Familie (einschl. Problem-Fam.)	16 Kranke	
2 Jugend			15 Behinderte
	I	II	
	Arbeit mit/für Klienten Information/Auskunft Spez. Gesprächsführung Gruppenangebote Einzelfallhilfe	Planung von Projekten Organisation von " Evtl. Mitwirkung bei Projekten	14 Suchtkranke Drogenabhängige
3 Alte			
	E.hilfe Gr.hilfe Methoden d. Beratung	Planung Organisation	13 Psychisch Kranke
		Entscheiden Führen kontrollieren	
	Alle Formen d. Gruppenarbeit	Vertretung gegenüber Verbänden Management Öffentlichkeitsarbeit	12 Sozialbehinderte
	"Fortbildung", Anregung und Beratung von Gemeinden und kirchl. Mitarbeitern zu diakonischem Handeln		11 Sozialanwaltschaft
	III	IV	
4 Ehe			10 Ausländer
5 Erholung	6 Heim- und Familienpflege	7 Erwachsenenbildung	8 Kindergarten	9 Arbeitslose

- Vertiefungsmöglichkeiten oder Spezialisierungsmöglichkeiten hat der Kirchenkreis-Sozialarbeiter nun in 1 bis 2 Gebieten, die er unter 16 (und wahrscheinlich mehr) wählen kann. Die Darstellung (auch "Teppich" bezeichnet, auf dem der Kirchenkreis-Sozialarbeiter steht) zeigt, daß die Grundmelodie seiner Tätigkeit in den inneren 2 Quadraten dargestellt ist. Im äußeren Rhombus ist dagegen angedeutet, mit welchen Alternativen eine Schwerpunktbildung (in mehreren Berufsjahren vielleicht auch wechselnd) vorgenommen werden kann.

Zum Schluß des 2. Seminars deuteten sich verschiedene Ergebnisse an:

- Wahrscheinlich kann man weder mit dem Bild des Breitwurzlers noch mit dem des Tiefwurzlers beschreiben, was der Kirchenkreis-Sozialarbeiter ist oder sein soll. Es werden verschiedenartige Bilder sein, die entstehen. Arbeitsplatzbeschreibungen, die jeweils nur das gemeinsam haben, daß die Grundaufgaben dieselben und die Wege zu ihrer Erreichung Variationen von wenigen Grundmethoden sind. Es kommt also sehr viel darauf an, daß jeder Kirchenkreis-Sozialarbeiter nach einem gleichen System und unter Beteiligung seiner Vorgesetzten, Kollegen und Mitarbeiter eine möglichst genaue und anschauliche Arbeitsplatzbeschreibung erarbeitet.

- Es kommt weiter darauf an, daß zwischen Kirchenkreis-Sozialarbeitern, die in einem Arbeitsbereich zusammenwirken, überlegt wird: Welche Spezialaufgabengebiete nimmt jeder wahr? In den einzelnen Kirchenkreisen muß dann geklärt werden, und zwar im Rahmen eines gemeinsam durchgeführten Zielfindungsprozesses, wie die Gruppe der in Sozialarbeit tätigen haupt- und ehrenamtlichen Mitarbeiter insgesamt die Ziele einer Kirchenkreis-Sozialarbeit erreicht, wenn sich der hauptamtliche Sozialarbeiter auf einen Teil konzentriert.

- "Begriffe ohne Anschauung sind blind." Es war die Meinung, daß man sehr genau und anschaulich darstellen müsse, was die Kirchenkreis-Sozialarbeiter in ihrem Arbeitsbereich tun. Es wurde daher beschlossen, daß einzelne Aktionen oder Fälle einmal ausführlich geschildert werden müßten.

2.4 <u>Hausaufgaben II : Schwerpunkt und Vorgehensweisen in der eigenen Arbeit</u>

Die Aufgaben, die nach Abschluß des zweiten Seminars gestellt wurden, lauteten:

a) Schreiben Sie zur Vorbereitung einer Arbeitsplatzbeschreibung einmal einen Brief an Ihren möglichen Nachfolger. Schildern Sie ihm das Wesentliche Ihrer Arbeit unter Auswertung der erarbeiteten Analyse. Sagen Sie uns, wo Ihnen die Aufgaben Freude machen und wo "Nüsse zu knacken" sind.

b) Führen Sie mit anderen Mitarbeitern im Kirchenkreis unter dem Thema: Was wollen wir bei uns in einem Spezialgebiet der Kirchenkreis-Sozialarbeit erreichen? einen Zielfindungsprozeß durch.

c) Stellen Sie möglichst anschaulich <u>einen</u> Fall aus Ihrer Praxis dar.

Zu Aufgabe a:

Es wurden 1o Briefe an einen Nachfolger geschrieben. Sie alle zeigen, daß der Brief an einen Nachfolger eine glänzende Möglichkeit ist, sich auf eine Arbeitsplatzbeschreibung vorzubereiten. (Anlage 8 gibt ein Beispiel.)

Die Briefe geben Aufschluß über

- die Infrastruktur des Kirchenkreises und das Umfeld, in dem die Stelle des Kirchenkreis-Sozialarbeiters angesiedelt ist. Die 1o Beschreibungen unterstreichen, daß Sozialarbeit in den einzelnen Kirchenkreisen sehr unterschiedlich aussieht. Die Aussagen über alternative Angebote einer Kirchenkreis-Sozialarbeit werden bestätigt.

- Deutlich werden die Ziele und Aufgaben der Stelle eines Kirchenkreissozialarbeiters. Außenstehenden Beobachtern stellt sich dabei öfters die Frage: Wie verhalten sich eigentlich die Aufgaben zu den Zielen? Denn oft wird von Aufgaben gesprochen, für die es keine Zielbeschreibung gibt, und umgekehrt wird oft von Zielen geredet, ohne daß festzustellen ist, daß die dazu gehörenden Aufgaben wahrgenommen werden oder wahrgenommen werden können. Das kann freilich damit zusammenhängen, daß eben ein Brief nicht erschöpfend Auskunft gibt und infolgedessen nur die subjektiv getroffene Auswahl zeigt. Es kann aber auch heißen, daß im Bewußtsein des Stelleninhabers manche Aufgaben, zu denen er laut deklarierter Ziele verpflichtet wäre, schlicht nicht vorkommen. In jedem Fall könnte also jeder, der den Brief geschrieben hat, ihn jetzt noch einmal unter dem Gesichtspunkt lesen: Was habe ich eigentlich von dem, was ich tue, verschwiegen und warum, und was habe ich von dem verschwiegen, was ich vielleicht noch tun müßte?

- Beschrieben wurden in allen Briefen die Zielgruppen, für die der Kirchenkreis-Sozialarbeiter arbeiten will oder arbeitet, für die er seine Programme macht, für die er denkt.

- Beschrieben wurden Soll-Aufgaben, also die Aufgaben, die man gern wahrnehmen würde, zu denen man aber im Augenblick nicht kommt oder die demnächst eben wahrgenommen werden sollten, sobald die äußeren Voraussetzungen dafür geschaffen sind.

- Die Mitarbeit in Gremien als ein wichtiger Bestandteil der Arbeit wurde sehr deutlich. Wir haben gestaunt, in wieviel Gremien ein Kirchenkreis-Sozialarbeiter mitarbeiten muß und was alles auf eine Tagesordnung paßt! Interessant wäre freilich, einmal zu prüfen, was von den Arbeitsergebnissen verbindlich war und inwiefern gemeinsam getroffene Beschlüsse in Ausschüssen auch umgesetzt und ausgeführt wurden. Darüber geben die Unterlagen begreiflicherweise keine Antwort.

Beim Lesen der Briefe drängt sich die Frage auf: Inwieweit wird eigentlich durch den Brief Mut gemacht, Nachfolger des Kirchenkreissozialarbeiters zu werden?
Gezeigt haben die Briefe vor allem: Man kann die Aufgaben des Kirchenkreissozialarbeiters einfach und überzeugend beschreiben. (Das sollte die Öffentlichkeitsarbeit der Diakonie aufgreifen.)
Die Aufgaben sind vielfältig dargestellt worden. Die Vielfalt läßt nicht erkennen, wo dem Kirchenkreissozialarbeiter auch die Muße

bleibt. Damit ist nicht nur die Zeit gemeint, in der er ausspannen
kann, sondern vor allem die Zeit, in der er zum Nachdenken kommt.
Das Nachdenken über die vielen Mosaikteile einer Gemeinde-, Kirchen-
kreis- und Diakoniearbeit ist unaufgebbar und darf nicht zu kurz
kommen.

Die Briefe haben eigentlich alle einen Aufforderungscharakter. Der
Nachfolger merkt, mein Vorgänger ist gern in seiner Arbeit, er hat
sich da ein Wirkungsfeld geschaffen, das ihm auf den Leib zugeschnitten ist. Gleichzeitig wächst bei dieser Empfindung auch die
Angst: Werde ich es ihm gleichtun können, denn bin ich ein solcher
Tausendsassa, wie der vor mir? Was sind dann wohl die Kriterien,
an denen man mein Tun und Lassen mißt?

Es ist also wichtig, eine Arbeitsplatzbeschreibung zu erstellen,
die im einzelnen die Mindestkriterien der Stelle aufzeigt und insbesondere bei den Zielen und Aufgaben genauer beschreibt: Was ist
gemeint?

Was in den Briefen meist nicht zur Sprache kam, sind die Kompetenzen, das heißt die Zuständigkeiten, die Rechte, aber auch die
Pflichten des Kirchenkreis-Sozialarbeiters. Es ist wenig darüber
zu lesen, wie sachbezogen an gemeinsamen Zielen und Aufgaben orientierte Kontrolle geübt wird.

Die Auswertung der Briefe ergab:

- Es muß noch einmal über die Schwerpunkte von Stellen der Kirchenkreis-Sozialarbeiter gesprochen werden.
- Es müssen verschiedene Stellenbeschreibungen konkret erarbeitet
  werden.

Zu Aufgabe b:

Die erarbeiteten 7 Zielfindungsprozesse zeigen, wie das in der Fortbildung vermittelte Instrumentarium inzwischen aufgenommen und phantasievoll umgesetzt worden ist. Die Ergebnisse zeigen, daß und wie
man innerhalb von Spezialaufgaben Schwerpunkte schaffen kann und was
dabei herauskommt, wenn man sich einige Spezialaufgaben - wie zum
Beispiel Öffentlichkeitsarbeit, Besuchsdienst, Gewinnung von freiwilligen Mitarbeitern, Organisation von Nachbarschaftshilfen - mittels
eines Zielfindungsprozesses durchsichtig macht. Es wurde transparent,
was einzelne Aufgaben beinhalten, welche Arbeiten zu leisten sind,
wer zu ihrer Bewältigung zusammenwirken muß, welche Ziele zu erreichen
sind.
Erstaunlich ist an den Ausarbeitungen, wieviel an _einem_ Sitzungstag
zuwegegebracht werden kann.

Zu Aufgabe c:

Anhand einer Gesprächsaufzeichnung wurde Einblick in die Einzelfallhilfe eines Kirchenkreis-Sozialarbeiters gegeben. Solche Aufzeich-
nungen sollten öfters Gegenstand einer Mitarbeiterbesprechung sein.

Ein Bericht über eine Freizeit für Spätaussiedlerfamilien läßt

deutlich werden, woraus die Arbeit mit einer Gruppe besteht, die
zwar Ferien macht, aber an Problemen ihres Lebens arbeitet. Der
Bericht zeigt eindrücklich, daß Ferienaktionen für Gruppen keineswegs
Ferien für den Kirchenkreis-Sozialarbeiter sind.

2.5 Seminar III : Arbeitsplatzbeschreibung und Fortbildungsplanung
    für Kirchenkreis-Sozialarbeiter

Bei einem dritten Seminar, das in der Zeit vom 19. bis 22. 5. 1980
stattfand, hatte das Programm nunmehr 3 Schwerpunkte:

a) Die Erarbeitung von möglichst vielen Arbeitsplatzbeschreibungen.

b) Die nochmalige Überlegung: Was ist also das typische Bild des
   Kirchenkreis-Sozialarbeiters, und in welchen Variationen werden
   Kirchenkreis-Sozialarbeiter tätig?

c) Welche Fortbildung brauchen Kirchenkreis-Sozialarbeiter, um den
   von ihnen selbst entwickelten Zielvorstellungen gerecht werden
   zu können?

Zu a:

Die gemeinsame Erarbeitung der Arbeitsplatzbeschreibung begann mit
der Entscheidung: Wer muß an der Arbeitsplatzbeschreibung beteiligt
sein? Entschieden wurde anhand des Organigramms der Stelle: die Vorgesetzten,
die Nachgeordneten, die auf gleicher Ebene Arbeitenden.
Die Stellenbeschreibung geschah anhand des folgenden Rasters in vier
Gruppen:

1. Bezeichnung der Stelle

2. Überstellung
   Unterstellung
   Gleichrangigkeit

3. Stellvertretung   aktiv (wer wird von wem vertreten?)
                          passiv (durch wen werde ich vertreten)

4. Ziele der Stelle

5. Aufgaben der Stelle

6. Kompetenzen

7. Mitgliedschaft in Gremien

8. Das Anforderungsprofil der Stelle

Das Muster einer Stellenbeschreibung zeigt den Ertrag der gemeinsamen
Arbeit (Anlage 9).

Zu b :

Im Zusammenhang mit den Ergebnissen der Stellenbeschreibung wurden
einmal mehr die Alternativen einer Funktion Kirchenkreis-Sozialarbeit
deutlich.

Zu c :

Bei genauer Betrachtung des Anforderungsprofils des Berufes Kirchenkreis-Sozialarbeiter war zu beantworten, was im einzelnen gewußt und gekonnt werden muß. Teils wird das Wissen durch die Ausbildung oder das Studium an einer Fach-/Fachhochschule, teils durch die Berufserfahrung gedeckt werden können. Teils aber wird das Wissen und Können durch eine bestimmte Fortbildung zu erwerben sein. Der Fortbildungsbedarf läßt sich also klar begründen und muß durch gezielte Angebote gedeckt werden.

Die drei Fortbildungsveranstaltungen mit den dazwischen tagenden Regionalgruppen und der Arbeit an Hausaufgaben haben insgesamt zu folgendem Ziel geführt:

3. Ergebnisse der Fortbildung

Allen Kirchenkreis-Sozialarbeitern, die an den verschiedenen Veranstaltungen beteiligt waren, ist deutlich geworden, was mit dem Ergebnis der Studie "Sozialarbeit in den Kirchenkreisen der Evangelisch-lutherischen Landeskirche Hannovers" anzufangen ist. Alle konnten nachvollziehen, was gegenwärtig geschieht und zukünftig weiter geschehen muß.

Bei dem Zielfindungsprozeß bestand die Möglichkeit zu prüfen, inwieweit eigene Zielvorstellungen in den Gesamtzielvorstellungen enthalten sind, denen man bei der Arbeit nachgeht.

Verschiedene alternative Möglichkeiten einer Beschreibung der Aufgabe Kirchenkreis-Sozialarbeit wurden deutlich. Ein Instrumentarium wurde erarbeitet, das es zuläßt, verschiedene Alternativen zu entwickeln, ohne die Grundvorstellung vom Kirchenkreis-Sozialarbeiter zu sprengen.

Durch die Arbeit der Gesamtgruppe wurde das von der Untersuchung Erhobene noch veranschaulicht, die Phantasie wurde dadurch angeregt, die Vorstellungen für künftige Weiterqualifizierung von Mitarbeitern in der Kirchenkreis-Sozialarbeit wurden weiter konkretisiert.

Ganz nebenbei wurden im Rahmen dieser gemeinsamen Arbeit und mit Hilfe neuer Methoden viele Möglichkeiten der Zusammenarbeit neu entdeckt und weiterentwickelt, und das ist wohl für die Zukunft der Sozialarbeit in Kirchenkreisen der Landeskirche Hannovers von größter Bedeutung, denn nicht dem Einzelkämpfer, dem vor sich hinarbeitenden Spezialisten gehört die Zukunft der offenen Sozialarbeit, sondern dem teamfähigen, in Kooperation mit anderen an gemeinsam erarbeiteten Zielsetzungen arbeitenden Mitarbeiter, der sich als Teil der Antwort der Kirche auf die Herausforderung durch die Nöte der Zeit in Form von Sozialarbeit versteht.

Johannes Nikolaus Bischoff

Sozialarbeit im Kirchenkreis nach dem Diakoniegesetz der Ev.-luth. Landeskirche Hannovers

		Seite
1.	Arbeitsfeldanalyse und Diakoniegesetz	146
2.	Diakoniegesetz und Sozialarbeit im Kirchenkreis	146
2.1	Der Kirchenkreis als Mitglied des Diakonischen Werkes der Landeskirche e.V.	147
2.1.1	Spitzenverband der freien Wohlfahrtspflege	147
2.1.2	Mitwirkung an den Entscheidungen	148
2.2	Kirchenkreisaufgaben und Aufgaben des Verbandes der freien Wohlfahrtspflege	148
2.2.1	Kirchenkreisinterner Bereich	149
2.2.2	Vertretung des Diakonischen Werkes nach außen	150
2.2.3	Organisatorische Konsequenzen für die Sozialarbeit im Kirchenkreis	152
3.	Schlußbemerkungen	153

1. Arbeitsfeldanalyse und Diakoniegesetz

Die Arbeitsfeldanalyse "Sozialarbeit im Kirchenkreis" fiel nicht nur in ihrer Erstellung zeitlich zusammen mit den gesetzgeberischen Arbeiten, sie wurde auch von Anfang an bezogen gesehen auf das am 19. Juli 1978 in Kraft getretene Kirchengesetz über die Ordnung der diakonischen Arbeit (Diakoniegesetz, Kirchl. Amtsbl. 1978, S. 109).[+)] Waren es doch gerade die Sozialarbeiter der Kirchenkreise, die aus den Erfahrungen ihrer Arbeit heraus Anfragen stellten nach dem Verhältnis zwischen Diakonischem Werk und Landeskirche, besonders nach der Vertretung des Verbandes der freien Wohlfahrtspflege "Diakonisches Werk" auf der Ebene der Landkreise, aber auch nach der Regelung der Verantwortlichkeiten für Diakonie in Kirchenkreisen und Kirchengemeinden.

Mit dem Diakoniegesetz, das die Rechtsverordnung über die Zuordnung von Innerer Mission und Hilfswerk in der Ev.-luth. Landeskirche Hannovers vom 5. November 1959 (darübergesetzt ab 6. September 1968: Das Diakonische Werk...) ablöst, ist ein Organisationsgesetz für die Diakonie der Landeskirche Hannovers gegeben, das für diese Fragen dem Sozialarbeiter klare Regelungen schafft. Ergangen ist ein Gesetz und nicht nur eine Rechtsverordnung, denn die Kirchengemeinden und Kirchenkreise werden auf Diakonie in Pflicht genommen, und zwar umfassender und konkreter als die die Diakonie ebenfalls erwähnenden Ordnungen für die Kirchenkreise (Vorläufige Kirchenkreisordnung vom 10. März 1971) und die Kirchengemeinden (Kirchengemeindeordnung vom 12. Dezember 1970). Das Diakoniegesetz sieht einen Aufbau der Diakonie von der Kirchengemeinde über den Kirchenkreis zum Diakonischen Werk der Landeskirche vor. Das Diakonische Werk der Landeskirche ist als eingetragener Verein organisiert und als ein freies Werk der Landeskirche zugeordnet. Die Kirchenkreise sind Mitglieder des Diakonischen Werkes der Landeskirche; für ihren Bereich nehmen sie Aufgaben des Diakonischen Werkes als eines Verbandes der freien Wohlfahrtspflege wahr.

Auch nach Inkrafttreten des Diakoniegesetzes behalten die Sozialarbeiter der Kirchenkreise ihre Schlüsselfunktion für die offene diakonische Arbeit im Kirchenkreis. Eine Änderung ihrer bisherigen Aufgaben sieht das Gesetz nicht vor, wie überhaupt für den Bereich des Kirchenkreises Aufgabenbeschreibungen unterblieben sind. Das Diakoniegesetz nimmt in vielem nur das auf, was bisher schon ohne dieses Gesetz praktiziert worden ist. Und doch gibt es als ein Organisationsstatut für Diakonie dem Sozialarbeiter für seine Tätigkeit gute Arbeitshilfen an die Hand. Es enthält auch Antworten auf Mängelanzeigen im Projektbericht. Z.B. wird der festgestellten Unklarheit über die Verpflichtung der Gemeinden zur Diakonie durch die im Gesetz vorgesehene Bildung von Diakonieausschüssen, Berufung von Diakoniebeauftragten und eine Auflistung diakonischer Aufgaben für die Kirchengemeinden begegnet; gegen die als nachteilig empfundene Einzelkämpferposition des Sozialarbeiters läßt sich die Zusammenarbeit mit Kirchenkreisdiakonieausschuß und Kreisbeauftragtem für Diakonie nutzbringend einsetzen; die bislang bestehende Unsicherheit über die Kompetenz zur Vertretung des Verbandes der freien Wohlfahrtspflege "Diakonisches Werk" am Ort ist durch eindeutige Übertragung dieser Aufgabe auf den Kirchenkreis beseitigt.

2. Diakoniegesetz und Sozialarbeit im Kirchenkreis

Von Belang für die Sozialarbeit im Kirchenkreis sind besonders die mit dem Diakoniegesetz eingeführten Regelungen über die Mitgliedschaft des Kirchenkreises im Diakonischen Werk der Landeskirche e.V., über die Wahrnehmung der Aufgaben als eines Verbandes der freien Wohlfahrtspflege durch den Kirchenkreis und über die Berufung von Diakoniebeauftragten und die Bildung von Diakonieausschüssen.

+) Vgl. Anlage 10

2.1 Der Kirchenkreis als Mitglied des Diakonischen Werkes der Landeskirche e.V.

Der Kirchenkreis ist nunmehr Mitglied des als eingetragener Verein organisierten Diakonischen Werkes der Landeskirche unbeschadet seiner verfassungsmäßigen Stellung nach dem Recht der Landeskirche (§ 5 Abs.1, Satz 1, Diakoniegesetz). Mit dieser Mitgliedschaft nimmt er teil an dem Status des Diakonischen Werkes der Landeskirche als eines Spitzenverbandes der freien Wohlfahrtspflege und wirkt über Mitgliederversammlung und ins Präsidium gewählte Vertreter an dessen Entscheidungen mit.

2.1.1 Spitzenverband der freien Wohlfahrtspflege

Beschreibung

Im wesentlichen läßt sich ein Verband der freien Wohlfahrtspflege so beschreiben:
Grundform des Zusammenschlusses ist der eingetragene Verein. Er ist ein freiwilliger Zusammenschluß von natürlichen und/oder juristischen Personen im freigesellschaftlichen Raum, um anderen in Not Befindlichen ohne Ansehen ihrer Weltanschauung oder politischen Einstellung zu helfen. Dieses sogenannte "altruistische Prinzip" unterscheidet diese Verbände von Interessentenverbänden, d.h. Verbänden, deren Zweck nur auf die Vertretung von Mitgliederinteressen gerichtet ist.

Die verfassungsrechtliche Absicherung eines Verbandes der freien Wohlfahrtspflege leitet sich her aus dem Wahlrecht des Hilfebedürftigen (das Recht, auf die Gestaltung der Hilfe Einfluß nehmen zu können) und aus dem Recht von Bürgern, sich zum Zwecke sozialen Helfens zusammenzuschließen.

Mit seiner Tätigkeit erfüllt ein Verband der freien Wohlfahrtspflege eine öffentliche Funktion. Freie Verbände vermögen es eher als öffentliche Sozialleistungsträger, Bürgernähe zu praktizieren. Sie können als Mittler zwischen öffentlichen Sozialleistungsträgern und Hilfebedürftigen fungieren; auf Grund ihrer nichthoheitlichen Stellung können ihnen die Hilfebedürftigen ein besonderes Vertrauen entgegenbringen und die freien Verbände wiederum für die Hilfebedürftigen eintreten - sozialanwaltliche Funktion -. Freie Verbände aktivieren freiwillige Mitarbeiter und bringen sie in die soziale Arbeit ein. Schließlich fällt den Verbänden der freien Wohlfahrtspflege eine unverzichtbare Rolle bei der Finanzierung der gesamten Sozialhilfelasten zu. Der Grundsatz des sinnvollen Einsatzes finanzieller Mittel (Urteil des Bundesverfassungsgerichts vom 18.7.1967, BVerfGE 22, 181) fordert von den öffentlichen Trägern eine Zusammenarbeit mit den freien Trägern.

Gegenüber zum Land und Zusammenarbeit mit Spitzenverbänden

Ein Spitzenverband der freien Wohlfahrtspflege ist ein Gegenüber zu den öffentlichen Sozialleistungsträgern auf Landesebene. Er arbeitet mit den anderen Spitzenverbänden zusammen.

Im Land Niedersachsen sind Verhandlungspartner die Landesregierung und das Landessozialamt als überörtlicher Träger der Sozialhilfe. Die Gegenüberposition des Spitzenverbandes zeigt sich zum Beispiel darin, daß er nach § 114, Abs. 1 Bundessozialhilfegesetz vor dem Erlaß allgemeiner Verwaltungsvorschriften und der Festsetzung von Regelsätzen von dem öffentlichen Sozialleistungsträger zu hören ist. Er ist auch Verhandlungspartner für eine nach § 93, Abs. 2 Bundessozialhilfegesetz auszuhandelnde Pflegesatzvereinbarung für Einrichtungen der Sozialhilfe in Niedersachsen.

Die Zusammenarbeit mit den anderen Spitzenverbänden der Wohlfahrtspflege: Arbeiterwohlfahrt, Caritasverband, Deutscher Paritätischer Wohlfahrtsverband, Deutsches Rotes Kreuz und Zentralwohlfahrtsstelle der Juden, geschieht in der Landesarbeitsgemeinschaft der freien Wohlfahrtspflege.
In § 3 der Satzung des Diakonischen Werkes der Landeskirche heißt es: Das Diakonische Werk ist anerkannter Spitzenverband der freien Wohlfahrtspflege und bildet mit den anderen Spitzenverbänden der freien Wohlfahrtspflege in Niedersachsen die Landesarbeitsgemeinschaft der freien Wohlfahrtspflege in Niedersachsen. Viel wohlfahrtspflegerischer Sachverstand ist in einer solchen Arbeitsgemeinschaft zusammengefaßt. Unbeschadet des Rechts jedes einzelnen Verbandes, eigenständig tätig zu werden, wird in Gemeinsamkeit Zusammenarbeit mit den öffentlichen Sozialleistungsträgern in Fragen der Sozial- und Jugendhilfe praktiziert, z.B. in Fragen der Gesetzgebung oder der Planung. Außerdem dient das Gremium gemeinsamen Arbeitsabsprachen.

2.1.2 Mitwirkung an den Entscheidungen

Nachdem das Diakonische Werk der Landeskirche bis zum 21. Juni 1978 mehr ein verbandlicher Zusammenschluß von Einrichtungen war, betraut mit den Aufgaben des Ev. Hilfswerks, ist es nunmehr nach seiner neuen Satzung ein Mitgliederverein. Mitglieder sind neben ca. 230 Einrichtungen jetzt auch die 76 Kirchenkreise der Landeskirche. Die Mitgliedermitwirkung geschieht durch die Mitgliederversammlung und durch von der Mitgliederversammlung gewählte Vertreter im Präsidium.

Nach § 10 der Satzung des Diakonischen Werkes der Landeskirche ist die Mitgliederversammlung das oberste Organ. Sie ist insbesondere zuständig für die Aufstellung allgemeiner Grundsätze für die Tätigkeit des Diakonischen Werkes und seiner Mitglieder und des Präsidiums, die Anregung neuer diakonischer Aufgaben und die Überwachung der satzungsmäßigen Tätigkeit der Organe; für die Entgegennahme des Tätigkeitsberichtes des Präsidiums; für die Wahl der Mitglieder des Präsidiums; für die Festsetzung der Höhe des Jahresbeitrages. Die Mitgliederversammlung tagt in größeren Zeitabständen, mindestens alle zwei Jahre.

Größere Bedeutung für die Mitwirkung kommt dem Präsidium zu. Es ist mindestens viermal im Jahr einzuberufen. Nach §12 der Satzung des Diakonischen Werkes ist es insbesondere zuständig für die Aufnahme neuer Arbeitsgebiete, die Beschlußfassung über den vom Vorstand vorgelegten Haushaltsplan und die Entlastung des Vorstandes. Nach §12 der Satzung des Diakonischen Werkes besteht das Präsidium aus bis zu 30 stimmberechtigten Mitgliedern. Von den durch die Mitgliederversammlung zu wählenden bis zu 18 Mitgliedern entfallen nach der Wahlordnung auf die Kirchenkreise 8, und zwar je Sprengel der Landeskirche 1. Für die Einrichtungen sind unter Berücksichtigung der Fachbereiche Altenhilfe, Behindertenhilfe, Gefährdetenhilfe, Gesundheitshilfe und Jugendhilfe 10 Mitglieder zu wählen.

2.2 Kirchenkreisaufgaben und Aufgaben des Verbandes der freien Wohlfahrtspflege

In der Landeskirche Hannovers ist ungeachtet der notwendigen Basis der Diakonie in den Gemeinden die wichtigste Organisationsebene für die offenen diakonischen Aktivitäten der Kirchenkreis. Nicht nur ist der Kirchenkreis zusammenfassende Instanz für Gemeindediakonie und Träger wichtiger übergemeindlich zu organisierender Dienste wie z.B. der Dienststellen für Sozialarbeit oder der Beratungsstellen für Suchtkrankenhilfe, sondern auch erst von ihm aus läßt sich darstellen, was als Vertretung des Diakonischen Werkes nach außen zu bezeichnen ist, als Vertreter gegenüber dem örtlichen Sozialhilfeträger, Landkreis.

Für die Sozialarbeit im Kirchenkreis sind nach dem Diakoniegesetz gleichermaßen bedeutsam die Möglichkeiten, die sich für eine Arbeit in den Kirchenkreis hinein bieten, wie auch die Aufgaben der Vertretung des Diakonischen Werkes nach außen.

2.2.1 Kirchenkreisinterner Bereich

Als Möglichkeiten gegen die als nachteilig empfundene Einzelkämpferposition bietet sich den Sozialarbeitern die Zusammenarbeit mit dem Diakonieausschuß des Kirchenkreises und dem Kreisbeauftragten für Diakonie.

Diakonieausschuß

Nach § 6 Diakoniegesetz soll der Kirchenkreistag in Anwendung von § 24 der Vorläufigen Kirchenkreisordnung einen Diakonieausschuß bilden. Dem Diakonieausschuß sollen der Kreisbeauftragte für Diakonie sowie mit beratender Stimme hauptberufliche diakonische Mitarbeiter des Kirchenkreises und Vertreter der selbständigen diakonischen Einrichtungen des Bereiches angehören. Vertreter der Diakoniegeschäftsstelle nehmen an den Sitzungen des Diakonieausschusses mit beratender Stimme teil.

Die Aufgaben des Diakonieausschusses des Kirchenkreises sind im Gesetz nicht beschrieben. Es lassen sich hierfür die Regelungen für den Diakonieausschuß der Gemeinde in § 4 Diakoniegesetz und die Empfehlungen des Diakonischen Werkes der Landeskirche vom 5. April 1976 heranziehen. Danach obliegt dem Diakonieausschuß insbesondere: das diakonische Handeln im Bereich des Kirchenkreises anzuregen, zu fördern und zu koordinieren; sich um die Gewinnung, Anleitung und Weiterbildung ehrenamtlicher Mitarbeiter zu bemühen; die Mitwirkung bei der Aufstellung des Haushaltsplanes für den diakonischen Bereich. Eine nicht aufgelistete, aber sich aus der Beteiligung von Vertretern der selbständigen diakonischen Einrichtungen ergebende sehr wichtige Aufgabe ist die Förderung der Zusammenarbeit zwischen dem Kirchenkreis und den in dessen Bereich liegenden diakonischen Einrichtungen. Keinesfalls hat der Kirchenkreis Einwirkungs- oder gar Aufsichtsbefugnisse in bezug auf diese Einrichtungen. Möglich sind nur Absprachen unter Gleichgeordneten, der Diakonieausschuß gibt dafür die Basis.

Der Diakonieausschuß ist ein Ausschuß des Kirchenkreistages. Das bedeutet, er hat keine Kompetenz nach außen; alle Beschlüsse sind dem Kirchenkreistag zuzuleiten, der darüber befindet. Da der Kirchenkreistag höchstens zweimal im Jahr tagt, wird er dem Diakonieausschuß, damit dieser ein für den Sozialarbeiter einzusetzendes Gremium sein kann, durch Beschluß die Entscheidung über schnell zu erledigende diakonische Angelegenheiten, über das Recht zum unmittelbaren Vortrag beim Kirchenkreisvorstand sowie über die ständige Zusammenarbeit mit dem Sozialarbeiter übertragen müssen.

Kreisbeauftragter für Diakonie

Nach § 6 Abs. 1 Satz 1 Diakoniegesetz beruft in Anwendung des § 40 der Vorläufigen Kirchenkreisordnung der Kirchenkreisvorstand einen Kreisbeauftragten für Diakonie. Auch dessen Aufgaben sind im Diakoniegesetz nicht beschrieben. Wie für den Diakonieausschuß ist hier auf vom Diakonischen Werk der Landeskirche ausgearbeitete Empfehlungen (vom Juni 1976) zurückzugreifen. Danach sollte der Kreisbeauftragte für Diakonie auf jeden Fall ein Pastor sein und nicht etwa, wie es der eine oder andere Kirchenkreis gerne gesehen hätte, der Kirchenkreissozialarbeiter, denn für dessen Arbeit erforderlich ist ein geistliches Gegenüber. Die Empfehlungen beschreiben daher den Kirchenkreisbeauftragten insbesondere als theologischen Partner des Kirchenkreissozialarbeiters und theologischen Berater im Diakonieausschuß mit der Aufgabe, gemeinsam mit diesem die diakonische Arbeit in den Gemeinden und im Kirchenkreis anzuregen und zu fördern. Der Kirchenkreisbeauftragte ist Mitglied des Pastorenkonvents seines Kirchenkreises. Er soll dem Kirchenkreisdiakonieausschuß angehören (§ 6 Abs. 2 Diakoniegesetz).

2.2.2 Vertretung des Diakonischen Werkes nach außen

Eindeutige Verbindung von Kirchenkreis mit freier Wohlfahrtspflege

Die für die Sozialarbeit im Kirchenkreis bedeutsamste Regelung des Diakoniegesetzes findet sich im § 5 Abs. 1 Satz 2. Danach nimmt der Kirchenkreis in seiner Eigenschaft als Mitglied des Diakonischen Werkes der Landeskirche für seinen Bereich Aufgaben des Diakonischen Werkes als eines Verbandes der freien Wohlfahrtspflege wahr. Die Bedeutung liegt in der Verbindung einer kirchlichen Körperschaft öffentlichen Rechts mit einem Verband der freien Wohlfahrtspflege, der ein eingetragener Verein ist. Zwar findet sich eine derartige Kombination inhaltlich auch in den Diakoniegesetzen anderer Landeskirchen: z.B. obliegt in der Evangelischen Kirche von Westfalen die Vertretung der diakonischen Arbeit im Bereich der Kirchenkreise bei den staatlichen, kommunalen, kirchlichen und anderen Stellen insbesondere dem Diakoniebeauftragten (§ 3 Abs. 3 Diakoniegesetz vom 3.11.1976); in der Evangelischen Landeskirche in Baden ist es Aufgabe des Kirchenbezirks, die diakonischen Belange des Kirchenbezirks und seiner Kirchengemeinden gegenüber den für die Sozial- und Jugendhilfe zuständigen öffentlichen Stellen zu vertreten (§ 1 Abs. 2 Buchst. c Vorläufiges kirchliches Gesetz über die Ordnung der diakonischen Arbeit in den Kreisen vom 21.11.1972), aber eine so eindeutige Formulierung der Zuweisung von Aufgaben als eines Verbandes der freien Wohlfahrtspflege auf den Kirchenkreis ist nicht ersichtlich. Anders verhält es sich natürlich in den Landeskirchen, in welchen die Diakonischen Werke der Landeskirche in ihrer Rechtsträgerschaft (eigene Personal- und Sachverantwortung) auf Bezirks-, Dekanats-, Kreis- oder Propsteiebene eigene Geschäftsstellen einrichten, wie z.B. in der Ev.-luth. Landeskirche in Braunschweig (§ 13 Diakoniegesetz vom 7.2.1970). Hier bleiben die Aufgaben des Verbandes der freien Wohlfahrtspflege bei den Geschäftsstellen.

Zwei Konzeptionen für ein Diakonisches Werk im Kirchenkreis

Für eine sachgerechte Ordnung der Wahrnehmung von Aufgaben des Diakonischen Werkes als eines Verbandes der freien Wohlfahrtspflege standen zwei Konzeptionen zur Debatte:

- Diakonisches Werk im Landkreis e.V.
- Volle Kompetenz für Diakonie, einschließlich Wahrnehmung der Aufgaben als eines Verbandes der freien Wohlfahrtspflege beim Kirchenkreis.

Die erste Lösungsmöglichkeit hätte sich insbesondere damit begründen lassen, daß dem öffentlichen Sozialleistungsträger gegenüber ein auch von der Körperschaft Kirche unabhängiger Träger auftritt und daß die Unabhängigkeit womöglich eine größere Flexibilität der Arbeit, gerade auch für die Einstellung von Mitarbeitern, ermöglicht. Im Diakoniegesetz ist jedoch die zweite Konzeption zum Tragen gekommen. Ein Diakonisches Werk als eingetragener Verein neben dem Kirchenkreis gerät, wie Erfahrungen gezeigt haben, in Gefahr, als entlastende Institution für alle diakonischen Aufgaben des Kirchenkreises angesehen zu werden, auf die diese Aufgaben gern abgeschoben werden. Der Verein ist zur Bedeutungslosigkeit verurteilt, wenn er nicht mit kompetenten Persönlichkeiten beschickt wird. Last not least fehlt ihm das finanzielle Fundament.

Für die Kompetenz beim Kirchenkreis spricht nicht nur, daß die Diakonie Aufgabe des Kirchenkreises bleiben muß, sondern auch, daß die vorhandene kirchliche Organisationsstruktur für eine diakonische Arbeit wirkungsvoller zu nutzen ist. Nach der neben dem Diakoniegesetz heranzuziehenden Vorläufigen Kirchenkreisordnung übt der Kirchenkreis auch für diakonische Angelegenheiten Aufsichts- und Durchsetzungsbefugnisse in bezug auf die Kirchengemeinden aus. Die Organe des Kirchenkreises, Kirchenkreistag und

Kirchenkreisvorstand, bleiben verantwortlich und einsetzbar für die
Diakonie. Die Anstellungsträgerschaft für Mitarbeiter der Diakonie,
z.B. der Sozialarbeiter, bleibt bei der Kirche. Die Finanzierung der
Mitarbeiter ist durch Kirchensteuern gesichert.

Da in der Landeskirche Hannovers die Grenzen der Kirchenkreise in den
meisten Fällen nicht deckungsgleich sind mit den Grenzen der Landkreise,
wird dort eine Zusammenarbeit mehrerer Kirchenkreise, insbesondere zum
Zwecke der gemeinsamen Vertretung der diakonischen Arbeit gegenüber dem
Landkreis, erforderlich. Eine solche Kooperation soll nach § 5 Abs. 3
Diakoniegesetz in Anwendung der Bestimmungen der Vorläufigen Kirchenkreisordnung durch Bildung eines Kirchenkreisverbandes oder nur durch
Abschluß einer schriftlichen Vereinbarung festgelegt werden. Die Bildung
eines eingetragenen Vereins ist nach § 5 Abs. 4 Diakoniegesetz nur ausnahmsweise vorgesehen.

Freie Wohlfahrtspflege - mehr Möglichkeiten für den Kirchenkreis

Zweck des Gesetzes ist nicht, wie zunächst von der Landeskirche angesichts
des vom Diakonischen Werk vorgelegten Gesetzentwurfs befürchtet, die
Kirchenkreise in das Diakonische Werk e.V. zu vereinnahmen, sondern ihnen
die Chance einzuräumen, als Verband der freien Wohlfahrtspflege aufzu-
treten. Nach dem Bundessozialhilfegesetz und dem Jugendwohlfahrtsgesetz
eröffnen sich nämlich für einen Verband der freien Wohlfahrtspflege Möglichkeiten, die den Kirchen nicht gegeben sind:

- Zuschüsse zu Sozialhilfemaßnahmen erhält nach § 10 Abs. 3 Satz 2 in
Verbindung mit § 10 Abs. 4 Halbsatz 2 Bundessozialhilfegesetz nur der
freie Wohlfahrtsverband, nicht die Kirche: "Die Träger der Sozialhilfe
sollen die Verbände der freien Wohlfahrtspflege in ihrer Tätigkeit auf dem
Gebiet der Sozialhilfe angemessen unterstützen. Wird die Hilfe im Einzelfall durch die freie Wohlfahrtspflege gewährleistet, sollen die Träger
der Sozialhilfe von der Durchführung eigener Maßnahmen absehen; dies gilt
nicht für Geldleistungen".

- Wenn ein freier Wohlfahrtsverband Hilfe im Einzelfall leistet, soll nach
§ 10 Abs. 4 Bundessozialhilfegesetz der öffentliche Träger von eigenen
Maßnahmen absehen. Dieser Vorrang, der im § 93 Abs. 1 Satz 2 Bundessozialhilfegesetz seine Entsprechung für die Schaffung von Einrichtungen
hat, gilt nur für den freien Wohlfahrtsverband. Das Bundesverfassungs-
gericht (a.a.O.) hat im Jahre 1967 diese seinerzeit zwischen öffentlichen
und freien Trägern der Sozialhilfe umstrittenen Vorschriften als mit
dem Grundgesetz vereinbar bestätigt.

- Partner des öffentlichen Trägers in Fragen der Beratung auf dem Gebiet
der Sozialhilfe und in sonstigen sozialen Angelegenheiten gemäß § 8 Abs. 2
Satz 1 Bundessozialhilfegesetz ist der freie Wohlfahrtsverband. Als an-
dere Beratungsstelle, auf die der öffentliche Träger gemäß § 8 Abs. 2
Satz 2 den Ratsuchenden hinweisen muß, kommt nur eine Stelle des freien
Wohlfahrtsverbandes in Betracht.

- Beratend zu beteiligen vor Erlaß von Widersprüchen gegen die Ablehnung
der Sozialhilfe in Widerspruchs-/Sozialausschüssen sind sozial erfahrene
Personen, besonders aus den Verbänden der freien Wohlfahrtspflege (§ 114
Abs. 2 und Abs. 1 Bundessozialhilfegesetz).

- Stimmrecht im Jugendwohlfahrtsausschuß haben gemäß § 14 Abs. 1 Nr. 2
und Abs. 3 Jugendwohlfahrtsgesetz Vertreter der freien Vereinigungen
der Jugendwohlfahrt, sprich Wohlfahrtsverbände, nicht die Vertreter der
Kirchen; diese nehmen nur mit beratender Stimme teil.

- Mitglied in der Kreisarbeitsgemeinschaft der freien Wohlfahrtspflege
und damit Partner für die Zusammenarbeit mit den anderen Wohlfahrtsverbänden ist der Wohlfahrtsverband. Was auf der Ebene des Landes die Landesarbeitsgemeinschaft, ist auf der Ebene des Landkreises die Kreisarbeitsgemeinschaft. Was über Zusammenarbeit der Verbände auf Landesebene ausgeführt ist, gilt entsprechend auch hier.

2.2.3 Organisatorische Konsequenzen für die Sozialarbeit im Kirchenkreis

Die oben beschriebenen Grundsätze prägen die Vertretung des Diakonischen Werkes nach außen. Sie sind nicht zuletzt mit den Regelungen über die Beratung und die Beteiligung an Widerspruchsausschuß und Jugendwohlfahrtsausschuß auch von Belang für die im Projektbericht "Sozialarbeit im Kirchenkreis" bei den Zielvorstellungen von Sozialarbeitern schon an zweiter Stelle benannte Aufgabe "sozialanwaltlich eintreten für Benachteiligte". Für die Praktizierung der Vertretung nach außen bedarf es allerdings neben der Festlegung des Rechts, Aufgaben als eines Verbandes der freien Wohlfahrtspflege wahrnehmen zu können, noch weiterer organisatorischer Regelungen. Es sind dies besonders die Bezeichnung, unter welcher der Kirchenkreis nach außen auftritt, sowie die personelle Ausstattung.

Diakoniegeschäftsstelle - Diakonisches Werk

Nach § 5 Abs. 2 Diakoniegesetz führt die Diakoniegeschäftsstelle des Kirchenkreises dessen Namen und die Bezeichnung "Diakonisches Werk". Die Einrichtung einer neuen Stelle brauchte hier nicht vorgesehen werden. Es wurde angeknüpft an die bisher in den Kirchenkreisen bestehenden Dienststellen für Sozialarbeit. Über die Bezeichnung der Diakoniegeschäftsstelle führt eine vom Landeskirchenamt Hannover im Benehmen mit dem Diakonischen Werk der Landeskirche erstellte Rundverfügung (G37/78) aus: "Bei der Bezeichnung der Diakoniegeschäftsstelle sollte an erster Stelle Diakonisches Werk, darunter der Kirchenkreis, darunter die Geschäftsstelle angegeben werden". Das Voranstellen des "Diakonisches Werk" und nicht des Kirchenkreises ist sinnvoll, weil nur so die Aufgabenwahrnehmung für das Diakonische Werk als eines Verbandes der freien Wohlfahrtspflege gemäß § 5 Abs. 1 Satz 2 nach außen klar in Erscheinung tritt. Im übrigen wird damit die bis zum Inkrafttreten des Diakoniegesetzes für die Dienststellenbezeichnung der Kirchenkreissozialarbeiter geübte Praxis weitergeführt. Nahezu alle Kirchenkreise hatten die im Frühjahr 1969 vom Diakonischen Werk im Einvernehmen mit dem Landeskirchenamt empfohlene Dienststellenbezeichnung "Das Diakonische Werk - Innere Mission und Hilfswerk des Kirchenkreises ... - Dienststelle für Sozialarbeit" eingeführt.

Besetzung der Diakoniegeschäftsstelle

Über die Besetzung der Diakoniegeschäftsstelle führt die bereits benannte Rundverfügung G 37/78 aus: "Hier ist nicht an die Errichtung neuer Stellen zu denken, vielmehr sollte die Diakoniegeschäftsstelle in der Regel bei dem Kirchenkreissozialarbeiter angesiedelt werden,...".
Mit der Ansiedlung der Diakoniegeschäftsstelle beim Kirchenkreissozialarbeiter wird der bisherigen Arbeit der in den Kirchenkreisen bestehenden Dienststellen für Sozialarbeit entsprochen. Die Kontinuität der Arbeit von bisheriger Dienststelle für Sozialarbeit zur Diakoniegeschäftsstelle ist sichergestellt. Die Sozialarbeiter sind die durch Ausbildung, Erfahrung und ständige fachliche Beratung des Diakonischen Werkes der Landeskirche befähigten Fachleute für die offene Sozial- und Jugendhilfe in den Kirchenkreisen. Sie sind insbesondere Kenner des Bundessozialhilfe- und des Jugendwohlfahrtsgesetzes und der darin beschriebenen Leistungen für Hilfebedürftige sowie der Mitwirkungsbefugnisse der freien Wohlfahrtspflege. Unbeschadet der Kompetenz des Kirchenkreisvorstandes als zur Vertretung nach außen befugtem Organ des Kirchenkreises sollte ihnen als den dazu fachlich Qualifizierten die Wahrnehmung der Vertretung des Verbandes der freien Wohlfahrtspflege "Diakonisches Werk" in Angelegenheiten der offenen Sozial- und Jugendhilfe gegenüber öffentlichen Sozialleistungsträgern und freien Verbänden übertragen werden. Der am 19. Oktober 1977 im Kirchlichen Amtsblatt (S. 151) vom Landeskirchenamt Hannover herausgegebene Musterentwurf einer Dienstanweisung für Sozialarbeiter und Sozialarbeiterinnen sieht demgemäß unter der Ziffer 3 vor:

"Dem/der Sozialarbeiter/in kann/ist die Wahrnehmung der Vertretung des freien Wohlfahrtsverbandes "Diakonisches Werk" in Angelegenheiten der offenen Sozial- und Jugendhilfe gegenüber öffentlichen Trägern und freien Verbänden übertragen werden/worden."

3. Schlußbemerkungen

Das Diakoniegesetz ist am 19. Juli 1978 in Kraft getreten. Die Kirchenkreise haben sich erfreulich schnell auf ihr Mitgliedsein beim Diakonischen Werk der Landeskirche e.V. eingestellt. Die Bereitschaft, die Chance zu nutzen, die sich aus der Wahrnehmung der Aufgaben als eines Verbandes der freien Wohlfahrtspflege ergibt, muß noch wachsen. Dazu gehört, daß der Kirchenkreis im wohlfahrtspflegerischen Bereich, im Bereich der Sozial- und Jugendhilfe unter der Bezeichnung "Diakonisches Werk" auftritt.

Ob das Diakoniegesetz ein Organisationsgesetz bleiben oder über die Regelung für die Gemeindediakonie hinaus noch weitere Aufgabenbeschreibungen aufnehmen soll, etwa für den Kreisdiakonieausschuß und den Kreisbeauftragten für Diakonie, muß abgewartet werden. Nach § 15 Diakoniegesetz kann das Landeskirchenamt zur Diakonie der Gemeinden und der Kirchenkreise im Benehmen mit dem Diakonischen Werk der Landeskirche Ausführungsbestimmungen erlassen. Die Zeit für solche Bestimmungen scheint noch zu früh. Es dürfte die für die Sozialarbeit im Kirchenkreis erforderliche Flexibilität beeinträchtigen, wenn jetzt schon Festschreibungen erfolgten.

In bezug auf den Projektbericht "Sozialarbeit im Kirchenkreis" gibt das Diakoniegesetz Antworten auf von Sozialarbeitern geäußerte Mängelanzeigen. Neben der Klärung der Frage, wer am Ort für die offene diakonische Arbeit das Diakonische Werk nach außen vertritt, enthält es gesetzliche Handhaben für das Arbeiten des Sozialarbeiters in den Kirchenkreis hinein, sei es durch Aufzeichnung von diakonischen Verpflichtungen, sei es durch Forderung nach Gremien (Diakonieausschüsse) und Personen (Beauftragte für Diakonie), mit welchen kraft Amtes zusammengearbeitet werden kann. Damit verstärkt sich die Schlüsselfunktion des Kirchenkreissozialarbeiters für die Diakonie des Kirchenkreises überhaupt. Es ist anzunehmen, daß angesichts dieser so hervorgehobenen Aufgabe die Aufgabe der vertieften Einzelhilfe in den Hintergrund tritt. Auf die von Sozialarbeitern mit Recht zu stellende Frage: ein weiteres Gesetz, mehr Hilfe oder mehr Last? wird geantwortet werden können: Das Diakoniegesetz schafft Klärungen, Verpflichtungen und Institutionen, die für die Aufgabe "Diakonie und Gemeinde" förderlich sind.

Anhang

	Seite

Zu den Beiträgen von Ingrid Lukatis, Albrecht
Müller-Schöll und Johannes Nikolaus Bischoff:

<u>Anlagen 1 - 1o</u>   155

Zur Untersuchung der Projektgruppe "Sozialarbeit im Kirchenkreis":

<u>Fragebogen an die Superintendenten</u>,
mit Ergebnissen der Rohauswertung   179 A

<u>Fragebogen an die Sozialarbeiter</u>,
mit Ergebnissen der Rohauswertung   2o7 A

<u>Tabellen 1 - 26</u>   246 A

Anlage 1: Dienstanweisung für die kirchlichen Fürsorgerinnen

Nr. 123. Dienstanweisung für die kirchlichen Fürsorgerinnen.

Hannover, den 21. Juli 1954.

Für die kirchlichen Fürsorgerinnen wird unter Hinweis auf die demnächst zu veröffentlichende Allgemeine Dienstanweisung für kirchliche Amtsträger die nachstehende spezielle Dienstanweisung erlassen:

1. Die Aufgaben der Fürsorgerin liegen in der Fürsorge für die Glieder der Kirche, insbesondere die Hilfsbedürftigen (Heimatvertriebene, Flüchtlinge, Heimkehrer, fürsorgebedürftige Alteingesessene, kinderreiche Familien, alleinstehende Alte usw.). Oberstes Ziel der Arbeit ist die Festigung der Gemeindezugehörigkeit bezw. die Zurückführung in die Kirchengemeinde.

2. Die Arbeit der kirchlichen Fürsorgerin erstreckt sich vor allem auf
   a) die Arbeit an den gefährdeten Frauen und Mädchen,
   b) die Erholungsverschickung von Müttern und Kindern in kirchliche Heime in Zusammenarbeit mit den örtlichen Pfarramt und den zentralen Entsendestellen,
   c) die Mitarbeit in der Sozial- und Jugendgerichtshilfe sowie in der Gefängnisseelsorge,
   d) die Mitarbeit in der öffentlichen Jugendfürsorge im Gebiet des Kreiskirchenverbandes (insbesondere Übersicht über Pflegekinder und Mündel, Gewinnung neuer Pflege- und Adoptionsstellen, Willigmachen von Gemeindegliedern zur Übernahme von Schutzaufsichten, Pflegestellen und Vormundschaften u. dergl.).

3. Die Fürsorgerin nimmt ihre Aufgaben wahr durch
   a) die persönliche Verbindung mit den Hilfsbedürftigen,
   b) den Besuchsdienst,
   c) regelmäßige Sprechstunden,
   d) Bemühen um die Einrichtung von Familienpflegen und von Nachbarschaftshilfen,
   e) Mithilfe bei der Erwirkung von kirchlichen und staatlichen Unterstützungen.

4. Bei allen ihren Hilfsmaßnahmen soll die Fürsorgerin darauf bedacht sein, daß diese der Erhaltung der Familie dienen und den Willen zur Selbsthilfe anregen und unterstützen.

5. Die Fürsorgerin führt ihr Amt als Angestellte des Kreiskirchenverbandes, der auch die Dienstaufsicht wahrnimmt. Die dienstlichen Anweisungen erhält sie durch dessen Vorsitzenden.

6. Zur Übernahme einer Nebenbeschäftigung, auch in der kirchlichen Arbeit (z. B. kirchlicher Unterricht oder dergl.), bedarf die Fürsorgerin der Genehmigung des Kreiskirchenvorstandes.

7. Bei der Durchführung ihrer Arbeiten in den Kirchengemeinden hat die Fürsorgerin enge Verbindung mit dem zuständigen Pfarramt und den in der Kirchengemeinde auf dem Gebiete der Diakonie tätigen Amtsträgern (Gemeindehelferin, Gemeindeschwester, Gemeindebeauftragte usw.) zu halten.

8. Es ist Aufgabe der kirchlichen Fürsorgerin, den Kreiskirchenvorstand, die Pfarrämter und die Pfarrvorstände bei allen fürsorgerischen Maßnahmen fachlich zu beraten.

9. Die Fürsorgerin bemüht sich darum, im Kreiskirchenverband und in den Gemeinden Helferkreise für ihre Arbeit zu gewinnen. Dabei bedient sie sich der bereits vorhandenen Kreise und kirchlichen Werke, der Mütterhilfe, Bezirkshelferinnen usw. und gibt den vorhandenen Kreisen und Werken Anleitung in Bezug auf die Fürsorgearbeit. Soweit sich die Notwendigkeit ergibt, regt sie bei der Übernahme örtlicher Aufgaben — wie etwa Instandsetzung von Spendenkleidung, Einrichtung von Nähstuben, Nachbarschaftshilfe usw. — durch Helferkreise an.

10. Zur rechten Durchführung ihres Dienstes ist für die kirchliche Fürsorgerin die Zusammenarbeit mit den für Fürsorgearbeit zuständigen außerkirchlichen Stellen unerläßlich, insbesondere
    a) mit dem Sozial- (Wohlfahrts-), Jugend- und Gesundheitsämtern des Kreises, vor allem mit den behördlichen Fürsorgerinnen,
    b) mit dem Vormundschaftsrichter,
    c) mit dem Arbeitsamt,
    d) mit dem Wohnungsamt,
    e) mit dem Flüchtlingsamt sowie mit den Flüchtlingsbetreuern in den einzelnen Gemeinden,
    f) mit den Lehrern,
    g) mit den Ärzten,
    h) mit den Kindergärtnerinnen,
    i) mit den Gemeindeschwestern und Hebammen,
    k) mit der Eheberatung und Erziehungsberatung — soweit solche Beratungsstellen nicht vorhanden sind, sollte (gegebenenfalls in Zusammenarbeit mit Fürsorgerinnen benachbarter Kreiskirchenverbände) deren Aufbau angeregt und unterstützt werden —,
    l) mit den Vertretern der anderen Wohlfahrtsverbände.

11. Die kirchliche Fürsorgerin muß bereit sein, in den Ausschüssen der öffentlichen Fürsorge, im Jugendwohlfahrtsausschuß usw. als Beauftragte der Kirche mitzuarbeiten.

12. Den Schriftwechsel in laufenden Angelegenheiten ihres Amtes führt die Fürsorgerin unmittelbar mit den beteiligten kirchlichen und außerkirchlichen Stellen.

13. Über besondere Vorgänge, die den diakonischen Dienst der Kirche berühren — seien es allgemeine Notstände, neu auftretende Aufgaben oder besondere Wirkungsmöglichkeiten — unterrichtet die Fürsorgerin den Kreiskirchenvorstand; sie kann daneben auch die je nach Lage der Dinge in Frage kommenden zentralen Stellen der diakonischen Arbeit der Landeskirche (Landesverband der Inneren Mission, Hauptbüro des Evangelischen Hilfswerks, kirchliche Werke usw.) durch Vermittlung des Kreiskirchenvorstandes unterrichten.

14. Die Fürsorgerin nimmt die von der Landeskirche gebotene Gelegenheit zur Weiterbildung wahr und nimmt insbesondere an den Fortbildungslehrgängen und Fachtagungen teil. Sie hält die Verbindung mit den übrigen kirchlichen Fürsorgerinnen. Jährlich einmal reicht sie dem Kreiskirchenvorstand einen Tätigkeitsbericht in doppelter Ausfertigung ein.

Das Landeskirchenamt
In Vertretung: D. Dr. Mahrenholz.

Anlage 2: Dienstanweisung für Sozialarbeiter und Sozialarbeiterinnen

Dienstanweisung

Der Kirchenkreisvorstand / Kirchenvorstand des / der Ev.-luth. Kirchenkreises / Kirchengemeinde in .... erläßt für den / die Sozialarbeiter(in) .... folgende Dienstanweisung:

1. Der/die Sozialarbeiter(in) nimmt gemäß Artikel 1 der Kirchenverfassung an dem Dienst der helfenden Liebe in der diakonischen Sozialarbeit und damit an der Gestaltung des gemeindlichen Lebens teil. Im Rahmen seines/ihres besonderen Auftrages hat er/sie insbesondere in dem ihm/ihr zugewiesenen Dienstbereich soziale Notstände festzustellen, an ihrer Bewältigung mitzuwirken und entsprechende Tätigkeiten selbständig auszuüben. Dadurch hilft er/sie, diakonische Verantwortlichkeiten wahrzunehmen, und unterstützt die Entwicklung entsprechender Aktivitäten in diesem Bereich.

   Er/sie ist in seinem/ihrem dienstlichen Handeln an das evangelisch-lutherische Bekenntnis gebunden.

2. Aus dieser Aufgabenstellung ergibt sich die Notwendigkeit der Zusammenarbeit mit den Pastoren und den anderen kirchlichen Mitarbeitern sowie mit Organen, Werken, Einrichtungen, Verbänden und Vereinigungen im kirchlichen und nichtkirchlichen Bereich.

3. Dem/der Sozialarbeiter(in) kann/ist die Wahrnehmung der Vertretung des freien Wohlfahrtsverbands „Diakonisches Werk" in Angelegenheiten der offenen Sozial- und Jugendhilfe gegenüber öffentlichen Trägern und freien Verbänden übertragen werden/worden.

4. Der/die Sozialarbeiter(in) ist verpflichtet, auf Vorschlag des Kirchenkreisvorstandes/Kirchenvorstandes bei Wahl oder Berufung in öffentliche Ausschüsse als Beauftragter der Kirche oder des Diakonischen Werkes mitzuarbeiten. Vor der Annahme einer Wahl oder Berufung ohne einen entsprechenden Vorschlag ist das Benehmen mit dem Kirchenkreisvorstand/Kirchenvorstand herzustellen.

5. Seine/ihre Rechte und Pflichten richten sich nach der geltenden landeskirchlichen Ordnung, insbesondere nach der Kirchenverfassung, der Vorläufigen Kirchenkreisordnung (KKO), der Kirchengemeindeordnung (KGO), dem Mitarbeitergesetz (MG) und der Angestelltenvertragsordnung (AnVO).

6. Über alle Angelegenheiten, die dem/der Sozialarbeiter(in) in Ausübung seines/ihres Dienstes bekanntgeworden sind und die ihrer Natur nach oder infolge besonderer Anordnungen vertraulich sind, hat er/sie Amtsverschwiegenheit zu wahren, auch wenn das Dienstverhältnis nicht mehr besteht.

7. Die Dienstaufsicht führt der Kirchenkreisvorstand/Kirchenvorstand (§§ 44 Abs. 1 Satz 1 KKO, 54 Abs. 1 Satz 1 KGO). Die Fachaufsicht wird durch das Landeskirchenamt gemäß §§ 44 Abs. 1 Satz 2 KKO, 54 Abs. 1 Satz 2 KGO geregelt. Die Fachberatung geschieht durch das Diakonische Werk — Landesverband.

8. Der/die Sozialarbeiter(in) erstattet dem Kirchenkreisvorstand/Kirchenvorstand jährlich schriftlich einen Tätigkeits- und Erfahrungsbericht. Er/sie ist berechtigt und verpflichtet, diesen Bericht dem Kirchenkreisvorstand/Kirchenvorstand in einer Sitzung mündlich zu erläutern. Der Bericht ist dem Landeskirchenamt und dem Diakonischen Werk vom Kirchenkreisvorstand/Kirchenvorstand zuzuleiten.

9. Der/die Sozialarbeiter(in) hat das Recht, seine/ihre Belange persönlicher oder dienstlicher Art in dem Kirchenkreisvorstand/Kirchenvorstand selbst zu vertreten. Er/sie kann dabei nach vorheriger Mitteilung an den Kirchenkreisvorstand/Kirchenvorstand einen anderen in der Landeskirche tätigen Mitarbeiter seines/ihres Vertrauens mitbringen (§§ 46 Abs. 1 KKO, 25 Abs. 1 KGO).

10. Der/die Sozialarbeiter(in) nimmt an der Arbeit der Mitarbeiterkonferenz des Kirchenkreises teil (§ 61 KKO).

11. Der Kirchenkreisvorstand/Kirchenvorstand überträgt dem/der Sozialarbeiter(in) — bei Ersteinstellung nach Absprache mit der Fachberatung des Diakonischen Werkes — Landesverband — unter Berücksichtigung seiner/ihrer Erfahrungen, Kenntnisse und Fähigkeiten insbesondere folgende Aufgaben: ....

12. Der Kirchenkreisvorstand/Kirchenvorstand setzt die Urlaubszeit im Einvernehmen mit dem/der Sozialarbeiter(in) fest und regelt seine/ihre Vertretung.

13. Die Zeit, in der der/die Sozialarbeiter(in) von der Durchführung von Seminaren und Kursen in Ausübung seines/ihres Dienstes beansprucht ist, wird auf den jährlichen Erholungsurlaub nicht angerechnet.

14. Der/die Sozialarbeiter(in) ist zur Teilnahme an regionalen fachbezogenen Arbeitsbesprechungen und zur Fortbildung verpflichtet. Nach Maßgabe landeskirchlicher Regelung nimmt er/sie an den von der Landeskirche, dem Diakonischen Werk oder anderen Fachverbänden verantworteten Fortbildungs- und Fachtagungen teil.

Anlage 3: Berufsbild des Sozialarbeiters (+) in der Landeskirche Hannovers

1. Der Sozialarbeiter ist aufgrund seiner Ausbildung eine Fachkraft, die Sozialarbeit beruflich ausübt.
   Er bedient sich der Arbeitsformen der Sozialarbeit. Die sich ständig verändernden Problemfelder verlangen eine differenzierte Beurteilung gesellschaftlicher Zusammenhänge und Zustände und demzufolge wissenschaftlich-berufliches Handeln. Dazu gehören das Erkennen von Sachzusammenhängen, sowie Kenntnisse von Beziehungen zwischen gesellschaftlichen Widersprüchen und wirtschaftlichen Bedingungen, deren Auswertung und Anwendung.

2. Der Sozialarbeiter bringt Fachkenntnisse und seine Persönlichkeit in helfende Prozesse ein. Deshalb muß er seine Einstellung und sein Handeln durch ständige fachliche und persönliche Auseinandersetzung überprüfen und deren Ergebnisse in die Praxis umsetzen.

3. Der Auftrag des Sozialarbeiters ergibt sich aus der Verpflichtung der Kirche zur Diakonie. Das Handeln der Kirche im Auftrag Jesu Christi richtet sich auf den ganzen Menschen. Darin verwirklicht sich die Zuwendung Gottes zum Menschen. Sie befähigt zum Eintreten für andere und zur Gemeinschaft. Diese Gemeinschaft bedarf der planmäßigen Einübung, entwickelt Motivationen zur Aktivität im sozialen Feld, bietet Möglichkeiten zur Identifikation an und versucht Diskriminierung und Klassifizierung der Gesellschaft durch Solidarität aufzuheben.

4. Im Arbeitsfeld Kirche ergänzen sich alle Aktivitäten zu einem Ganzen.

   Der Sozialarbeiter ist in seinem Bereich eigenverantwortlich tätig.

   Er arbeitet mit anderen Fachkräften der Kirche zusammen. An der kirchlichen Gesamtverantwortung und an Entscheidungen ist er beteiligt.

5. Der Sozialarbeiter erkennt den Auftrag des Evangeliums an der Kirche an und hilft ihn zu verwirklichen durch:

   - Aufdecken von sozialen Problemen
   - Bewußtmachen von sozialen Zusammenhängen
   - Mitgestalten von gesellschaftlichen Bedingungen
   - Verhindern, Beheben und Mindern von persönlichen Konflikten
   - Befähigung zu Kommunikation, Eigenständigkeit und Toleranz
   - Wahrnehmen von sozialanwaltlichen Funktionen für vernachlässigte Personen und Gruppen
   - Erschließen und Vermitteln von Hilfsquellen
   - Erschließen und Aufzeigen von Bildungsmöglichkeiten.

6. Der Sozialarbeiter hilft der Kirche sich in Frage zu stellen hinsichtlich ihrer Aufgabenstellung, ihrer Lebensformen und Anschauungen. Dadurch trägt er dazu bei, ihren Auftrag zur tätigen Hilfe zu erfüllen. Deshalb muß er sich ständig mit seiner eigenen Motivation und der Motivation der Kirche zu sozialer Arbeit auseinandersetzen.

Anmerkung: (+) Vgl. "Berufsbild des Sozialarbeiters/Sozialpädagogen grad." des Deutschen Berufsverbandes der Sozialarbeiter und Sozialpädagogen 1973.

7. Der Sozialarbeiter ist nicht nur im Bereich der Kirche tätig, sondern nimmt auch gegenüber öffentlichen und freien Trägern der Sozial- und Jugendhilfe Vertretungsfunktionen wahr. Er ist beteiligt an der partnerschaftlichen Aufgabe der Kirche gegenüber der Öffentlichkeit im sozialen Feld.

Der Sozialarbeiter setzt gemeinsam mit den zuständigen kirchlichen Gremien und Organen Schwerpunkte sozialer Arbeit. Dies ist Voraussetzung für fachgerechte, methodische Arbeit. Die Arbeitsfelder werden nach Ausbildung und Fähigkeit der Mitarbeiter sowie nach örtlichen Gegebenheiten abgegrenzt.

Der Sozialarbeiter bedient sich berufsspezifischer, auf wissenschaftlichen Erkenntnissen beruhender Arbeitsformen, die fachlich überprüfbar sind. Hierzu gehört, daß Arbeitsvollzüge transparent gemacht werden.

Arbeitsformen sind:

- Soziale Einzelhilfe
- Familientherapie
- Soziale Gruppenarbeit
- Soziale Gemeinwesenarbeit
- Soziale Beratung von einzelnen oder Gruppen und von Institutionen
- Soziale Planung und Administration
- Methodik und Didaktik der Bildungsarbeit.

Zum Schutz des durch die Arbeit begründeten Vertrauensverhältnisses unterliegt er gesetzlich der Geheimhaltungspflicht.

Sozialarbeiter sind angewiesen auf Kooperation und Arbeitsteilung untereinander, auf Teamarbeit, Praxisberatung (Supervision) und auf Fort- und Weiterbildung, um bei den sich ständig wandelnden sozialen Bedingungen und der Weiterentwicklung wissenschaftlicher Erkenntnisse fachgerecht arbeiten zu können.

Anlage 4: Zielpyramide

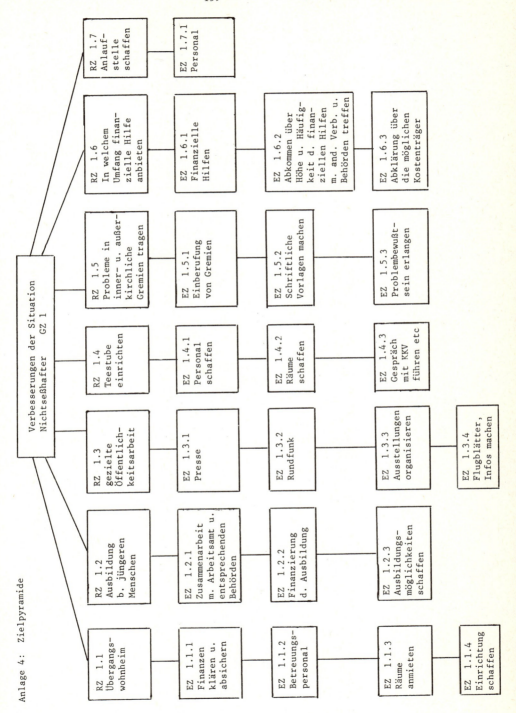

Anlage 5: Zielanpassung

		RZ 1.1	RZ 1.2	RZ 1.3	RZ 1.4	RZ 1.5	RZ 1.6	RZ 1.7
gegeben	+							
nicht gegeben	-							
nicht gegeben, aber realisierbar	O							
Personen		O	-	+	O	+	+	+
Sachen		O	-	O	O	O	O	O
Finanzen		-	-	O	O	/	O	O
Zeit		+	+	+	O	O	O	-
Kompetenz		+	-	+	O	+	+	+
eigene Fähigkeiten		+	-	+	+	-	+	O
		+3	+1	+4	+1	+2	+3	+2
		-1	-5	-/	-/	-1	-/	-1
		②	⑦	①	⑥	⑤	③	④
		O 2	O /	O 2	O 5	O 2	O 3	O 3

Anlage 6 : Zielauswahl

Vergleichstabelle (Matrix) zu RZ 1.3

* Personen * Geld * Zeit	1.3.1	1.3.2	1.3.3	1.3.4	+	-	0	Rang
1.3.1		+ 0 0	+ 0 +	+ + +	6	0	3	①
1.3.2	- 0 0		0 + +	+ + +	6	1	2	2
1.3.3	- 0 -	- - -		0 0 -	0	6	3	4
1.3.4	- 0 -	- - -	0 0 +		1	6	2	3

Anlage 7 : Zeit / Kosten

	Telefonate	Zeit	Kosten Personal	Kosten Gebühren	Gespräche	Zeit	Kosten Personal	Schriftl. Arbeiten Info /	Zeit	Kosten	Fahrtkosten
	1	2	3	4	5	5	7	8	9	10	11
Hamburger Abendblatt 1 Ausgabe Landkreis Stade	1	15	3,75	46	1	30	7,50	entwerfen /drucken /verteilen			Entfallen, da alle in das DW gebeten werden bzw. im Rahmen anderer Arbeiten die Gespräche erfolgen
2 Stader Tageblatt	1	15	3,75	46	1	30	7,50				
3 Altl.Zeitung	1	15	3,75	46	1	30	7,50		siehe auch 5		
4 E Z	1	15	3,75	46	1	30	7,50				
5 Neue Stader	1	15	3,75	46	1	30	7,50				
6 Neue Buxtehuder	1	15	3,75	46	1	30	7,50				
7 Gemeindebriefe	20	300	75,—	9,20	20	600	150				
8 Kehd.Heimatglocken	1	15	3,75	46	1	30	7,50				
9 Schülerzeitungen	4	60	15	1,84	4	120	60				
10 "Statistik"Zeitschr.1 d.Jugendfreiz.St	1	15	3,75	46	1	30	7,50		ca. 3 1/2 Std.	ca. 150,—	
	32	480 8 Std	DM 120,—	DM 14,72	32	950 16 Std.	DM 240,—				

ca.15,— Arb.Stdt.d. Sozialarb.

Gesamtzeit: 27 Std. 10 Min.
Gesamtkosten 524,72 ohne Personalkosten 164,70

Aufzuwendende Wochenstunden 67.48 Min.

Anlage 8 : Brief an einen Nachfolger

Lieber Nachfolger!

Da Sie in Kürze meine bisherigen Aufgaben im Diakonischen Werk, Dienststelle für Sozialarbeit, übernehmen, möchte ich Ihnen diesen Brief schreiben.

I. Die Kirchenkreise L. und B. haben ein gemeinsames Diakonisches Werk. Daraus ergeben sich für unsere Arbeit folgende Vorteile:

1. In unserer Dienststelle sind zwei Kirchenkreissozialarbeiter beschäftigt. Hinzu kommen teilzeitbeschäftigt eine weitere Sozialarbeiterin, eine Eheberaterin und eine Verwaltungsangestellte.
Wir können uns Teamarbeit leisten.

2. Unsere Arbeitsgebiete sind nicht nach Bezirken eingeteilt, sondern nach Fachgebieten, so daß jeder Kollege in seinen Fachbereichen in beiden Kirchenkreisen tätig ist.

3. Da sich beide Kirchenkreise fast mit den Grenzen des Landkreises decken, bedeutet dies für uns eine erhebliche Erleichterung in der Beziehung zwischen dem Diakonischen Werk als freiem Wohlfahrtsverband und den kommunalen Dienststellen.

4. Die täglichen Begegnungen der Kollegen ermöglichen einen ständigen Erfahrungsaustausch und spontane Beratung bei schwierigen Arbeitsabläufen.

5. Wir können Sprechzeiten von montags bis freitags vormittags durchhalten, wobei jeder zwei feste Sprechtage hat.

Gemeinsam mit der Drogen- und Jugendberatungsstelle bildet unsere Dienststelle die Geschäftsstelle des Diakonischen Werkes in beiden Kirchenkreisen.

II. Nach Absprache mit den Kollegen und dem Kirchenkreisvorstand bin ich in folgenden Fachbereichen tätig:

1. Soziale Einzelfallhilfe
2. Nichtseßhaftenhilfe
3. Ausländische Arbeitnehmer
4. Mitarbeit in Gremien

1. **Soziale Einzelfallhilfe**

   Dieser Bereich wird auch von den anderen Kollegen wahrgenommen. Dabei berät jeder die Fälle, die in seiner Sprechzeit anfallen oder nach Absprache im Team.

   Ich unterscheide diesen Bereich in kürzere Beratungs- und Informationsgespräche während der Sprechzeiten und in eine Begleitung von Klienten über einen längeren Zeitraum.
   Inhaltlich geht es bei den ersteren vorwiegend um Angelegenheiten der Sozialhilfe. Der Klient kommt in der Regel mit der Bitte um eine finanzielle Beihilfe, die im Einzelfall auch möglich ist, zu uns. Im Gespräch suchen wir nach Ursachen und Hilfemöglichkeiten; spezielle Informationen über die Sozialhilfe, Arbeitsförderung, Sozialversicherung u.a. sind erforderlich. Ggf. ist hier Unterstützung bei der Durchsetzung von gesetzlichen Ansprüchen notwendig.
   In der vergangenen Zeit habe ich drei Klienten über einen längeren Zeitraum in wöchentlichen oder 14tägigen Gesprächen begleitet. Bei der Aufgabenabgrenzung meines Arbeitsbereiches ist dies die noch leistbare Grenze.

   Nach einem Bildungsurlaub, den der kirchliche Dienst in der Arbeitswelt mit Arbeitslosen durchgeführt hat, wurde den Teilnehmern eine weiterführende Gruppenarbeit angeboten. Für die etwa monatlichen Treffen bin ich gemeinsam mit einem Vertreter des Männerwerks verantwortlich. Unter dem Thema "Miteinander reden hilft weiter" führt die Gruppe Gespräche über Schwierigkeiten und Erfolge der Gruppenmitglieder.

2. **Nichtseßhaftenhilfe**

   Dieser Bereich war für mich - wenn man so will - Schwerpunkt der Schwerpunkte.
   Etwa 300 Nichtseßhafte suchen jährlich das Diakonische Werk auf. Lebensmittelgutscheine und ggf. eine Fahrkarte zu einem der nächsten Bahnhöfe kann ich Durchwanderern vermitteln. Wichtiger ist mir jedoch das Gespräch zur Vorbereitung einer Vermittlung in eine Einrichtung der Nichtseßhaftenhilfe oder zu einer speziellen Beratungsstelle. Besonders für diejenigen, die solche Einrichtungen noch nicht kennen, ist es wichtig, über die unterschiedlichen Hilfemöglichkeiten der einzelnen Einrichtungen zu sprechen, damit der Klient möglichst die für ihn richtige Entscheidung treffen kann.
   Da Nichtseßhafte vorwiegend Pfarrämter aufsuchen, halte ich es für erforderlich, sich einen Überblick zu verschaffen, welche Pfarrämter im Kirchenkreis am häufigsten bzw. wenig häufig aufgesucht werden. Auch Sozialämter und andere Stellen sind hier einzubeziehen, damit hier Absprachen über eine Zusammenarbeit getroffen werden können.

Viel Zeit nimmt die Mitarbeit im Vorstand des Herbergsvereins, der Mitglied im Diakonischen Werk ist, in Anspruch. Sicherlich dürfen auch Sie damit rechnen, Mitglied dieses Gremiums zu werden. Neben der allgemeinen Vorstandsarbeit liegt eine über zweijährige Planungszeit hinter uns.
Der Stellenplan für die Herberge zur Heimat mit 7o Plätzen wurde von zwei auf sieben angehoben, um die Qualität der Nichtseßhaftenhilfe in diesem Hause entscheidend zu verbessern.
Dieses Ziel ist nun erreicht. In den kommenden Jahren ist nun der Umzug in ein anders Haus oder ein Neubau zu planen ..

3. Ausländische Arbeitnehmer

Seit 1972 gibt es hier einen Arbeitskreis ausländischer Arbeitnehmer, der sich um die vielfältigen Probleme dieser Gruppe unserer Gesellschaft bemüht. Ein bis zwei Vertreter je Nation arbeiten mit deutschen Mitgliedern zusammen, organisieren gesellige Veranstaltungen und arbeiten an aktuellen Problemen mit. Ein großer Teil der hierdurch anfallenden Aufgaben werden von einem Zivildienstleistenden wahrgenommen. Für seinen Einsatz bin ich verantwortlich.
Nach Absprache in der Arbeitsgemeinschaft der Freien Wohlfahrtspflege ist die Übernahme der bundesweiten Aufteilung der Nationalitäten auf die Wohlfahrtsverbände hier am Ort nicht durchführbar, weil nur das Diakonische Werk und der Deutsche Paritätische Wohlfahrtsverband sich in der Lage sehen, im Arbeitskreis mitzuarbeiten.
Die nächste Aufgabe ist die Erweiterung von Hausaufgabenhilfe.

Aufgrund der Nationalitätenaufteilung trifft sich die Gruppe der Griechen monatlich im Diakonischen Werk. Ich lade ein zu griechischen Filmabenden und - in enger Zusammenarbeit mit dem Diakonischen Werk Hannover - zu griechischen Festen, die in ihrer Art von den Griechen selbst gestaltet werden.
Leider ist es bisher noch nicht gelungen, einen engen Kontakt zum griechisch-orthodoxen Pater in Hamburg herzustellen.

4. Mitarbeit in Gremien

4.1 Kirchenkreistag

Als berufenes Mitglied arbeite ich im Kirchenkreistag, dem Parlament des Kirchenkreises, mit.
Dieses oberste Organ des Kirchenkreises entscheidet u.a. über Haushaltspläne, Stellenerrichtungen, wählt Ausschüsse und den Kirchenkreisvorstand, das geschäftsführende Organ des Kirchenkreises, und nimmt Berichte des Superintendenten und des Kirchenkreisvorstandes entgegen.

4.2 Diakonieausschuß des Kirchenkreistages

Nach meiner Wahl in diesen, für die Aufgaben des Kirchkreissozialarbeiters wichtigen Fachausschuß, der einmal monatlich tagt, wurde ich dessen stellvertretender Vorsitzender. Aufgabe des Ausschusses ist insbesondere die Anregung diakonischer Aktivitäten im Kirchenkreis sowie die Vorbereitung von Beschlußvorlagen für den Kirchenkreistag, den Kirchenkreisvorstand und den Gesamtverbandsausschuß. Zu meinen Aufgaben zählen ferner die Vorbereitung der Sitzungen und die Protokollführung.

4.3 Gesamtverbandsausschuß

Der ev.-luth. Gesamtverband ist eine gemeinsame Trägerorganisation der Kirchengemeinden in der Stadt L   .

Im Bereich der Diakonie ist er u.a. Träger der Gemeindeschwesternstation, der Bahnhofsmission, eines Kindergartens, der Familienbildungsstätte und der Krankenhausseelsorge.
An den Sitzungen dieses Ausschusses, der die geschäftsführenden Aufgaben des Gesamtverbandes wahrnimmt, nehme ich beratend teil.

4.4 Pfarrkonferenz

In unserem Kirchenkreis sind neben den Pastoren auch die Mitarbeiter des Kirchenkreises Mitglieder der Pfarrkonferenz. Hier werden Informationen aus dem Kirchenkreis gegeben sowie aktuelle Themen diskutiert. Eine längere Kommunikationspause ermöglicht Gespräche mit Pastoren und Mitarbeitern.

4.5
Aufgrund des Diakoniegesetzes kommt künftig die beratende Mitarbeit im Diakonieausschuß des Kirchenkreises B. hinzu.

4.6 Arbeitsgemeinschaften der Freien Wohlfahrtspflege

In unserem Bereich gibt es 2 Arbeitsgemeinschaften, L - Stadt und L - Land. Aufgrund der bisher gewachsenen Struktur hat eine Zusammenlegung noch nicht stattgefunden, obwohl die Stadt   ihre Kreisfreiheit verloren hat. Seit 2 Jahren finden die Sitzungen jedoch gemeinsam statt.
In der Verantwortung der Arbeitsgemeinschaft stehen die gemeinsame jährliche Spendenaktion "Guter Nachbar" sowie nachmittägliche Theatervorstellungen für Senioren. Die Erlöse der Spendenaktion erhalten die Verbände zu gleichen Teilen für Beihilfen.
In den Sitzungen werden auch Absprachen über sozialpolitische Vorhaben in unserem Bereich abgesprochen, ebenso eine Aufgabenverteilung der einzelnen Verbände.

4.7 Kuratorium zweier Sozialstationen

In den drei Sozialstationen im Landkreis haben sich u.a. die örtlichen Wohlfahrtsverbände, Kirchen und kommunalen Körperschaften zu einer Arbeitsgemeinschaft zusammengeschlossen. Jedes Mitglied hat Sitz und Stimme im Kuratorium. In zwei Kuratorien vertrete ich das Diakonische Werk.
Aufgaben der Kuratorien, die etwa zwei- bis viermal jährlich tagen, ist es, für die Arbeit der Sozialstation Richtlinien festzulegen, diese kritisch zu begleiten und über die zur Verfügung stehenden Gelder zu entscheiden.

4.8 Kommunale Ausschüsse

Durch die Gebietsreform hat die Stadt L. ihre Kreisfreiheit verloren und den Status einer "Großen selbständigen Stadt" erhalten. Dies bedeutet für uns, daß die Stadt weiterhin ein eigenes Sozial- und Jugendamt behalten hat. Daher sind die Wohlfahrtsverbände in zwei Sozialausschüssen und zwei Jugnedwohlfahrtsausschüssen vertreten.

4.8.1 Sozialausschuß Landkreis

Als Mitglied mit beratender Stimme ist es meine Aufgabe in diesem Ausschuß, die Belange des Diakonischen Werkes zu vertreten und die Mitglieder des Ausschusses fachlich zu beraten. Dieser Ausschuß ist zugleich Widerspruchsausschuß gemäß § 114 Abs. 2 Bundessozialhilfegesetz.

4.8.2 Sozialausschuß Stadt

Die Aufgabe ist die gleiche wie zu 4.8.1. Über Widersprüche wird hier nicht entschieden, weil der Landkreis örtlicher Träger der Sozialhilfe ist.

4.8.3 Jugendwohlfahrtsausschuß Stadt

In diesem Ausschuß bin ich stimmberechtigtes Mitglied als Vertreter der Arbeitsgemeinschaft der Freien Wohlfahrtspflege. In der Reihe der Ausschüsse des Rates der Stadt nimmt der Jugendwohlfahrtsausschuß eine Sonderstellung ein, da er für bestimmte Aufgaben direkt ausführende Beschlüsse fassen kann. Ansonsten bereitet er Beschlüsse für den Rat vor.

III. Am Schluß meines Briefes möchte ich Ihnen schreiben, daß Sie Mitarbeiter einer Dienststelle werden, in der es Spaß macht, zu arbeiten.

Für Ihre neue Tätigkeit wünsche ich Ihnen einen guten Start als Mitarbeiter in der Diakonie Jesu Christi.

Mit herzlichen Grüßen
Ihr
"Vorgänger" G. Z.

Anlage 9 : Arbeitsplatzbeschreibung

Arbeitsplatzbeschreibung

Arbeitsschritte:

1. Organigramm

2. Mindestkriterien für eine Stellenbeschreibung

3. Ziele der Stelle

4. Aufgaben der Stelle (Ist)

5. Ermittlung des Zeitaufwandes für die Ist-Aufgaben zu einem Ziel

6. Kompetenzen

1. Das Organigramm der Organisation - Dw im Kirchenkreis M.
Stelle innerhalb der Organisation

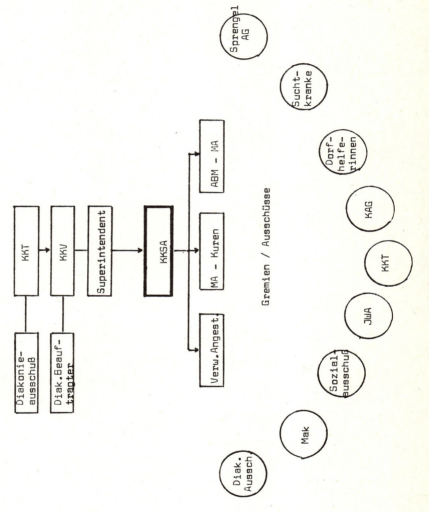

2. Mindestkriterien für eine Stellenbeschreibung

2.1 Stellenbezeichnung:

Kirchenkreissozialarbeiter im Kirchenkreis M.

2.2 Überstellung:
- a) Verwaltungsangestellte
- b) Honorarkraft (Kuren)
- c) ABM-Kraft

2.3 Unterstellung:

Superintendent (KKV)

2.4 Stellvertretung:
- a) aktiv: Honorarkraft
       teilweise Verwaltungsangestellte
- b) passiv: -

2.5 Ziele der Stelle

2.6 Aufgaben der Stelle

2.7 Kompetenzen

3. Ziele der Stelle

Der Stelleninhaber gab eine Ist-Beschreibung der Ziele seiner Stelle. Folgende Ziele wurden formuliert:

   I. Suchtkrankenhilfe - Klienten zur Abstinenz führen

  II. Vertretung des Diakonischen Werkes und des Kirchenkreises in Ausschüssen (kommunale und kirchliche)

 III. Mitarbeit an Planungen im Kirchenkreis
      (Aktivierung der Altenarbeit, Einrichtung von Sozialstationen)

  IV. Vermittlungen in Bezug auf Erholungshilfe leisten

   V. Einzelfallhilfe - Allgemeine Sozialarbeit durchführen für verschiedene Zielgruppen
      - Adoption
      - Wirtschaftliche Hilfen

  VI. Für das Funktionieren des verwaltungsmäßigen Ablaufs sorgen
      (Koordination in der Geschäftsstelle)

4. Aufgaben der Stelle und

5. Ermittlung des Zeitaufwandes der Ist-Aufgaben zu einem Ziel

Die Formulierung der Aufgaben zu den sechs Zielen fand in 6 Untergruppen statt. Im Anschluß an diese Kleingruppenarbeit wurden die formulierten Aufgaben dahingehend überprüft, ob sie tatsächlich vom Stelleninhaber wahrgenommen werden bzw. welche Aufgaben für eine umfassende Ist-Beschreibung noch fehlen. Ziel dieses Durchgangs war es, eine umfassende Auflistung aller vom Stelleninhaber wahrgenommenen Aufgaben zu erhalten.

Für die Aufgaben die dem Ziel 'Suchtkrankenhilfe' zugeordnet worden waren, wurde anschließend der wöchentliche Zeitaufwand aufgelistet.

Diese beiden Arbeitsschritte ergaben folgendes Ergebnis:

I. Suchtkrankenhilfe – Klienten zur Abstinenz führen

Aufgaben:

- Begleitung von Patienten zur Klinik   30 Min.
- Zusammenarbeit mit Kirchengemeinden
  (Pastoren, Gemeindeschwestern, Diakone,
  Kirchenvorsteher)   20 Min.
- Zusammenarbeit mit Fachkliniken und
  Landeskrankenhaus   15 Min.
- Zusammenarbeit mit Arbeitgebern   20 Min.
- Mitarbeit in Arbeitsgemeinschaften und
  Ausschüssen   10 Min.
- Erstellung von Sozialberichten   120 Min.
- Hausbesuche bei Familien   180 Min.
- Einzelgespräche mit Klienten und
  Ehepartnern usw.   240 Min.
- Zusammenarbeit mit Ärzten   60 Min.
- Teilnahme an Gruppenabenden   60 Min.
- Außensprechstunde (1 x wöchentlich)   120 Min.
- Konzeption erstellen   20 Min.
- Zusammenarbeit mit Dienststellen und
  Behörden
  Kostenträger: LVA und KV, Sozialämter
                Gesundheitsämter, Arbeits-
                amt und Gericht   180 Min.
- Kontakte mit freiwilligen Mitarbeitern
  und Gruppensprechern   120 Min.
- Organisation von Familienfreizeiten
  (alle 2 Jahre)   30 Min.

- Mitarbeit in Seminaren   5 Min.
- Zusammenarbeit mit dem Evang. Krankenhaus Melle und zwei weiteren Krankenhäusern im Kirchenkreis M.   60 Min.
- Betreuung der Freundeskreisbegegnungsstätte des Diakonischen Werkes   15 Min.
- Mitarbeiterbesprechungen mit freiwilligen Mitarbeitern in der Suchtkrankenhilfe (1 x im Monat)   40 Min.
- Vorträge in Gruppen, Schulen, Öffentlichkeitsarbeit   20 Min.

II. Vertretung des Diakonischen Werkes und des Kirchenkreises in Ausschüssen (kommunale und kirchliche)

Aufgaben:

- Teilnahme an Sitzungen (Widerspruchsausschuß, Kreis-AG, Kuratorium und Beiräte, Diakonieausschuß, KKT, KKV, KV, Pfarrkonferenz, Sozialausschuß, JWA, MAK, RESAG)

- Referenten besorgen (Kuratorium, Diakonieausschuß, KKT, RESAG)

- Raum beschaffen (JWA, Kuratorium, Diakonieausschuß, RESAG, MAK, Mitarbeiterbesprechung)

- Sitzung leiten (Diakonieausschuß)

- Experten einladen (Kuratorium, Beiräte, Diakonieausschuß)

- Einladungen schreiben oder telefonieren (KAG, Kuratorium, Diakonieausschuß, MAK, Mitarbeiterversammlung, Suchtkrankenhilfe, Schwesterntreffen im KK)

- Protokoll schreiben (Kuratorium, Daikonieausschuß, RESAG)

- Programm (Kuratorium, Diakonieausschuß, MAK)

- Getränke besorgen, Imbiß (Kuratorium, Diakonieausschuß, RESAG, Jugendwohlfahrtsausschuß)

- Kostenabwicklung (Diakonieausschuß, MAK, Mitarbeiterbesprechung, Kuratorien)

- Informationsmaterial beschaffen (Sozialausschuß, Kreis-AG, Kuratorien und Beiräte, Diakonie-Ausschuß, KKT, KKV, KV, Pfarrkonferenz, RESAG, MAV, MAK, Telefonseelsorge-AG, Erziehungsberatungs-AG)

III. <u>Mitarbeit an Planungen im Kirchenkreis</u>
Aufgaben:
- Protokolle schreiben
- Planungskreis suchen
- Konzepte erarbeiten
- Anträge stellen
  LKA, DW Hannover, KK, EEB, LK, Land usw.
- Mitarbeiterschulung (ehrenamtliche Mitarbeiter im Altenklub, Altenarbeit)
- Beratung bei Anstellung von Mitarbeitern
- Konzepte in Gremien vertreten
  KG, SA, KAG, Behörden usw.

IV. <u>Vermittlungen in Bezug auf Erholungshilfe leisten</u>
Aufgaben:
- Rückfragen und Benachrichtigung der Erholungssuchenden über Finanzierungsverlauf/Platzzusagen
- Reisevorbereitungen: Anreisepapiere, Fahrtverbindungen, Reisegemeinschaften, Transportbegleitung organisieren
- Beratung zu den Kernproblemen
- Aufnahmen der Anfrage: telefonisch, persönlich, schriftlich
- Erstkontakt, Information über Möglichkeiten, Ablauf, Finanzierung, Aushändigung von Unterlagen
- Platzbeschaffung, telefonische oder schriftliche Anfrage
- Absprache mit Ärzten
- Vermittlung von Haus- und Familienpflege
- Kontakte zu den Heimen, generell und im Einzelfall
- Anträge: Sozialamt, Krankenkasse, Vermittlung von freien Zuschüssen (schriftliche und telefonische Rückfragen)
- Absprachen - Verhandlungen
  - zu Finanzierungsfragen
  - inhaltlich
  - Eigeninformationen

V. __Einzelfallhilfe – Allgemeine Sozialarbeit__ (Vormundschaften, Pflegschaften, Schutzaufsichten)

Aufgaben:

- Besuch der Familie/Pflegefamilie – Gespräche
- Antrag auf Zuschuß aus Mitteln KG/DW
- Aktennotizen anfertigen (Gesprächsprotokolle)
- Bericht an das Vormundschaftsgericht
- Vorgänge anlegen und führen
- Kontakte zu anderen Beratungsstellen (Jugendgerichtshilfe, Arbeitsgericht, Versicherungsträger, Krankenkasse, Rechtsanwalt) brieflich oder telefonisch
- Telefonieren mit der Familie
- Gelder anweisen, auszahlen und verbuchen
- Vermitteln von Ferien-/Erholungsmaßnahmen (telefonisch/schriftlich)
- Jahresbericht
- Berichterstattung Gremien/Ausschüssen usw.
- Statistik und Beratung (Vormundschaften, Pflegschaften, Schutzaufsichten, EB)
- Konzeption entwickeln und erstellen

VI. __Für das Funktionieren des verwaltungsmäßigen Ablaufs sorgen__ (Koordination in der Geschäftsstelle)

Aufgaben:

- Telefonische Absprachen treffen
- Statistik führen
- Verwaltung der Mittel des DW
- Administration (Posteingänge, Diktate, Aktenplan erstellen und verändern)
- Mitarbeit in Ausschüssen
- Finanzierung von Projekten sicherstellen
- Regelung der Vertretung bei Krankheit und Urlaub
- Kontakte zum Kirchenkreisamt, Geldeingänge, -Ausgänge
- Dienstbesprechung mit Mitarbeitern (1 x wöchentlich)
- Arbeitsbesprechungen.

6. **Kompetenzen**

    1) Alleinentscheidung in Bezug auf:
        - Geldmittel
        - Einladungen
        - Anträge/Schriftwechsel
        - Pressemitteilungen
        - Dienstfahrten im Kirchenkreis
        - Arbeitsablauf

    2) Mitentscheidung
        - in dem KKV bei Mitarbeitereinstellung
        - bei der Entwicklung von Konzepten

    3) Beratend tätig sein (z.B. in kirchlichen Gremien)

    4) Informationen weitergeben

Anlage 10:

I. Gesetze und Verordnungen

Nr. 101. Kirchengesetz über die Ordnung der diakonischen Arbeit (Diakoniegesetz)

Vom 19. Juli 1978

Die Landessynode hat das folgende Kirchengesetz beschlossen:

I. Abschnitt
Grundbestimmungen

§ 1

Die Landeskirche und ihre Körperschaften sorgen im Rahmen ihrer Aufgaben für die Ausrichtung kirchlicher Arbeit in diakonischer Verantwortung. Sie fördern die in ihrem Bereich arbeitenden diakonischen Werke und Einrichtungen. Diese nehmen nach Maßgabe der für sie geltenden Ordnungen an der Erfüllung des Auftrages nach Artikel 1 der Kirchenverfassung teil.

§ 2

Das Diakonische Werk der Ev.-luth. Landeskirche Hannovers e. V. wird mit den ihm angehörenden Einrichtungen, Werken, Verbänden und sonstigen Diensten auf der Grundlage der diesem Kirchengesetz als Anlage beigefügten Satzung gemäß Artikel 118 Abs. 1 der Kirchenverfassung als landeskirchliches Werk anerkannt. Es erfüllt seine Aufgaben in Bindung an die Kirchenverfassung und unter Mitwirkung der kirchenleitenden Organe der Landeskirche.

II. Abschnitt
Diakonie in der Kirchengemeinde

§ 3

(1) Für die diakonische Arbeit in der Kirchengemeinde ist der Kirchenvorstand verantwortlich. Er soll Empfehlungen des Diakonischen Werkes der Landeskirche und des Diakonischen Werkes des Kirchenkreises berücksichtigen und mit den selbständigen Trägern diakonischer Arbeit im Bereich der Kirchengemeinde zusammenarbeiten.

(2) Für die Wahrnehmung diakonischer Aufgaben soll der Kirchenvorstand in Anwendung von § 50 Abs. 1 der Kirchengemeindeordnung einen Diakonieausschuß bilden. Mehrere Kirchengemeinden können einen gemeinsamen Diakonieausschuß bilden. Dem Diakonieausschuß sollen mit beratender Stimme hauptberufliche diakonische Mitarbeiter der Kirchengemeinde sowie Vertreter der selbständigen diakonischen Einrichtungen des Bereiches angehören.

(3) Besteht für die Kirchengemeinde kein Diakonieausschuß nach Absatz 2, so wird nach § 50 der Kirchengemeindeordnung ein Beauftragter für Diakonie bestellt. Gehört dieser nicht dem Kirchenvorstand an, so soll er gemäß § 51 Abs. 2 der Kirchengemeindeordnung zu den Sitzungen des Kirchenvorstandes zugezogen werden.

(4) Als Gliederung des Kirchenkreises kann die Kirchengemeinde für ihren Bereich Aufgaben nach § 5 Abs. 1 Satz 2 dieses Kirchengesetzes wahrnehmen.

§ 4

(1) Zu den Aufgaben des Diakonieausschusses und des Beauftragten für Diakonie nach § 3 gehört unbeschadet der Verantwortung des Kirchenvorstandes:

a) diakonisches Handeln im Bereich der Kirchengemeinde anzuregen, zu fördern und zu koordinieren,

b) sich um die Gewinnung ehrenamtlicher Mitarbeiter zu bemühen,

c) dem Kirchenvorstand Vorschläge für Kollekten und Sammlungen und ihre Durchführung zu machen,

d) im Rahmen der Beschlüsse des Kirchenvorstandes über die Verwendung der Mittel für die diakonische Arbeit zu entscheiden,

e) dem Kirchenvorstand regelmäßig über ihre Arbeit zu berichten.

(2) Die Diakonieausschüsse und die Beauftragten für Diakonie benachbarter Kirchengemeinden sollen im Rahmen des § 3 Abs. 4 der Kirchengemeindeordnung zusammenarbeiten.

III. Abschnitt
Diakonie im Kirchenkreis

§ 5

(1) In Erfüllung seiner diakonischen Aufgaben ist der Kirchenkreis unbeschadet seiner verfassungsmäßigen Stellung Mitglied des Diakonischen Werkes der Landeskirche. In dieser Eigenschaft nimmt er für seinen Bereich Aufgaben des Diakonischen Werkes als eines Verbandes der freien Wohlfahrtspflege wahr.

(2) Die Diakoniegeschäftsstelle des Kirchenkreises führt dessen Namen und die Bezeichnung „Diakonisches Werk".

(3) Nehmen mehrere Kirchenkreise die Aufgaben nach Absatz 1 Satz 2 und Absatz 2 gemeinsam wahr, so finden die Bestimmungen des VIII. Teils der Vorläufigen Kirchenkreisordnung Anwendung.

(4) Ausnahmsweise kann ein Kirchenkreis unbeschadet der Verantwortung seiner Organe Rechte und Aufgaben nach Absatz 1 mit Zustimmung des Landeskirchenamtes und des Diakonischen Werkes der Landeskirche auf einen diakonischen Rechtsträger übertragen, wenn und solange dessen Satzung den Grundsätzen der Zuordnung nach diesem Kirchengesetz und der Satzung des Diakonischen Werkes der Landeskirche entspricht.

§ 6

(1) Der Kirchenkreisvorstand beruft nach § 40 der Vorläufigen Kirchenkreisordnung einen Kreisbeauftragten für Diakonie. Der Kirchenkreistag soll nach § 24 der Vorläufigen Kirchenkreisordnung einen Diakonieausschuß bilden.

(2) Dem Diakonieausschuß sollen der Kreisbeauftragte für Diakonie sowie mit beratender Stimme hauptberufliche diakonische Mitarbeiter des Kirchenkreises und Vertreter der selbständigen diakonischen Einrichtungen des Bereiches angehören.

(3) Vertreter der Diakoniegeschäftsstelle nehmen an den Sitzungen des Diakonieausschusses mit beratender Stimme teil.

§ 7

Der Diakonieausschuß hat dem Kirchenkreistag über seine Tätigkeit und über die Mitarbeit im Diakonischen Werk der Landeskirche zu berichten. Vertreter des Diakonischen Werkes der Landeskirche haben das Recht, an den Beratungen des Kirchenkreistages in diakonischen Angelegenheiten teilzunehmen.

IV. Abschnitt
Sprengelbeauftragter für Diakonie

§ 8

(1) Auf Vorschlag des Landessuperintendenten beruft das Landeskirchenamt im Einvernehmen mit dem Diakonischen Werk der Landeskirche einen Sprengelbeauftragten für Diakonie, der insbesondere die diakonische Arbeit im Sprengel koordiniert und Verbindung zum Diakonischen Werk der Landeskirche hält. Der Sprengelbeauftragte sorgt für regelmäßige Arbeitsbesprechungen der Diakoniebeauftragten der Kirchenkreise. Er ist zu den Sitzungen der Diakonieausschüsse der Kirchenkreistage einzuladen.

(2) Das Landeskirchenamt kann im Einvernehmen mit dem Diakonischen Werk Sprengelgeschäftsstellen einrichten.

V. Abschnitt
Diakonie in der Landeskirche

§ 9

(1) Die Aufgaben des Diakonischen Werkes der Landeskirche ergeben sich aus seiner Satzung. Weitere Aufgaben können ihm von der Landeskirche übertragen werden.

(2) Das Diakonische Werk der Landeskirche soll sich bei grundsätzlichen Stellungnahmen gegenüber der Öffentlichkeit sowie gegenüber staatlichen Stellen vorher mit der Landeskirche abstimmen. Es hält bei der Zusammenarbeit mit dem Diakonischen Werk der Evangelischen Kirche in Deutschland in grundsätzlichen Fragen mit der Landeskirche Fühlung.

§ 10

(1) Die kirchenleitenden Organe der Landeskirche achten im Rahmen ihrer Aufgaben darauf, daß die Arbeit des Diakonischen Werkes auf der Grundlage dieses Kirchengesetzes geschieht.

(2) Das Diakonische Werk soll der Landessynode mindestens zweimal während ihrer Amtszeit einen Bericht über seine Tätigkeit geben.

(3) Bei der Vorbereitung allgemeiner Regelungen der Landeskirche, die die diakonische Arbeit berühren, ist die Stellungnahme des Diakonischen Werkes der Landeskirche einzuholen.

§ 11

Die Landeskirche gewährt dem Diakonischen Werk der Landeskirche im Rahmen ihres Haushalts und nach Maßgabe der hierfür geltenden Grundsätze Zuschüsse zu den Personal- und Sachkosten seiner Geschäftsstelle.

§ 12

Die Landeskirche schreibt im Rahmen des Kollektenplanes alljährlich Kollekten für diakonische Aufgaben aus.

§ 13

(1) Sieht dieses Kirchengesetz oder die Satzung des Diakonischen Werkes eine Mitwirkung der Landeskirche vor, so ist, soweit sie nicht die Zuständigkeit des Kirchensenates begründet, das Landeskirchenamt zuständig.

(2) Änderungen der Satzung des Diakonischen Werkes der Landeskirche sowie dessen Auflösung bedürfen des Einvernehmens mit dem Kirchensenat und sind im Kirchlichen Amtsblatt zu veröffentlichen.

VI. Abschnitt
Übergangs- und Schlußvorschriften

§ 14

(1) Träger diakonischer Arbeit, die nicht dem Diakonischen Werk angehören, dürfen nicht auf Namen und Zeichen des Diakonischen Werkes Bezug nehmen.

(2) Die Bezeichnung „Diakonisches Werk" ist dem Diakonischen Werk der Landeskirche und den Diakonischen Werken der Kirchenkreise sowie diakonischen Rechtsträgern nach § 5 Abs. 4 vorbehalten.

§ 15

Das Landeskirchenamt kann zu den Abschnitten II bis IV im Benehmen mit dem Diakonischen Werk Ausführungsbestimmungen erlassen.

§ 16

Bestimmungen, die diesem Kirchengesetz entsprechen oder widersprechen, treten außer Kraft, insbesondere die Rechtsverordnung über die Zuordnung von Innerer Mission und Hilfswerk in der Ev.-luth. Landeskirche Hannovers vom 5. November 1959 (Kirchl. Amtsbl. S. 153), geändert durch die Rechtsverordnung vom 6. September 1968 (Kirchl. Amtsbl. S. 161).

Der Kirchensenat hat dem von der Landessynode beschlossenen Kirchengesetz zugestimmt. Es wird hiermit verkündet.

Hannover, den 19. Juli 1978

**Der Kirchensenat
der Ev.-luth. Landeskirche Hannovers**

D. Lohse

- 179 A -

Fragebogen mit Ergebnissen der Rohauswertung:

Befragte: Superintendenten als Vertreter der Anstellungsträger
Zahl der ausgefüllten Fragebogen: n = 34

FRAGEBOGEN FÜR DEN VERTRETER DES ANSTELLUNGSTRÄGERS
===

I. - Arbeitskontakte im kirchlichen Bereich

1. Im folgenden finden Sie eine Liste der verschiedenen kirchlichen Mitarbeiter und Einrichtungen, zu denen der Sozialarbeiter des Kirchenkreises Kontakt haben könnte. Bitte, schätzen Sie die durchschnittliche Häufigkeit der Arbeitskontakte des Sozialarbeiters ein. Benutzen Sie die Rubrik "entfällt", wenn es entsprechende Stellen oder Einrichtungen nicht gibt.

	fast tägl.	1 x wöch.	1 x mtl.	seltener	s.gut w.nie	entfällt	keine Angabe
Superintendent	3	21	7	2	-	-	1
Mehrzahl der Pastoren	-	-	18	13	1	-	2
bestimmte einzelne Pastoren, zu denen evtl. engere Kontakte bestehen	1	22	6	2	-	-	3
Diakoniebeauftragte	3	14	7	6	-	2	2
Gemeindediakone/Jugendwarte	-	3	8	12	3	5	3
Mitarb.d.Kirchenkreisamtes	12	12	2	4	1	1	2
" v.Kindergärten/Kinderspielkreisen	-	2	4	16	9	-	3
" v.Schwesternstationen	1	1o	7	9	1	3	3
" in besonderen Beratungsstellen	4	3	6	4	-	13	4
" in sonst.diakon.Werken und Einrichtungen	4	6	1o	6	1	3	4
" in kirchl.Projekt- und Initiativgruppen	-	2	6	9	2	11	4
" der Fachberatung des Diakonischen Werkes (Landesverband)	-	5	18	8	-	-	3
andere kirchl. Sozialarbeiter im Sprengel	-	3	22	4	-	1	4
andere kirchl. Sozialarbeiter in der Landeskirche	1	-	4	22	3	-	4

2. In welcher Weise arbeitet der Sozialarbeiter mit den folgenden kirchlichen Gremien zusammen? (Bitte, kreuzen Sie in jeder Zeile mindestens eine Antwort an.)

	gar nicht	a.Auf-forde-rung	a.Eig.-initia-tive	a.Auf-ford.u. a.Eig.-initiat.	als Mit-glie-der	keine An-gabe
Kirchenvorstand	1	1o	2	14	5	2
Kirchenkreisvorstand	-	11	6	14	2	1
Kirchenkreistag	-	9	3	6	15	1
Diakonieausschuß	-	2	1	3	25	3
Pfarrkonferenz	2	1o	3	1o	6	3
Arbeitsgemeinschaft des Diakonischen Werkes auf kommunaler Ebene	3	4	7	-	14	6
Diakonisches Werk e.V.	3	5	5	3	9	9
and.kirchl.Gremien, nämlich: Kinderheim; Ehe-u.Fam.-Beratungsstelle; Arbeitskreis "Freunde psychisch Kranker"; Verein d. J. M.; Planungsausschuß KKT; AG Spätaussiedler; Hauskonferenz der Dienststelle f. Sozialarbeit; Pastorenkonferenz; Diakoniebruderschaft Lutherstift (z.T.Mehrfachnennungen)	1	-	1	1	8	26

3. Inwieweit wird der Sozialarbeiter Ihrer Meinung nach in seiner Arbeit durch folgende Personen angeregt / unterstützt / kontrolliert?

Anregung/Unterstützung/Kontrolle durch

Superintendent

	gar nicht	wenig	etwas	stark	sehr stark	ent-fällt	weiß ich nicht	keine Angabe
angeregt	-	3	2o	5	1	-	1	4
unterstützt	-	1	11	18	2	-	-	2
kontrolliert	1o	13	7	-	-	-	-	4

Mehrzahl d. Pastoren

	gar nicht	wenig	etwas	stark	sehr stark	ent-fällt	weiß ich nicht	keine Angabe
angeregt	2	18	8	-	-	-	2	4
unterstützt	1	9	18	1	-	1	1	3
kontrolliert	23	1	1	-	-	4	1	4

- 181 A -

Noch 3. Anregung/Unterstützung/Kontrolle durch

bestimmte einzelne Pastoren, zu denen evtl. engere Kontakte bestehen	gar nicht	wenig	etwas	stark	sehr stark	ent- fällt	weiß ich nicht	keine Angabe
angeregt	-	-	16	14	-	-	-	4
unterstützt	1	-	7	22	-	-	-	4
kontrolliert	21	2	1	-	-	3	2	5
Diakoniebeauftragte								
angeregt	-	4	15	8	2	1	-	4
unterstützt	2	1	1o	12	4	1	-	4
kontrolliert	16	4	3	-	-	4	1	6
Mitarbeiter im Kirchenkreisamt								
angeregt	9	11	6	-	-	1	2	5
unterstützt	2	4	13	11	1	1	1	4
kontrolliert	15	4	2	1	1	4	2	5
Mitarbeiter in sonstigen Diak. Werken und Einrichtungen								
angeregt	5	5	7	4	-	4	3	6
unterstützt	4	3	9	7	-	4	3	4
kontrolliert	15	4	1	-	-	5	4	5
Mitarbeiter in Schwestern- und Diakoniestationen								
angeregt	1	5	12	3	-	4	2	7
unterstützt	-	3	15	5	1	4	2	4
kontrolliert	18	-	-	-	-	7	3	6
Mitarbeiter in Kindergärten und Kinderspielkreisen								
angeregt	5	8	7	1	-	3	4	6
unterstützt	2	1o	8	3	-	4	3	4
kontrolliert	22	-	-	-	-	4	2	6

4. Inwieweit wird der Sozialarbeiter Ihrer Meinung nach in seiner Arbeit durch folgende Gremien angeregt / unterstützt / kontrolliert ?

Anregung/Unterstützung/Kontrolle durch

Kirchenvorstand	gar nicht	wenig	etwas	stark	sehr stark	ent- fällt	weiß ich nicht	keine Angabe
angeregt	3	19	5	–	–	2	–	5
unterstützt	1	9	15	3	–	2	–	4
kontrolliert	20	2	1	–	–	5	–	6
Kirchenkreisvorstand								
angeregt	1	7	18	4	–	–	–	4
unterstützt	–	3	9	18	2	–	–	2
kontrolliert	6	9	13	1	–	–	–	5
Kirchenkreistag								
angeregt	1	12	15	1	1	–	–	4
unterstützt	2	5	14	11	–	–	–	2
kontrolliert	14	10	3	–	–	2	–	5
Pfarrkonferenz								
angeregt	2	10	16	2	–	–	–	4
unterstützt	2	6	15	9	–	–	–	2
kontrolliert	19	5	5	–	–	3	–	5
Diakonieausschuß								
angeregt	1	2	8	16	2	1	–	4
unterstützt	–	2	6	15	8	1	–	2
kontrolliert	12	8	4	1	–	4	–	5
Diakonisches Werk e.V.								
angeregt	1	1	3	8	–	9	4	8
unterstützt	–	1	1	7	2	9	5	9
kontrolliert	5	5	1	–	–	9	4	10

... andere kirchliche Gremien, nämlich ....
(soweit mindestens "starke" Anregung/Unterstützung/Kontrolle, jeweils einfache Nennung)

.... Team der Beratungsstelle : "sehr stark" angeregt
.... AG Spätaussiedler "stark" angeregt und unterstützt
.... Öffentlichkeitsausschuß "stark" unterstützt
.... Hauskonferenz der Dienststelle für Sozialarbeit "stark" angeregt und unterstützt

5. Bitte, schätzen Sie die durchschnittliche Häufigkeit der Arbeitskontakte des Sozialarbeiters zu folgenden außerkirchlichen Stellen ein:

	fast tägl.	mind. 1 x wöch.	mind. 1 x mtl.	seltener	so gut wie nie	keine Angabe
Gemeindeverwaltungen	7	9	9	2	2	5
Sozialamt/Jugendamt	13	12	5	-	-	4
andere Ämter der Stadt-/ Kreisverwaltung	3	1o	11	5	-	5
Arbeitsamt	2	9	8	1o	1	4
Krankenkassen	8	1o	9	2	1	4
Ärzte	4	7	11	6	2	4
Krankenhäuser	1	5	13	8	3	4
Gesundheitsämter	1	13	9	6	-	5
Schulen/Lehrer	1	4	7	14	4	4
außerkirchl. Beratungsstellen	-	7	14	4	5	4
außerkirchl. Heime und Einrichtungen	-	1o	11	7	2	4
Gerichte	1	3	9	11	6	4
Rechtsanwälte	-	3	8	12	7	4
Bewährungshelfer/Schutzhelfer	-	8	7	11	3	5
andere Verbände/Ortsarbeitsgemeinschaften/Kreisarbeitsgemeinsch.	-	5	17	7	1	4
kommunale Ausschüsse	-	3	11	12	4	4
Parteien/Fraktionen	-	-	1	18	11	4
Geldinstitute	1	1	5	13	1o	4
berufsständische Organisationen	-	-	3	18	9	4
Gewerkschaften	-	-	-	17	12	5
Fachverbände	1	-	8	17	4	4
andere außerkirchliche Stellen, nämlich: Industriebetrieb						33

II. - Tätigkeiten

6. Bezeichnen Sie anhand der nachfolgenden Liste die Arbeit des Sozialarbeiters. Wie häufig übt er die einzelnen Tätigkeiten aus? (Bitte, kreuzen Sie "entfällt" an, wenn die Tätigkeit überhaupt nicht ausgeübt wird.)

	fast täglich	mind. 1 x wöch.	mind. 1 x mon.	seltener	nie	entfällt	keine Angabe
Beratung von einzeln. Klienten	29	2	-	-	-	-	3
Beratung von Klientengruppen	3	13	2	7	1	5	3
" v.einz.hauptberuflichen Mitarbeitern/Pastoren	11	1o	6	4	-	-	3
" v.einz.ehrenamtl.Mitarbeitern	2	13	9	6	1	-	3
" v.hauptberufl.Mitarb'gruppen	2	1	12	1o	1	4	4
" v.ehrenamtl. Mitarb'gruppen	1	1	7	17	-	4	4
" v.kirchl.Institutionen u.Einrichtgn.(z.B.Kirchenkr'aussch., Kirchenkreistagsausschuß, Kindergartenausschüsse	1	3	16	1o	1	-	3
" v.außerkirchl.Institutionen und Einrichtungen	-	5	8	13	3	2	3
Entwicklg. v. Initiativgruppen	-	4	4	16	2	5	3
" " Konzepten	-	2	9	14	2	4	3
" von Entscheidungsvorlagen	-	1	7	16	2	3	5
Planung von Maßnahmen (z. B. Kuren/Veranstaltungsreihen	13	1o	2	5	-	1	3
Organisation von Maßnahmen	8	7	5	11	-	-	3
Durchführung von Maßnahmen	6	5	7	12	-	1	3
Planung von Einrichtungen/ Projekten/Modellen	-	1	6	18	3	3	3
Organis.v.Einr./Proj./Modellen	-	1	5	19	3	3	3
Durchf. " " " "	-	1	4	2o	3	3	3
Planung v.Bildungs-u.Fortbild.-maßnahmen für Mitarbeiter	-	1	5	13	6	6	3
Organisation v. - " -	-	1	4	11	8	7	3
Durchführung v. - " -	-	1	3	11	9	7	3
Koordination von Aktivitäten	1	6	6	14	4	-	3
Organisation der Dienststelle	5	7	4	14	1	-	3
Anleitg.v.Mitarb.i.d.Dienstst.	8	4	8	5	2	4	3
Schriftw./Abrechn./sonst.Verw.	27	3	1	-	-	-	3
Eigeninformation	18	9	4	-	-	-	3
Weitergabe von Informationen, Berichte/Vorträge	5	7	12	7	-	-	3
Öffentlichkeitsarbeit	1	2	13	12	3	-	3

7. Welche Bedeutung messen Sie den einzelnen Tätigkeiten zu?
(Bitte, gehen Sie den Katalog noch einmal durch).

	sehr wichtig	wichtig	weniger wichtig	entfällt	keine Angabe
Beratung von einzelnen Klienten	31	1	1	-	1
Beratung von Klientengruppen	12	13	3	5	1
" v.einz.hauptberufl.Mitarb./Pastoren	13	18	2	-	1
" v.einz.ehrenamtlichen Mitarbeitern	1o	19	4	-	1
" v.hauptberuflichen Mitarbeitergruppen	4	18	6	4	2
" v.ehrenamtlichen Mitarbeitergruppen	7	16	5	3	3
" v.kirchl.Institutionen und Einrichtungen (z.B. Kirchenkreisausschüsse, Kirchenkreistagsausschüsse, Kindergartenausschüsse)	11	19	3	-	1
" v. außerkirchlichen Institutionen und Einrichtungen	3	11	14	3	3
Entwicklung von Initiativgruppen	2	16	1o	4	2
Entwicklung von Konzepten	3	22	5	1	3
Entwicklung von Entscheidungsvorlagen	1	19	8	1	5
Planung von Maßnahmen (z.B. Kuren, Veranstaltungsreihen)	13	14	5	-	2
Organisation von Maßnahmen	1o	12	1o	-	2
Durchführung von Maßnahmen	9	15	7	1	2
Planung v.Einrichtgn./Projekt./Modellen	2	15	13	2	2
Organisation v. " " "	2	14	14	2	2
Durchführung v. " " "	1	13	16	2	2
Planung v. Bildungs- u. Fortbildungsmaßnamen für Mitarbeiter	3	15	6	7	3
Organisation v. - " - - " -	2	1o	1o	7	5
Durchführung v. - " - - " -	2	1o	1o	7	5
Koordination von Aktivitäten	4	17	7	1	5
Organisation der Dienststelle	7	15	7	2	3
Anleitung von Mitarbeitern in der Dienststelle	9	12	6	3	4
Schriftwechs./Abrechng./sonst.Verwaltg.	7	19	6	-	2
Eigeninformation	24	7	-	-	3
Weitergabe v Informationen, Berichte/Vorträge	9	19	3	-	3
Öffentlichkeitsarbeit	7	18	6	-	3

8. Hat der Sozialarbeiter in seiner Arbeit <u>Schwerpunkte</u> für bestimmte Zielgruppen gesetzt?

   (wenn "nein", weiter bei 11.)

	ja	nein	keine Angabe
	27	5	2

9. Wenn "ja", um welche Zielgruppen handelt es sich?
   (Bitte, kreuzen Sie bis zu 5 Gruppen an.)

Zielgruppe	Anzahl	Zielgruppe	Anzahl
Kinder und Jugendliche	7	Nichtseßhafte	11
Mütter/Ehen und Familien	21	Straffällige/Strafentl.	8
Schwangere	4	Aussiedler	6
ältere Menschen	17	Problemfamilien	20
Suchtkranke	15	Ausländer	4
Behinderte, körp./geistig	7	sonstige Zielgruppen, nämlich: Mitarbeiter in Kinderspielkreisen, Gemeindeschwestern und Mitarbeiter in der Diakoniestation	
psychisch Kranke	6		
Arbeitslose	5		

10. Welchen <u>sozialen Schichten</u> gehören die Hauptzielgruppen vorwiegend an?
    (Bitte, tragen Sie bei den in Frage 9 angekreuzten Zielgruppen die entsprechenden Ziffern aus der folgenden Skala ein.)

    1 = vorwiegend ungelernte Arbeiter
    2 = vorwiegend Facharbeiter/einfache Angestellte/Beamte
    3 = vorwiegend Meister/mittlere Angestellte/Beamte
    4 = vorwiegend höhere Angestellte/Beamte/ Vertreter höherer Einkommensgruppen
    5 = überwiegende Zugehörigkeit zu bestimmten Schichten nicht erkennbar

	1	2	3	4	5
Kinder und Jugendliche	3	–	–	–	3
Mütter/Ehen und Familien	4	4	–	–	11
Schwangere	1	–	–	–	2
ältere Menschen	2	4	1	–	9
Suchtkranke	1	5	1	–	4
Behinderte körperlich/geistig	1	1	–	–	4
psychisch Kranke	–	2	–	–	1
Arbeitslose	3	1	–	–	–
Nichtseßhafte	9	–	–	–	2
Straffällige/Strafentlassene	6	–	–	–	1
Aussiedler	2	–	–	–	4
Problemfamilien	11	–	–	–	6
Ausländer	3	–	–	–	2

11. Welcher sozialen Schicht gehört die Gesamtgruppe der Klienten des Sozialarbeiters vorwiegend an?

ungelernte Arbeiter	6
Facharbeiter/einfache Angestellte	7
Meister/mittlere Angestellte/Beamte	-
höhere Angest./Beamte/Vertr.höh.Einkommensgruppen	-
überwieg.Zugehörigk.z.best.Schichten nicht erkennbar	18
keine Angabe	3

12. In welchen kirchlichen Gremien und Organen ist der Sozialarbeiter Mitglied?

Kirchenvorstand	6
Kirchenkreisvorstand	2
Kirchenkreistag	20
Vorstand des Kirchenkreistages	-
Mitarbeitervertretung	16
Sprengelbeirat	2
Gemeindebeirat	1

genannt wurden u. a.:
Diakonieausschuß
Arbeitsgemeinschaft für Diakonie im Landkreis
Pfarrkonferenz
Gesamtausschuß der Kirchengemeinden

13. In welchen außerkirchlichen Organen/Vereinen/Ausschüssen/Arbeitsgemeinschaften ist der Sozialarbeiter Mitglied? Bitte, kreuzen Sie auch an, wo er die Kirche oder das Diakonische Werk vertritt.

	Mitglied	Vertreter von Kirche od. DW
Jugendwohlfahrtsausschuß der Kommune	6	5
Sozialausschuß der Kommune	5	5
Widerspruchsausschuß der Kommune	3	2
Gemeinderat/Stadtrat	-	-
Ortsarbeitsgemeinschaft der freien Wohlfahrtsverbände	11	9
Kreisarbeitsgemeinschaft der freien Wohlfahrtsverbände	17	14

genannt wurden u. a.:
Altenausschuß der Stadt
Familienhilfe e. V.
Verein Lebenshilfe e.V.
Sozialausschuß Landkreis
Jugendgericht (Schöffin)
Altenheim
Verein gegen Suchtgefahren

III. - Planung und Entscheidungsfindung

14. Welcher der folgenden Sätze trifft für den Sozialarbeiter am ehesten zu? (Bitte, kreuzen Sie diesen Satz an.)

    Er plant seine Arbeit sehr genau und hält sich streng an diese Planung. 1

    Er plant zwar seine Arbeit, verändert dann aber seine Planung, je nach der konkreten Situation. 15

    Er macht eine Groplanung, die aber durch aktuelle Ereignisse in größerem Maße abgewandelt werden kann. 1o

    Eine Planung der Arbeit eines Sozialarbeiters ist nur punktuell möglich; das meiste ergibt sich aus den aktuellen Erfordernissen der Situation. 6

    Die Arbeit eines Sozialasbeiters erfordert ein ständiges Einstellen auf neue Gegebenheiten; Planungen sind dabei überhaupt nicht möglich. 1

    keine Angabe 1

15. Fallen für den Sozialarbeiter Überstunden an?

    nie -

    selten 1

    gelegentlich 14

    häufig 12

    regelmäßig 5

    keine Angabe 2

16. Wenn Überstunden anfallen, wie werden diese abgegolten?

    durch Bezahlung -

    durch Freizeitausgleich 9

    keine Vergütung/kein Ausgleich 23

    keine Angabe 2

17. Es gibt verschiedene Möglichkeiten, auf Probleme aufmerksam zu werden und diese als Aufgabe zu übernehmen. Denken Sie an Aufgaben, die der Sozialarbeiter in den letzten Jahren übernommen hat. Wodurch wurde er veranlaßt, diese zu übernehmen?

	häufig	gelegentl.	nie	keine Angabe
Anregung durch Betroffene	14	17	1	2
Hinweise v.Gemeindeglied.od.kirch.Mitarb.	8	22	-	4
Antrag von kirchlichen Gremien	5	17	6	6
Auftrag v.Kirchenkreisvorst./Kirchenkreistag	4	22	3	5
Empfehlung des Diakonieausschusses	9	17	4	4
Anregung durch Diakonisches Werk/Landesverb.	2	2o	6	6
Anregung durch Landeskirchenamt	-	5	24	5
Erwartg.durch außerkirchl.Stellen a.d.Dienstst.	4	22	4	4
eigene Wahrnehmung v.Defiziten/Konflikten	18	12	-	4
Verabschiedung neuer Gesetze	2	22	6	4
gute Finanzierungsmöglichkeiten	-	14	15	5

18. Es gibt verschiedene Möglichkeiten, Personen oder Gruppen an Entscheidungen zu beteiligen: Anhörung - Beratung - Mitwirkung - Mitentscheidung. Bis zu welchem Grad werden in der Regel folgende Gruppen an <u>Entscheidungsprozessen</u> über die Aufgaben der Dienststelle des Sozialarbeiters beteiligt? (Bitte, kreuzen Sie in jeder Zeile den zutreffenden Grad an.)

	keine Beteiligung	Anhörung	Beratung	Mitwirkung	Mitentscheidung	keine Angabe
Sozialarbeiter selbst	-	1	1	7	22	3
and.Mitarbeiter d.Dienststelle	6	6	3	8	6	5
Superintendent	-	-	7	7	17	3
Kirchenkreistag	-	1o	9	8	5	2
Kirchenkreisvorstand	1	1	5	8	16	3
Diakonieausschuß	-	4	12	11	5	2
Kirchenkreisamt	6	3	19	4	-	2
Kirchengemeinden	4	1o	12	5	1	2
Pfarrkonferenz	2	12	16	2	-	2
Betroffene/Klienten	5	1o	7	6	3	3
Fachberatung Diakonisches Werk/Landesverband	-	-	26	4	2	2
andere diakonische Mitarbeiter des Kirchenkreises	8	3	14	5	-	4
außerkirchliche Fachkräfte	8	7	15	2	-	2
Behörden	8	9	1o	4	-	3

19. Wie wird der Sozialarbeiter an der Aufstellung des Haushaltsplanes der Dienststelle beteiligt?

keine Beteiligung	3
durch Anhörung	6
durch Beratung	8
durch Mitwirkung	5
durch Mitentscheidung (als Mitgl. des Kirchenkreistages)	1o
keine Angabe	2

20. Sie finden in dieser Frage Gruppen von je 4 Sätzen. Bitte, kreuzen Sie in <u>jeder</u> Satzgruppe den für Sie am ehesten zutreffenden Satz an.

a) Wenn ich als Vorgesetzter eine Entscheidung zu treffen habe, die die Tätigkeit des Sozialarbeiters berührt,

- so teile ich meine Entscheidung mit, ohne in der Regel nähere Gründe dafür zu nennen.	-
- so teile ich meine Entscheidung mit und erläutere gleichzeitig die Gründe für diesen Entschluß	1
- so spreche ich mit ihm über die verschiedenen Möglichkeiten, ehe ich mich für eine davon entscheide	6
- so besprechen wir die verschiedenen Möglichkeiten gemeinsam, bis wir eine Lösung gefunden haben, mit der wir beide einverstanden sind.	25
keine Angabe	2

b) Als Vorgesetzter

- lege ich Wert darauf, ständig genau über die Tätigkeit des Sozialarbeiters informiert zu werden.	8
- lasse ich mir in regelmäßigen Abständen von ...... Tagen/...... Wochen/...... Monaten über den Fortgang seiner Arbeit berichten.	11
- lasse ich mir nur hin und wieder einmal über seine Arbeit berichten.	14
- informiere ich mich nur äußerst selten über den Fortgang seiner Arbeit.	-
keine Angabe	1

c) Als Vorgesetzter

- gebe ich regelmäßig detaillierte Anweisungen darüber, wie die Aufgaben des Sozialarbeiters zu verrichten sind.	1
- gebe ich eigentlich nur detaillierte Anweisungen, wenn besonders wichtige Fragen zu entscheiden sind.	5
- greife ich in der Regel erst ein, wenn irgendwelche Schwierigkeiten auftreten.	1o
- greife ich nur ein, wenn er mich direkt um Rat und Hilfe bittet.	18
keine Angabe	1

21. Wie beschreiben Sie die Befugnisse, die dem Sozialarbeiter im Rahmen seiner fachlichen Tätigkeit übertragen sind? Bitte, kreuzen Sie den am ehesten zutreffenden Satz an.

- Er ist berechtigt, alle für die Durchführung von langfristigen Plänen notwendigen Entscheidungen zu treffen. 6
- In der Regel kann er Entscheidungen im Rahmen festgelegter Grundsätze ohne meine Zustimmung treffen. 2o
- Bei Routineangelegenheiten hat er vorläufige Entscheidungsbefugnis, aber in der Mehrzahl außergewöhnlicher Entscheidungen braucht er meine Zustimmung. 1
- Alle grundsätzlichen Fragen muß er mir zur Entscheidung vorlegen. -
- Er legt mir die Probleme häufig vor, ehe er etwas unternimmt. 5
- Sein Arbeitsablauf ist vollkommen festgelegt und erlaubt wenig Freiheit zur Entscheidung. 1

keine Angabe 1

22. a) Erstellt der Sozialarbeiter <u>Tätigkeitsberichte</u> aus besonderem Anlaß?

    ja: 22   nein: 8   keine Angabe: 4

b) Erstellt er Jahresberichte?

    ja: 27   nein: 2   keine Angabe: 5

c) Wenn Tätigkeits- und/oder Jahresberichte erstellt werden: An wen werden diese Berichte verschickt?

	Adressaten	Berichtspflicht gegenüber
Kirchenkreisvorstand	27	27
Superintendent	25	16
Kirchenkreisamt	15	-
Diakonisches Werk/Landesverband	19	6
Landessuperintendent	6	-
Kirchenkreistag	2o	11
Diakonieausschuß	18	2
Diakoniebeauftragter	2o	2
Pfarrkonferenz	14	-
Landeskirchenamt	8	3
andere kirchliche Stellen	3	-
Presse	5	-
außerkirchliche Stellen	4	1

d) Bitte, kreuzen Sie auch in der 2. Spalte an, welchen der genannten Adressaten gegenüber der Sozialarbeiter berichtspflichtig ist.

IV. - Motivation

23. Wie ist nach Ihrer Überzeugung der <u>Auftrag der Sozialarbeit in der Kirche</u> zu beschreiben? (Bitte, kreuzen Sie bei jedem Punkt an, inwieweit Sie dem einzelnen Punkt als Ziel kirchlicher Sozialarbeit zustimmen bzw. ihn ablehnen.)

	völl. Zustimmung	Zustimmung	teils / teils	Ablehnung	völl. Ablehnung	keine Angabe
Der Auftrag der Sozialarbeit in der Kirche ist:						
- materielle Sicherheit des Klienten garantieren	1	-	19	8	1	5
- diakonischen Auftrag erfüllen	23	9	-	-	-	2
- persönl. Hilfen gewähren (beraten, trösten, vermitteln)	2o	12	-	-	-	2
- Beitrag leisten z. Veränderung diskriminier.gesellsch.Normen	2	16	1o	2	1	3
- Minderheiten/Randgruppen i.d. Gesellschaft integrieren	12	1o	8	2	-	2
- Lücken i.d.Sozialarb.schließ.	7	13	9	2	-	3
- Klienten zu eig.Aktivitäten motivieren u. befähigen	14	17	1	-	-	2
- ganzheitliche Hilfen anbieten	8	18	6	-	-	2
- neue Formen und Handlungsmodelle i.d.Sozialarbeit entwickeln und erproben	4	12	14	2	-	2
- Konflikte und Ungerechtigkeiten sichtbar machen	3	1o	15	2	2	2
- den Erwartungen der Kirchenglieder in bezug auf soziale Hilfen gerecht werden	1	6	16	7	1	3
- zum Interessenausgleich in der Gesellschaft beitragen	-	4	13	9	4	4
- Beitrag leisten zur Aufrechterhaltg.gesellschaftl.Normen	-	1	9	13	7	4
- ergänzende Hilfe für öffentl. Sozialarbeit leisten	5	1o	13	2	1	3
- sozialanwaltlich eintreten für Benachteiligte	4	18	5	3	1	3

24. Wieweit tragen nach Ihrer Erfahrung die <u>methodischen und institutionellen Möglichkeiten</u> der Einrichtung dazu bei, die einzelnen Zielsetzungen zu verfolgen? (Bitte, kreuzen Sie in jeder Spalte die zutreffende Antwortmöglichkeit an.)

	vollständig	weitgehend	teilweise	kaum	gar nicht	keine Angabe
materielle Sicherheit des Klienten garantieren	1	2	11	13	4	3
diakonischen Auftrag erfüllen	3	19	8	1	1	2
persönliche Hilfen gewähren (beraten, trösten, vermitteln)	5	19	7	1	-	2
Beitrag leisten zur Veränderung diskriminierender geellsch.Normen	-	-	14	13	4	3
Minderheiten/Randgruppen in die Gesellschaft integrieren	1	3	15	11	2	2
Lücken i.d. Sozialarb. schließen	1	3	18	7	2	3
Klienten zu eigenen Aktivitäten motivieren und befähigen	2	5	2o	4	1	2
ganzheitliche Hilfen anbieten	1	2	17	1o	1	3
neue Formen und Handlungsmodelle in der Sozialarbeit entwickeln und erproben	2	2	9	15	3	3
Konflikte und Ungerechtigkeiten sichtbar machen	1	-	16	9	5	3
den Erwartungen der Kirchenglieder in bezug auf soziale Hilfen gerecht werden	1	2	18	6	4	3
zum Interessenausgleich in der Gesellschaft beitragen	-	-	6	2o	5	3
Beitrag leisten zur Aufrechterhaltung gesellschaftl. Normen	-	1	5	13	12	3
ergänzende Hilfe für öffentliche Sozialarbeit leisten	1	6	23	2	-	2
sozialanwaltlich eintreten für Benachteiligte	2	5	19	3	2	3

25. Es gibt sicher sehr verschiedene <u>Gründe</u> dafür, daß ein Sozialarbeiter in der Kirche tätig wird. Was meinen Sie, warum arbeitet er persönlich in der Sozialarbeit der Kirche? (Bitte, kreuzen Sie an, inwieweit Sie meinen, daß folgende Motive für ihn zutreffen.)

	trifft genau zu	trifft teilw. zu	trifft nicht zu	keine Angabe
interessanter und abwechslungsreicher Arbeitsbereich	11	17	1	5
besond.gute Möglichkeiten, seine Vorstellung v.Sozialarb.zu verwirklichen	19	1o	1	4
sicherer Arbeitsplatz	1	8	18	7
gute Einkommensmöglichkeiten	-	7	21	6
gute Aufstiegschancen	-	-	29	5
aus gesellschaftspolitischen Motiven	2	14	12	6
aus ethisch-ideellen Motiven	14	11	4	5
aus religiösen Motiven	19	1o	2	3
besonders gute Möglichkeiten, seine beruflichen Fähigkeiten anzuwenden	12	15	2	5
hat sich zufällig ergeben	-	1	24	9
andere Gründe, nämlich: Selbständigkeit in der Arbeit				

26. Wie würden Sie als <u>Anstellungsträger</u> die Beschäftigung eines Sozialarbeiters in Ihrem Arbeitsbereich begründen? (Bitte, kreuzen Sie an.)

	trifft genau zu	trifft teilw. zu	trifft nicht zu	keine Angabe
Weiterführung bestehender Arbeit	17	1o	3	4
Erhaltung der Planstelle	4	5	18	7
Vertretung der diakonischen Arbeit gegenüber den Behörden und anderen Institutionen	17	11	2	4
Fortentwicklung von Sozialarbeit im Kirchenkreis	25	6	-	3
Aktivierung und Koordinierung diakonischer Arbeit in der Region	18	11	2	3
um Erwartungen der Kirchenglieder an soziale Hilfen gerecht zu werden	4	23	2	5
zur fachlichen Beratung und Hilfestellung für diakonische Ansätze in Kirchengemeinden	21	1o	-	3
weil der Anstellungsträger selbst von der Notwendigkeit von Sozialarbeit in der Kirche überzeugt ist	3o	2	-	2
(außerdem:) weil Verkündigung ohne Sozialarbeit unglaubwürdig wird				

V. - Ungelöste Probleme und Wunschvorstellungen

27. Im folgenden finden Sie eine Liste mit Aussagen über ungelöste Probleme und deren Ursachen in der Arbeitssituation von Sozialarbeitern. Was meinen Sie, inwieweit treffen diese Sätze für den Sozialarbeiter zu?

	trifft genau zu	trifft teilw. zu	trifft nicht zu	keine Angabe
Angesichts der Vielfalt täglicher Probleme ist es kaum möglich, einmal Abstand zu gewinnen und in Ruhe die Situation und daraus resultierende Arbeitsmöglichkeiten und -notwendigkeiten zu reflektieren.	9	19	3	3
Im Kirchenkreis gibt es keine klaren Prioritäten hinsichtlich des Handelns, an denen er auch seine Arbeit orientieren könnte.	2	17	12	3
Er empfindet es als sehr belastend, die Diakonie in Gemeinden vorantreiben zu müssen, ohne Information darüber zu haben, wie diese diakonische Arbeit eigentlich aussehen soll.	2	17	13	2
Eines seiner Hauptprobleme ist, daß er nicht weiß, wie er Mitarbeiter in den Gemeinden finden soll.	1o	19	4	1
Er leidet darunter, daß er sowohl für besonders schwierige Einzelfälle als auch für die Arbeit in Gruppen und Gemeinden zuständig ist.	6	17	8	3
Er hat Schwierigkeiten, den Gemeinden deutlich zu machen, daß sie selbst Mitarbeiter für diakonische Aufgaben finden müssen.	9	19	4	2
Das ungeklärte Verhältnis zwischen verfaßter Kirche und Diakonischem Werk auf Orts- und Kreisebene erschwert ihm ständig die fachliche Planung und Entscheidung	4	1o	18	2
Er leidet darunter, daß er in Gemeinden oft an Aufgaben nicht beteiligt wird, die unmittelbar in seinen Tätigkeitsbereich fallen.	3	16	13	2

noch 27.

	trifft genau zu	trifft teilw. zu	trifft nicht zu	keine Angabe
Die derzeitige Unvereinbarkeit diakonischer Strukturen in der Landeskirche mit kommunalen Strukturen erschwert jegliche Zusammenarbeit mit anderen Wohlfahrtsverbänden und Behörden und beeinträchtigt die Möglichkeiten der diakonischen Arbeit erheblich.	2	14	16	2
Er leidet darunter, daß seine Fachkompetenz nicht benutzt wird.	-	13	19	2
Er erlebt ständig, daß die für Diakonie notwendige Spontaneität durch die Schwerfälligkeit landeskirchlicher Strukturen behindert wird.	2	14	16	2
Er hat oft den Eindruck, daß Pastoren sein Angebot zu Beratung und Aktivität als bedrohlich empfinden und sich deshalb ablehnend verhalten.	3	11	19	1
Wegen der Unschärfe seines Aufgabenbereichs wählt er selbst die ihm sinnvoll erscheinenden Tätigkeiten aus.	7	17	9	1
Er wünscht, daß häufiger neue Aufgaben an ihn herangetragen werden.	4	15	13	2
Er erlebt einen ständigen Widerspruch zwischen Verkündigung von Nächstenliebe und ihrer praktischen Umsetzung.	-	23	1o	1

28. Wo sehen Sie in der Hauptsache die ungelösten Probleme innerhalb des Arbeitsbereiches des Sozialarbeiters?

	trifft nicht zu	trifft teilw. zu	trifft genau zu	keine Angabe
Kommunikationsprobleme mit Kontaktpersonen	16	16	1	1
Kommunikationsprobleme zwischen den Entscheidungsebenen	14	16	3	1
Status- und Hierarchieprobleme	27	4	2	1
starre Organisationsstruktur innerhalb der Kirche	21	1o	1	2
unzureichende Entscheidungsregelung	25	7	1	1
unterschiedliches Selbstverständnis zwischen Dienststelle und Anstellungsträger	29	5	–	–
Finanzierungsprobleme	9	23	1	1
Mitarbeitermangel	2	21	11	–
Ausbildungsgefälle zwischen den Mitarbeitern in der Dienststelle	23	6	2	3
Konkurrenz-/Rivalitätsprobleme im gesamten Arbeitsbereich	25	4	4	1
unterschiedliches Selbstverständnis zwischen den Mitarbeitern	18	1o	2	4
unterschiedliches Methodenverständnis	15	14	1	4
unterschiedl. Diakonieverständnis zwischen Sozialarbeitern und Handlungsbeteiligten	13	16	1	4
Diskrepanz zwischen eigenem Anspruch und Handlungsmöglichkeiten	11	15	4	4
zu hohe Erwartungshaltung der Vorgesetzten	28	4	1	1
zu hohe Erwartungshaltung durch Klienten	6	27	–	1
unzweckmäßige Organisationsform	22	1o	–	2

sonstige Probleme (bitte nennen):

- zu große Einsamkeit in der Arbeit als einziger im ganzen Kirchenkreis

- Übermaß an Problemen

- Sonderausbildung nicht genug zu nutzen

- Organisationsunfähigkeit, eigene Unordnung, Entmutigtheit

29. Wo sehen Sie im Arbeitsbereich des Sozialarbeiters Veränderungen
als notwendig an?

verbesserte Kommunikation mit Vorgesetzten	1o
verbesserte Kommunikation mit anderen Mitarbeitern der Dienststelle	6
verbesserte Kommunikation mit anderen kirchlichen Mitarbeitern	15
veränderte Arbeitsteilung und verstärkte Zusammenarbeit zwischen Dienststellen in mehreren Kirchenkreisen	5
verstärkte Information und Zusammenarbeit mit anderen Wohlfahrtsverbänden und kommunalen Stellen	1o
Zusammenarbeit mit politischen Organisationen und anderen Trägern	5
Verbesserung des Informationsflusses im kirchlichen Bereich	2o
Verbesserung des Informationsflusses in der Öffentlichkeit	15
verstärkte Information für Klienten	5
Erweiterung der Mitarbeiterzahl	19
Erhöhung der finanziellen Mittel	16
verstärkte Solidarisierung mit Klienten	-
verstärkte Arbeit in/mit politischen Gremien	4
Verkleinerung der Region	9

andere Ansätze (bitte nennen):

Schulung im Organisieren (Kuren u. ä.)

Verbesserung im Umgang mit Finanzen

Ein Sozialarbeiter im Kirchenkreis müßte

a) Modelle für neu anfallende Problemfelder entwickeln und durchführen

b) Mitarbeiter in den Kirchengemeinden für Kurenvermittlung finden

c) Seminare für Nachbarschaftshilfe etc. einrichten und begleiten

Stärkung der Position "Sozialarbeit" als "Teil der Kirche"

Klärung des Diakonischen Werkes als kirchliche Aktivität zu dem als e. V. oder ähnlich organisierten

Nächstenliebe ist eine Frucht des Glaubens. Dienststelle für Sozialarbeit?

Ich sehe keine realisierbaren Verbesserungen.

30. Wie hoch sollte nach Ihrer Meinung die Einwohnerzahl für den Arbeitsbereich des Sozialarbeiters sein?

So, wie bei uns, ist es richtig				16
Sie sollte kleiner sein, nämlich .... Einwohner				16

davon:

1o.ooo Einwohner	1	35.ooo Einwohner	1	
2o.ooo "	2	4o.ooo "	2	
25.ooo "	2	5o.ooo "	1	
3o.ooo "	4	7o.ooo "	1	
		keine Angabe	2	

Sie sollte größer sein, nämlich .... Einwohner	-
keine Angabe	2

31. Bitte, denken Sie noch einmal an die Häufigkeit der Kontakte mit verschiedenen kirchl. Mitarbeitern, Einrichtungen und Gremien. Würden Sie sagen, daß die <u>Kontakte</u> des Sozialarbeiters ausreichen oder verstärkt oder reduziert werden sollen?

	reicht aus	verstärkt	reduziert	entfällt	keine Angabe
Superintendent	24	9	1	-	-
Mehrzahl der Pastoren	8	25	1	-	-
bestimmte einz. Pastoren, zu denen evtl. engere Kontakte bestehen	27	4	2	1	-
Diakoniebeauftragte	23	9	-	2	-
Gemeindediakone/Jugendwarte	1o	18	1	5	-
Mitarbeiter d. Kirchenkreisamtes	3o	2	-	2	-
" v.Kindergärten/Kinderspielkreisen	2o	13	-	1	-
" v. Schwesternstationen	23	9	-	2	-
" in Beratungsstellen	16	6	-	11	1
" i.sonst.diakon.Werken u.Einricht.	19	8	1	6	-
" i.kirchl.Projekt-u.Initiativgrupp.	9	7	1	14	3
" der Fachberatung des Diakonischen Werkes/Landesverband	28	5	1	-	-
andere kirchliche Sozialarbeiter im Sprengel	3o	4	-	-	-
andere kirchliche Sozialarbeiter in der Landeskirche	29	1	-	1	3
Kirchenvorstand	15	18	-	1	-
Kirchenkreisvorstand	21	13	-	-	-
Kirchenkreistag	26	8	-	-	-
Diakonieausschuß	26	7	-	1	-
Pfarrkonferenz	17	17	-	-	-
Arbeitsgemeinschaft des Diakonischen Werkes auf kommunaler Ebene	19	4	-	6	5
Diakonisches Werk e. V.	24	2	-	6	2

32. In welchem Maße halten Sie Anregung, Unterstützung und Kontrolle des Sozialarbeiters für wünschenswert?

Anregung/Unterstützung/Kontrolle durch

	wenig. als bisher	so wie bisher	mehr als bisher	ent- fällt	keine Angabe
Superintendent					
Anregung	-	23	9	-	2
Unterstützung	1	25	5	-	3
Kontrolle	-	25	3	2	4
Mehrzahl der Pastoren					
Anregung	1	9	22	-	2
Unterstützung	-	1o	22	-	2
Kontrolle	1	11	3	14	5
bestimmte einzelne Pastoren					
Anregung	1	25	5	-	3
Unterstützung	1	24	7	-	2
Kontrolle	2	13	1	13	5
Diakoniebeauftragte					
Anregung	-	19	11	1	3
Unterstützung	-	17	13	-	4
Kontrolle	-	14	2	12	6
Mitarbeiter im Kirchenkreisamt					
Anregung	1	25	1	5	2
Unterstützung	1	27	1	2	3
Kontrolle	3	1o	1	15	5
Mitarbeiter in sonstigen diakonischen Werken u. Einrichtungen					
Anregung	-	21	8	4	1
Unterstützung	1	18	8	4	3
Kontrolle	1	9	1	18	5
Mitarbeiter in Kindergärten und Kinderspielkreisen					
Anregung	-	19	12	2	1
Unterstützung	1	15	11	3	4
Kontrolle	1	1o	-	18	5

noch 32. Anregung/Unterstützung/Kontrolle durch

	wenig. als bisher	so wie bisher	mehr als bisher	ent-fällt	keine Angabe
Mitarbeiter in Schwestern- und Diakoniestationen					
Anregung	-	19	12	2	1
Unterstützung	-	2o	8	2	4
Kontrolle	1	9	1	18	5
Kirchenvorstand					
Anregung	-	16	14	2	2
Unterstützung	-	13	16	2	3
Kontrolle	1	9	1	18	5
Kirchenkreisvorstand					
Anregung	-	22	1o	-	2
Unterstützung	1	22	8	-	3
Kontrolle	1	25	3	-	5
Kirchenkreistag					
Anregung	1	2o	11	-	2
Unterstützung	1	2o	1o	-	3
Kontrolle	1	21	2	5	5
Pfarrkonferenz					
Anregung	1	12	18	1	2
Unterstützung	1	14	16	-	3
Kontrolle	1	12	1	15	5
Diakonieausschuß					
Anregung	-	23	8	1	2
Unterstützung	-	21	1o	-	3
Kontrolle	-	14	1	14	5
Diakonisches Werk e. V.					
Anregung	-	19	5	5	5
Unterstützung	-	18	4	6	6
Kontrolle	1	13	1	12	7

33. Wieviel Zeit sollte der Sozialarbeiter eigentlich für die folgenden
Tätigkeiten aufwenden, wenn er die Möglichkeit dazu hätte?
(Bitte, gehen Sie den Katalog noch einmal durch.)

	weniger als bisher	soviel wie bisher	mehr als bisher	keine Angabe
Beratung von einzelnen Klienten	1	22	1o	1
Beratung von Klientengruppen/Familien	2	2o	12	-
Beratung von einzelnen hauptberuflichen Mitarbeitern/Pastoren	1	21	11	1
Beratung von einzelnen ehrenamtlichen Mitarbeitern	-	19	13	2
Beratung von hauptamtl. Mitarbeitergrupp.	2	19	8	5
Beratung von ehrenamtl. Mitarbeitergrupp.	1	17	11	5
Beratung von kirchlichen Institutionen und Einrichtungen	2	24	4	4
Beratung von außerkirchlichen Institutionen und Einrichtungen	3	21	4	6
Entwicklung von Initiativgruppen	3	11	14	6
Entwicklung von Konzepten	1	16	13	4
Entwicklung von Entscheidungsvorlagen	1	18	1o	5
Planung von Maßnahmen (z. B. Kuren/Veranstaltungsreihen)	1	27	4	2
Organisation von Maßnahmen	4	23	6	1
Durchführung von Maßnahmen	3	24	6	1
Planung von Einrichtungen/Projekten/Modellen	2	16	1o	6
Organisation von Einrichtungen/Projekten/Modellen	4	15	9	6
Durchführung von Einrichtungen/Projekten/Modellen	5	13	9	7
Planung von Bildungs- u. Fortbildungsmaßnahmen für Mitarbeiter	3	13	1o	8
Organisation von Bildungs- u. Fortbildungsmaßnahmen für Mitarbeiter	2	14	1o	8
Durchführung v. Bildungs- und Fortbildungsmaßnahmen für Mitarbeiter	2	14	1o	8
Koordination von Aktivitäten	-	22	7	5
Organisation der Dienststelle	3	25	1	5
Anleitung von Mitarbeitern in der Dienststelle	1	25	4	4
Schriftwechsel/Abrechnung/Verwaltung	1o	19	2	3
Eigeninformation	-	22	1o	2
Weitergabe von Informationen/Berichte/Vorträge	-	19	11	4
Öffentlichkeitsarbeit	-	14	17	3

34. Für welche Zielgruppen sollte der Sozialarbeiter nach der Lage in Ihrer Region Schwerpunkte <u>aufgeben bzw. neu setzen</u>, wenn er die Möglichkeit dazu hätte?

	aufgeben	neu setzen
Kinder und Jugendliche	-	1o
Mütter/Ehen und Familien	-	1o
Schwangere	1	8
ältere Menschen	1	9
Suchtkranke	5	14
Behinderte körperlich/geistig	2	7
psychisch Kranke	3	13
Arbeitslose	5	11
Nichtseßhafte	3	5
Straffällige/Strafentlassene	2	8
Aussiedler	1	6
Problemfamilien	3	12
Ausländer	3	3
sonstige Zielgruppen, nämlich:		
./.		

35. In welchen Organen/Vereinen/Ausschüssen/Arbeitsgemeinschaften sollte der Sozialarbeiter nach Ihrer Meinung die Kirche bzw. das Diakonische Werk vertreten, unabhängig davon, ob er jetzt Vertreter ist?

	Kirch.u. DW vertreten	keine Angabe
Jugendwohlfahrtsausschuß der Kommune	21	13
Sozialausschuß der Kommune	27	7
Widerspruchsausschuß der Kommune	7	27
Gemeinderat	-	34
Ortsarbeitsgemeinschaft der freien Wohlfahrtsverbände	24	1o
Kreisarbeitsgemeinschaft der freien Wohlfahrtsverbände	29	5
sonstige Vereine usw., nämlich:		
Spastiker-Verein		
Altenheim		
Verein "Herberge zur Heimat"		

36. Bis zu welchem Grad sollten nach Ihrer Meinung folgende Personen und Gruppen an Entscheidungsprozessen <u>über die Aufgaben der Dienststelle für Sozialarbeit</u> beteiligt sein?

	keine Beteilig.	Anhörung	Beratung	Mitwirkung	Mitentscheidung	keine Angabe
Sozialarbeiter selbst	-	1	-	4	29	-
andere Mitarbeiter in der Dienststelle	-	4	3	16	8	3
Kirchenkreistag	-	6	9	7	11	1
Kirchenkreisvorstand	-	-	4	7	23	-
Diakonieausschuß	-	2	9	13	1o	-
Kirchenkreisamt	5	6	17	5	-	1
Kirchengemeinden	2	9	14	8	-	1
Pfarrkonferenz	1	6	19	5	1	2
Betroffene/Klienten	6	14	5	6	1	2
Fachberatung des Diakonischen Werkes/Landesverband	-	-	29	3	1	1
andere diakonische Mitarbeiter des Kirchenkreises	3	4	16	8	-	3
außerkirchliche Fachkräfte	5	13	15	-	-	1
Behörden	8	15	9	-	-	2

37. Auf welchen Gebieten halten Sie für den Sozialarbeiter, ausgehend von seiner derzeitigen Berufserfahrung und Arbeitssituation, Fortbildung für notwendig? (Mehrfachnennung möglich.)

Methoden der Gesprächsführung	15
neue therapeutische Ansätze	13
Methoden der Gruppenarbeit	15
Methoden der Gemeinwesenarbeit	8
Methoden der Sozialplanung	7
Methoden der Beteiligung von Gemeindegliedern und Klienten	14
Methoden der Organisation	6
Methoden der Öffentlichkeitsarbeit	1o
Methoden der Bedarfsanalyse	3
Einsatz technischer Hilfsmittel	2
Führungsmodelle	1
Entscheidungsmodelle	3
Rationalisierungsmethoden	3
Methoden der Effizienzkontrolle	4
Methoden der Mitarbeiterbeurteilung	1
Erweiterung des Fachwissens in Soziologie	8
" " " " Psychologie	13
" " " " Politologie	1
" " " " Volks-/Betriebswirtsch.	-
" " " " Recht und Verwaltung	6
Methoden der Erwachsenenbildung	13
Information über theologische Richtungen	4
theologische Überlegungen zu Diakonie und Gemeindeaufbau	23
Einführung in kirchliche Strukturen	3
Überlegungen zu Gesellschaft und Kirche	3
" " theologischer Ethik und Sozialarbeit	17
Einführung in Entwicklungen in der Kirche/Kommunitäten/Bruderschaften	2

VI. - Öffentlichkeitsarbeit

38. Betreibt der Sozialarbeiter Öffentlichkeitsarbeit?

    ja: 24   nein: 9   keine Angabe: 1

39. Wenn er Öffentlichkeitsarbeit betreibt, welche Medien werden hierfür benutzt? (Zutreffendes bitte ankreuzen.)

Informationsveranstaltungen	9
Tage der offenen Tür	3
Herausgabe von Jahres- und Tätigkeitsberichten	17
Plakat-Aktionen	5
Berichte in Gemeindebriefen	19
Zusammenarbeit mit der örtlichen Presse	19
Artikel in der Evangelischen Zeitung	4

40. Welche Wirkungen versprechen Sie sich von einer solchen Öffentlichkeitsarbeit?

	sehr wichtig	wichtig	weniger wichtig	keine Angabe
Aufklärung	14	11	1	8
Aktivierung der Gemeindeglieder	14	12	2	6
Solidarisierung der Klientengruppen	1	12	12	9
Wecken von Verständnis für Probleme von Klientengruppen	11	13	1	9
Darstellg.d.Eigenlstg.d.Einrichtung	2	16	8	8

andere beabsicht. Wirkungen, nämlich:

  Information potentieller Klienten

  Information "Auch das ist Kirche"

41. Bitte, sagen Sie uns zum Schluß noch, wie lange Sie Ihr jetziges Amt als Superintendent innehaben?

unter 2 Jahren	3
2 bis unter 4 Jahren	7
4 bis unter 6 Jahren	5
6 bis unter 8 Jahren	6
8 bis unter 1o Jahren	3
1o Jahre oder länger	6
keine Angabe	4

Fragebogen mit Ergebnissen der Rohauswertung:

Befragte: Sozialarbeiter in Dienststellen für Sozialarbeit in den Kirchenkreisen

Zahl der ausgefüllten Fragebogen: n = 39

A. - FRAGEBOGEN FÜR DIE DIENSTSTELLE

I. - Beschreibung Ihres Arbeitsbereiches

1. Wo ist der Standort Ihrer Einrichtung?

Kleinstadt (bis zu 40.000 Einwohner)	26
Mittelstadt (bis zu 100.000 Einwohner)	8
Großstadt (über 100.000 Einwohner)	4
keine Angabe	1

2. Ist dieser Standort Sitz einer Kreisverwaltung?

ja	21
nein	15
keine Angabe	3

3. Gehört Ihr Arbeitsbereich zu

einem Landkreis	20
zwei Landkreisen	9
drei Landkreisen	4
mehr als drei Landkreisen	-
einer kreisfreien Stadt	5
keine Angabe	1

4. Wie ist die überwiegende Struktur des Arbeitsbereiches?

ländlich/kleinstädtisch	29
mittelstädtisch	8
großstädtisch	2

5. Wie groß ist die Einwohnerzahl Ihres Arbeitsbereiches?

unter 30.000	-
von 30.000 - 50.000	6
von 50.000 - 70.000	10
von 70.000 - 90.000	8
von 90.000 - 110.000	4
über 110.000	11

6. Wieviele Kirchengemeinden gehören zum Arbeitsbereich?

unter 1o	2
1o bis unter 2o	16
2o bis unter 3o	16
3o bis unter 4o	4
4o oder mehr	1

7. Wieviele Pfarrstellen gehören zum Arbeitsbereich?

unter 1o	1
1o bis unter 2o	8
2o bis unter 3o	15
3o bis unter 4o	8
4o bis unter 5o	3
5o bis unter 6o	2
6o oder mehr	1
keine Angabe	1

8. Wie groß ist die Zahl der Gemeindeglieder?

unter 1o.ooo	1
1o.ooo bis unter 2o.ooo	2
2o.ooo bis unter 3o.ooo	1
3o.ooo bis unter 4o.ooo	5
4o.ooo bis unter 5o.ooo	8
5o.ooo bis unter 6o.ooo	1
6o.ooo bis unter 7o.ooo	5
7o.ooo bis unter 8o.ooo	5
8o.ooo bis unter 9o.ooo	1
9o.ooo bis unter 1oo.ooo	-
1oo.ooo und mehr	7

9. Welche anderen kirchlichen Mitarbeiter in der <u>offenen</u> Arbeit gibt es in Ihrem Arbeitsbereich? (Gemeint sind Mitarbeiter des Kirchenkreises, der Kirchengemeinden, eines DW e.V. - Bitte, tragen Sie Zahlen ein.)

Kreisjugendwarte/innen:

keine(n)	1	2	3	4
15	15	7	1	1

Gemeindediakone/innen:

keine(n)	1	2	3	4	5	6	7	8	9	1o
6	8	5	5	5	-	1	4	-	3	2

andere Mitarbeiter im sozialpädagogischen Bereich:

keine(n)	1	2	3	4	5	6	7	8	9 u.mehr
23	6	2	1	1	1	-	-	-	5

10. Gibt es in Ihrem Bereich ein DW e.V. ?

        ja: 12   nein: 27

11. Welche <u>diakonischen Einrichtungen</u> gibt es neben Ihrer Dienststelle im Arbeitsbereich? (Bitte, tragen Sie Zahlen ein.)

	keine	1	2	3	4	5	6	7	8	9	1o	11	12	13 u. mehr
Kinderspielkreise	12	5	2	3	6	5	-	1	1	-	3	-	-	1
Kindergärten	2	1	2	4	3	5	3	5	3	3	2	2	-	4 (13,13,16,15)
Schwesternstationen	6	6	3	4	2	2	5	3	1	2	1	3	-	1 (=21)
Diakoniestationen	34	5	-	-	-	-	-	-	-	-	-	-	-	-
ambulante sozialpfleger. Dienste	29	7	2	1	-	-	-	-	-	-	-	-	-	-
besond. Beratungsst.	19	19	1	-	-	-	-	-	-	-	-	-	-	-
Familienbild'stätt.	31	8	-	-	-	-	-	-	-	-	-	-	-	-
Altenheime/-tagesstätten/-klubs	7	11	5	3	3	3	2	-	1	-	-	-	-	4 (15,20,20,20)
Krankenhäuser	25	11	2	-	1	-	-	-	-	-	-	-	-	-
Einrichtungen der Behindertenhilfe	27	8	2	2	-	-	-	-	-	-	-	-	-	-
" Jugendhilfe	28	6	3	1	1	-	-	-	-	-	-	-	-	-
sonst. Einrichtungen	21	15	3	-	-	-	-	-	-	-	-	-	-	-

12. Welche sozialen Einrichtungen von freien und öffentlichen Trägern gibt es im Arbeitsbereich?

Anzahl der sozialen Einrichtungen von freien und öffentlichen Trägern:		Anzahl der Träger:	
bis 5 Einrichtungen	6	1	2
6 bis 1o "	8	2	1
11 bis 25 "	11	3	-
26 bis 4o "	6	4	5
41 bis 5o "	4	5	5
mehr als 5o "	2	6	7
keine Angabe	2	7	-
		8	4
		9	3
		1o und mehr	2
		keine Angabe	1o

Frage 12 (Fortsetzung)

Art der Einrichtung	keine Einrichtg. dieser Art bei ander. Trägern	öffentlicher Träger	andere Wohlfahrtsverbände einschl. Kirchen	sonstige Träger
Kinderspielkreise /-gärten /-heime	12	15	16	1
Schwestern-, Diakoniestationen, ambulante sozialpflegerische Dienste	11	7	15	-
besondere Beratungsstellen, einschließlich Sucht	16	8	6	-
Familienbildungsstätten, sonstige Erwachsenenbildung	23	2	6	-
Altenheime /-tagesstätten /-klubs /-wohnungen	7	11	2o	5
Krankenhäuser	12	19	5	4
Behindertenhilfe	8	1	1o	8
Gefährdetenhilfe	24	1	1	4
Jugendhilfe	21	3	5	3
sonstige	21	-	6	2

(Die Zahlenangaben in einzelnen Zeilen liegen unter 39, wenn zwar Einrichtungen dieser Art genannt wurden, Angaben über die Träger jedoch fehlen.)

13. Wieviele Mitarbeiter gehören zu Ihrer eigenen Dienststelle?
(Bitte, tragen Sie die entsprechenden Zahlen ein, und unterscheiden Sie dabei nach Voll- bzw. Teilzeitbeschäftigung und Mitarbeitern auf Honorarbasis.)

Mitarbeiter in der Dienststelle:

Anzahl u. Art d. Mitarbeiter	Zahl der Dienststellen mit Mitarbeitern		
	in Vollzeit-beschäftig.	in Teilzeit-beschäftig.	auf Honorar-basis
Sozialarbeiter/-pädagogen			
0	2	36	38
1	28	3	1
2	7	-	-
3	2	-	-
sonstige Berater (Ehe/Erziehung/Sucht)			
0	36	38	35
1	2	1	2
2	-	-	1
3	1	-	1
Berufspraktikanten			
0	36	39	39
1	1	-	-
2	2	-	-
Verwaltungsangestellte			
0	26	16	37
1	11	20	2
2	-	3	-
5	2	-	-
Zivildienstleistende			
0	37	38	39
1	1	1	-
2	1	-	-

14. Seit wann besteht/bestehen die Planstelle/n für Sozialarbeit im Kirchenkreis?

	1.Planstelle	2.Planstelle	3.Planstelle
weniger als 1 Jahr	-	-	-
unter 3 Jahren	1	-	-
unter 5 Jahren	2	1	-
unter 1o Jahren	1	3	2
mehr als 1o Jahre	35	7	1
entfällt	-	28	36

15. Seit wann ist/sind die Planstelle/n für Sozialarbeiter im Kirchenkreis besetzt?

	1.Planstelle	2.Planstelle+)	3.Planstelle
weniger als 1 Jahr	-	-	-
unter 3 Jahren	1	-	-
unter 5 Jahren	2	1	-
unter 1o Jahren	3	3	2
mehr als 1o Jahre	33	6	1
entfällt	-	29	36

+) Eine 2. Planstelle war im Erhebungszeitpunkt von einem "sonstigen Berater" besetzt, daher resultiert die Differenz zu Frage 13.

16. Wie lange besteht eine Verwaltungsplanstelle?

	Vollz.-besch.	Teilz.-besch.
weniger als 1 Jahr	-	-
unter 3 Jahren	-	2
unter 5 Jahren	5	5
unter 1o Jahren	2	1o
mehr als 1o Jahre	8	5
entfällt	24	17

II. - Finanzierung

17. Aus welchen Mitteln werden die Aufwendungen Ihrer Dienststelle und Ihrer Arbeit finanziert? (Bitte, kreuzen Sie die in Frage kommenden Möglichkeiten an.)

Kirchensteuer	37	Zuschüsse des Landes	3
Spenden	23	sonstige Zuschüsse	8
Sammlungen	13	Rücklagen	4
Zuschüsse der Kommunen	14	Bußgelder	11
Zuschüsse des Landkreises	25	Zinsen	4

18. Wie hoch ist Ihr Jahresetat insgesamt? ....

    davon Haushalt der Dienststelle: ....

    nicht ausgewertet, da Angaben offensichtlich nicht vergleichbar.

19. Wie ist das prozentuale Verhältnis zwischen Eigenmitteln und Fremdmitteln im Gesamtetat Ihrer Arbeit?

    Eigenmittel: ....   Fremdmittel: ....

    nicht ausgewertet, da Angaben offensichtlich nicht vergleichbar.

20. Wenn Fremdmittel vorhanden: Wer wirbt Fremdmittel ein?

Sozialarbeiter	24
Kirchenkreisvorstand	7
Superintendent	7
Kirchenkreisamt	9

    sonstige, nämlich:
    Mitarbeiter der Dienststelle
    ehrenamtliche Mitarbeiter
    Gefangenenfürsorgeverein
    Geschäftsführer
    Landkreis-AG der Diakonie

21. Werden Wirtschaftlichkeitsberechnungen für Projekte durchgeführt?

ja	9
nein	29
keine Angabe	1

    falls ja - wer führt diese durch? (Bitte Berufsbezeichnungen nennen.)
    Kirchenkreisamt
    Verwaltung
    Sozialarbeiter
    Geschäftsführer

B. - FRAGEBOGEN FÜR DEN EINZELNEN SOZIALARBEITER
===

Zahl der ausgefüllten Fragebogen: n = 47

22. Wie lange sind Sie in Ihrer jetzigen Dienststelle?

bis unter 2 Jahre	5	6 bis unter 8 Jahre	8
2 bis unter 4 Jahre	4	8 bis unter 1o Jahre	8
4 bis unter 6 Jahre	9	1o Jahre oder länger	9
		keine Angabe	4

III. - Arbeitskontakte im kirchlichen Bereich

23. Im folgenden finden Sie eine Liste der verschiedenen kirchlichen Mitarbeiter und Einrichtungen. Bitte, schätzen Sie die durchschnittliche Häufigkeit der Arbeitskontakte ein. Benutzen Sie die Rubrik "entfällt", wenn es entsprechende Stellen oder Einrichtungen nicht gibt.

	fast tägl.	1 x wöch.	1 x mon.	seltener	s.gut w.nie	entfällt
Superintendent	3	2o	13	8	3	-
Mehrzahl der Pastoren	-	4	21	2o	2	-
bestimmte einzelne Pastoren, zu denen evtl. engere Kontakte besteh.	4	26	12	4	-	-
Diakoniebeauftragte	3	14	1o	11	5	4
Gemeindediakone/Jugendwarte	-	1o	13	1o	7	6
Mitarbeiter des Kirchenkreisamtes	17	2o	4	4	1	1
" v. Kindergärten/Kinderspielkrsn.	2	4	6	2o	13	2
" v. Schwesternstationen	3	8	12	12	4	7
" in besonderen Beratungsstellen	1	8	11	13	2	11
" in sonstigen diakonischen Werken und Einrichtungen	1	13	13	11	2	7
" in kirchlichen Projekt- und Initiativgruppen	4	3	8	11	6	13
" der Fachberatung des Diakonischen Werkes (Landesverband)	-	2	17	25	2	1
andere kirchliche Sozialarbeiter im Sprengel	-	7	35	5	-	-
andere kirchliche Sozialarbeiter in der Landeskirche	-	-	5	33	8	1

24. In welcher Weise arbeiten Sie mit den folgenden kirchlichen Gremien zusammen? (Bitte, kreuzen Sie in jeder Zeile mindestens eine Antwort an.)

	gar nicht	a.Aufforderung	a.Eig.-initiative	a.Aufford.u. a.Eig.-initiat.	als Mitglied
Kirchenvorstand	9	12	9	1o	7
Kirchenkreisvorstand	2	16	7	18	3
Kirchenkreistag	4	1o	7	3	22
Diakonieausschuß	2	2	6	3	31
Pfarrkonferenz	6	15	12	6	7
AG des DW auf kommunaler Ebene	2o	4	2	2	13
Diakonisches Werk e.V.	2o	4	6	1	8

andere kirchl. Gremien, nämlich:
Planungsausschuß
Oekumene-Ausschuß (KKT)
§ 218-Ausschuß (für 2 Kirchenkr.)
Diakoniekonferenz im KK
Kuratorium des Altenheimes
Schwesternausschuß des evang.
  Gesamtverbandes
Ausschuß Freizeitheim
Gesamtverbandsausschuß
Stadtkonferenz
Diakoniebruderschaft
Mitarbeiterkonferenz
Mitarbeitervertretung
Team der Beratungsstelle
Gruppe Offene Kirche
(z.T. Mehrfachnennungen, Zusammenarbeit fast ausschließlich über Mitgliedschaft

	-	3	1	26	24

25. Inwieweit fühlen Sie sich in Ihrer Arbeit durch folgende Personen angeregt / unterstützt / kontrolliert?

Anregung/Unterstützung/Kontrolle durch

	gar nicht	wenig	etwas	stark	sehr stark	entfällt	keine Angabe
Superintendent							
angeregt	6	13	17	5	2	-	4
unterstützt	3	2	19	18	5	-	-
kontrolliert	22	14	2	2	-	1	6
Mehrzahl der Pastoren							
angeregt	6	26	1o	1	-	1	3
unterstützt	1	2o	18	4	1	1	2
kontrolliert	29	7	-	1	-	4	6

Noch 25.

Anregung/Unterstützung/Kontrolle durch

	gar nicht	wenig	etwas	stark	sehr stark	entfällt	keine Angabe
bestimmte einzelne Pastoren, zu denen evtl. engere Kontakte bestehen							
angeregt	1	2	19	21	3	-	1
unterstützt	-	1	13	21	9	-	3
kontrolliert	31	5	1	-	-	3	7
Diakoniebeauftragte							
angeregt	6	5	16	7	4	7	2
unterstützt	5	5	9	11	7	8	2
kontrolliert	24	6	3	-	-	8	6
Mitarbeiter im Kirchenkreisamt							
angeregt	18	12	8	2	2	1	4
unterstützt	6	7	15	11	3	1	4
kontrolliert	22	1o	6	1	-	2	6
Mitarbeiter in sonstigen diakonischen Werken und Einrichtungen							
angeregt	4	16	12	2	1	9	3
unterstützt	5	12	15	3	-	9	3
kontrolliert	28	1	1	-	-	1o	7
Mitarbeiter in Schwestern- und Diakoniestationen							
angeregt	9	1o	13	2	2	8	3
unterstützt	6	8	13	6	3	8	3
kontrolliert	29	1	-	-	-	1o	7
Mitarbeiter in Kindergärten und Kinderspielkreisen							
angeregt	17	12	7	2	1	6	2
unterstützt	12	11	11	3	1	5	4
kontrolliert	28	2	-	1	-	9	7

26. Inwieweit fühlen Sie sich in Ihrer Arbeit durch folgende Gremien
angeregt / unterstützt / kontrolliert ? (Bitte, gehen Sie bei der
Beantwortung in der gleichen Weise vor wie bei Ziff. 25.)

Anregung/Unterstützung/Kontrolle durch

	gar nicht	wenig	etwas	stark	sehr stark	ent- fällt	keine Angabe
Kirchenvorstand							
angeregt	21	14	1o	-	-	1	1
unterstützt	13	17	1o	1	1	1	4
kontrolliert	29	6	1	-	-	5	6
Kirchenkreisvorstand							
angeregt	15	17	9	2	-	-	4
unterstützt	6	12	14	12	2	-	1
kontrolliert	15	18	5	2	-	1	6
Kirchenkreistag							
angeregt	17	14	14	-	-	-	2
unterstützt	1o	18	1o	6	-	-	3
kontrolliert	31	5	2	1	-	2	6
Pfarrkonferenz							
angeregt	14	14	14	2	-	-	3
unterstützt	1o	12	18	2	1	-	4
kontrolliert	27	6	4	-	-	3	7
Diakonieausschuß							
angeregt	5	8	14	12	2	2	4
unterstützt	4	7	11	14	7	2	2
kontrolliert	23	7	4	1	1	4	7
Diakonisches Werk e.V.							
angeregt	6	6	4	1	1	19	1o
unterstützt	4	3	3	6	1	19	11
kontrolliert	12	4	-	-	-	18	13

.. andere kirchliche Gremien, nämlich ..
(soweit mindestens "starke" Anregung/Unterstützung/Kontrolle, jeweils einfache Nennung)

... angeregt:
    Beirat Diakoniestation
    Dienstbesprechung Gemeinde-
      schwestern
    Diakoniebruderschaft
    Schwesternausschuß
    Team der Beratungsstelle
    Lebensberatungsstelle
    Gesamtverbandsausschuß
    Gruppe Offene Kirche

... unterstützt:
    Beirat Diakoniestation
    Dienstbesprechung Gemeinde-
      schwestern
    Arbeitskreis: Altenarbeit in den
      Kirchengemeinden
    Diakoniekonferenz d. Kirchenkreises
    Kreisarbeitsgem. d. Sozialarbeiter
    Lebensberatungsstelle
    Gesamtverbandsausschuß
    Gruppe Offene Kirche

27. Bitte, schätzen Sie die durchschnittliche Häufigkeit Ihrer Arbeitskontakte zu folgenden außerkirchlichen Stellen ein:

	fast tägl.	mind. 1 x wöch.	mind. 1 x mon.	selte- ner	so gut wie nie	keine An- gabe
Gemeindeverwaltungen	9	12	9	1o	4	3
Sozialamt/Jugendamt	16	28	3	-	-	-
andere Ämter der Stadt-/Kreisverwaltung	2	12	18	13	-	2
Arbeitsamt	-	12	14	19	2	-
Krankenkassen	8	22	11	3	3	-
Ärzte	5	18	13	1o	1	-
Krankenhäuser	2	11	13	19	2	-
Gesundheitsämter	1	12	19	14	1	-
Schulen / Lehrer	-	4	15	2o	8	-
außerkirchl. Beratungsstellen	1	3	17	21	4	1
außerkirchl. Heime und Einrichtungen	1	8	19	15	2	1
Gerichte	1	4	12	2o	1o	-
Rechtsanwälte	-	2	7	28	1o	-
Bewährungshelfer/Schutzhelfer	-	3	1o	22	12	-
andere Verbände/Ortsarbeitsgemein. schaften/Kreisarbeitsgemeinsch.	1	7	22	14	3	-
kommunale Ausschüsse	-	-	14	24	9	-
Parteien/Fraktionen	-	2	3	12	3o	-
Geldinstitute	-	4	5	23	15	-
berufsständische Organisationen	-	-	5	19	22	1
Gewerkschaften	-	-	2	8	37	-
Fachverbände	-	-	9	14	23	1

IV. - Tätigkeiten

28. Bezeichnen Sie anhand der nachfolgenden Liste Ihre Arbeit. Wie häufig üben Sie die einzelnen Tätigkeiten aus? (Bitte, kreuzen Sie "entfällt" an, wenn Sie die Tätigkeit überhaupt nicht ausüben.)

	fast täg- lich	mind. 1 x wöch.	mind. 1 x mon.	sel- te- ner	nie	ent- fällt	keine An- gabe
Beratung v. einzelnen Klienten	44	3	-	-	-	-	-
Beratung von Klientengruppen	5	20	9	8	2	3	-
" v. einz. hauptberuflichen Mitarbeitern / Pastoren	11	15	8	10	-	3	-
" v.einz.ehrenamtl.Mitarbeitern	6	12	17	10	1	1	-
" v.hauptberufl.Mitarb'grupp.	-	3	13	15	9	6	1
" v.ehrenamtlichen - " -	-	4	11	26	3	3	-
" v.kirchl.Institutionen und Einrichtungen (z.B.Kirchenkreisaussch.,Kirchenkreistagsausschuß, Kindergartenausschuß	-	6	16	19	3	3	-
" von außerkirchlichen Institutionen und Einrichtungen	-	5	5	23	8	6	-
Entwicklg.v.Initiativgruppen	-	5	3	19	7	11	2
Entwicklung von Konzepten	-	5	7	23	4	8	-
Entwickl. v. Entscheidungsvorlg.	-	3	8	20	7	9	-
Planung v.Maßnahmen (z.B. Kuren/ Veranstaltungsreihen	16	9	5	13	-	3	1
Organisation von Maßnahmen	13	7	7	15	1	2	2
Durchführung von Maßnahmen	11	6	6	17	1	4	2
Planung von Einrichtungen/ Projekten/Modellen	1	4	5	24	4	8	1
Organisation von Einrichtungen/ Projekten/Modellen	1	5	6	22	4	9	-
Durchführung von Einrichtungen/ Projekten/Modellen	2	5	5	22	4	9	-
Planung v.Bildungs-u.Fortbild.- maßnahmen für Mitarbeiter	-	1	7	23	6	10	-
Organisation - " -	-	1	7	22	6	11	-
Durchführung - " -	-	1	6	20	8	12	-
Koordination von Aktivitäten	5	6	12	17	2	5	-
Organisation der Dienststelle	5	10	7	14	1	6	4
Anleitg.v.Mitarb.i.d.Dienstst.	10	16	1	7	3	10	-
Schriftwechsel/Abrechnung/ sonstige Verwaltung	38	7	1	-	-	1	-
Eigeninformation	20	23	2	-	-	-	2
Weitergabe von Informationen/ Berichte/Vorträge	6	8	19	14	-	-	-
Öffentlichkeitsarbeit	1	1	10	27	4	2	-

29. Welche Bedeutung haben dabei die einzelnen Tätigkeiten für Sie?
    (Bitte, gehen Sie den Katalog noch einmal durch.)

	sehr wichtig	wichtig	weniger wichtig	entfällt	keine Angabe
Beratung von einzelnen Klienten	35	12	-	-	-
Beratung von Klientengruppen	22	21	2	1	1
" v.einz.hauptberufl.Mitarb./Pastoren	13	28	5	1	-
" " " ehrenamtl. Mitarbeitern	25	19	1	2	-
" " hauptberufl. Mitarbeitergruppen	6	25	7	7	2
" " ehrenamtl. Mitarbeitergruppen	19	28	1	3	-
" " kirchl. Institutionen u. Einrichtungen (z.B.KK-Ausschüsse, KKT-Ausschüsse, Kindergartenausschüsse)	12	25	8	2	-
" v.außerkirchl.Institutionen u.Einrichtgn.	5	2o	15	7	-
Entwicklung von Initiativgruppen	9	22	8	6	2
Entwicklung von Konzepten	11	24	5	5	2
Entwicklung von Entscheidungsvorlagen	7	22	11	6	1
Planung von Maßnahmen (z.B. Kuren/Veranstaltungsreihen)	3	33	6	5	-
Organisation von Maßnahmen	4	31	8	3	1
Durchführung von Maßnahmen	5	28	8	5	1
Planung v.Einrichtungen/Projekten/Modellen	6	27	7	7	-
Organisation v. " " "	5	27	8	7	-
Durchführung v. " " "	4	26	1o	7	-
Planung von Bildungs- und Fortbildungsmaßnahmen für Mitarbeiter	12	14	9	11	1
Organisation v. - " - - " -	1o	16	1o	11	-
Durchführung v. - " - - " -	9	17	11	1o	-
Koordination von Aktivitäten	12	24	5	6	-
Organisation der Dienststelle	7	23	11	5	1
Anleitung von Mitarbeitern in der Dienststelle	16	17	3	11	-
Schriftwechsel/Abrechnung/sonstige Verwaltung	5	23	18	9	-
Eigeninformation	33	13	-	-	1
Weitergabe von Informationen/Berichte/Vorträge	17	29	1	-	-
Öffentlichkeitsarbeit	14	31	1	1	-

30. Beratung kann verschiedene Formen haben. Kennzeichnen Sie die Häufigkeit der verschiedenen Formen bei der Beratung von Klienten und Klientengruppen

	überwieg.	häufig	selten	nie
Information/Auskunft/Vermittlung	23	23	1	-
intensives Beratungsgespräch	21	22	4	-
sozialanwaltliche Hilfe	3	37	7	-
materielle Hilfe	2	23	22	-
praktische Hilfe	3	22	2o	2

31. Haben Sie in Ihrer Arbeit <u>Schwerpunkte</u> für bestimmte Zielgruppen gesetzt?

	ja	nein	keine Angabe
(wenn "nein", weiter bei 34.)	39	4	4

32. Wenn "ja", um welche <u>Zielgruppen</u> handelt es sich?
Bitte, kreuzen Sie bis zu 5 Gruppen an.

Kinder und Jugendliche	12
Mütter/Ehen und Familien	31
Schwangere	11
ältere Menschen	25
Suchtkranke	18
Behinderte körperlich/geistig	13
psychisch Kranke	15
Arbeitslose	2
Nichtseßhafte	8
Straffällige/Strafentlassene	4
Aussiedler	7
Problemfamilien	25
Ausländer	6

sonstige Zielgruppen, nämlich:

  Suizid

  Kirchenvorsteher

  Gemeindeschwestern und Mitarbeiter in pflegerischen Diensten

  kirchliche Mitarbeiter

  alleinerziehende Mütter und Väter

  Sozialhilfeempfänger

33. Welchen sozialen Schichten gehören Ihre Hauptzielgruppen vorwiegend an? Bitte, tragen Sie bei den in Frage 32 angekreuzten Zielgruppen die entsprechenden Ziffern aus der folgenden Skala ein.

   1 = vorwiegend ungelernte Arbeiter
   2 = vorwiegend Facharbeiter/einfache Angestellte/Beamte
   3 = vorwiegend Meister/mittlere Angestellte/Beamte
   4 = vorwiegend höhere Angestellte/Beamte/Vertreter höherer Einkommensgruppen
   5 = überwiegende Zugehörigkeit zu bestimmten Schichten nicht erkennbar

	1	2	3	4	5
Kinder und Jugendliche	1	4	1	1	4
Mütter/Ehen und Familien	4	1o	1	-	14
Schwangere	1	4	-	-	5
ältere Menschen	-	7	2	-	15
Suchtkranke	4	8	-	-	6
Behinderte, hörperlich/geistig	1	3	-	-	8
psychisch Kranke	1	6	1	-	5
Arbeitslose	2	-	-	-	-
Nichtseßhafte	8	-	-	-	-
Straffällige/Strafentlassene	2	1	-	-	-
Aussiedler	3	4	-	-	-
Problemfamilien	18	2	-	-	5
Ausländer	4	1	-	1	-

34. Welcher sozialen Schicht gehört die Gesamtgruppe Ihrer Klienten vorwiegend an?

ungelernte Arbeiter	8
Facharbeiter/einfache Angestellte/Beamte	14
Meister/mittlere Angestellte/Beamte	1
höhere Angestellte/Beamte/Vertreter höherer Einkommensgruppen	-
überwiegende Zugehörigkeit zu bestimmten Schichten nicht erkennbar	23
keine Angabe	1

noch 35.

Ich bin <u>Mitglied</u> folgender Gruppen/Vereine/Ausschüsse/Arbeitsgemeinschaften:

Anzahl der genannten Gruppen	Häufigkeit der Nennungen
0	1
1	4
2	8
3	4
4	6
5	7
6	7
7	3
8	3
mehr als 8	2

Ich bin <u>Berater</u> folgender Gruppen/Vereine/Ausschüsse/Arbeitsgemeinschaften:

Anzahl der genannten Gruppen	Häufigkeit der Nennungen
0	13
1	13
2	7
3	5
4	3
5	1
6	2
7	1

Ich bin <u>Initiator</u> folgender Gruppen/Vereine/Ausschüsse/Arbeitsgemeinschaften:

Anzahl der genannten Gruppen	Häufigkeit der Nennungen
0	16
1	17
2	9
mehr als 2	3

noch 35.

Art der genannten Gruppen:
a) innerkirchlich:

Diakonieausschuß/-konferenz
KKT-Ausschuß
KK-Ausschuß
AG der Diakoniebeauftragten
AG Altenarbeit
DW e.V.
Dorfhelferinnenwerk
Gesprächsgruppen in Kirchengemeinden
Kreis-AG Frauenwerk
AG Haus- und Familienpflege
AG Erwachsenenbildung
AG Kindergärten, -spielkreise

AG Seelsorge
Mitarbeitergruppe funktionale kirchliche Dienste
AG Diakoninnen
AG Ehe-/Jugend-Lebensberatung
AG Gemeindeschwestern
Ausschuß Sozialstation
AG Obdachlose und Problemfamilien
Aktionsgruppe Jugendarbeit
Bahnhofsmission
Kinderpflegeverband
Verein Jugendheim

b) öffentliche Hand:

Sozialausschuß/Widerspruchsausschuß/Jugendwohlfahrtsausschuß
Beirat für Ausländer
AG Sozialhilfe

c) sonstige:

neben Kreis-AG der freien Wohlfahrtspflege:
AG Suchtberatung
Lebenshilfe
AG psychisch Kranke
AG Körperbehinderte
AG Bewährungshilfe/Resozialisierung
AG städtische Altenhilfe/Verein Altenklub
AG Förderung Aussiedler
AG Nichtseßhafte
AG Alleinerziehende
Beirat Jugendvollzugsanstalt
Arbeitskreis Vormünder
Gruppe Kindererholung
verschiedene Vereine

(Griechen-Verein, Tbc, Herberge,
Nachbarschaftshilfe,
Gefangenenfürsorge,
Verband Kriegsbeschädigter)

36. In welchen <u>kirchlichen</u> Gremien und Organen sind Sie Mitglied?

Kirchenvorstand	8
Kirchenkreisvorstand	3
Kirchenkreistag	25
Vorstand des Kirchenkreistages	2
Mitarbeitervertretung	13
Sprengelbeirat	-
Gemeindebeirat	1

sonstige Gremien, nämlich:

    Diakonieausschuß

    sonstige KKT-Ausschüsse

    Heimvorstand/Kuratorium/Beirat

    Pfarrkonferenz

    FEA-Ausschuß

37. In welchen <u>außerkirchlichen</u> Organen/Vereinen/Ausschüssen/Arbeitsgemeinschaften sind Sie Mitglied? Bitte, kreuzen Sie auch an, wo Sie die Kirche oder das Diakonische Werk vertreten.

	Mitglied	Vertreter von Kirche oder DW
Jugendwohlfahrtsausschuß der Kommune	11	9
Sozialausschuß der Kommune	13	12
Widerspruchsausschuß der Kommune	14	11
Gemeinderat/Stadtrat	-	-
Ortsarbeitsgemeinschaft der freien Wohlfahrtsverbände	16	1o
Kreisarbeitsgemeinschaft der freien Wohlfahrtsverbände	3o	25
sonstige Vereine	13	6

V. - Planung und Entscheidungsfindung

38. Welcher der folgenden Sätze trifft für Sie am ehesten zu?
    (Bitte, kreuzen Sie diesen an.)

    Ich plane meine Arbeit sehr genau und halte mich streng
    an diese Planung.   1

    Ich plane zwar meine Arbeit, verändere dann aber meine
    Planung, je nach der konkreten Situation.   18

    Ich mache eine Grobplanung, die aber durch aktuelle
    Ereignisse in größerem Maße abgewandelt werden kann.   11

    Eine Planung meiner Arbeit ist nur punktuell möglich;
    das meiste ergibt sich aus den aktuellen Erfordernissen
    der Situation.   17

    Meine Arbeit erfordert ein ständiges Einstellen auf neue
    Gegebenheiten; Planungen sind dabei überhaupt nicht möglich.   -

39. Fallen für Sie Überstunden an?

    nie   -
    selten   1
    gelegentlich   13
    häufig   17
    regelmäßig   16

40. Wenn Überstunden anfallen, wie werden diese abgegolten?

    durch Bezahlung   -
    durch Freizeitausgleich   19
    keine Vergütung/kein Ausgleich   28

41. Es gibt verschiedene Möglichkeiten, auf Probleme aufmerksam zu
    werden und diese als Aufgabe zu übernehmen. Denken Sie an Aufgaben,
    die Sie in den letzten Jahren neu übernommen haben. Wodurch wurden
    Sie veranlaßt, diese zu übernehmen?

	häufig	gelegentl.	nie	keine Angabe
Anregung durch Betroffene	3o	13	-	4
Hinweise v.Gemeindeglied.od.kirchl.Mitarb.	9	3o	2	6
Antrag von kirchlichen Gremien	-	23	17	7
Auftrag v.Kirchenkreisvorst./Kirchenkr'tag	1	17	22	7
Empfehlung des Diakonieausschusses	4	24	12	7
Anregung durch Diak. Werk/Landesverband	2	35	5	5
Anregung durch Landeskirchenamt	-	6	35	6
Erwartungen durch außerkirchliche Stellen an meine Dienststelle	11	25	6	5
eigene Wahrnehmg.v.Defiziten/Konflikten	34	1o	-	3
Verabschiedung neuer Gesetze	8	24	9	6
gute Finanzierungsmöglichkeiten	3	12	24	8

42. Bis zu welchem Grad werden in der Regel folgende Personen und Gruppen
    an Entscheidungsprozessen über die Aufgaben Ihrer Dienststelle beteiligt?
    (Bitte, kreuzen Sie in jeder Zeile den zutreffenden Grad an.)

	keine Beteiligung	Anhörung	Beratung	Mitwirkung	Mitentscheidung	keine Angabe
Sozialarbeiter selbst	-	3	-	4	37	3
andere Mitarbeiter der Dienststelle	6	4	9	1o	12	6
Superintendent	2	2	8	9	24	2
Kirchenkreistag	16	11	4	1o	2	4
Kirchenkreisvorstand	4	9	1	5	23	5
Diakonieausschuß	3	5	17	11	5	6
Kirchenkreisamt	12	7	18	6	1	3
Kirchengemeinden	17	13	7	5	1	4
Pfarrkonferenz	13	18	1o	2	1	3
Betroffene/Klienten	13	7	1o	5	8	4
Fachberatung Diakonisches Werk/Landesverband	-	6	3o	6	2	3
andere diakonische Mitarbeiter des Kirchenkreises	12	9	15	6	2	3
außerkirchliche Fachkräfte	14	9	19	-	2	3
Behörden	18	11	1o	3	2	3

43. Wie werden Sie an der Aufstellung des Haushaltsplanes Ihrer Dienststelle beteiligt?

keine Beteiligung	13
durch Anhörung	7
durch Beratung	3
durch Mitwirkung	5
durch Mitentscheidung (als Mitglied des KKT)	18
keine Angabe	1

44. Sie finden in dieser Frage Gruppen von je 4 Sätzen. Bitte, kreuzen Sie in jeder Satzgruppe den für Sie am ehesten zutreffenden Satz an.

Wenn meine Vorgesetzten eine Entscheidung zu treffen haben, die meine Tätigkeit berührt,

- so teilen sie mir ihre Entscheidung mit, ohne in der Regel nähere Gründe dafür zu nennen.	2
- so teilen sie mir ihre Entscheidung mit und erläutern gleichzeitig die Gründe für diesen Entschluß.	6
- so sprechen sie mit mir über die verschiedenen Möglichkeiten, ehe sie sich für eine davon entscheiden.	14
- so besprechen wir die verschiedenen Möglichkeiten gemeinsam, bis wir eine Lösung gefunden haben, mit der alle einverstanden sind.	24
keine Angabe	1

Meine Vorgesetzten

- legen Wert darauf, ständig genau über meine Tätigkeit informiert zu werden.	-
- lassen sich in regelmäßigen Abständen von höchstens einer Woche über den Fortgang meiner Arbeit berichten.	1
- lassen sich in regelmäßigen Abständen von höchstens einem Monat über meine Arbeit berichten.	31
- lassen sich in Abständen von mehreren Monaten über den Fortgang meiner Arbeit berichten.	14
keine Angabe	1

Meine Vorgesetzten

- geben mir regelmäßig sehr detaillierte Anweisungen darüber, wie meine Aufgaben zu verrichten sind.	-
- geben eigentlich nur detaillierte Anweisungen, wenn besonders wichtige Fragen zu entscheiden sind.	8
- greifen in der Regel erst ein, wenn irgendwelche Schwierigkeiten auftreten.	8
- greifen nur ein, wenn ich sie direkt um Rat und Hilfe bitte.	31

45. Wie beschreiben Sie die Befugnisse, die Ihnen im Rahmen Ihrer fachlichen Tätigkeit übertragen sind? Bitte, kreuzen Sie den am ehesten zutreffenden Satz an.

- Ich bin berechtigt, alle für die Durchführung von langfristigen Plänen notwendigen Entscheidungen zu treffen.   5
- In der Regel kann ich Entscheidungen im Rahmen festgesetzter Grundsätze treffen, ohne die Zustimmung meiner Vorgesetzten einzuholen.   28
- Bei Routineangelegenheiten habe ich vorläufige Entscheidungsbefugnis, aber in der Mehrzahl außergewöhnlicher Entscheidungen brauche ich die Zustimmung meiner Vorgesetzten.   8
- Alle grundsätzlichen Fragen muß ich meinen Vorgesetzten zur Entscheidung vorlegen.   -
- Ich lege die Probleme häufig meinen Vorgesetzten vor, ehe ich etwas unternehme.   4
- Mein Arbeitsablauf ist vollkommen festgelegt und erlaubt wenig Freiheit der Entscheidung.   -

   keine Angabe   2

46. a) Erstellen Sie <u>Tätigkeitsberichte</u> aus besonderem Anlaß?

    ja: 30   nein: 16   keine Angabe: 1

b) Erstellen Sie <u>Jahresberichte?</u>

    ja: 38   nein: 7   keine Angabe: 2

c) Wenn Tätigkeits- und/oder Jahresberichte erstellt werden: An wen werden diese verschickt?

	Adressaten	Berichtspflicht gegenüber
Kirchenkreisvorstand	39	33
Superintendent	42	27
Kirchenkreisamt	10	1
Diakonisches Werk/Landesverband	32	15
Landessuperintendent	6	-
Kirchenkreistag	9	4
Diakonieausschuß	18	2
Diakoniebeauftragter	17	2
Pfarrkonferenz	12	-
Landeskirchenamt	24	18
andere kirchliche Stellen	5	1
Presse	5	-
außerkirchliche Stellen	10	3

d) Bitte, kreuzen Sie auch in der 2. Spalte an, welchen der genannten Adressaten gegenüber Sie berichtspflichtig sind.

47. Welche Reaktionen lösen Ihre Berichte aus?

keine für mich erkennbare Reaktion	14
Empfangsbestätigung	6
Bemerkungen	6
Rückfragen	12
Anregungen	9
Kritik	3
gemeinsame Aussprache über die weitere Arbeit	17

VI. - Motivation und Begründung der Arbeit

48. Wie ist nach Ihrer Überzeugung der Auftrag der Sozialarbeit in der Kirche zu beschreiben? (Bitte, kreuzen Sie bei jedem Punkt an, inwieweit Sie dem einzelnen Punkt als Ziel kirchlicher Sozialarbeit zustimmen bzw. ihn ablehnen.)

Der Auftrag der Sozialarbeit in der Kirche ist:	völl. Zustimmung	Zustimmung	teils / teils	Ablehnung	völl. Ablehnung	keine Angabe
- materielle Sicherheit des Klienten garantieren	2	1o	17	13	5	-
- diakonischen Auftrag erfüllen	3o	11	5	1	-	-
- persönliche Hilfen gewähren (beraten, trösten, vermitteln)	23	21	1	-	1	1
- Beitrag leisten zur Veränderung diskriminierd. gesellsch. Normen	19	22	3	2	-	1
- Minderheiten/Randgruppen in die Gesellschaft integrieren	21	14	11	1	-	1
- Lücken in der Sozialarbeit schließen	1o	17	14	5	-	-
- Klienten zu eigenen Aktivitäten motivieren und befähigen	29	16	1	1	-	-
- ganzheitliche Hilfen anbieten	21	18	6	2	-	-
- neue Formen und Handlungsmodelle in der Sozialarbeit entwickeln und erproben	13	2o	12	1	-	1
- Konflikte und Ungerechtigkeiten sichtbar machen	22	19	6	-	-	-
- den Erwartungen der Kirchenglieder in bezug auf soziale Hilfen gerecht werden	3	6	26	1o	2	-
- zum Interessenausgleich in der Gesellschaft beitragen	3	16	17	7	2	2
- Beitrag leisten zur Aufrechterhaltung gesellschaftlicher Normen	-	1	22	16	7	1
- ergänzende Hilfe für öffentliche Sozialarbeit leisten	5	2o	18	3	1	-
- sozialanwaltlich eintreten für Benachteiligte	27	19	-	1	-	-

49. Wieweit tragen nach Ihrer Erfahrung die <u>methodischen und institutionellen Möglichkeiten</u> dazu bei, um die einzelnen Zielsetzungen zu verfolgen? (Bitte, kreuzen Sie in jeder Zeile die zutreffende Antwortmöglichkeit an.)

	voll- ständig	weit- gehend	teil- weise	kaum	gar nicht	keine Angabe
materielle Sicherheit des Klienten garantieren	1	4	25	7	8	2
diakonischen Auftrag erfüllen	5	9	30	1	-	2
persönliche Hilfen gewähren (beraten, trösten, vermitteln)	8	27	8	1	-	3
Beitrag leisten zur Veränderung diskriminierender gesellschaftlicher Normen	-	5	24	15	1	2
Minderheiten/Randgruppen in die Gesellschaft integrieren	2	4	17	20	2	2
Lücken in der Sozialarbeit schließen	2	3	30	9	-	3
Klienten zu eigenen Aktivitäten motivieren und befähigen	2	15	28	-	-	2
ganzheitliche Hilfen anbieten	5	6	20	14	-	2
neue Formen und Handlungsmodelle in der Sozialarbeit entwickeln und erproben	-	10	14	19	2	2
Konflikte und Ungerechtigkeiten sichtbar machen	2	11	27	5	-	2
den Erwartungen der Kirchenglieder in bezug auf soziale Hilfen gerecht werden	4	5	22	10	3	3
zum Interessenausgleich in der Gesellschaft beitragen	-	2	14	23	4	4
Beitrag leisten zur Aufrechterhaltung gesellschaftlicher Normen	1	2	24	8	8	4
ergänzende Hilfe für öffentliche Sozialarbeit leisten	-	10	31	1	2	3
sozialanwaltlich eintreten für Benachteiligte	2	26	17	-	-	2

50. Es gibt sicher sehr verschiedene Gründe dafür, als Sozialarbeiter in der Kirche tätig zu werden. Warum arbeiten Sie persönlich in der Sozialarbeit in der Kirche? (Bitte, kreuzen Sie an, inwieweit die folgenden Sätze für Sie zutreffen.)

	trifft genau zu	trifft teilw. zu	trifft nicht zu	keine Angabe
interess.u.abwechslungsreich.Arbeitsbereich	24	19	3	1
besonders gute Möglichkeiten, meine Vorstellung von Sozialarbeit zu verwirklichen	19	22	4	2
sicherer Arbeitsplatz	4	18	22	3
gute Einkommensmöglichkeiten	2	8	34	3
gute Aufstiegschancen	-	-	44	3
aus gesellschaftspolitischen Motiven	1	15	28	3
aus ethisch-ideellen Motiven	9	29	7	2
aus religiösen Motiven	24	18	3	2
besonders gute Möglichkeiten, meine beruflichen Fähigkeiten anzuwenden	2o	22	4	1
hat sich zufällig ergeben	1	12	3o	4

andere Gründe, nämlich:
eigenständige Arbeit
selbständige Organisation
Beweglichkeit der Arbeit
Reiz zur Aufbauarbeit
gute Zusammenarbeit mit Kollegen
aufgrund persönlicher örtlicher Bindung
für mich als Diakon keine Fragestellung

51. Was meinen Sie, wie würde Ihr Anstellungsträger die Beschäftigung eines Sozialarbeiters in Ihrem Arbeitsbereich begründen? (Bitte, kreuzen Sie an.)

	trifft genau zu	trifft teilw. zu	trifft nicht zu	keine Angabe
Weiterführung bestehender Arbeit	29	15	3	-
Erhaltung der Planstelle	19	17	1o	1
Vertretung der diakonischen Arbeit gegenüber den Behörden u. anderen Institutionen	27	17	3	-
Fortentwicklung von Sozialarbeit im Kirchenkrs.	23	21	3	-
Aktivierung und Koordinierung diakonischer Arbeit in der Region	18	21	8	-
um Erwartungen der Kirchenglieder an soziale Hilfen gerecht zu werden	16	·22	9	-
zur fachlichen Beratung und Hilfestellung für diakonische Ansätze in Gemeinden	17	2o	1o	-
weil der Anstellungsträger selbst von der Notwendigkeit von Sozialarbeit in der Kirche überzeugt ist	21	25	1	-

(außerdem:) zur eigenen Entlastung

VII. - Ungelöste Probleme und Wunschvorstellungen

52. Im folgenden finden Sie eine Liste mit Aussagen über ungelöste Probleme und deren Ursachen in der Arbeitssituation. Inwieweit stimmen Sie den folgenden Sätzen zu?

	völl. Zustimmung	Zustimmung	teilsteils	Ablehnung	völl. Ablehnung	keine Angabe
Angesichts der Vielfalt täglicher Probleme ist es kaum möglich, einmal Abstand zu gewinnen und in Ruhe die Situation und daraus resultierende Arbeitsmöglichkeiten und -notwendigkeiten zu reflektieren.	7	16	17	5	1	1
In meinem Kirchenkreis gibt es keine klaren Prioritäten hinsichtlich des Handelns, an denen ich auch meine Arbeit orientieren könnte.	6	2o	12	9	-	-
Ich empfinde es als sehr belastend, die Diakonie in Gemeinden vorantreiben zu müssen, ohne Information darüber zu haben, wie diese diakonische Arbeit eigentlich aussehen soll.	7	14	12	13	1	-
Eines meiner Hauptprobleme ist, daß ich nicht weiß, wie ich Mitarbeiter in den Gemeinden finden soll.	3	15	15	11	2	1
Ich leide darunter, daß ich sowohl für besonders schwierige Einzelfälle als auch für die Arbeit in Gruppen und Gemeinden zuständig bin.	7	11	13	14	1	1
Ich habe Schwierigkeiten, den Gemeinden deutlich zu machen, daß sie selbst Mitarbeiter für diakonische Aufgaben finden müssen.	6	16	15	8	1	1
Das ungeklärte Verhältnis zwischen verfaßter Kirche und DW auf Orts- und Kreisebene erschwert für mich ständig die fachliche Planung und Entscheidung.	7	1o	13	13	4	-

noch 52.

	völl. Zustimmung	Zustimmung	teils / teils	Ablehnung	völl. Ablehnung	keine Angabe
Ich leide darunter, daß ich in Gemeinden oft an Aufgaben nicht beteiligt werde, die unmittelbar in meinen Tätigkeitsbereich fallen.	7	6	2o	11	1	2
Die derzeitige Unvereinbarkeit diakonischer Strukturen in der Landeskirche mit kommunalen Strukturen erschwert jegliche Zusammenarbeit mit anderen Wohlfahrtsverbänden und Behörden und beeinträchtigt die Möglichkeiten der diakonischen Arbeit erheblich.	1	9	17	16	2	2
Ich leide darunter, daß meine Fachkompetenz nicht benutzt wird.	2	1o	14	18	2	1
Ich erlebe ständig, daß die für Diakonie notwendige Spontaneität durch die Schwerfälligkeit landeskirchlicher Strukturen behindert wird.	6	13	16	8	2	2
Ich habe oft den Eindruck, daß Pastoren mein Angebot zu Beratung und Aktivität als bedrohlich empfinden und sich deshalb ablehnend verhalten.	2	8	19	15	1	2
Wegen der Unschärfe meines Aufgabenbereichs wähle ich selbst die mir sinnvoll erscheinenden Tätigkeiten aus.	13	17	12	3	1	1
Ich wünsche, daß häufiger neue Aufgaben an mich herangetragen werden.	3	1o	12	15	5	2

53. Inwieweit stimmen Sie dem nächsten Satz zu?

Ich erlebe einen ständigen Widerspruch zwischen Verkündigung von Nächstenliebe und ihrer praktischen Umsetzung.

völlige Zustimmung	Zustimmung	teils / teils	Ablehnung	völlige Ablehnung	keine Angabe
2	15	21	6	1	2

Wenn Sie diesem Satz mindestens teils/teils zustimmen - wie reagieren Sie auf diese Erfahrung?

Sie

- läßt mich resignieren. -

- legt mir nahe, den Arbeitsbereich oder Beruf zu wechseln und andere Reaktionen. 2

- macht Kirche für mich immer unglaubwürdiger. 2

- veranlaßt mich, an der Veränderung kirchlicher Strukturen mitzuarbeiten. 7

- läßt es mir um so dringender erscheinen, im Rahmen meiner Arbeitmöglichkeiten an der Beseitigung dieses Widerspruchs zu arbeiten. 3o

54. Wo sehen Sie in der Hauptsache die ungelösten Probleme innerhalb Ihres Arbeitsbereichs?

	trifft genau zu	trifft teilw. zu	trifft nicht zu	keine Angabe
Kommunikationsprobleme mit Kontaktpersonen	3	21	22	1
Kommunikationsprobleme zwischen den Entscheidungsebenen	11	2o	14	2
Status- und Hierarchieprobleme	12	18	16	1
starre Organisationsstruktur innerhalb der Kirche	5	26	14	2
unzureichende Entscheidungsregelung	8	15	22	2
unterschiedliches Selbstverständnis zwischen Dienststelle und Träger	8	17	2o	2
Finanzierungsprobleme	5	16	24	2
Mitarbeitermangel	16	19	11	1
Ausbildungsgefälle zwischen den Mitarbeitern in der Dienststelle	3	8	34	2
Konkurrenz-/Rivalitätsprobleme im gesamten Arbeitsbereich	4	13	29	1
unterschiedl. Selbstverständnis zwischen den Mitarbeitern in der Dienststelle	5	11	28	3
unterschiedliches Methodenverständnis	7	19	19	2
unterschiedl. Diakonieverständnis zwischen Sozialarbeitern und Handlungsbeteiligten	5	28	12	2
Diskrepanz zwischen eigenem Anspruch und Handlungsmöglichkeiten	1o	27	8	2
zu hohe Erwartungshaltung der Vorgesetzten	2	9	35	1
zu hohe Erwartungshaltung der Klienten	4	18	24	1
unzweckmäßige Organisationsform	6	19	21	1

sonstige Probleme (bitte nennen):

    Arbeitsbelastung vom Sozialarbeiter und den kirchlichen Mitarbeitern erschwert neue Ansätze

    mangelnde, fehlende Koordinationsfähigkeiten

55. Wo sehen Sie in Ihrem Arbeitsbereich Veränderungen als notwendig an?

verbesserte Kommunikation mit Vorgesetzten	25
verbesserte Kommunikation mit anderen Mitarbeitern in der Dienststelle	7
verbesserte Kommunkation mit anderen kirchl. Mitarbeitern	31
veränderte Arbeitsteilung und verstärkte Zusammenarbeit zwischen Dienststellen in mehreren Kirchenkreisen	1o
verstärkte Information und Zusammenarbeit mit anderen Wohlfahrtsverbänden und kommunalen Stellen	25
Zusammenarbeit mit politischen Organisationen und anderen Trägern	8
Verbesserung des Informationsflusses im kirchlichen Bereich	34
Verbesserung des Informationsflusses in der Öffentlichkeit	26
verstärkte Information für Klienten	15
Erweiterung der Mitarbeiterzahl	31
Erhöhung der finanziellen Mittel	23
verstärkte Solidarisierung mit Klienten	7
verstärkte Arbeit in/mit politischen Gremien	13
Verkleinerung der Region	17

andere Ansätze (bitte nennen):

    nicht Verkleinerung, sondern Arbeitsteilung mit 2. Mitarbeiter

    intensivere Arbeit mit Suchtkranken

56. Wie hoch sollte nach Ihrer Meinung die Einwohnerzahl für Ihren Arbeitsbereich sein?

So, wie bei uns, ist sie richtig.	19
Sie sollte kleiner sein, nämlich .... Einwohner.	25

davon:

2o.ooo Einwohner	2
25.ooo bis 3o.ooo Einwohner	6
4o.ooo Einwohner	5
5o.ooo Einwohner	4
6o.ooo Einwohner	1
7o.ooo Einwohner	1
1 Kirchenkreis	1
keine Angabe	5

Sie sollte größer sein, nämlich .... Einwohner.	-
keine Angabe	3

57. Bitte, denken Sie noch einmal an die Häufigkeit der Kontakte mit verschiedenen kirchlichen Mitarbeitern, Einrichtungen und Gremien. Würden Sie sagen, daß die Kontakte ausreichen oder verstärkt oder reduziert werden sollten?

	reicht aus	verstärkt	reduziert	entfällt	keine Angabe
Superintendent	20	25	-	-	2
Mehrzahl der Pastoren	10	36	-	-	1
bestimmte einzelne Pastoren, zu denen evtl. engere Kontakte bestehen	32	14	-	-	1
Diakoniebeauftragte	22	18	-	5	2
Gemeindediakone/Jugendwarte	20	19	-	7	1
Mitarbeiter des Kirchenkreisamtes	41	2	1	1	2
Mitarbeiter von Kindergärten/Kinderspielkreisen	23	13	-	9	2
Mitarbeiter von Schwesternstationen	17	20	-	8	2
Mitarbeiter in Beratungsstellen	18	20	-	6	3
Mitarbeiter in sonstigen diakonischen Einrichtungen	30	10	-	6	1
Mitarbeiter in kirchlichen Projekt- und Initiativgruppen	12	18	-	13	4
Mitarbeiter der Fachberatung des Diakonischen Werkes, Landesverband	27	17	-	-	3
andere kirchliche Sozialarbeiter im Sprengel	33	11	-	2	1
andere kirchliche Sozialarbeiter in der Landeskirche	36	8	-	1	2
Kirchenvorstand	12	28	-	4	3
Kirchenkreisvorstand	14	30	-	2	1
Kirchenkreistag	27	18	-	-	2
Diakonieausschuß	26	17	-	2	2
Pfarrkonferenz	15	30	-	1	1
Arbeitsgemeinschaft des Diakonischen Werkes auf kommunaler Ebene	15	7	-	19	6
Diakonisches Werk e.V.	14	7	-	17	9

andere kirchliche Gremien, nämlich:

    Mitarbeitervertretung

    Erwachsenenbildung

    Gruppe offene Kirche

    Schwesternausschuß

58. In welchem Maße wünschen Sie sich Anregung, Unterstützung, Kontrolle?

Anregung/Unterstützung/Kontrolle durch

	wenig. als bisher	so wie bisher	mehr als bisher	ent- fällt	keine Angabe
Superintendent					
Anregung	-	20	19	-	8
Unterstützung	1[+)]	24	21	-	1
Kontrolle	2	27	4	5	9
Mehrzahl der Pastoren					
Anregung	-	7	32	-	8
Unterstützung	1[+)]	11	32	-	3
Kontrolle	-	19	1	15	12
bestimmte einzelne Pastoren ...					
Anregung	-	23	17	-	7
Unterstützung	1[+)]	23	15	-	8
Kontrolle	-	20	1	14	12
Diakoniebeauftragte					
Anregung	-	14	23	3	7
Unterstützung	1[+)]	14	21	3	8
Kontrolle	-	18	3	16	10
Mitarbeiter im Kirchenkreisamt					
Anregung	-	31	5	6	5
Unterstützung	1[+)]	28	8	1	9
Kontrolle	3	21	-	12	11
Mitarbeiter in sonstigen diakonischen Werken und Einrichtungen					
Anregung	-	23	15	5	4
Unterstützung	1[+)]	21	13	4	8
Kontrolle	-	17	1	19	10
Mitarbeiter in Kindergärten und Kinderspielkreisen					
Anregung	1[+)]	20	14	9	3
Unterstützung	-	18	13	6	10
Kontrolle	-	14	1	22	10

noch 58. Anregung/Unterstützung/Kontrolle durch

	wenig. als bisher	so wie bisher	mehr als bisher	ent- fällt	keine Angabe
Mitarbeiter in Schwestern- und Diakoniestationen					
Anregung	1[+)]	14	13	8	5
Unterstützung	–	18	13	7	9
Kontrolle	–	1o	–	24	13
Kirchenvorstand					
Anregung	–	9	3o	3	5
Unterstützung	1[+)]	11	25	3	7
Kontrolle	–	16	–	2o	11
Kirchenkreisvorstand					
Anregung	–	11	3o	–	6
Unterstützung	1[+)]	13	3o	–	3
Kontrolle	2	28	3	5	9
Kirchenkreistag					
Anregung	–	13	28	1	5
Unterstützung	1[+)]	14	24	1	7
Kontrolle	–	24	1	11	11
Pfarrkonferenz					
Anregung	–	12	32	1	2
Unterstützung	1[+)]	14	24	1	7
Kontrolle	–	2o	–	16	11
Diakonieausschuß					
Anregung	–	14	24	3	6
Unterstützung	1[+)]	18	18	3	7
Kontrolle	–	2o	3	13	11
Diakonisches Werk e.V.					
Anregung	–	11	7	17	12
Unterstützung	–	11	5	15	16
Kontrolle	–	9	2	2o	16

+) Diese Angaben beruhen mit großer Wahrscheinlichkeit auf einem Irrtum eines Befragten, der versehentlich die Codierung "1" ("weniger als bisher") mit "3" ("mehr als bisher") verwechselte.

59. Wieviel Zeit würden Sie gerne für die folgenden Tätigkeiten aufwenden, wenn Sie die Möglichkeit dazu hätten? (Bitte, gehen Sie den Katalog noch einmal durch.)

	weniger als bisher	soviel wie bisher	mehr als bisher	keine Angabe
Beratung von einzelnen Klienten	5	16	25	1
Beratung von Klientengruppen/Familien	2	12	3o	3
Beratung von einzelnen hauptberuflichen Mitarbeitern/Pastoren	–	19	27	1
Beratung von einzelnen ehrenamtlichen Mitarbeitern	–	14	32	1
Beratung v.hauptamtl.Mitarbeitergruppen	–	32	9	6
Beratung v.ehrenamtl.Mitarbeitergruppen	–	15	3o	2
Beratung von kirchlichen Institutionen und Einrichtungen	3	28	12	4
Beratung von außerkirchlichen Institutionen und Einrichtungen	–	38	6	3
Entwicklung von Initiativgruppen	2	17	25	3
Entwicklung von Konzepten	2	18	25	2
Entwicklung von Entscheidungsvorlagen	2	29	12	4
Planung von Maßnahmen (z.B. Kuren/Veranstaltungsreihen)	1o	3o	5	2
Organisation von Maßnahmen	7	29	9	2
Durchführung von Maßnahmen	5	3o	9	3
Planung von Einrichtungen/Projekten/Modellen	3	18	21	5
Organisation von Einrichtungen/Projekten/Modellen	5	18	19	5
Durchführung von Einrichtungen/Projekten/Modellen	4	16	21	6
Planung von Bildungs- und Fortbildungsmaßnahmen für Mitarbeiter	–	19	2o	8
Organisation von Bildungs- und Fortbildungsmaßnahmen für Mitarbeiter	1	22	16	8
Durchführung von Bildungs- und Fortbildungsmaßnahmen für Mitarbeiter	–	22	16	9
Koordination von Aktivitäten	1	22	2o	4
Organisation der Dienststelle	9	31	4	3
Anleitung von Mitarbeitern in der Dienststelle	4	29	8	6
Schriftwechsel/Abrechnung/Verwaltung	26	18	1	2
Eigeninformation	–	1o	36	1
Weitergabe von Informationen/Berichte/Vorträge	1	24	21	1
Öffentlichkeitsarbeit	–	11	34	2

60. Wenn Sie die Möglichkeit dazu hätten, für welche Zielgruppen würden Sie nach der Lage in Ihrer Region Schwerpunkte aufgeben bzw. neu setzen?

	aufgeben	neu setzen
Kinder und Jugendliche	4	17
Mütter/Ehen und Familien	1	28
Schwangere	4	17
ältere Menschen	5	16
Suchtkranke	3	21
Behinderte körperlich/geistig	7	13
psychisch Kranke	1	3o
Arbeitslose	6	14
Nichtseßhafte	11	6
Straffällige/Strafentlassene	4	9
Aussiedler	6	5
Problemfamilien	2	22
Ausländer	8	5

sonstige - neue - Zielgruppen, nämlich:

  Studenten

  kinderreiche Familien

  alleinstehende Frauen und Mütter

  Kirchenvorsteher

  kirchliche Mitarbeiter (haupt- und ehrenamtlich)

61. In welchen Organen/Vereinen/Ausschüssen/Arbeitsgemienschaften sollten Sie nach Ihrer Meinung die Kirche bzw. das Diakonische Werk vertreten, unabhängig davon, ob Sie jetzt Vertreter sind?

Jugendwohlfahrtsausschuß	43
Sozialausschuß	44
Widerspruchsausschuß	26
Gemeinderat	9
Ortsarbeitsgemeinschaft der freien Wohlfahrtsverbände	35
Kreisarbeitsgemeinschaft der freien Wohlfahrtsverbände	42

sonstige Vereine, nämlich:

  Kreis-/Ortsjugendring

  bestimmte Bürgerinitiativen

  spezielle Vereine, (z.B. Spastiker)

62. Bis zu welchem Grad sollten nach Ihrer Meinung folgende Personen und Gruppen an Entscheidungsprozessen <u>über die Aufgaben Ihrer Dienststelle</u> beteiligt sein?

	keine Beteiligung	Anhörung	Beratung	Mitwirkung	Mitentscheidung	keine Angabe
Sozialarbeiter selbst	-	-	2	1	43	1
andere Mitarbeiter in der Dienststelle	-	2	5	14	23	3
Kirchenkreistag	-	12	14	14	4	3
Kirchenkreisvorstand	-	1	6	1o	29	1
Diakonieausschuß	1	2	8	21	12	3
Kirchenkreisamt	7	12	22	4	-	2
Kirchengemeinden	3	1o	23	9	1	1
Pfarrkonferenz	-	14	25	6	1	1
Betroffene/Klienten	4	13	7	1o	12	1
Fachberatung des Diakonischen Werkes/Landesverband	-	1	32	1o	2	2
andere diakonische Mitarbeiter des Kirchenkreises	4	7	2o	12	3	1
außerkirchliche Fachkräfte	6	13	23	3	1	1
Behörden	11	23	9	2	-	2

63. Auf welchen Gebieten halten Sie, ausgehend von Ihrer derzeitigen Berufserfahrung und Arbeitssituation, Fortbildung für notwendig? (Mehrfachnennung möglich.)

Methoden der Gesprächsführung	32
neue therapeutische Ansätze	32
Methoden der Gruppenarbeit	24
Methoden der Gemeinwesenarbeit	6
Methoden der Sozialplanung	15
Methoden d. Beteiligung v. Gemeindegliedern und Klienten	29
Methoden der Organisation	5
Methoden der Öffentlichkeitsarbeit	21
Bethoden der Bedarfsanalyse	15
Einsatz technischer Hilfsmittel	5
Führungsmodelle	1
Entscheidungsmodelle	8
Rationalisierungsmethoden	7
Methoden der Effizienzkontrolle	11
Methoden der Mitarbeiterbeurteilung	6
Erweiterung des Fachwissens in Soziologie	19
Erweiterung des Fachwissens in Psychologie	26
Erweiterung des Fachwissens in Politologie	5
Erweiterung des Fachwissens in Volks-/Betriebswirtschaft	2
Erweiterung des Fachwissens in Recht und Verwaltung	2o
Methoden der Erwachsenenbildung	17
Information über theologische Richtungen	11
theologische Überlegungen zu Diakonie und Gemeindeaufbau	29
Einführung in kirchliche Strukturen	2
Überlegungen zu Gesellschaft und Kirche	13
Überlegungen zu theologischer Ethik und Sozialarbeit	2o
Einführung in Entwicklungen in der Kirche/Kommunitäten/ Bruderschaften	5

VIII. - Öffentlichkeitsarbeit

64. Betreiben Sie Öffentlichkeitsarbeit?

ja: 37 nein: 8 keine Angabe: 2

65. Wenn Sie Öffentlichkeitsarbeit betreiben, welche Medien werden hierfür benutzt? (Zutreffendes bitte ankreuzen.)

Informationsveranstaltungen	2o
Tage der offenen Tür	4
Herausgabe von Jahres- und Tätigkeitsberichten	26
Plakat-Aktionen	8
Berichte in Gemeindebriefen	26
Zusammenarbeit mit der örtlichen Presse	31
Artikel in der Evangelischen Zeitung	15

66. Welche Wirkungen beabsichtigen Sie mit Ihrer Öffentlichkeitsarbeit?

	sehr wichtig	wichtig	weniger wichtig	keine Ang./ entfällt
Aufklärung	2o	14	1	12
Aktivierung der Gemeindeglieder	26	11	1	9
Solidarisierung mit Klientengruppen	8	19	7	13
Wecken von Verständnis für Probleme von Klientengruppen	22	13	-	12
Darstellung der Eigenleistung der Einrichtung	4	16	14	13

andere beabsichtigte Wirkungen, nämlich:

Kurzinformation

DW bekannt machen

Aufzeigen von Klientenzusammenhängen

Einrichtungen den Klienten bekannt machen

Schönen Dank für's sorgfältige Ausfüllen!

Tabelle 1 : Zahl der Sozialarbeiter in der Dienststelle und Zahl der Kirchengemeinden im Arbeitsbereich

Zahl der Kirchengemeinden

	unter 10	10 bis unter 20	20 bis unter 30	30 und mehr	insgesamt
höchstens ein vollzeitbeschäftigter Sozialarbeiter	2	12	13	3	30
zwei vollzeitbeschäftigte Sozialarbeiter und mehr	-	4	4	1	9
insgesamt	2	16	17	4	39

Tabelle 2 : Zahl der Sozialarbeiter und sonstigen Berater in der Dienststelle und Zahl der Kirchengemeinden im Arbeitsbereich

Zahl der Kirchengemeinden

	unter 10	10 bis unter 20	20 bis unter 30	30 und mehr	insgesamt
höchstens ein vollbeschäftigter Sozialarbeiter bzw. sonstiger Berater	2	10	13	2	27
zwei vollbeschäftigte Sozialarbeiter bzw. sonstige Berater oder mehr	-	6	4	2	12
insgesamt	2	16	17	4	39

Tabelle 3 : Zahl der Sozialarbeiter in der Dienststelle und Zahl der Gemeindeglieder im Arbeitsbereich

Zahl der Kirchengemeinden

	unter 50.000	50.000 bis unter 100.000	100.000 und mehr	keine Angabe	insgesamt
höchstens ein vollbeschäftigter Sozialarbeiter	10	17	1	2	30
zwei vollzeitbeschäftigte Sozialarbeiter und mehr	-	3	6	-	9
insgesamt	10	20	7	2	39

Tabelle 4 : Zahl der Sozialarbeiter und sonstigen Berater in der Dienststelle und Zahl der Gemeindeglieder im Arbeitsbereich

Zahl der Gemeindeglieder

	unter 50.000	50.000 bis unter 100.000	100.000 und mehr	keine Angabe	insgesamt
höchstens ein vollbeschäftigter Sozialarbeiter bzw. sonstiger Berater	10	15	1	1	27
zwei vollbeschäftigte Sozialarbeiter bzw. sonstige Berater oder mehr	-	5	6	1	12
insgesamt	10	20	7	2	39

Tabelle 5 : Zahl der Sozialarbeiter in der Dienststelle und Einwohnerzahl im Arbeitsbereich

	Einwohnerzahl			
	30.000 bis unter 70.000	70.000 bis unter 110.000	110.000 und mehr	insgesamt
höchstens ein vollbeschäftigter Sozialarbeiter	15	11	4	30
zwei vollbeschäftigte Sozialarbeiter oder mehr	1	1	7	9
insgesamt	16	12	11	39

Tabelle 6 : Zahl der Sozialarbeiter und sonstigen Berater in der Dienststelle und Einwohnerzahl im Arbeitsbereich

	Einwohnerzahl			
	30.000 bis unter 70.000	70.000 bis unter 110.000	110.000 und mehr	insgesamt
höchstens ein vollbeschäftigter Sozialarbeiter bzw. sonstiger Berater	13	10	4	27
zwei vollbeschäftigte Sozialarbeiter bzw. sonstige Berater und mehr	3	2	7	12
insgesamt	16	12	11	39

Tabelle 7 : Zahl der Sozialarbeiter in der Dienststelle und Zahl der Pfarrstellen in Arbeitsbereich

	Zahl der Pfarrstellen				
	unter 10	10 bis unter 20	20 bis unter 30	30 und mehr	insgesamt
höchstens ein vollbeschäftigter Sozialarbeiter	1	7	15	7	30
zwei vollbeschäftigte Sozialarbeiter oder mehr	-	1	1	7	9
insgesamt	1	8	16	14	39

Tabelle 8 : Zahl der Sozialarbeiter und sonstigen Berater in der Dienststelle und Zahl der Pfarrstellen im Arbeitsbereich

	Zahl der Pfarrstellen				
	unter 10	10 bis unter 20	20 bis unter 30	30 und mehr	insgesamt
höchstens ein vollbeschäftigter Sozialarbeiter bzw. sonstiger Berater	1	7	13	6	27
zwei vollbeschäftigte Sozialarbeiter bzw. sonstige Berater oder mehr	-	1	3	8	12
insgesamt	1	8	16	14	39

Tabelle 9 : Zahl der Sozialarbeiter in der Dienststelle und Standort der Dienststelle

	Standort der Dienststelle				
	Kleinstadt	Mittelstadt	Großstadt	keine Angabe	insgesamt
höchstens ein vollbeschäftigter Sozialarbeiter	25	4	-	1	30
zwei vollbeschäftigte Sozialarbeiter oder mehr	1	4	4	1	9
insgesamt	26	8	4	2	39

Tabelle 10 : Zahl der Sozialarbeiter und sonstigen Berater in der Dienststelle und Standort der Dienststelle

	Standort der Dienststelle				
	Kleinstadt	Mittelstadt	Großstadt	keine Angabe	insgesamt
höchstens ein vollbeschäftigter Sozialarbeiter bzw. sonstiger Berater	22	4	-	1	27
zwei vollbeschäftigte Sozialarbeiter bzw. sonstige Berater oder mehr	4	4	4	-	12
insgesamt	26	8	4	1	39

Tabelle 11 : Zahl der Sozialarbeiter in der Dienststelle und Standort am Sitz einer Kreisverwaltung

	Standort am Sitz einer Kreisverwaltung			
	ja	nein	keine Angabe	insgesamt
höchstens ein vollbeschäftigter Sozialarbeiter	13	14	3	30
zwei vollbeschäftigte Sozialarbeiter oder mehr	8	1	-	9
insgesamt	21	15	3	39

Tabelle 12 : Zahl der Sozialarbeiter und sonstigen Berater und Standort am Sitz der Kreisverwaltung

	Standort am Sitz einer Kreisverwaltung			
	ja	nein	keine Angabe	insgesamt
höchstens ein vollbeschäftigter Sozialarbeiter bzw. sonstige Berater	12	12	3	27
zwei vollbeschäftigte Sozialarbeiter bzw. sonstige Berater oder mehr	9	3	-	12
insgesamt	21	15	3	39

Tabelle 13 : Zahl der Sozialarbeiter in der Dienststelle
und Zahl der Landkreise, zu denen der Arbeitsbereich gehört

Arbeitsbereich gehört zu ...

	einer kreisfreien Stadt	einem Landkreis	zwei oder drei Landkreisen	keine Angabe	insgesamt
höchstens ein vollbeschäftigter Sozialarbeiter	3	15	12	-	30
zwei vollbeschäftigte Sozialarbeiter oder mehr	2	5	1	1	9
insgesamt	5	20	13	1	39

Tabelle 14 : Zahl der Sozialarbeiter und sonstigen Berater in der Dienststelle
und Zahl der Landkreise, zu denen der Arbeitsbereich gehört

Arbeitsbereich gehört zu ...

	einer kreisfreien Stadt	einem Landkreis	zwei oder drei Landkreisen	keine Angabe	insgesamt
höchstens ein vollbeschäftigter Sozialarbeiter bzw. sonstiger Berater	2	13	12	-	27
zwei vollbeschäftigte Sozialarbeiter bzw. sonstige Berater oder mehr	3	7	1	1	12
insgesamt	5	20	13	1	39

Tabelle 15 : Zahl der Sozialarbeiter in der Dienststelle und überwiegende Struktur des Arbeitsbereichs

Struktur des Arbeitsbereichs

	ländlich/ kleinstädtisch	mittel- städtisch	groß- städtisch	insgesamt
höchstens ein vollbeschäftigter Sozialarbeiter	27	3	-	30
zwei vollbeschäftigte Sozialarbeiter oder mehr	2	5	2	9
insgesamt	29	8	2	39

Tabelle 16 : Zahl der Sozialarbeiter und sonstigen Berater in der Dienststelle und überwiegende Struktur des Arbeitsbereiches

Struktur des Arbeitsbereichs

	ländlich/ kleinstädtisch	mittel- städtisch	groß- städtisch	insgesamt
höchstens ein vollbeschäftigter Sozialarbeiter bzw. sonstiger Berater	24	3	-	27
zwei vollbeschäftigte Sozialarbeiter bzw. sonstige Berater oder mehr	5	5	2	12
insgesamt	29	8	2	39

- 254 A -

Tabelle 17 : Korrelationskoeffizienten *) als Maß für die Stärke des Zusammenhangs zwischen den Häufigkeiten, mit denen die Sozialarbeiter verschiedene Tätigkeiten ausüben (Einschätzung der Sozialarbeiter) (n = 47)

		1)	2)	3)	4)	5)	6)	7)	8)	9)	10)	11)
1)	Beratung v. einzelnen Klienten	-										
2)	Beratung v. Klientengruppen	0.20	-									
3)	" v. einz. hauptberuflichen Mitarbeitern/Pastoren	-	0.26	-								
4)	" v.einz.ehrenamtl.Mitarbeitern	0.22	0.49	0.45	-							
5)	" v.hauptberufl.Mitarb'gruppen	0.31	0.24	0.55	0.38	-						
6)	" v.ehrenamtl. " "	-	-	-	0.26	0.32	-					
7)	" v.kirchl.Institutionen u.Einrichtgn.(z.B.Kirchenkr'aussch. Kirchenkreistagsaussch., Kindergartenausschüsse)	-	0.22	0.40	0.26	0.56	0.24	-				
8)	" v.außerkirchl.Institutionen und Einrichtungen	0.20	0.39	-	0.22	0.25	-	0.58	-			
9)	Entwicklg. v. Initiativgruppen	-	-	-0.21	-	0.24	0.23	0.33	-	-		
10)	" " Konzepten	-	-	-	-	-	-	0.50	-	0.50	-	
11)	" v. Entscheidungsvorlagen	-	-	-	0.24	-	-	0.47	0.27	0.29	0.46	-
12)	Planung v. Maßnahmen (z.B.Kuren, /Veranstaltungsreihen)	-	0.52	0.24	0.37	-	-	-	-	-	-	0.26
13)	Organisation von Maßnahmen	-	0.43	0.21	0.43	-	-	0.32	-	-	-	-
14)	Durchführung von Maßnahmen	-	0.47	-	0.49	0.21	-	0.30	-	0.27	-	0.21
15)	Planung v.Einrichtungen/Projekten/Modellen	0.21	-	-	0.26	0.23	0.21	0.44	-	0.26	0.55	0.68
16)	Organis.v.Einr./Proj./Modellen	0.21	-	-	0.36	0.34	-	0.47	-	-	0.45	0.64
17)	Durchf. " " " "	0.20	-	0.21	0.34	0.35	-	0.37	-	-	0.31	0.48
18)	Planung.v.Bildungs-u.Fortbild.-maßnahmen für Mitarbeiter	-	-	0.26	0.48	0.42	0.29	0.47	-	0.22	0.37	0.48
19)	Organisation v. - " -	-	0.22	0.27	0.42	0.39	0.40	0.38	-	-	0.21	0.34
20)	Durchführung v. - " -	-	0.24	0.37	0.47	0.49	0.37	0.37	0.22	-	-	0.27
21)	Koordination von Aktivitäten	-	0.24	-	0.28	0.20	-	0.31	-	-	0.21	0.48
22)	Organisation der Dienststelle	0.23	0.22	-	0.22	-	-	0.29	0.29	0.38	-	0.39
23)	Anleitg.v.Mitarb.i.d.Dienstst.	-	-	-	-	-	-	-	0.25	-	-	-
24)	Schriftw./Abrechn./sonst.Verw.	-	0.37	-	-	0.20	-	0.28	0.21	0.22	0.25	-
25)	Eigeninformation	-0.23	-	-	0.23	-	-	-	-	0.23	-	0.30
26)	Weitergabe von Informationen, Berichte/Vorträge	-	0.38	0.23	-	0.29	-	0.58	0.57	0.40	0.32	0.38
27)	Öffentlichkeitsarbeit	-	0.34	-	0.25	0.22	0.33	0.43	0.30	0.34	0.32	0.51

*) Die Tabelle enthält, um der größeren Übersichtlichkeit willen, nur Korrelationskoeffizienten von /r/ ≥ 0.20.

	13)	14)	15)	16)	17)	18)	19)	20)	21)	22)	23)	24)	25)	26)
	–													
	0.24	–												
	0.34	0.89	–											
	0.28	0.78	0.94	–										
	0.28	0.44	0.51	0.46	–									
	–	0.38	0.48	0.48	0.87	–								
	–	0.33	0.46	0.55	0.76	0.89	–							
	0.29	0.35	0.36	0.24	0.28	–	–	–						
	–	–	–	–	–	–	–	0.23	–					
	–	–	–	–	–	–	–	–	0.26	–				
	0.32	0.20	–	–	–	–	–	0.35	0.36	–	–			
	0.26	–	–	–	0.28	–	–	0.25	–	–	0.41	–		
	0.22	–	–	–	0.20	–	–	0.35	0.60	–	0.33	0.32	–	
	–	0.32	0.29	0.23	0.37	0.31	0.24	0.58	0.29	–	0.27	0.37	0.63	

Tabelle 18 : Korrelationskoeffizienten *) als Maß für die Stärke des Zusammenhangs zwischen den Einschätzungen verschiedener Tätigkeiten hinsichtlich Häufigkeit und Bedeutung durch Sozialarbeiter und Superintendenten jeweils des gleichen Kirchenkreises

Tätigkeit	Zusammenhang der Einschätzungen bezüglich ...	
	Häufigkeit	Bedeutung
Beratung v. einzelnen Klienten	0.47	0.43
Beratung v. Klientengruppen	-	0.22
" v. einz. hauptberuflichen Mitarbeitern/Pastoren	0.37	-
" v.einz.ehrenamtl.Mitarbeitern	-	-
" v.hauptberufl.Mitarb'gruppen	-	-
" v.ehrenamtl. " "	-	-0.20
" v.kirchl.Institutionen u.Einrichtgn.(z.B.Kirchenkr'aussch. Kirchenkreistagsaussch., Kindergartenausschüsse)	0.47	-
" v.außerkirchl.Institutionen und Einrichtungen	0.32	-
Entwicklg. v. Initiativgruppen	-	0.23
" " Konzepten	0.55	-0.28
" v. Entscheidungsvorlagen	0.36	-0.27
Planung v. Maßnahmen (z.B.Kuren, /Veranstaltungsreihen)	0.37	0.28
Organisation von Maßnahmen	0.21	-
Durchführung von Maßnahmen	0.35	-
Planung v.Einrichtungen/Projekten/Modellen	0.41	0.30
Organis.v.Einr./Proj./Modellen	0.39	0.33
Durchf. " " " "	0.29	0.49
Planung.v.Bildungs-u.Fortbild.-maßnahmen für Mitarbeiter	0.29	-
Organisation v. - " -	0.38	0.26
Durchführung v. - " -	0.26	0.23
Koordination von Aktivitäten	0.28	-
Organisation der Dienststelle	-	-
Anleitg.v.Mitarb.i.d.Dienstst.	0.63	0.33
Schriftw./Abrechn./sonst.Verw.	-	-
Eigeninformation	-	0.34
Weitergabe von Informationen, Berichte/Vorträge	0.47	-
Öffentlichkeitsarbeit	-	-

*) siehe Fußnote bei Tabelle 17.

Tabelle 20 : Korrelationskoeffizienten *) als Maß für die Stärke des Zusammenhangs zwischen den Einschätzungen verschiedener Tätigkeiten durch die Sozialarbeiter hinsichtlich Häufigkeit auf der einen und Bedeutung auf der anderen Seite

Tätigkeit	Zusammenhang zwischen Häufigkeit und Bedeutung
Beratung v. einzelnen Klienten	0.25
Beratung v. Klientengruppen	0.44
" v. einz. hauptberuflichen Mitarbeitern/Pastoren	0.55
" v.einz.ehrenamtl.Mitarbeitern	0.32
" v.hauptberufl.Mitarb'gruppen	0.36
" v.ehrenamtl. " "	0.35
" v.kirchl.Institutionen u.Einrichtgn.(z.B.Kirchenkr'aussch. Kirchenkreistagsaussch., Kindergartenausschüsse)	0.28
" v.außerkirchl.Institutionen und Einrichtungen	0.29
Entwicklg. v. Initiativgruppen	0.46
" " Konzepten	0.55
" v. Entscheidungsvorlagen	0.34
Planung v. Maßnahmen (z.B.Kuren, /Veranstaltungsreihen)	-
Organisation von Maßnahmen	-
Durchführung von Maßnahmen	-
Planung v.Einrichtungen/Projekten/Modellen	0.30
Organis.v.Einr./Proj./Modellen	0.22
Durchf. " " " "	-
Planung.v.Bildungs-u.Fortbild.-maßnahmen für Mitarbeiter	0.28
Organisation v. - " -	0.26
Durchführung v. - " -	0.45
Koordination von Aktivitäten	-
Organisation der Dienststelle	0.61
Anleitg.v.Mitarb.i.d.Dienstst.	-
Schriftw./Abrechn./sonst.Verw.	-
Eigeninformation	-
Weitergabe von Informationen, Berichte/Vorträge	0.38
Öffentlichkeitsarbeit	0.48

*) siehe Fußnote bei Tabelle 17.

Tabelle 19 : Korrelationskoeffizienten *) als Maß für die Stärke des Zusammenhangs zwischen den Bewertungen verschiedener Tätigkeiten (Einschätzung der Sozialarbeiter) (n = 47)

		1)	2)	3)	4)	5)	6)	7)	8)	9)
1)	Beratung von einzelnen Klienten	-								
2)	Beratung von Klientengruppen	-	-							
3)	" v.einz.hauptberufl.Mitarb./Pastoren	-0.35	-	-						
4)	" v. " ehrenamtlichen Mitarbeitern	-0.24	-	0.44	-					
5)	" v. hauptberuflichen Mitarbeitergruppen	0.34	-	0.50	0.22	-				
6)	" v.ehrenamtl. Mitarbeitergruppen	-0.46	-0.26	0.23	0.32	-	-			
7)	" v.kirchl.Institutionen u.Einrichtgn. (z.B.Kirchenkreisausschüsse, Kirchenkreistagsausschüsse, Kindergartenausschüsse)	-	-	0.48	-	0.29	-	-		
8)	" v. außerkirchlichen Institutionen und Einrichtungen	0.25	0.21	-	-	-	-	0.25	-	
9)	Entwicklung von Initiativgruppen	-0.20	-	-	-	-0.20	-	-	0.22	-
10)	Entwicklung von Konzepten	-0.24	-	0.26	-	-	-	-	-	0.8
11)	Entwicklung von Entscheidungsvorlagen	-	-	-	-0.26	-	-	0.21	0.24	0.3
12)	Planung von Maßnahmen (z. B. Kuren, Veranstaltungsreihen)	-	-	-	-	-	-	-	-	-
13)	Organisation von Maßnahmen	0.21	-	-0.33	-	-0.31	-	-	-	-
14)	Durchführung von Maßnahmen	0.22	-	-0.35	-0.24	-0.36	-	-	-	-
15)	Planung v.Einrichtgn./Projekt./Modell	-0.51	-	0.31	0.37	0.26	0.51	0.23	-	-
16)	Organisation v. " " "	-0.38	-	0.34	0.37	0.28	0.39	0.33	-	-
17)	Durchführung v. " " "	-0.27	-	-	0.25	-	0.29	0.27	-	-
18)	Planung v.Bildungs- u. Fortbildungsmaßnahmen für Mitarbeiter	-0.27	-	0.33	0.27	-	-	-	-	-
19)	Organisation v. - " - " -	-0.24	-	0.31	0.20	-	0.24	0.25	-	-
20)	Durchführung v. - " - " -	-0.21	-	0.34	0.20	-	0.22	0.25	-	-
21)	Koordination von Aktivitäten	-0.25	-	0.21	-	-	-	0.27	-	-
22)	Organisation der Dienststelle	-	-	0.24	-	-	-	-	0.20	0
23)	Anleitg.v.Mitarbeitern i.d.Dienstst.	0.20	0.21	-	-	-	-	-	-	0
24)	Schriftwechs./Abrechng./sonst.Verwalt.	-	-	-	-0.37	-	-0.27	-	0.30	0
25)	Eigeninformation	-	-	-	0.31	-	-	-	-	0
26)	Weitergabe von Informationen/ Berichte/Vorträge	-	-	-	-	-	-	-	-	-
27)	Öffentlichkeitsarbeit	-	-	-	-	-	0.20	-	-	0

*) siehe Fußnote bei Tabelle 17.

- 259 A -

	11)	12)	13)	14)	15)	16)	17)	18)	19)	20)	21)	22)	23)	24)	25)	26)
.42	-															
	0.36	-														
	-	0.50	-													
	-	0.47	0.87	-												
	0.24	-	-	-	-											
	0.22	0.27	-	-	0.85	-										
	0.26	0.24	-	0.29	0.76	0.89	-									
	-	0.23	-	-	0.40	0.33	0.28	-								
	-	0.33	0.37	0.35	0.35	0.40	0.40	0.89	-							
	-	0.23	0.29	0.21	0.28	0.33	0.32	0.86	0.95	-						
	-	-	-	-	0.30	-	-	0.61	0.52	0.54	-					
.40	0.40	0.27	-	-	-	-	-	-	-	-	-	-				
	-	-	-	-	-	-	-	-	-	-	-	0.45	-			
.22	0.34	-	0.31	0.27	-	-	-	-0.29	-	-	-	0.43	-	-		
.35	-	-	-	-	0.33	0.28	0.28	0.24	0.24	-	0.35	-	0.26	-	-	
	-	-	-	-	-	-	-	-	-	-	-	0.33	0.27	-	0.31	-
.30	0.39	-	-	-	0.37	-	-	-	-	-	0.21	0.46	0.32	-	0.26	0.58

Tabelle 21 a : Faktorladungen *) verschiedener Ziele kirchlicher Sozialarbeit
(Einschätzungen der Sozialarbeiter)

Der Auftrag der Sozialarbeit in der Kirche ist:	Faktor I	Faktor II	Faktor III	Kommunalität
- materielle Sicherheit des Klienten garantieren	-	0.46	-	0.24
- diakonischen Auftrag erfüllen	0.46	-	-	0.23
- persönliche Hilfen gewähren (beraten, trösten, vermitteln)	0.78	-	0.23	0.67
- Beitrag leisten z. Veränderung diskriminier. gesellsch. Normen	0.32	-	0.55	0.40
- Minderheiten/Randgruppen in die Gesellschaft integrieren	0.35	-	0.37	0.28
- Lücken i.d. Sozialarb. schließen	0.37	0.40	0.21	0.34
- Klienten zu eig. Aktivitäten motivieren und befähigen	0.83	-	0.24	0.76
- ganzheitl. Hilfen anbieten	0.68	-	0.22	0.51
- neue Formen u. Handlungsmodelle i.d. Sozialarbeit entwickeln und erproben	0.23	0.27	0.54	0.41
- Konflikte und Ungerechtigkeiten sichtbar machen	0.24	-	0.64	0.46
- den Erwartungen d. Kirchenglieder in bezug auf soziale Hilfen gerecht werden	-	0.66	0.24	0.50
- zum Interessenausgleich i.d. Gesellschaft beitragen	-	0.59	0.28	0.44
- Beitrag leisten zur Aufrechterhaltg. gesellschaftl. Normen	-	0.57	-	0.36
- ergänzende Hilfe für öffentl. Sozialarbeit leisten	0.27	0.64	-0.40	0.65
- sozialanwaltlich eintreten für Benachteiligte	0.70	0.24	0.30	0.64

Aufgeklärte Varianz insgesamt : 56 %

*) Die Tabelle enthält um der größeren Übersichtlichkeit willen nur Faktorladungen ≥ 0.20.

Tabelle 21b : Faktorladungen verschiedener Ziele kirchlicher Sozialarbeit *)
(Einschätzungen der Superintendenten)

	Faktor I	Faktor II	Faktor III	Kommunalität
Der Auftrag der Sozialarbeit in der Kirche ist:				
- materielle Sicherheit des Klienten garantieren	0.25	-	-	0.09
- diakonischen Auftrag erfüllen	-	0.27	0.22	0.14
- persönliche Hilfen gewähren (beraten, trösten, vermitteln)	-	-	0.80	0.67
- Beitrag leisten z.Veränderung diskriminier.gesellsch.Normen	0.40	0.55	-	0.47
- Minderheiten/Randgruppen in die Gesellschaft integrieren	0.71	0.44	-	0.73
- Lücken i.d.Sozialarb.schließen	0.41	-	0.65	0.60
- Klienten zu eig. Aktivitäten motivieren und befähigen	0.80	-	0.27	0.71
- ganzheitl. Hilfen anbieten	0.37	-	0.23	0.19
- neue Formen u.Handlungsmodelle i.d.Sozialarbeit entwickeln und erproben	0.70	-	0.25	0.57
- Konflikte und Ungerechtigkeiten sichtbar machen	0.30	0.90	0.31	1.00
- den Erwartungen d.Kirchenglieder in bezug auf soziale Hilfen gerecht werden	-	0.22	-	0.07
- zum Interessenausgleich i.d. Gesellschaft beitragen	0.66	0.32	-	0.54
- Beitrag leisten zur Aufrechterhaltg.gesellschaftl.Normen	-	0.48	-	0.24
- ergänzende Hilfe für öffentl. Sozialarbeit leisten	0.24	0.25	0.61	0.49
- sozialanwaltlich eintreten für Benachteiligte	0.21	0.23	0.25	0.16

Aufgeklärte Varianz insgesamt: 53 %

*) Die Tabelle enthält um der größeren Übersichtlichkeit willen nur Faktorladungen ≥ 0.20

Tabelle 22 : Korrelationskoeffizienten *) als Maß für die Stärke des Zusammenhangs zwischen Problemerfahrungen **) und der Dauer der Mitarbeit in der Dienststelle

Problem	Dauer der Mitarbeit
Ich empfinde es als sehr belastend, die Diakonie in Gemeinden vorantreiben zu müssen, ohne Information darüber zu haben, wie diese diakonische Arbeit eigentlich aussehen soll.	-0.23
Ich leide darunter, daß meine Fachkompetenz nicht benutzt wird.	-0.35
Ich erlebe ständig, daß die für Diakonie notwendige Spontaneität durch die Schwerfälligkeit landeskirchlicher Strukturen behindert wird.	-0.23
Ich habe oft den Eindruck, daß Pastoren mein Angebot zu Beratung und Aktivität als bedrohlich empfinden und sich deshalb ablehnend verhalten.	-0.24
Wegen der Unschärfe meines Aufgabenbereichs wählte ich selbst die mir sinnvoll erscheinenden Tätigkeiten aus.	-0.27
Ich wünsche, daß häufiger neue Aufgaben an mich herangetragen werden.	-0.20

*) siehe Fußnote bei Tabelle 17.

**) Die in dieser Tabelle nicht genannten Problemerfahrungen weisen keine Korrelationskoeffizienten $/r/ \geq 0.20$ auf.

Tabelle 24 : Korrelationskoeffizienten *) als Maß für die Stärke des Zusammenhangs zwischen der Einschätzung verschiedener Probleme durch Sozialarbeiter und Superintendenten im gleichen Kirchenkreis

Problem

Problem	
Angesichts der Vielfalt täglicher Probleme ist es kaum möglich, einmal Abstand zu gewinnen und in Ruhe die Situation und daraus resultierende Arbeitsmöglichkeiten und -notwendigkeiten zu reflektieren.	-
Im Kirchenkreis gibt es keine klaren Prioritäten hinsichtlich des Handelns, an denen er auch seine Arbeit orientieren könnte.	0.45
Er empfindet es als sehr belastend, die Diakonie in Gemeinden vorantreiben zu müssen, ohne Information darüber zu haben, wie diese diakonische Arbeit eigentlich aussehen soll.	0.28
Eines seiner Hauptprobleme ist, daß er nicht weiß, wie er Mitarbeiter in den Gemeinden finden soll.	-
Er leidet darunter, daß er sowohl für besonders schwierige Einzelfälle als auch für die Arbeit in Gruppen und Gemeinden zuständig ist.	0.32
Er hat Schwierigkeiten, den Gemeinden deutlich zu machen, daß sie selbst Mitarbeiter für diakonische Aufgaben finden müssen.	0.35
Das ungeklärte Verhältnis zwischen verfaßter Kirche und Diakonischem Werk auf Orts- und Kreisebene erschwert ihm ständig die fachliche Planung und Entscheidung.	0.25
Er leidet darunter, daß er in Gemeinden oft an Aufgaben nicht beteiligt wird, die unmittelbar in seinen Tätigkeitsbereich fallen.	0.30
Die derzeitige Unvereinbarkeit diakonischer Strukturen in der Landeskirche mit kommunalen Strukturen erschwert jegliche Zusammenarbeit mit anderen Wohlfahrtsverbänden und Behörden und beeinträchtigt die Möglichkeiten der diakonischen Arbeit erheblich.	0.25
Er leidet darunter, daß seine Fachkompetenz nicht benutzt wird.	-
Er erlebt ständig, daß die für Diakonie notwendige Spontaneität durch die Schwerfälligkeit landeskirchlicher Strukturen behindert wird.	-
Er hat oft den Eindruck, daß Pastoren sein Angebot zu Beratung und Aktivität als bedrohlich empfinden und sich deshalb ablehnend verhalten.	0.49
Wegen der Unschärfe seines Aufgabenbereichs wählt er selbst die ihm sinnvoll erscheinenden Tätigkeiten aus.	-
Er wünscht, daß häufiger neue Aufgaben an ihn herangetragen werden.	0.30
Er erlebt einen ständigen Widerspruch zwischen Verkündigung und Nächstenliebe und ihrer praktischen Umsetzung.	-

*) siehe Fußnote bei Tabelle 17.

Tabelle 23: Korrelationskoeffizienten *) als Maß für die Stärke des Zusammenhangs zwischen Problemerfahrungen und Anregung bzw. Kontrolle durch verschiedene Beziehungspartner

Problem	Anregung durch				Kontrolle durch			
	Super-intendent	Mehrzahl der Pastoren	bestimmte einzelne Pastoren	Diakonie-beauf-tragte	Super-intendent	Mehrzahl der Pastoren	bestimmte einzelne Pastoren	Diakonie-beauf-tragte
Angesichts der Vielfalt täglicher Probleme ist es kaum möglich, einmal Abstand zu gewinnen und in Ruhe die Situation und daraus resultierende Arbeitsmöglichkeiten und -notwendigkeiten zu reflektieren.	-	-	-	-	-	-	-	0,22
Im Kirchenkreis gibt es keine klaren Prioritäten hinsichtlich des Handelns, an denen ich n-eine Arbeit orientieren könnte.	-0,48	-0,37	-	-	-	-	-	-
Ich empfinde es als sehr belastend, die Diakonie in Gemeinden vorantreiben zu müssen, ohne Information darüber zu haben, wie diese diakonische Arbeit eigentlich aussehen soll.	-0,49	-	0,21	-	-	-	-	-
Eines meiner Hauptprobleme ist, daß ich nicht weiß, wie ich Mitarbeiter in den Gemeinden finden soll.	-0,28	-	-	-	-	0,30	-	-
Ich leide darunter, daß ich sowohl für besonders schwierige Einzelfälle als auch für die Arbeit in Gruppen und Gemeinden zuständig bin.	-	-	-	-	-	-	-	-
Ichhabeschwierigkeiten, den Gemeinden deutlich zu machen, daß sie selbst Mitarbeiter für diakonische Aufgaben finden müssen.	-0,20	-	-	0,23	-	-	-0,29	-

Das ungeklärte Verhältnis zwischen verfaßter Kirche und Diakonischem Werk auf Orts- und Kreisebene erschwert mir ständig die fachliche Planung und Entscheidung	-0.35	-	-	0.23	-	0.37	-	-	0.20
Ich leide darunter, daß ich in Gemeinden oft an Aufgaben nicht beteiligt werde die unmittelbar in meinen Tätigkeitsbereich fallen.	-	-0.41	0.27	-	-	-	-	0.21	-
Die derzeitige Unvereinbarkeit diakonischer Strukturen in der Landeskirche mit kommunalen Strukturen erschwert jegliche Zusammenarbeit mit anderen Wohlfahrtsverbänden und Behörden und beeinträchtigt die Möglichkeiten der diakonischen Arbeit erheblich.	-0.40	-0.23	-	-	-	-	-	-	0.21
Ich leide darunter, daß meine Fachkompetenz nicht benutzt wird.	-0.31	-0.44	-	-	0.26	-	-	-	-
Ich erlebe ständig, daß die für Diakonie notwendige Spontaneität durch die Schwerfälligkeit landeskirchlicher Strukturen behindert wird.	-0.23	-0.40	-	-	0.29	-	-	-	-
Ich habe oft den Eindruck, daß Pastoren mein Angebot zu Beratung und Aktivität als bedrohlich empfinden und sich deshalb ablehnend verhalten.	-	-	-	-	0.32	-	-	-	-
Wegen der Unschärfe meines Aufgabenbereichs wähle ich selbst die mir sinnvoll erscheinenden Tätigkeiten aus.	-0.27	-	0.30	0.21	-	-	0.20	-	-0.23
Ich wünsche, daß häufiger neue Aufgaben an mich herangetragen werden.	-0.29	-	-	-	-	-	0.21	-	-0.49
Ich erlebe einen ständigen Widerspruch zwischen Verkündigung von Nächstenliebe und ihrer parktischen Umsetzung.	-0.27	-	-	-0.39	0.31	-	-	-	-

Tabelle 25 : Korrelationskoeffizienten *) als Maß für die Stärke des Zusammenhangs zwischen der Einschätzung notwendiger Veränderungen durch Sozialarbeiter und Superintendenten

Verbesserte Kommunikation mit Vorgesetzten	-
Verbesserte Kommunikation mit anderen Mitarb. der Dienstst.	o.26
Verbesserte Kommunikation mit anderen kirchl. Mitarbeitern	o.21
veränderte Arbeitsteilung und verstärkte Zusammenarbeit zwischen Dienststellen in mehreren Kirchenkreisen	o.28
verstärkte Information und Zusammenarbeit mit anderen Wohlfahrtsverbänden und kommunalen Stellen	o.49
Zusammenarbeit mit politischen Organisationen und and. Trägern	o.5o
Verbesserung des Informationsflusses im kirchlichen Bereich	-
Verbesserung des Informationsflusses i.d. Öffentlichkeit	-
verstärkte Information für Klienten	-
Erweiterung der Mitarbeiterzahl	o.23
Erhöhung der finanziellen Mittel	o.27
verstärkte Solidarisierung mit Klienten	-
verstärkte Arbeit in/mit politischen Gremien	-
Verkleinerung der Region	o.37

*) siehe Fußnote bei Tabelle 17.

Tabelle 26 : Verkleinerung oder Beibehaltung der Arbeitsbereiche nach deren derzeitiger Größe (Einwohnerzahl) und der Zahl der Sozialarbeiter in der Dienststelle

Einwohnerzahl	Zahl der Sozialarbeiter	Verkleinerung des Arbeitsbereiches	Beibehaltung
30 - 50.000	1	4	2
	2 oder mehr	-	-
50 - 70.000	1	3	5
	2 oder mehr	-	1
70 - 90.000	1	5	2
	2 oder mehr		
90 - 110.000	1	2	1 *)
	2 oder mehr	-	2
über 110.000	1	3	1 *)
	2 oder mehr	7	5
keine Angabe		1	-
insgesamt		25	19

*) ?eide Sozialarbeiter waren innerhalb eines Kirchenkreises, jedoch in getrennten Dienststellen tätig.